SCRIPTORVM CLASSICORVM

BIBLIOTHECA OXONIENSIS

OXONII

E TYPOGRAPHEO CLARENDONIANO

HOMERI

OPERA

RECOGNOVIT
BREVIQVE ADNOTATIONE CRITICA INSTRVXIT

THOMAS W. ALLEN

TOMVS IV

ODYSSEAE LIBROS XIII–XXIV CONTINENS

EDITIO ALTERA

OXONII

E TYPOGRAPHEO   CLARENDONIANO

OXFORD
UNIVERSITY PRESS

Great Clarendon Street, Oxford OX2 6DP

Oxford University Press is a department of the University of Oxford.
It furthers the University's objective of excellence in research, scholarship,
and education by publishing worldwide in

Oxford New York

Auckland Cape Town Dar es Salaam Hong Kong Karachi Kuala Lumpur
Madrid Melbourne Mexico City Nairobi New Delhi Shanghai Taipei Toronto

With offices in

Argentina Austria Brazil Chile Czech Republic France Greece
Guatemala Hungary Italy Japan South Korea Poland Portugal
Singapore Switzerland Thailand Turkey Ukraine Vietnam

Oxford is a registered trade mark of Oxford University Press
in the UK and in certain other countries

Published in the United States
by Oxford University Press Inc., New York

Copyright Oxford University Press

Second Edition

ISBN 0-19-814532-2

22 24 25 23

Printed in Great Britain
on acid-free paper by
Biddles Ltd., King's Lynn, Norfolk

ΟΔΥΣΣΕΙΑΣ Ν

Ὣς ἔφαθ', οἱ δ' ἄρα πάντες ἀκὴν ἐγένοντο σιωπῇ,
κηληθμῷ δ' ἔσχοντο κατὰ μέγαρα σκιόεντα.
τὸν δ' αὖτ' Ἀλκίνοος ἀπαμείβετο φώνησέν τε·
" ὦ Ὀδυσεῦ, ἐπεὶ ἵκευ ἐμὸν ποτὶ χαλκοβατὲς δῶ,
ὑψερεφές, τῷ σ' οὔ τι παλιμπλαγχθέντα γ' ὀίω   5
ἂψ ἀπονοστήσειν, εἰ καὶ μάλα πολλὰ πέπονθας.
ὑμέων δ' ἀνδρὶ ἑκάστῳ ἐφιέμενος τάδε εἴρω,
ὅσσοι ἐνὶ μεγάροισι γερούσιον αἴθοπα οἶνον
αἰεὶ πίνετ' ἐμοῖσιν, ἀκουάζεσθε δ' ἀοιδοῦ.
εἵματα μὲν δὴ ξείνῳ ἐϋξέστῃ ἐνὶ χηλῷ   10
κεῖται καὶ χρυσὸς πολυδαίδαλος ἄλλα τε πάντα
δῶρ', ὅσα Φαιήκων βουληφόροι ἐνθάδ' ἔνεικαν·
ἀλλ' ἄγε οἱ δῶμεν τρίποδα μέγαν ἠδὲ λέβητα
ἀνδρακάς· ἡμεῖς δ' αὖτε ἀγειρόμενοι κατὰ δῆμον
τισόμεθ'·· ἀργαλέον γὰρ ἕνα προικὸς χαρίσασθαι."   15
Ὣς ἔφατ' Ἀλκίνοος, τοῖσιν δ' ἐπιήνδανε μῦθος.
οἱ μὲν κακκείοντες ἔβαν οἶκόνδε ἕκαστος,
ἦμος δ' ἠριγένεια φάνη ῥοδοδάκτυλος Ἠώς,
νῆάδ' ἐπεσσεύοντο, φέρον δ' εὐήνορα χαλκόν.
καὶ τὰ μὲν εὖ κατέθηκ' ἱερὸν μένος Ἀλκινόοιο,   20
αὐτὸς ἰὼν διὰ νηὸς ὑπὸ ζυγά, μή τιν' ἑταίρων
βλάπτοι ἐλαυνόντων, ὁπότε σπερχοίατ' ἐρετμοῖς·
οἱ δ' εἰς Ἀλκινόοιο κίον καὶ δαῖτ' ἀλέγυνον.
Τοῖσι δὲ βοῦν ἱέρευσ' ἱερὸν μένος Ἀλκινόοιο
Ζηνὶ κελαινεφέϊ Κρονίδῃ, ὃς πᾶσιν ἀνάσσει.   25

4 ἵκεο R⁹ : ἵκου γρ. K O : ἧκες x : ἦλθες K   5 τῷ γ' ... σ' ὀίω g :
τῷ f P⁵   πάλιν a o P⁶ Pal.   14 ἄνδρα κάτ' quidam ap. schol.
(ἄνδρα κάθ' Eust.)   16 θυμῷ b H³ Mon. P⁶ : θυμός o R³ U¹
19 νῆά δ' Ar. e g H³ L⁷ : νῆ' ἄρ' cet.   21 τις b U¹ ss.

I

μῆρα δὲ κήαντες δαίνυντ' ἐρικυδέα δαῖτα
τερπόμενοι· μετὰ δέ σφιν ἐμέλπετο θεῖος ἀοιδός,
Δημόδοκος, λαοῖσι τετιμένος· αὐτὰρ Ὀδυσσεὺς
πολλὰ πρὸς ἠέλιον κεφαλὴν τρέπε παμφανόωντα,
δῦναι ἐπειγόμενος· δὴ γὰρ μενέαινε νέεσθαι.   30
ὡς δ' ὅτ' ἀνὴρ δόρποιο λιλαίεται, ᾧ τε πανῆμαρ
νειὸν ἀν' ἕλκητον βόε οἴνοπε πηκτὸν ἄροτρον·
ἀσπασίως δ' ἄρα τῷ κατέδυ φάος ἠελίοιο
δόρπον ἐποίχεσθαι, βλάβεται δέ τε γούνατ' ἰόντι·
ὡς Ὀδυσῆ' ἀσπαστὸν ἔδυ φάος ἠελίοιο.   35
αἶψα δὲ Φαιήκεσσι φιληρέτμοισι μετηύδα,
Ἀλκινόῳ δὲ μάλιστα πιφαυσκόμενος φάτο μῦθον·
"'Ἀλκίνοε κρεῖον, πάντων ἀριδείκετε λαῶν,
πέμπετέ με σπείσαντες ἀπήμονα, χαίρετε δ' αὐτοί·
ἤδη γὰρ τετέλεσται ἅ μοι φίλος ἤθελε θυμός,   40
πομπὴ καὶ φίλα δῶρα, τά μοι θεοὶ Οὐρανίωνες
ὄλβια ποιήσειαν.   ἀμύμονα δ' οἴκοι ἄκοιτιν
νοστήσας εὕροιμι σὺν ἀρτεμέεσσι φίλοισιν.
ὑμεῖς δ' αὖθι μένοντες ἐϋφραίνοιτε γυναῖκας
κουριδίας καὶ τέκνα· θεοὶ δ' ἀρετὴν ὀπάσειαν   45
παντοίην, καὶ μή τι κακὸν μεταδήμιον εἴη."
Ὣς ἔφαθ', οἱ δ' ἄρα πάντες ἐπήνεον ἠδ' ἐκέλευον
πεμπέμεναι τὸν ξεῖνον, ἐπεὶ κατὰ μοῖραν ἔειπε.
καὶ τότε κήρυκα προσέφη μένος Ἀλκινόοιο·
" Ποντόνοε, κρητῆρα κερασσάμενος μέθυ νεῖμον   50
πᾶσιν ἀνὰ μέγαρον, ὄφρ' εὐξάμενοι Διὶ πατρὶ
τὸν ξεῖνον πέμπωμεν ἐὴν ἐς πατρίδα γαῖαν."
Ὣς φάτο, Ποντόνοος δὲ μελίφρονα οἶνον ἐκίρνα,
νώμησεν δ' ἄρα πᾶσιν ἐπισταδόν· οἱ δὲ θεοῖσιν
ἔσπεισαν μακάρεσσι, τοὶ οὐρανὸν εὐρὺν ἔχουσιν,   55
αὐτόθεν ἐξ ἑδρέων.   ἀνὰ δ' ἵστατο δῖος Ὀδυσσεύς,

28 τετιμένος j o q L⁵   32 ἀν' Br J P¹ : ἀνέλκητον cet.
46 καταδήμιον U⁸   50 νεῖμαι J L⁷ U⁵, U⁶ uv.   52 φασὶ δὲ καὶ τὸν
Ἀρίσταρχον ἀσμένως τὴν γραφὴν τὴν Δικαιάρχου παραδέξασθαι.   ἐν γὰρ
ἁπάσαις ἦν τὸ ἐῇ ἐν πατρίδι γαίῃ Apoll. pronom. 48. 7   56 ἐδέων j r,
cf. A 534, 581

Ἀρήτῃ δ' ἐν χειρὶ τίθει δέπας ἀμφικύπελλον,
καί μιν φωνήσας ἔπεα πτερόεντα προσηύδα·
" Χαῖρέ μοι, ὦ βασίλεια, διαμπερές, εἰς ὅ κε γῆρας
ἔλθῃ καὶ θάνατος, τά τ' ἐπ' ἀνθρώποισι πέλονται.   60
αὐτὰρ ἐγὼ νέομαι· σὺ δὲ τέρπεο τῷδ' ἐνὶ οἴκῳ
παισί τε καὶ λαοῖσι καὶ Ἀλκινόῳ βασιλῆϊ."
    ⁸Ὣς εἰπὼν ὑπὲρ οὐδὸν ἐβήσετο δῖος Ὀδυσσεύς.
τῷ δ' ἅμα κήρυκα προΐει μένος Ἀλκινόοιο,
ἡγεῖσθαι ἐπὶ νῆα θοὴν καὶ θῖνα θαλάσσης·   65
Ἀρήτη δ' ἄρα οἱ δμῳὰς ἅμ' ἔπεμπε γυναῖκας,
τὴν μὲν φᾶρος ἔχουσαν ἐΰπλυνὲς ἠδὲ χιτῶνα,
τὴν δ' ἑτέρην χηλὸν πυκινὴν ἅμ' ὄπασσε κομίζειν·
ἡ δ' ἄλλη σῖτόν τ' ἔφερεν καὶ οἶνον ἐρυθρόν.
    Αὐτὰρ ἐπεί ῥ' ἐπὶ νῆα κατήλυθον ἠδὲ θάλασσαν,   70
αἶψα τά γ' ἐν νηῒ γλαφυρῇ πομπῆες ἀγαυοὶ
δεξάμενοι κατέθεντο, πόσιν καὶ βρῶσιν ἅπασαν·
κὰδ δ' ἄρ' Ὀδυσσῆϊ στόρεσαν ῥῆγός τε λίνον τε
νηὸς ἐπ' ἰκριόφιν γλαφυρῆς, ἵνα νήγρετον εὕδοι,
πρύμνης· ἂν δὲ καὶ αὐτὸς ἐβήσετο καὶ κατέλεκτο   75
σιγῇ· τοὶ δὲ καθῖζον ἐπὶ κληῖσιν ἕκαστοι
κόσμῳ, πεῖσμα δ' ἔλυσαν ἀπὸ τρητοῖο λίθοιο.
εὖθ' οἱ ἀνακλινθέντες ἀνερρίπτουν ἅλα πηδῷ,
καὶ τῷ νήδυμος ὕπνος ἐπὶ βλεφάροισιν ἔπιπτε,
νήγρετος ἥδιστος, θανάτῳ ἄγχιστα ἐοικώς.   80
ἡ δ', ὥς τ' ἐν πεδίῳ τετράοροι ἄρσενες ἵπποι,
πάντες ἅμ' ὁρμηθέντες ὑπὸ πληγῇσιν ἱμάσθλης,
ὑψόσ'·ἀειρόμενοι ῥίμφα πρήσσουσι κέλευθον,
ὣς ἄρα τῆς πρύμνη μὲν ἀείρετο, κῦμα δ' ὄπισθε

57 χερσὶ **f p** Mon. Athen. 498 D, cf. A 585 γ 51 o 120   61 τῷ ἐνὶ
a d l χώρῳ **b c**   64 ἄρα **e h** L² P⁵   66 νέεσθαι altera Aristarchea
o p, γρ. Br H³V⁴   68 ἔπεμπε **b g h i j p** L⁵ L⁷ Eust.   73 λίνους
τε **a**: λίνα τε **f**   76 ἕκαστος **d** L⁷   78 ἐνθ' **f h i** : ἐσθ' **j** :
εὐθὺ om. **o i q** R⁸, cf. γ 9   80 ἔγγιστα Ap. lex. in Νήγρετος
82 om. **a**   83 διαπρήσσουσι om. ῥίμφα **f i** L⁵, γρ. U⁸   κέλευθα
L⁵ corr., Macrob. v. 11. 20   84 πρύμνης **i** Br H³

3

πορφύρεον μέγα θῦε πολυφλοίσβοιο θαλάσσης.   85
ἡ δὲ μάλ' ἀσφαλέως θέεν ἔμπεδον· οὐδέ κεν ἴρηξ
κίρκος ὁμαρτήσειεν, ἐλαφρότατος πετεηνῶν.
ὡς ἡ ῥίμφα θέουσα θαλάσσης κύματ' ἔταμνεν,
ἄνδρα φέρουσα θεοῖς ἐναλίγκια μήδε' ἔχοντα,
ὃς πρὶν μὲν μάλα πολλὰ πάθ' ἄλγεα ὃν κατὰ θυμὸν   90
ἀνδρῶν τε πτολέμους ἀλεγεινά τε κύματα πείρων,
δὴ τότε γ' ἀτρέμας εὗδε, λελασμένος ὅσσ' ἐπεπόνθει.
   Εὖτ' ἀστὴρ ὑπερέσχε φαάντατος, ὅς τε μάλιστα
ἔρχεται ἀγγέλλων φάος Ἠοῦς ἠριγενείης,
τῆμος δὴ νήσῳ προσεπίλνατο ποντοπόρος νηῦς.   95
   Φόρκυνος δέ τίς ἐστι λιμήν, ἁλίοιο γέροντος,
ἐν δήμῳ Ἰθάκης· δύο δὲ προβλῆτες ἐν αὐτῷ
ἀκταὶ ἀπορρῶγες, λιμένος ποτιπεπτηυῖαι,
αἵ τ' ἀνέμων σκεπόωσι δυσαήων μέγα κῦμα
ἔκτοθεν· ἔντοσθεν δέ τ' ἄνευ δεσμοῖο μένουσι   100
νῆες ἐΰσσελμοι, ὅτ' ἂν ὅρμου μέτρον ἵκωνται.
αὐτὰρ ἐπὶ κρατὸς λιμένος τανύφυλλος ἐλαίη,
ἀγχόθι δ' αὐτῆς ἄντρον ἐπήρατον ἠεροειδές,
ἱρὸν νυμφάων αἳ νηϊάδες καλέονται.
ἐν δὲ κρητῆρές τε καὶ ἀμφιφορῆες ἔασι   105
λάϊνοι· ἔνθα δ' ἔπειτα τιθαιβώσσουσι μέλισσαι.
ἐν δ' ἱστοὶ λίθεοι περιμήκεες, ἔνθα τε νύμφαι
φάρε' ὑφαίνουσιν ἁλιπόρφυρα, θαῦμα ἰδέσθαι·
ἐν δ' ὕδατ' ἀενάοντα.   δύω δέ τέ οἱ θύραι εἰσίν,
αἱ μὲν πρὸς Βορέαο καταιβαταὶ ἀνθρώποισιν,   110
αἱ δ' αὖ πρὸς Νότου εἰσὶ θεώτεραι· οὐδέ τι κείνῃ
ἄνδρες ἐσέρχονται, ἀλλ' ἀθανάτων ὁδός ἐστιν.

86 θύεν a l Br   87 πετεεινῶν a f r P⁵ U¹ U⁸   88 ἔτετμεν d
Pal. R¹⁰ R¹¹   96 μὲν δδ' Polyb. Sardus Rhet. gr. viii. 615. 24
97 αὐτῇ Polyb.   98 ὑποκεπτηυῖαι g, marg. H¹ : ποτεπεπτηγυῖαι f
P⁶ (ποτι-)   106 τιθαιβάσουσι M⁴ : -όσσουσι R¹¹, H³ corr.
107 αἵ ῥά τε f L⁵ M²   109 αἰενάοντα j Mon. Eust. : αἰενν- d
110 βορέαι f : -αν Strab. 28   111 νότον Strab. l. c. P⁶   κείνην L⁸
ed. pr. : κεῖθι O corr. : ἐκεῖσε v. l. U⁵ : τῇ γε schol. Δ 110
112 ἀνέρες ἔρχονται d   ἀλλὰ ῥανάτων commendat Eust.

Ἔνθ' οἵ γ' εἰσέλασαν πρὶν εἰδότες. ἡ μὲν ἔπειτα
ἠπείρῳ ἐπέκελσεν, ὅσον τ' ἐπὶ ἥμισυ πάσης,
σπερχομένη· τοίων γὰρ ἐπείγετο χέρσ' ἐρετάων·   115
οἱ δ' ἐκ νηὸς βάντες ἐϋζύγου ἤπειρόνδε
πρῶτον Ὀδυσσῆα γλαφυρῆς ἐκ νηὸς ἄειραν
αὐτῷ σύν τε λίνῳ καὶ ῥήγεϊ σιγαλόεντι,
κὰδ δ' ἄρ' ἐπὶ ψαμάθῳ ἔθεσαν δεδμημένον ὕπνῳ,
ἐκ δὲ κτήματ' ἄειραν, ἅ οἱ Φαίηκες ἀγανοὶ   120
ὤπασαν οἴκαδ' ἰόντι διὰ μεγάθυμον Ἀθήνην.
καὶ τὰ μὲν οὖν παρὰ πυθμέν' ἐλαίης ἀθρόα θῆκαν
ἐκτὸς ὁδοῦ, μή πώς τις ὁδιτάων ἀνθρώπων,
πρὶν Ὀδυσῆ' ἔγρεσθαι, ἐπελθὼν δηλήσαιτο·
αὐτοὶ δ' αὖ οἶκόνδε πάλιν κίον· οὐδ' ἐνοσίχθων   125
λήθετ' ἀπειλάων, τὰς ἀντιθέῳ Ὀδυσῆϊ
πρῶτον ἐπηπείλησε, Διὸς δ' ἐξείρετο βουλήν·
" Ζεῦ πάτερ, οὐκέτ' ἐγώ γε μετ' ἀθανάτοισι θεοῖσι
τιμήεις ἔσομαι, ὅτε με βροτοὶ οὔ τι τίουσι,
Φαίηκες, τοί πέρ τοι ἐμῆς ἔξ εἰσι γενέθλης.   130
καὶ γὰρ νῦν Ὀδυσῆ' ἐφάμην κακὰ πολλὰ παθόντα
οἴκαδ' ἐλεύσεσθαι· νόστον δέ οἱ οὔ ποτ' ἀπηύρων
πάγχυ, ἐπεὶ σὺ πρῶτον ὑπέσχεο καὶ κατένευσας.
οἱ δ' εὕδοντ' ἐν νηὶ θοῇ ἐπὶ πόντον ἄγοντες
κάτθεσαν εἰν Ἰθάκῃ, ἔδοσαν δέ οἱ ἄσπετα δῶρα,   135
χαλκόν τε χρυσόν τε ἅλις ἐσθῆτά θ' ὑφαντήν,
πόλλ', ὅσ' ἂν οὐδέ ποτε Τροίης ἐξήρατ' Ὀδυσσεύς,
εἴ περ ἀπήμων ἦλθε, λαχὼν ἀπὸ ληΐδος αἶσαν."
   Τὸν δ' ἀπαμειβόμενος προσέφη νεφεληγερέτα Ζεύς·
" ὢ πόποι, ἐννοσίγαι' εὐρυσθενές, οἷον ἔειπες.   140
οὔ τί σ' ἀτιμάζουσι θεοί· χαλεπὸν δέ κεν εἴη
πρεσβύτατον καὶ ἄριστον ἀτιμίῃσιν ἰάλλειν.
ἀνδρῶν δ' εἴ πέρ τίς σε βίῃ καὶ κάρτεϊ εἴκων

115 τοῖον b d f l Eust.   120 χρήματ' e f R⁵ U⁸ Eust.   123 πώς]
του e f P⁵ R¹ Eust.   124 πρίν γ' R⁹ U⁶ ed. pr.   125 αὖτ' codd.
praeter Mon.   132 ἀπηύρα g   135 ἄσπετα] ἀγλαὰ b o f i k

οὔ τι τίει, σοὶ δ' ἐστὶ καὶ ἐξοπίσω τίσις αἰεί.
ἔρξον ὅπως ἐθέλεις καί τοι φίλον ἔπλετο θυμῷ."   145
   Τὸν δ' ἠμείβετ' ἔπειτα Ποσειδάων ἐνοσίχθων·
"αἶψά κ' ἐγὼν ἔρξαιμι, κελαινεφές, ὡς ἀγορεύεις·
ἀλλὰ σὸν αἰεὶ θυμὸν ὀπίζομαι ἠδ' ἀλεείνω.
νῦν αὖ Φαιήκων ἐθέλω περικαλλέα νῆα
ἐκ πομπῆς ἀνιοῦσαν ἐν ἠεροειδέϊ πόντῳ   150
ῥαῖσαι, ἵν' ἤδη σχῶνται, ἀπολλήξωσι δὲ πομπῆς
ἀνθρώπων, μέγα δέ σφιν ὄρος πόλει ἀμφικαλύψαι."
   Τὸν δ' ἀπαμειβόμενος προσέφη νεφεληγερέτα Ζεύς·
"ὦ πέπον, ὡς μὲν ἐμῷ θυμῷ δοκεῖ εἶναι ἄριστα,
ὁππότε κεν δὴ πάντες ἐλαυνομένην προΐδωνται   155
λαοὶ ἀπὸ πτόλιος, θεῖναι λίθον ἐγγύθι γαίης
νηῒ θοῇ ἴκελον, ἵνα θαυμάζωσιν ἅπαντες
ἄνθρωποι, μέγα δέ σφιν ὄρος πόλει ἀμφικαλύψαι."
   Αὐτὰρ ἐπεὶ τό γ' ἄκουσε Ποσειδάων ἐνοσίχθων,
βῆ ῥ' ἴμεν ἐς Σχερίην, ὅθι Φαίηκες γεγάασιν.   160
ἔνθ' ἔμεν'· ἡ δὲ μάλα σχεδὸν ἤλυθε ποντοπόρος νηῦς
ῥίμφα διωκομένη· τῆς δὲ σχεδὸν ἦλθ' ἐνοσίχθων,
ὅς μιν λᾶαν θῆκε καὶ ἐρρίζωσεν ἔνερθε
χειρὶ καταπρηνεῖ ἐλάσας· ὁ δὲ νόσφι βεβήκει.
   Οἱ δὲ πρὸς ἀλλήλους ἔπεα πτερόεντ' ἀγόρευον   165
Φαίηκες δολιχήρετμοι, ναυσίκλυτοι ἄνδρες.
ὧδε δέ τις εἴπεσκεν ἰδὼν ἐς πλησίον ἄλλον·
"ὤ μοι, τίς δὴ νῆα θοὴν ἐπέδησ' ἐνὶ πόντῳ
οἴκαδ' ἐλαυνομένην; καὶ δὴ προὐφαίνετο πᾶσα."
   Ὣς ἄρα τις εἴπεσκε· τὰ δ' οὐ ἴσαν ὡς ἐτέτυκτο.   170
τοῖσιν δ' Ἀλκίνοος ἀγορήσατο καὶ μετέειπεν·
"ὦ πόποι, ἦ μάλα δή με παλαίφατα θέσφαθ' ἱκάνει

147 ὡς σὺ κελεύεις a d L⁴ P¹ V⁴   152 μέγα] μὴ Aristoph.
πόλιν b c i L⁵ L⁷, cf. 177, 183   154 ὡς] ᾗ γρ. U⁵   155 προΐ-
δωνται e q Eust. : ἐσίδωνται à C L⁴ : ἐσίδονται l   158 μετὰ f M² P⁶
πόλιν r L⁵ R¹   161 ἐλθέμεν b pro ἔνθ' ἔμεν'   163 θῆκε
f i L⁵ : ἔθηκε cet. : ἔθηκε λίθον L⁷   169 ταῦτα b   170 οὐκ
codd.

πατρὸς ἐμοῦ, ὃς φάσκε Ποσειδάων' ἀγάσεσθαι
ἡμῖν, οὕνεκα πομποὶ ἀπήμονές εἰμεν ἁπάντων.
φῆ ποτὲ Φαιήκων ἀνδρῶν περικαλλέα νῆα   175
ἐκ πομπῆς ἀνιοῦσαν ἐν ἠεροειδέι πόντῳ
ῥαισέμεναι, μέγα δ' ἧμιν ὄρος πόλει ἀμφικαλύψειν.
ὣς ἀγόρευ' ὁ γέρων· τὰ δὲ δὴ νῦν πάντα τελεῖται.
ἀλλ' ἄγεθ', ὡς ἂν ἐγὼ εἴπω, πειθώμεθα πάντες·
πομπῆς μὲν παύσασθε βροτῶν, ὅτε κέν τις ἵκηται   180
ἡμέτερον προτὶ ἄστυ· Ποσειδάωνι δὲ ταύρους
δώδεκα κεκριμένους ἱερεύσομεν, αἴ κ' ἐλεήσῃ,
μηδ' ἡμῖν περίμηκες ὄρος πόλει ἀμφικαλύψῃ."
ὣς ἔφαθ', οἱ δ' ἔδεισαν, ἑτοιμάσσαντο δὲ ταύρους.
ὣς οἱ μέν ῥ' εὔχοντο Ποσειδάωνι ἄνακτι   185
δήμου Φαιήκων ἡγήτορες ἠδὲ μέδοντες,
ἑσταότες περὶ βωμόν. ὁ δ' ἔγρετο δῖος Ὀδυσσεὺς
εὕδων ἐν γαίῃ πατρωίῃ, οὐδέ μιν ἔγνω,
ἤδη δὴν ἀπεών· περὶ γὰρ θεὸς ἠέρα χεῦε
Παλλὰς Ἀθηναίη, κούρη Διός, ὄφρα μιν αὐτὸν   190
ἄγνωστον τεύξειεν ἕκαστά τε μυθήσαιτο,
μή μιν πρὶν ἄλοχος γνοίη ἀστοί τε φίλοι τε,
πρὶν πᾶσαν μνηστῆρας ὑπερβασίην ἀποτῖσαι.
τοὔνεκ' ἄρ' ἀλλοειδέα φαινέσκετο πάντα ἄνακτι,
ἀτραπιτοί τε διηνεκέες λιμένες τε πάνορμοι   195
πέτραι τ' ἠλίβατοι καὶ δένδρεα τηλεθάοντα.
στῆ δ' ἄρ' ἀναΐξας καί ῥ' ἔσιδε πατρίδα γαῖαν·
ᾤμωξέν τ' ἄρ' ἔπειτα καὶ ὣ πεπλήγετο μηρὼ

173 ἔφασκε codd., em. Grashof   ἀγάασθαι Br L⁴, R¹¹ uv.
174 ἀμύμονες ᵈ Br   175 εὐηγέα ●h Mon.   177 πόλιν τ
L⁵ L⁷ R¹ R¹⁰   ἀμφικαλύψειν ᵇ ᵈ ⁱᵏ H³ : -αι cet.   183 πολύ-·
μηκες H¹, γρ. R⁷   πόλιν ο L⁷ P³ R¹   187 ἐστῶτες ᵃ
190 αὐτῷ Aristoph. U⁶, H³ U¹ ss.   193 μνηστήρσιν ᵍ L⁷
ed. pr.   194 τοὔνεκα κὰρ ἀλλ. marg. Br (τοὔνεκα ἄρ ᵈ)
φαίνετο ᵃ ᵈ ● ⁱ   197 a τήν δ' ὀδυσεὺς γήθησεν ἰδὼν καὶ ἐναντία
ἦλθεν hab. U¹, U⁵ m. rec. (= 226)   198 ὢ ... μηρὼ ᵏ Pal. R⁸ Ap
lex. in Ω (cod.) (μ₁ρὼ sol. ꜰ R¹¹ U⁶), cf. Μ 162 Ο 113, 397

χερσὶ καταπρηνέσσ᾽, ὀλοφυρόμενος δ᾽ ἔπος ηὔδα·
"ὤ μοι ἐγώ, τέων αὖτε βροτῶν ἐς γαῖαν ἱκάνω;   200
ἦ ῥ᾽ οἵ γ᾽ ὑβρισταί τε καὶ ἄγριοι οὐδὲ δίκαιοι,
ἦε φιλόξεινοι καί σφιν νόος ἐστὶ θεουδής;
πῇ δὴ χρήματα πολλὰ φέρω τάδε; πῇ δὲ καὶ αὐτὸς
πλάζομαι; αἴθ᾽ ὄφελον μεῖναι παρὰ Φαιήκεσσιν
αὐτοῦ· ἐγὼ δέ κεν ἄλλον ὑπερμενέων βασιλήων   205
ἐξικόμην, ὅς κέν μ᾽ ἐφίλει καὶ ἔπεμπε νέεσθαι.
νῦν δ᾽ οὔτ᾽ ἄρ πῃ θέσθαι ἐπίσταμαι, οὐδὲ μὲν αὐτοῦ
καλλείψω, μή πώς μοι ἕλωρ ἄλλοισι γένηται.
ὢ πόποι, οὐκ ἄρα πάντα νοήμονες οὐδὲ δίκαιοι
ἦσαν Φαιήκων ἡγήτορες ἠδὲ μέδοντες,   210
οἵ μ᾽ εἰς ἄλλην γαῖαν ἀπήγαγον· ἦ τέ μ᾽ ἔφαντο
ἄξειν εἰς Ἰθάκην εὐδείελον, οὐδ᾽ ἐτέλεσσαν·
Ζεύς σφεας τίσαιτο ἱκετήσιος, ὅς τε καὶ ἄλλους
ἀνθρώπους ἐφορᾷ καὶ τίνυται ὅς τις ἁμάρτῃ.
ἀλλ᾽ ἄγε δὴ τὰ χρήματ᾽ ἀριθμήσω καὶ ἴδωμαι,   215
μή τί μοι οἴχωνται κοίλης ἐπὶ νηὸς ἄγοντες."
Ὣς εἰπὼν τρίποδας περικαλλέας ἠδὲ λέβητας
ἠρίθμει καὶ χρυσὸν ὑφαντά τε εἵματα καλά.
τῶν μὲν ἄρ᾽ οὔ τι πόθει· ὁ δ᾽ ὀδύρετο πατρίδα γαῖαν
ἑρπύζων παρὰ θῖνα πολυφλοίσβοιο θαλάσσης,   220
πόλλ᾽ ὀλοφυρόμενος. σχεδόθεν δέ οἱ ἦλθεν Ἀθήνη,
ἀνδρὶ δέμας ἐϊκυῖα νέῳ, ἐπιβώτορι μήλων,
παναπάλῳ, οἷοί τε ἀνάκτων παῖδες ἔασι,
δίπτυχον ἀμφ᾽ ὤμοισιν ἔχουσ᾽ εὐεργέα λώπην·
ποσσὶ δ᾽ ὑπὸ λιπαροῖσι πέδιλ᾽ ἔχε, χερσὶ δ᾽ ἄκοντα   225
τὴν δ᾽ Ὀδυσεὺς γήθησεν ἰδὼν καὶ ἐναντίος ἦλθε,

199 καταπρηνέεσσ᾽ g P⁶ : -έεσσιν a P¹ : -πρανέσσ᾽ U⁵ ss., cf. O 114
203 δ᾽ ἔπος ηὔδα d Mon. P¹ : δὲ προσηύδα cet.   203 πού (priore
loco) e   κτήματα b f   205 κεν] τιν᾽ a d 1 : κεντιν᾽ k   211 οἵτε μ᾽
r L⁷ U⁸   212 ἕξειν q Pal. : ἤξειν P³   213 τισάσθω Zen.
216 ἐκ b 1 U³   ἔχοντες k Plut. aud. poet. 27 D   222 ἐπιβήτορι
d Pal.   224 ἔχων b P⁵ (οὐ γραπτέον schol) 225 χερσὶ k q
L⁷ P⁵ Pal. Eust. : χειρὶ cet.

καί μιν φωνήσας ἔπεα πτερόεντα προσηύδα·
" ὦ φίλ', ἐπεί σε πρῶτα κιχάνω τῷδ' ἐνὶ χώρῳ,
χαῖρέ τε καὶ μή μοί τι κακῷ νόῳ ἀντιβολήσαις,
ἀλλὰ σάω μὲν ταῦτα, σάω δ' ἐμέ· σοὶ γὰρ ἐγώ γε   230
εὔχομαι ὥς τε θεῷ καί σευ φίλα γούναθ' ἱκάνω.
καί μοι τοῦτ' ἀγόρευσον ἐτήτυμον, ὄφρ' ἐὺ εἰδῶ·
τίς γῆ, τίς δῆμος, τίνες ἀνέρες ἐγγεγάασιν;
ἦ πού τις νήσων εὐδείελος ἦέ τις ἀκτὴ
κεῖθ' ἁλὶ κεκλιμένη ἐριβώλακος ἠπείροιο; "   235
Τὸν δ' αὖτε προσέειπε θεὰ γλαυκῶπις Ἀθήνη·
" νήπιός εἰς, ὦ ξεῖν', ἢ τηλόθεν εἰλήλουθας,
εἰ δὴ τήνδε τε γαῖαν ἀνείρεαι. οὐδέ τι λίην
οὕτω νώνυμός ἐστιν· ἴσασι δέ μιν μάλα πολλοί,
ἠμὲν ὅσοι ναίουσι πρὸς ἠῶ τ' ἠέλιόν τε,   240
ἠδ' ὅσσοι μετόπισθε ποτὶ ζόφον ἠερόεντα.
ἦ τοι μὲν τρηχεῖα καὶ οὐχ ἱππήλατός ἐστιν,
οὐδὲ λίην λυπρή, ἀτὰρ οὐδ' εὐρεῖα τέτυκται.
ἐν μὲν γάρ οἱ σῖτος ἀθέσφατος, ἐν δέ τε οἶνος
γίγνεται· αἰεὶ δ' ὄμβρος ἔχει τεθαλυῖά τ' ἐέρση·   245
αἰγίβοτος δ' ἀγαθὴ καὶ βούβοτος· ἔστι μὲν ὕλη
παντοίη, ἐν δ' ἀρδμοὶ ἐπηετανοὶ πάρεασι.
τῷ τοι, ξεῖν', Ἰθάκης γε καὶ ἐς Τροίην ὄνομ' ἵκει,
τήν περ τηλοῦ φασὶν Ἀχαΐδος ἔμμεναι αἴης."
῾Ως φάτο, γήθησεν δὲ πολύτλας δῖος Ὀδυσσεύς,   250
χαίρων ᾗ γαίῃ πατρωΐῃ, ὥς οἱ ἔειπε
Παλλὰς Ἀθηναίη, κούρη Διὸς αἰγιόχοιο·
καί μιν φωνήσας ἔπεα πτερόεντα προσηύδα·
οὐδ' ὅ γ' ἀληθέα εἶπε, πάλιν δ' ὅ γε λάζετο μῦθον,
αἰεὶ ἐνὶ στήθεσσι νόον πολυκερδέα νωμῶν·   255

229 κακὸν νόῳ **a o** L⁸   230 πάντα **b**   232 ταῦτ' **i p** Ap.
Dysc. Synt. 98. 7 Bekk.   238 τὴν δὴ γαῖαν **f**   239 οὔτ'
ἀνώνυμος **d q s** R⁴ : οὔτ' ἀν. C Ho L⁸ M¹ P¹   243 οὐκ **b d**   244 εὖ
μὲν . . . εὖ δέ **g** ed. pr.   245 θ' ἐέρση **o** L⁵ : τε ἔρση **i q** Eust. : τ'
ἀπώρη **a d l**   247 εὖ δ' **g**   γεγάασι Ho P¹ P⁴   248 ἥκει **f i k r**
250 μείδησεν U⁸ Eust.   254 μύθῳ **f** P⁶   255 αἰὲν U⁴ V³

13. ΟΔΥΣΣΕΙΑΣ Ν

" πυνθανόμην 'Ιθάκης γε καὶ ἐν Κρήτῃ εὐρείῃ,
τηλοῦ ὑπὲρ πόντου· νῦν δ' εἰλήλουθα καὶ αὐτὸς
χρήμασι σὺν τοίσδεσσι· λιπὼν δ' ἔτι παισὶ τοσαῦτα
φεύγω, ἐπεὶ φίλον υἷα κατέκτανον 'Ιδομενῆος,
'Ορσίλοχον πόδας ὠκύν, ὃς ἐν Κρήτῃ εὐρείῃ   260
ἀνέρας ἀλφηστὰς νίκα ταχέεσσι πόδεσσιν,
οὕνεκά με στερέσαι τῆς ληΐδος ἤθελε πάσης
Τρωϊάδος, τῆς εἵνεκ' ἐγὼ πάθον ἄλγεα θυμῷ,
ἀνδρῶν τε πτολέμους ἀλεγεινά τε κύματα πείρων,
οὕνεκ' ἄρ' οὐχ ᾧ πατρὶ χαριζόμενος θεράπευον   265
δήμῳ ἔνι Τρώων, ἀλλ' ἄλλων ἄρχον ἑταίρων.
τὸν μὲν ἐγὼ κατιόντα βάλον χαλκήρεϊ δουρὶ
ἀγρόθεν, ἐγγὺς ὁδοῖο λοχησάμενος σὺν ἑταίρῳ·
νὺξ δὲ μάλα δνοφερὴ κάτεχ' οὐρανόν, οὐδέ τις ἡμέας
ἀνθρώπων ἐνόησε, λάθον δέ ἑ θυμὸν ἀπούρας.   270
αὐτὰρ ἐπεὶ δὴ τόν γε κατέκτανον ὀξέϊ χαλκῷ,
αὐτίκ' ἐγὼν ἐπὶ νῆα κιὼν Φοίνικας ἀγαυοὺς
ἐλλισάμην, καί σφιν μενοεικέα ληΐδα δῶκα·
τούς μ' ἐκέλευσα Πύλονδε καταστῆσαι καὶ ἐφέσσαι
ἢ εἰς Ἤλιδα δῖαν, ὅθι κρατέουσιν Ἐπειοί.   275
ἀλλ' ἦ τοί σφεας κεῖθεν ἀπώσατο ἲς ἀνέμοιο
πόλλ' ἀεκαζομένους, οὐδ' ἤθελον ἐξαπατῆσαι.
κεῖθεν δὲ πλαγχθέντες ἱκάνομεν ἐνθάδε νυκτός.
σπουδῇ δ' ἐς λιμένα προερέσσαμεν, οὐδέ τις ἡμῖν
δόρπου μνῆστις ἔην, μάλα περ χατέουσιν ἑλέσθαι,   280
ἀλλ' αὔτως ἀποβάντες ἐκείμεθα νηὸς ἅπαντες.
ἔνθ' ἐμὲ μὲν γλυκὺς ὕπνος ἐπήλυθε κεκμηῶτα,
οἱ δὲ χρήματ' ἐμὰ γλαφυρῆς ἐκ νηὸς ἑλόντες

256 τροίη b   258-261 om. q   266 ἦρχον codd.   267 προσ-
ιόντα f l   269 ζοφερή· σκοτεινή Ap. lex. γρ. ζο L⁴ : στυγερὴ Herod.
ad Γ 426   270 ἀπηύρων g H¹   272 κιὼν] θοὴν k : θοὴν κιὼν f
273 ληΐδα] ἧια Aristoph.   274 ἀποφάσσαι (? ἀφέσσαι) Rhia-
nus   279 προερέσσαμεν Ar. (αἱ πᾶσαι) b d l H³ : προερύσσαμεν cet.,
cf. ι 73 ο 497   282 ἐπήλυθε U⁶ ed. pr. : ὑπήλυθε L⁵ U⁶ : ἐπέλλαβε
cet., cf. κ 31

κάτθεσαν, ἔνθα περ αὐτὸς ἐπὶ ψαμάθοισιν ἐκείμην.
οἱ δ' ἐς Σιδονίην εὖ ναιομένην ἀναβάντες   285
οἴχοντ'· αὐτὰρ ἐγὼ λιπόμην ἀκαχήμενος ἦτορ."
ᵃὮς φάτο, μείδησεν δὲ θεὰ γλαυκῶπις Ἀθήνη,
χειρί τέ μιν κατέρεξε· δέμας δ' ἤϊκτο γυναικὶ
καλῇ τε μεγάλῃ τε καὶ ἀγλαὰ ἔργα ἰδυίῃ·
καί μιν φωνήσασ' ἔπεα πτερόεντα προσηύδα·   290
"κερδαλέος κ' εἴη καὶ ἐπίκλοπος ὅς σε παρέλθοι
ἐν πάντεσσι δόλοισι, καὶ εἰ θεὸς ἀντιάσειε.
σχέτλιε, ποικιλομῆτα, δόλων ἆτ', οὐκ ἄρ' ἔμελλες,
οὐδ' ἐν σῇ περ ἐὼν γαίῃ, λήξειν ἀπατάων
μύθων τε κλοπίων, οἵ τοι πεδόθεν φίλοι εἰσίν.   295
ἀλλ' ἄγε, μηκέτι ταῦτα λεγώμεθα, εἰδότες ἄμφω
κέρδε', ἐπεὶ σὺ μέν ἐσσι βροτῶν ὄχ' ἄριστος ἁπάντων
βουλῇ καὶ μύθοισιν, ἐγὼ δ' ἐν πᾶσι θεοῖσι
μήτι τε κλέομαι καὶ κέρδεσιν· οὐδὲ σύ γ' ἔγνως
Παλλάδ' Ἀθηναίην, κούρην Διός, ἥ τέ τοι αἰεὶ   300
ἐν πάντεσσι πόνοισι παρίσταμαι ἠδὲ φυλάσσω,
καὶ δέ σε Φαιήκεσσι φίλον πάντεσσιν ἔθηκα.
νῦν αὖ δεῦρ' ἱκόμην, ἵνα τοι σὺν μῆτιν ὑφήνω
χρήματά τε κρύψω, ὅσα τοι Φαίηκες ἀγαυοὶ
ὤπασαν οἴκαδ' ἰόντι ἐμῇ βουλῇ τε νόῳ τε,   305
εἴπω θ' ὅσσα τοι αἶσα δόμοις ἔνι ποιητοῖσι
κήδε' ἀνασχέσθαι· σὺ δὲ τετλάμεναι καὶ ἀνάγκῃ,
μηδέ τῳ ἐκφάσθαι μήτ' ἀνδρῶν μήτε γυναικῶν,
πάντων, οὕνεκ' ἄρ' ἦλθες ἀλώμενος, ἀλλὰ σιωπῇ
πάσχειν ἄλγεα πολλά, βίας ὑποδέγμενος ἀνδρῶν."   310
Τὴν δ' ἀπαμειβόμενος προσέφη πολύμητις Ὀδυσσεύς·

285 εὐκτιμένην e   ἀποβάντες e   289 v. om. L⁴ Pal.   εἰδυῖα
(-υἷα) f g k L⁷   291 οὔ σε f L⁷   293 δόλων ἄτερ quidam :
αἶτε, ὅ ἐστιν ἆατε Eust.   295 πλοκίων N m. rec. Eust. 1741. 58
πεδόθεν b R¹ R¹² U³ U⁴ Eust. : παιδόθεν vulg. unde παῖδες a, cf. h.
Herm. 473, Sapph. 68. 4, Alcaeus 48 A, 59, 100, Ibyc. 22. 3, I. G. Sic.
Ital. 139   300 αἰεὶ] γρ. ἄγχι H³   303 τὴν σὴν a : τοι σὴν f P¹
307 ἀναπλῆσαι θ h Eust.   308 τοι L⁷ : πω V⁴

" ἀργαλέον σε, θεά, γνῶναι βροτῷ ἀντιάσαντι,
καὶ μάλ' ἐπισταμένῳ· σὲ γὰρ αὐτὴν παντὶ ἐΐσκεις.
τοῦτο δ' ἐγὼν εὖ οἶδ', ὅτι μοι πάρος ἠπίη ἦσθα,
ἧος ἐνὶ Τροίῃ πολεμίζομεν υἷες Ἀχαιῶν.   315
αὐτὰρ ἐπεὶ Πριάμοιο πόλιν διεπέρσαμεν αἰπήν,
βῆμεν δ' ἐν νήεσσι, θεὸς δ' ἐκέδασσεν Ἀχαιούς,
οὐ σέ γ' ἔπειτα ἴδον, κούρη Διός, οὐδ' ἐνόησα
νηὸς ἐμῆς ἐπιβᾶσαν, ὅπως τί μοι ἄλγος ἀλάλκοις.
ἀλλ' αἰεὶ φρεσὶν ᾗσιν ἔχων δεδαϊγμένον ἦτορ   320
ἠλώμην, ἧός με θεοὶ κακότητος ἔλυσαν·
πρίν γ' ὅτε Φαιήκων ἀνδρῶν ἐν πίονι δήμῳ
θάρσυνάς τε ἔπεσσι καὶ ἐς πόλιν ἤγαγες αὐτή.
νῦν δέ σε πρὸς πατρὸς γουνάζομαι—οὐ γὰρ ὀΐω
ἥκειν εἰς Ἰθάκην εὐδείελον, ἀλλά τιν' ἄλλην   325
γαῖαν ἀναστρέφομαι· σὲ δὲ κερτομέουσαν ὀΐω
ταῦτ' ἀγορευέμεναι, ἵν' ἐμὰς φρένας ἠπεροπεύσῃς—
εἰπέ μοι εἰ ἐτεόν γε φίλην ἐς πατρίδ' ἱκάνω."

Τὸν δ' ἠμείβετ' ἔπειτα θεὰ γλαυκῶπις Ἀθήνη·
" αἰεί τοι τοιοῦτον ἐνὶ στήθεσσι νόημα·   330
τῷ σε καὶ οὐ δύναμαι προλιπεῖν δύστηνον ἐόντα,
οὕνεκ' ἐπητής ἐσσι καὶ ἀγχίνοος καὶ ἐχέφρων.
ἀσπασίως γάρ κ' ἄλλος ἀνὴρ ἀλαλήμενος ἐλθὼν
ἵετ' ἐνὶ μεγάροις ἰδέειν παῖδάς τ' ἄλοχόν τε·
σοὶ δ' οὔ πω φίλον ἐστὶ δαήμεναι οὐδὲ πυθέσθαι,   335
πρίν γ' ἔτι σῆς ἀλόχου πειρήσεαι, ἥ τέ τοι αὔτως
ἧσται ἐνὶ μεγάροισιν, ὀϊζυραὶ δέ οἱ αἰεὶ
φθίνουσιν νύκτες τε καὶ ἤματα δάκρυ χεούσῃ.

313 αὐτῇ πάντη γρ. H³ V⁴   315 ἕως vulg. : ἕως ὅτ' b (ὡς ὅτε O)
320-323 νοθεύονται στίχοι δ' schol. : τὸ ἀλλ' αἰεὶ φρεσὶ κτλ.
εὐλόγως ὑπ' Ἀριστάρχου ὑπωπτεύετο ὡς νόθον Ap. Dysc. pronom. 109.
20, uncino simplici includ. p   320 δεδαιγμένος C L⁵ M² U² :
ἀλάλημαι διζύν Ap. Dysc. synt. 197. 16   322 πρίν γε τε a
323 τ' ἐπέεσσι codd.   αὐτήν a b d j   333-338 ἀθετοῦνται στίχοι ϛ'
schol., uncino simpl. incl. Br M⁴, linea recta not. H¹   333-335 om. a
338 φθινύθουσιν b f g i Eust. ed. pr., cf. λ 183 π 39

αὐτὰρ ἐγὼ τὸ μὲν οὔ ποτ' ἀπίστεον, ἀλλ' ἐνὶ θυμῷ
ᾔδε', ὃ νοστήσεις ὀλέσας ἄπο πάντας ἑταίρους·　　　　340
ἀλλά τοι οὐκ ἐθέλησα Ποσειδάωνι μάχεσθαι
πατροκασιγνήτῳ, ὅς τοι κότον ἔνθετο θυμῷ,
χωόμενος ὅτι οἱ υἱὸν φίλον ἐξαλάωσας.
ἀλλ' ἄγε τοι δείξω Ἰθάκης ἕδος, ὄφρα πεποίθῃς.
Φόρκυνος μὲν ὅδ' ἐστὶ λιμήν, ἁλίοιο γέροντος,　　　　345
ἥδε δ' ἐπὶ κρατὸς λιμένος τανύφυλλος ἐλαίη·
ἀγχόθι δ' αὐτῆς ἄντρον ἐπήρατον ἠεροειδές,
ἱρὸν νυμφάων αἳ νηϊάδες καλέονται·
τοῦτο δέ τοι σπέος εὐρὺ κατηρεφές, ἔνθα σὺ πολλὰς
ἔρδεσκες νύμφῃσι τεληέσσας ἑκατόμβας·　　　　350
τοῦτο δὲ Νήριτόν ἐστιν ὄρος καταειμένον ὕλῃ."
Ὣς εἰποῦσα θεὰ σκέδασ' ἠέρα, εἴσατο δὲ χθών·
γήθησέν τ' ἄρ' ἔπειτα πολύτλας δῖος Ὀδυσσεὺς
χαίρων ᾗ γαίῃ, κύσε δὲ ζείδωρον ἄρουραν.
αὐτίκα δὲ νύμφῃς ἠρήσατο χεῖρας ἀνασχών·　　　　355
" νύμφαι νηϊάδες, κοῦραι Διός, οὔ ποτ' ἐγώ γε
ὄψεσθ' ὔμμ' ἐφάμην· νῦν δ' εὐχωλῇς ἀγανῇσι
χαίρετ'· ἀτὰρ καὶ δῶρα διδώσομεν, ὡς τὸ πάρος περ,
αἴ κεν ἐᾷ πρόφρων με Διὸς θυγάτηρ ἀγελείη
αὐτόν τε ζώειν καί μοι φίλον υἱὸν ἀέξῃ."　　　　360
Τὸν δ' αὖτε προσέειπε θεὰ γλαυκῶπις Ἀθήνη
" θάρσει, μή τοι ταῦτα μετὰ φρεσὶ σῇσι μελόντων·
ἀλλὰ χρήματα μὲν μυχῷ ἄντρου θεσπεσίοιο
θείομεν αὐτίκα νῦν, ἵνα περ τάδε τοι σόα μίμνῃ·
αὐτοὶ δὲ φραζώμεθ' ὅπως ὄχ' ἄριστα γένηται."　　　　365
Ὣς εἰποῦσα θεὰ δῦνε σπέος ἠεροειδές,
μαιομένη κευθμῶνας ἀνὰ σπέος· αὐτὰρ Ὀδυσσεὺς

342 χόλον b c f g j Eust.　　　346 κρατὶ O　　　μανόφυλλος Zen.
　347, 348 om. g k p²⁸ L⁷ : ἔν τισι τῶν ἀντιγράφων οὐ κεῖνται Eust.
(=103, 4)　　　348 ἱρῶν P⁵, p ss.　　　349 εὐρὺ] ἐστὶ b o p²⁸ L⁶ U⁸
　351 καταειλύμενον P⁵　　　358 παρέξομεν Aristoph.　　　360 ἀέξειν
f r　　　363 ἀλλ' ἄγε b k o　　　365 ὅπως ἔσται τάδε ἔργα b c f i

ᾶσσον πάντ' ἐφόρει, χρυσὸν καὶ ἀτειρέα χαλκὸν
εἵματά τ' εὐποίητα, τά οἱ Φαίηκες ἔδωκαν.
καὶ τὰ μὲν εὖ κατέθηκε, λίθον δ' ἐπέθηκε θύρῃσι   370
Παλλὰς Ἀθηναίη, κούρη Διὸς αἰγιόχοιο.
Τὼ δὲ καθεζομένω ἱερῆς παρὰ πυθμέν' ἐλαίης
φραζέσθην μνηστῆρσιν ὑπερφιάλοισιν ὄλεθρον.
τοῖσι δὲ μύθων ἄρχε θεὰ γλαυκῶπις Ἀθήνη·
" διογενὲς Λαερτιάδη, πολυμήχαν' Ὀδυσσεῦ,   375
φράζευ ὅπως μνηστῆρσιν ἀναιδέσι χεῖρας ἐφήσεις,
οἳ δή τοι τρίετες μέγαρον κάτα κοιρανέουσι,
μνώμενοι ἀντιθέην ἄλοχον καὶ ἔδνα διδόντες·
ἡ δὲ σὸν αἰεὶ νόστον ὀδυρομένη κατὰ θυμὸν
πάντας μὲν ἔλπει καὶ ὑπίσχεται ἀνδρὶ ἑκάστῳ,   380
ἀγγελίας προϊεῖσα, νόος δέ οἱ ἄλλα μενοινᾷ."
Τὴν δ' ἀπαμειβόμενος προσέφη πολύμητις Ὀδυσσεύς·
" ὦ πόποι, ἦ μάλα· δὴ Ἀγαμέμνονος Ἀτρεΐδαο
φθίσεσθαι κακὸν οἶτον ἐνὶ μεγάροισιν ἔμελλον,
εἰ μή μοι σὺ ἕκαστα, θεά, κατὰ μοῖραν ἔειπες.   385
ἀλλ' ἄγε μῆτιν ὕφηνον, ὅπως ἀποτίσομαι αὐτούς·
πάρ δέ μοι αὐτὴ στῆθι, μένος πολυθαρσὲς ἐνεῖσα,
οἷον ὅτε Τροίης λύομεν λιπαρὰ κρήδεμνα.
αἴ κέ μοι ὣς μεμαυῖα παρασταίης, γλαυκῶπι,
καί κε τριηκοσίοισιν ἐγὼν ἄνδρεσσι μαχοίμην   390
σὺν σοί, πότνα θεά, ὅτε μοι πρόφρασσ' ἐπαρήγοις."
Τὸν δ' ἠμείβετ' ἔπειτα θεὰ γλαυκῶπις Ἀθήνη·
" καὶ λίην τοι ἐγώ γε παρέσσομαι, οὐδέ με λήσεις,
ὁππότε κεν δὴ ταῦτα πενώμεθα· καί τιν' ὀΐω
αἵματί τ' ἐγκεφάλῳ τε παλαξέμεν ἄσπετον οὖδας   395
ἀνδρῶν μνηστήρων, οἵ τοι βίοτον κατέδουσιν.

369 φαίηκες ἀγανοὶ d l C (= 120)   369 a ἅπασαν οἴκαδ' ἰόντι
διὰ μεγάθυμον ἀθήνην add. a d l (= 121)   374 ἦρχε codd.
376 φράζεο νῦν μνηστῆρσιν ὑπερφιάλοισιν ὄλεθρον b e f i   380 μέν β'
codd.   384 φθίσεσθαι L⁵ : πείσεσθαι γρ. H³   385 τὰ ἕκαστα
L⁵ P⁶ : σὺ θεὰ τὰ ἕκαστα f   391 ὑπονοεῖται ὁ στίχος schol. om. U⁵
396 om. 𝔭²⁸ N (= 428)

ἀλλ' ἄγε σ' ἄγνωστον τεύξω πάντεσσι βροτοῖσι·
κάρψω μὲν χρόα καλὸν ἐνὶ γναμπτοῖσι μέλεσσι,
ξανθὰς δ' ἐκ κεφαλῆς ὀλέσω τρίχας, ἀμφὶ δὲ λαῖφος
ἔσσω ὅ κε στυγέῃσιν ἰδὼν ἄνθρωπος ἔχοντα,   400
κνυζώσω δέ τοι ὄσσε πάρος περικαλλέ' ἐόντε,
ὡς ἂν ἀεικέλιος πᾶσι μνηστῆρσι φανήῃς
σῇ τ' ἀλόχῳ καὶ παιδί, τὸν ἐν μεγάροισιν ἔλειπες.
αὐτὸς δὲ πρώτιστα συβώτην εἰσαφικέσθαι,
ὅς τοι ὑῶν ἐπίουρος, ὁμῶς δέ τοι ἤπια οἶδε,   405
παῖδά τε σὸν φιλέει καὶ ἐχέφρονα Πηνελόπειαν.
δήεις τόν γε σύεσσι παρήμενον· αἱ δὲ νέμονται
πὰρ Κόρακος πέτρῃ ἐπί τε κρήνῃ Ἀρεθούσῃ,
ἔσθουσαι βάλανον μενοεικέα καὶ μέλαν ὕδωρ
πίνουσαι, τά θ' ὕεσσι τρέφει τεθαλυῖαν ἀλοιφήν.   410
ἔνθα μένειν καὶ πάντα παρήμενος ἐξερέεσθαι,
ὄφρ' ἂν ἐγὼν ἔλθω Σπάρτην ἐς καλλιγύναικα
Τηλέμαχον καλέουσα, τεὸν φίλον υἱόν, Ὀδυσσεῦ·
ὅς τοι ἐς εὐρύχορον Λακεδαίμονα πὰρ Μενέλαον
οἴχετο πευσόμενος μετὰ σὸν κλέος, εἴ που ἔτ' εἴης."   415
    Τὴν δ' ἀπαμειβόμενος προσέφη πολύμητις Ὀδυσσεύς·
"τίπτε τ' ἄρ' οὔ οἱ εἶπες, ἐνὶ φρεσὶ πάντα ἰδυῖα;
ἦ ἵνα που καὶ κεῖνος ἀλώμενος ἄλγεα πάσχῃ
πόντον ἐπ' ἀτρύγετον, βίοτον δέ οἱ ἄλλοι ἔδουσι."
    Τὸν δ' ἠμείβετ' ἔπειτα θεὰ γλαυκῶπις Ἀθήνη·   420
"μὴ δή τοι κεῖνός γε λίην ἐνθύμιος ἔστω.
αὐτή μιν πόμπευον, ἵνα κλέος ἐσθλὸν ἄροιτο
κεῖσ' ἐλθών· ἀτὰρ οὔ τιν' ἔχει πόνον, ἀλλὰ ἔκηλος
ἧσται ἐν Ἀτρεΐδαο δόμοις, παρὰ δ' ἄσπετα κεῖται.

398-401 ἀθετοῦνται μετὰ ἀστερίσκων ὡς ἐκ τῶν ἑξῆς [430-3] μετενηνεγμένοι schol.   400 στυγέει τις ἰδὼν ἄνθρωπον v. l. ap. Eust.
405 ἐπὶ οὖρος R⁴, cf. N 450   408 κρήνης μελανύδρου Crates (ἀγνοήσας μεταγράφει) ap. sch. Theocr. i. 117: ᾽Αρεθούσῃ interpr. Epaphroditus ἐν τῷ περὶ στοιχείων ib., Didymus et Heracleo in comm. ap. Steph. Byz. in v.   414 ἔς om. b Mon.   πὰρ ο f i k : πρὸς cet.
    415 ᾤχ. codd.   ἢ Mon. : ἢν f i k o : εἴ vulg., cf. ρ 308 χ 158·
167 ψ 203 ω 404   417 ἔειπες codd.   423 μόρον γρ. U⁵

ἢ μέν μιν λοχόωσι νέοι σὺν νηὶ μελαίνῃ,   425
ἱέμενοι κτεῖναι, πρὶν πατρίδα γαῖαν ἱκέσθαι·
ἀλλὰ τά γ' οὐκ ὀΐω, πρὶν καί τινα γαῖα καθέξει
ἀνδρῶν μνηστήρων, οἵ τοι βίοτον κατέδουσιν."
ʽΩς ἄρα μιν φαμένη ῥάβδῳ ἐπεμάσσατ' Ἀθήνη.
κάρψε μέν οἱ χρόα καλὸν ἐνὶ γναμπτοῖσι μέλεσσι,   430
ξανθὰς δ' ἐκ κεφαλῆς ὄλεσε τρίχας, ἀμφὶ δὲ δέρμα
πάντεσσιν μελέεσσι παλαιοῦ θῆκε γέροντος,
κνύζωσεν δέ οἱ ὄσσε πάρος περικαλλέ' ἐόντε·
ἀμφὶ δέ μιν ῥάκος ἄλλο κακὸν βάλεν ἠδὲ χιτῶνα,
ῥωγαλέα ῥυπόωντα, κακῷ μεμορυγμένα καπνῷ·   435
ἀμφὶ δέ μιν μέγα δέρμα ταχείης ἔσσ' ἐλάφοιο,
ψιλόν· δῶκε δέ οἱ σκῆπτρον καὶ ἀεικέα πήρην,
πυκνὰ ῥωγαλέην· ἐν δὲ στρόφος ἦεν ἀορτήρ.
   Τώ γ' ὣς βουλεύσαντε διέτμαγεν.   ἡ μὲν ἔπειτα
ἐς Λακεδαίμονα δῖαν ἔβη μετὰ παῖδ' Ὀδυσῆος.   440

427 παρέξει γρ. H⁸ V⁴ : αἱμάξαι C   428 om. o U⁵ Eust.
430–3 ὅτι ἐντεῦθεν οἱ ἄνω [398–401] μετενηνεγμένοι εἰσίν schol. versus
asteriscis not. U⁵   430 ἐπὶ οἱκ p²⁸ Stob. Ecl. iv. 21. 24
434 βάλεν κακὸν o   φᾶρος μέν οἱ πρῶτα χιτῶνά τε εἷματ' ἔδωκε Diog.
Epist. vii. 2 Herch.   435 ῥωγαλέα] σμερδαλέα P⁸ : λευγαλέα Diog.
ib.   ῥυπόεντα g Eust., cf. ζ 87 ω 227   μεμορυχμένα p²⁸ Br (-γχμένα
R²) Phot. Suid. in Μωρότερος Μορύχου, Eust.   438 δ' εὔστροφος ▪ 1
Br, γρ. U⁵

ΟΔΥΣΣΕΙΑΣ Ξ

Αὐτὰρ ὁ ἐκ λιμένος προσέβη τρηχεῖαν ἀταρπὸν
χῶρον ἀν᾽ ὑλήεντα δι᾽ ἄκριας, ᾗ οἱ ᾿Αθήνη
πέφραδε δῖον ὑφορβόν, ὅ οἱ βιότοιο μάλιστα
κήδετο οἰκήων, οὓς κτήσατο δῖος ᾿Οδυσσεύς.

Τὸν δ᾽ ἄρ᾽ ἐνὶ προδόμῳ εὗρ᾽ ἥμενον, ἔνθα οἱ αὐλὴ   5
ὑψηλὴ δέδμητο, περισκέπτῳ ἐνὶ χώρῳ,
καλή τε μεγάλη τε, περίδρομος· ἥν ῥα συβώτης
αὐτὸς δείμαθ᾽ ὕεσσιν ἀποιχομένοιο ἄνακτος,
νόσφιν δεσποίνης καὶ Λαέρταο γέροντος,
ῥυτοῖσιν λάεσσι καὶ ἐθρίγκωσεν ἀχέρδῳ.   10
σταυροὺς δ᾽ ἐκτὸς ἔλασσε διαμπερὲς ἔνθα καὶ ἔνθα,
πυκνοὺς καὶ θαμέας, τὸ μέλαν δρυὸς ἀμφικεάσσας·
ἔντοσθεν δ᾽ αὐλῆς συφεοὺς δυοκαίδεκα ποίει
πλησίον ἀλλήλων, εὐνὰς συσίν· ἐν δὲ ἑκάστῳ
πεντήκοντα σύες χαμαιευνάδες ἐρχατόωντο,   15
θήλειαι τοκάδες· τοὶ δ᾽ ἄρσενες ἐκτὸς ἴαυον,
πολλὸν παυρότεροι· τοὺς γὰρ μινύθεσκον ἔδοντες
ἀντίθεοι μνηστῆρες, ἐπεὶ προΐαλλε συβώτης
αἰεὶ ζατρεφέων σιάλων τὸν ἄριστον ἀπάντων·
οἱ δὲ τριηκόσιοί τε καὶ ἑξήκοντα πέλοντο.   20
πὰρ δὲ κύνες θήρεσσιν ἐοικότες αἰὲν ἴαυον
τέσσαρες, οὓς ἔθρεψε συβώτης, ὄρχαμος ἀνδρῶν.
αὐτὸς δ᾽ ἀμφὶ πόδεσσιν ἑοῖς ἀράρισκε πέδιλα,

1 γ᾽ ἐκ d e Dion. Hal. de comp. verb. 26   6 καὶ ἔκτιστο L³ interlin.
κατωρυχέεσσι λίθοισι h L⁴ ss. Eust. (ι 185)   8 δείματο οἷος Zen.
g j   10 πυκνοῖσιν γρ. R¹²   12 μεγάλους a d 1 L⁴ v. l. ap. Eust. :
μελάνδρυον Crates : μελάνδρυος Ap. lex. in v.   13 ἔκτοσθεν
C L³ Pⁱ P³   17 παυροτερον 𝔭¹²   20 ὑπωπτεύετο παρὰ ζηνοδότῳ
schol.   21 αἰὲν] ἐκτὸς h L⁴ corr. Eust. (ex 16)   22 Καλ-
λίστρατος ὑπώπτευε τὸν στίχον διὰ τὴν ἐξαρίθμησιν τῶν κυνῶν καὶ
τὸ ἐπίθετον schol.

τάμνων δέρμα βόειον ἐϋχροές· οἱ δὲ δὴ ἄλλοι
οἴχοντ' ἄλλυδις ἄλλος ἅμ' ἀγρομένοισι σύεσσιν,　　　25
οἱ τρεῖς· τὸν δὲ τέταρτον ἀποπροέηκε πόλινδε
σῦν ἀγέμεν μνηστῆρσιν ὑπερφιάλοισιν ἀνάγκῃ,
ὄφρ' ἱερεύσαντες κρειῶν κορεσαίατο θυμόν.
　　'Εξαπίνης δ' 'Οδυσῆα ἴδον κύνες ὑλακόμωροι.
οἱ μὲν κεκλήγοντες ἐπέδραμον· αὐτὰρ 'Οδυσσεὺς　　30
ἕζετο κερδοσύνῃ, σκῆπτρον δέ οἱ ἔκπεσε χειρός.
ἔνθα κεν ᾧ πὰρ σταθμῷ ἀεικέλιον πάθεν ἄλγος·
ἀλλὰ συβώτης ὦκα ποσὶ κραιπνοῖσι μετασπὼν
ἔσσυτ' ἀνὰ πρόθυρον, σκῦτος δέ οἱ ἔκπεσε χειρός.
τοὺς μὲν ὁμοκλήσας σεῦεν κύνας ἄλλυδις ἄλλον　　35
πυκνῇσιν λιθάδεσσιν· ὁ δὲ προσέειπεν ἄνακτα·
" ὦ γέρον, ἦ ὀλίγου σε κύνες διεδηλήσαντο
ἐξαπίνης, καί κέν μοι ἐλεγχείην κατέχευας.
καὶ δέ μοι ἄλλα θεοὶ δόσαν ἄλγεά τε στοναχάς τε·
ἀντιθέου γὰρ ἄνακτος ὀδυρόμενος καὶ ἀχεύων　　40
ἧμαι, ἄλλοισιν δὲ σύας σιάλους ἀτιτάλλω
ἔδμεναι· αὐτὰρ κεῖνος ἐελδόμενός που ἐδωδῆς
πλάζετ' ἐπ' ἀλλοθρόων ἀνδρῶν δῆμόν τε πόλιν τε,
εἴ που ἔτι ζώει καὶ ὁρᾷ φάος ἠελίοιο.
ἀλλ' ἕπεο, κλισίηνδ' ἴομεν, γέρον, ὄφρα καὶ αὐτὸς　　45
σίτου καὶ οἴνοιο κορεσσάμενος κατὰ θυμὸν
εἴπῃς ὁππόθεν ἐσσὶ καὶ ὁππόσα κήδε' ἀνέτλης."
　　'Ως εἰπὼν κλισίηνδ' ἡγήσατο δῖος ὑφορβός,
εἷσεν δ' εἰσαγαγών, ῥῶπας δ' ὑπέχευε δασείας,
ἐστόρεσεν δ' ἐπὶ δέρμα ἰονθάδος ἀγρίου αἰγός,　　50
αὐτοῦ ἐνεύναιον, μέγα καὶ δασύ. χαῖρε δ' 'Οδυσσεὺς
ὅττι μιν ὣς ὑπέδεκτο, ἔπος τ' ἔφατ' ἔκ τ' ὀνόμαζε·

24 εὔχροον f i o L⁵　25 ᾧχ. codd.　28 θυμῷ c　30 κεκλη-
γῶτες P⁸ : -ότες i k p L⁴ (κεκληγῶτες καὶ κεκλήγοντες διχῶς αἱ 'Αριστάρ-
χου schol.)　31 ἔκβαλε a d l L⁴　32 κεν ἐῷ f i L⁵ P⁶ R¹¹　35 ἄλλῃ
v. l. ant. b f g h k ed. pr.　37 ὀλίγον d l C　42 που] περ J P⁶ R⁸
　43 ἀνδρῶν ἀλλοθρόων f　45 αὐτοῦ g　49 ῥᾶπας d　50 εστορε]
σανδ P¹²

" Ζεύς τοι δοίη, ξεῖνε, καὶ ἀθάνατοι θεοὶ ἄλλοι
ὅττι μάλιστ' ἐθέλεις, ὅτι με πρόφρων ὑπέδεξυ."

Τὸν δ' ἀπαμειβόμενος προσέφης, Εὔμαιε συβῶτα·   55
" ξεῖν', οὔ μοι θέμις ἔστ', οὐδ' εἰ κακίων σέθεν ἔλθοι,
ξεῖνον ἀτιμῆσαι· πρὸς γὰρ Διός εἰσιν ἅπαντες
ξεῖνοί τε πτωχοί τε· δόσις δ' ὀλίγη τε φίλη τε
γίγνεται ἡμετέρη· ἡ γὰρ δμώων δίκη ἐστὶν
αἰεὶ δειδιότων, ὅτ' ἐπικρατέωσιν ἄνακτες   60
οἱ νέοι. ἡ γὰρ τοῦ γε θεοὶ κατὰ νόστον ἔδησαν,
ὅς κεν ἔμ' ἐνδυκέως ἐφίλει καὶ κτῆσιν ὄπασσεν,
οἷά τε ᾧ οἰκῆι ἄναξ εὔθυμος ἔδωκεν,
οἶκόν τε κλῆρόν τε πολυμνήστην τε γυναῖκα,
ὅς οἱ πολλὰ κάμῃσι, θεὸς δ' ἐπὶ ἔργον ἀέξῃ,   65
ὡς καὶ ἐμοὶ τόδε ἔργον ἀέξεται, ᾧ ἐπιμίμνω.
τῷ κέ με πόλλ' ὤνησεν ἄναξ, εἰ αὐτόθι γήρα·
ἀλλ' ὄλεθ'—ὡς ὤφελλ' Ἑλένης ἀπὸ φῦλον ὀλέσθαι
πρόχνυ, ἐπεὶ πολλῶν ἀνδρῶν ὑπὸ γούνατ' ἔλυσε·
καὶ γὰρ κεῖνος ἔβη Ἀγαμέμνονος εἵνεκα τιμῆς   70
Ἴλιον εἰς εὔπωλον, ἵνα Τρώεσσι μάχοιτο."

Ὣς εἰπὼν ζωστῆρι θοῶς συνέεργε χιτῶνα,
βῆ δ' ἴμεν ἐς συφεούς, ὅθι ἔθνεα ἔρχατο χοίρων.
ἔνθεν ἑλὼν δύ' ἔνεικε καὶ ἀμφοτέρους ἱέρευσεν,
εὗσέ τε μίστυλλέν τε καὶ ἀμφ' ὀβελοῖσιν ἔπειρεν.   75
ὀπτήσας δ' ἄρα πάντα φέρων παρέθηκ' Ὀδυσῆι
θέρμ' αὐτοῖς ὀβελοῖσιν· ὁ δ' ἄλφιτα λευκὰ πάλυνεν·
ἐν δ' ἄρα κισσυβίῳ κίρνη μελιηδέα οἶνον,
αὐτὸς δ' ἀντίον ἷζεν, ἐποτρύνων δὲ προσηύδα·
" ἔσθιε νῦν, ὦ ξεῖνε, τά τε δμώεσσι πάρεστι,   80
χοίρε'· ἀτὰρ σιάλους γε σύας μνηστῆρες ἔδουσιν,
οὐκ ὄπιδα φρονέοντες ἐνὶ φρεσὶν οὐδ' ἐλεητύν.

65 θεὸς δ' ὡς C L⁵   εὔμορφον ἀέξῃ Ar. (lect. ἦ οἱ !)   67 αὐτόθι
γήρα Mon. T U¹ U⁶ U⁸ : αὐτόθ' ἐγ. cet.   70 ante 69 pos. g
72 γρ. ἐπέεργε H³   75 εὗσε τε d p³ Eust. : εὖσεν cet.   79 αὖτις f
82 τρομέοντες γρ. U⁵

οὐ μὲν σχέτλια ἔργα θεοὶ μάκαρες φιλέουσιν,
ἀλλὰ δίκην τίουσι καὶ αἴσιμα ἔργ' ἀνθρώπων.
καὶ μὲν δυσμενέες καὶ ἀνάρσιοι, οἵ τ' ἐπὶ γαίης   85
ἀλλοτρίης βῶσιν καί σφι Ζεὺς ληΐδα δώῃ,
πλησάμενοι δέ τε νῆας ἔβαν οἶκόνδε νέεσθαι,
καὶ μὲν τοῖς ὄπιδος κρατερὸν δέος ἐν φρεσὶ πίπτει.
οἴδε δέ τοι ἴσασι, θεοῦ δέ τιν' ἔκλυον αὐδήν,
κείνου λυγρὸν ὄλεθρον, ὅ τ' οὐκ ἐθέλουσι δικαίως   90
μνᾶσθαι οὐδὲ νέεσθαι ἐπὶ σφέτερ', ἀλλὰ ἔκηλοι
κτήματα δαρδάπτουσιν ὑπέρβιον, οὐδ' ἔπι φειδώ.
ὅσσαι γὰρ νύκτες τε καὶ ἡμέραι ἐκ Διός εἰσιν,
οὔ ποθ' ἓν ἰρεύουσ' ἱερήϊον, οὐδὲ δύ' οἴω·
οἶνον δὲ φθινύθουσιν ὑπέρβιον ἐξαφύοντες.   95
ἦ γάρ οἱ ζωή γ' ἦν ἄσπετος· οὔ τινι τόσση
ἀνδρῶν ἡρώων, οὔτ' ἠπείροιο μελαίνης
οὔτ' αὐτῆς Ἰθάκης· οὐδὲ ξυνεείκοσι φωτῶν
ἔστ' ἄφενος τοσσοῦτον· ἐγὼ δέ κέ τοι καταλέξω.
δώδεκ' ἐν ἠπείρῳ ἀγέλαι· τόσα πώεα οἰῶν,   100
τόσσα συῶν συβόσια, τόσ' αἰπόλια πλατέ' αἰγῶν
βόσκουσι ξεῖνοί τε καὶ αὐτοῦ βώτορες ἄνδρες.
ἐνθάδε δ' αἰπόλια πλατέ' αἰγῶν ἕνδεκα πάντα
ἐσχατιῇ βόσκοντ', ἐπὶ δ' ἀνέρες ἐσθλοὶ ὄρονται.
τῶν αἰεί σφιν ἕκαστος ἐπ' ἤματι μῆλον ἀγινεῖ,   105
ζατρεφέων αἰγῶν ὅς τις φαίνηται ἄριστος.
αὐτὰρ ἐγὼ σῦς τάσδε φυλάσσω τε ῥύομαί τε,
καί σφι συῶν τὸν ἄριστον ἐῢ κρίνας ἀποπέμπω."
  Ὣς φάθ', ὁ δ' ἐνδυκέως κρέα τ' ἤσθιε πῖνέ τε οἶνον
ἁρπαλέως ἀκέων, κακὰ δὲ μνηστῆρσι φύτευεν.   110
αὐτὰρ ἐπεὶ δείπνησε καὶ ἥραρε θυμὸν ἐδωδῇ,

83 ποθέουσιν L⁴   86 θεὸς Eust.   87 ἕκαστος a d 1 L⁴
89 τοι e U⁸ : τι vulg.: τε ο   θεοῦ δ' ἄρ' ἔκλυον C   92 οὐδέτι f
    93-95 om. H³   94 οἶω Br L⁵ P⁴ R², O corr. : οἶα cet.
95 ἀκήριων γρ. H³   96 τοῦ b c f L⁵   99 τοσσοῦτος a 1 Br
R² R⁸, cf 112   100 μήλων Strabo 453   102 αὐτοὶ L⁴ U⁸ R⁹ uv
    103 ἔ/θ' εἴτ' a   104 ἐσχατιὴν ο Ar.   ὀρῶνται g   111 ἐδωδῆς p²⁸

14. ΟΔΥΣΣΕΙΑΣ Ξ

καί οἱ πλησάμενος δῶκε σκύφος, ᾧ περ ἔπινεν,
οἴνου ἐνίπλειον· ὁ δ' ἐδέξατο, χαῖρε δὲ θυμῷ,
καί μιν φωνήσας ἔπεα πτερόεντα προσηύδα·
"ὦ φίλε, τίς γάρ σε πρίατο κτεάτεσσιν ἑοῖσιν,   115
ὧδε μάλ' ἀφνειὸς καὶ καρτερὸς ὡς ἀγορεύεις;
φῆς δ' αὐτὸν φθίσθαι Ἀγαμέμνονος εἵνεκα τιμῆς.
εἰπέ μοι, αἴ κέ ποθι γνώω τοιοῦτον ἐόντα.
Ζεὺς γάρ που τό γε οἶδε καὶ ἀθάνατοι θεοὶ ἄλλοι,
εἴ κέ μιν ἀγγείλαιμι ἰδών· ἐπὶ πολλὰ δ' ἀλήθην."   120
Τὸν δ' ἠμείβετ' ἔπειτα συβώτης, ὄρχαμος ἀνδρῶν·
"ὦ γέρον, οὔ τις κεῖνον ἀνὴρ ἀλαλήμενος ἐλθὼν
ἀγγέλλων πείσειε γυναῖκά τε καὶ φίλον υἱόν,
ἀλλ' ἄλλως κομιδῆς κεχρημένοι ἄνδρες ἀλῆται
ψεύδοντ', οὐδ' ἐθέλουσιν ἀληθέα μυθήσασθαι.   125
ὃς δέ κ' ἀλητεύων Ἰθάκης ἐς δῆμον ἵκηται,
ἐλθὼν ἐς δέσποιναν ἐμὴν ἀπατήλια βάζει·
ἡ δ' εὖ δεξαμένη φιλέει καὶ ἔκαστα μεταλλᾷ,
καί οἱ ὀδυρομένη βλεφάρων ἄπο δάκρυα πίπτει,
ἣ θέμις ἐστὶ γυναικός, ἐπὴν πόσις ἄλλοθ' ὄληται.   130
αἶψά κε καὶ σύ, γεραιέ, ἔπος παρατεκτήναιο,
εἴ τίς τοι χλαῖνάν τε χιτῶνά τε εἴματα δοίη.
τοῦ δ' ἤδη μέλλουσι κύνες ταχέες τ' οἰωνοὶ
ῥινὸν ἀπ' ὀστεόφιν ἐρύσαι, ψυχὴ δὲ λέλοιπεν·
ἢ τόν γ' ἐν πόντῳ φάγον ἰχθύες, ὀστέα δ' αὐτοῦ   135
κεῖται ἐπ' ἠπείρου ψαμάθῳ εἰλυμένα πολλῇ.
ὣς ὁ μὲν ἔνθ' ἀπόλωλε, φίλοισι δὲ κήδε' ὀπίσσω
πᾶσιν, ἐμοὶ δὲ μάλιστα, τετεύχαται· οὐ γὰρ ἔτ' ἄλλον
ἤπιον ὧδε ἄνακτα κιχήσομαι, ὁππόσ' ἐπέλθω,
οὐδ' εἴ κεν πατρὸς καὶ μητέρος αὖτις ἵκωμαι   140

112 καὶ παρ' Ὁμήρῳ δὲ Ἀριστοφάνης ὁ Βυζάντιος γράφει πλησάμενος
δ' ἄρα οἱ δῶκε σκύφος ᾧ περ ἔπινεν, Ἀρίσταρχος δὲ ... σκύφον Athen.
498 F διχῶς καὶ ὁ σκύφος καὶ τὸ σκύφος schol.   σκύφον a g h k l H³,
j ss.   ἐπινον p³⁹   117 φθῖναι P³   123 ἀγγελέων g
130 ἢ codd. (ἢ Pal.) : ἢ Eust., cf. γ 45   132 ath. Diocles   ἥτις f
134 ἐρύειν i k : ἐρύσειν o   139 ὁππόσε ἔλθω f   140 αὐτὸς e L⁷ :
μητρὸς ἐσαῦτις U⁸

21

οἶκον, ὅθι πρῶτον γενόμην καί μ᾽ ἔτρεφον αὐτοί.
οὐδέ νυ τῶν ἔτι τόσσον ὀδύρομαι, ἱεμενός περ
ὀφθαλμοῖσιν ἰδέσθαι ἐὼν ἐν πατρίδι γαίῃ·
ἀλλά μ᾽ Ὀδυσσῆος πόθος αἴνυται οἰχομένοιο.
τὸν μὲν ἐγών, ὦ ξεῖνε, καὶ οὐ παρεόντ᾽ ὀνομάζειν   145
αἰδέομαι· πέρι γάρ μ᾽ ἐφίλει καὶ κήδετο θυμῷ·
ἀλλά μιν ἠθεῖον καλέω καὶ νόσφιν ἐόντα."
    Τὸν δ᾽ αὖτε προσέειπε πολύτλας δῖος Ὀδυσσεύς·
" ὦ φίλ᾽, ἐπεὶ δὴ πάμπαν ἀναίνεαι, οὐδ᾽ ἔτι φῇσθα
κεῖνον ἐλεύσεσθαι, θυμὸς δέ τοι αἰὲν ἄπιστος·   150
ἀλλ᾽ ἐγὼ οὐκ αὔτως μυθήσομαι, ἀλλὰ σὺν ὅρκῳ,
ὡς νεῖται Ὀδυσεύς· εὐαγγέλιον δέ μοι ἔστω
αὐτίκ᾽, ἐπεί κεν κεῖνος ἰὼν τὰ ἃ δώμαθ᾽ ἵκηται·
ἔσσαι με χλαῖνάν τε χιτῶνά τε, εἵματα καλά·
πρὶν δέ κε, καὶ μάλα περ κεχρημένος, οὔ τι δεχοίμην.   155
ἐχθρὸς γάρ μοι κεῖνος ὁμῶς Ἀΐδαο πύλῃσι
γίγνεται, ὃς πενίῃ εἴκων ἀπατήλια βάζει.
ἴστω νῦν Ζεὺς πρῶτα θεῶν ξενίη τε τράπεζα,
ἱστίη τ᾽ Ὀδυσῆος ἀμύμονος, ἣν ἀφικάνω·
ἦ μέν τοι τάδε πάντα τελείεται ὡς ἀγορεύω.   160
τοῦδ᾽ αὐτοῦ λυκάβαντος ἐλεύσεται ἐνθάδ᾽ Ὀδυσσεύς.
τοῦ μὲν φθίνοντος μηνός, τοῦ δ᾽ ἱσταμένοιο,
οἴκαδε νοστήσει, καὶ τίσεται ὅς τις ἐκείνου
ἐνθάδ᾽ ἀτιμάζει ἄλοχον καὶ φαίδιμον υἱόν."

142 οὐδ᾽ ἄρα i γρ. H³ K U⁵ : οὐδέτι f h p L⁴ Eust.   ἱεμενός H³, γρ.
K U⁵ V⁴ : ἀχνύμενός cet.   146 θυμῷ] λίην Iamblichus vit. Pyth. § 255
    149 κεῖνον 150 φῇσθα b   φάσθαι g   152 ἔσται a : εἴη Et
Flor. ap. Miller. Mél. 132, cf. Υ 453 al.   154 om. b o g h i k p²⁸
ed. pr.   ἐσσεμέναι C P⁶ : ἐσσέμεν Br L³ P² R⁴   159 μετενήνεκται
ἀπὸ τῶν ἑξῆς ἐπὶ τῶν πρὸς τὴν Πηνελόπειαν λόγων schol. [158-162 =
τ 302-307] ἑστίῃ g i r U⁷ Ammon. in βωμός, v. l. ap. Eust., cf. ρ 156
τ 304   160-164 asteriscis circumpunctis not. U⁵   160 τοι]
μοι L⁷ P⁶ : δὴ Ho L⁴ P¹ Z : γρ. ἦ μέν τοι τῇδε [αὐτὰ !] ἀντὶ τοῦ οὕτως
schol.   161 τοῦ δ᾽ αὖ τοῦ τρεῖς τόνοι schol., Ptol. Ascal. ad K 25 :
αὐτοῦ codd.   162-164 ὑποπτεύονται οἱ τρεῖς ὡς ἀσύμφωνοι πρὸς τὰ
πρὸ αὐτῶν schol.   163 νοστήσει a d L⁴ U⁶ U⁷ Eust. : νοστήσας vulg. :
νοστήσειν f U⁸   ὅς κεν f i p p²⁸ ed pr.   164 νήπιον f h

Τὸν δ᾽ ἀπαμειβόμενος προσέφης, Εὔμαιε συβῶτα· 165
" ὦ γέρον, οὔτ᾽ ἄρ᾽ ἐγὼν εὐαγγέλιον τόδε τίσω,
οὔτ᾽ Ὀδυσεὺς ἔτι οἶκον ἐλεύσεται· ἀλλὰ ἔκηλος
πῖνε, καὶ ἄλλα παρὲξ μεμνώμεθα, μηδέ με τούτων
μίμνησκ᾽· ἦ γὰρ θυμὸς ἐνὶ στήθεσσιν ἐμοῖσιν
ἄχνυται, ὁππότε τις μνήσῃ κεδνοῖο ἄνακτος. 170
ἀλλ᾽ ἦ τοι ὅρκον μὲν ἐάσομεν, αὐτὰρ Ὀδυσεὺς
ἔλθοι ὅπως μιν ἐγώ γ᾽ ἐθέλω καὶ Πηνελόπεια
Λαέρτης θ᾽ ὁ γέρων καὶ Τηλέμαχος θεοειδής.
νῦν αὖ παιδὸς ἄλαστον ὀδύρομαι, ὃν τέκ᾽ Ὀδυσεύς,
Τηλεμάχου· τὸν ἐπεὶ θρέψαν θεοὶ ἔρνεϊ ἶσον, 175
καί μιν ἔφην ἔσσεσθαι ἐν ἀνδράσιν οὔ τι χέρεια
πατρὸς ἑοῖο φίλοιο, δέμας καὶ εἶδος ἀγητόν,
τὸν δέ τις ἀθανάτων βλάψε φρένας ἔνδον ἐΐσας
ἠέ τις ἀνθρώπων· ὁ δ᾽ ἔβη μετὰ πατρὸς ἀκουὴν
ἐς Πύλον ἠγαθέην· τὸν δὲ μνηστῆρες ἀγαυοὶ 180
οἴκαδ᾽ ἰόντα λοχῶσιν, ὅπως ἀπὸ φῦλον ὅληται
νώνυμον ἐξ Ἰθάκης Ἀρκεισίου ἀντιθέοιο.
ἀλλ᾽ ἦ τοι κεῖνον μὲν ἐάσομεν, ἤ κεν ἁλώῃ
ἢ κε φύγῃ καί κέν οἱ ὑπέρσχῃ χεῖρα Κρονίων.
ἀλλ᾽ ἄγε μοι σύ, γεραιέ, τὰ σ᾽ αὐτοῦ κήδε᾽ ἐνίσπες, 185
καί μοι τοῦτ᾽ ἀγόρευσον ἐτήτυμον, ὄφρ᾽ ἐῢ εἰδῶ·
τίς πόθεν εἰς ἀνδρῶν; πόθι τοι πόλις ἠδὲ τοκῆες;
ὁπποίης τ᾽ ἐπὶ νηὸς ἀφίκεο· πῶς δέ σε ναῦται
ἤγαγον εἰς Ἰθάκην; τίνες ἔμμεναι εὐχετόωντο;
οὐ μὲν γάρ τί σε πεζὸν ὀίομαι ἐνθάδ᾽ ἱκέσθαι." 190
    Τὸν δ᾽ ἀπαμειβόμενος προσέφη πολύμητις Ὀδυσεύς·

168 μὴ δέ τι g : μὴ δέ τε L⁵   169 θυμὸς ... 170 ἄχνυται f h U¹ :
θυμὸν ... ἄχνυμαι cet.   171 ὅρκον] κεῖνον Zen.   174-184 obelis
notat U⁵, signo s H³   175 γρ. οὐρανίωνες L⁴   176 χέρεια Ar. :
χέρηα Eust. 488. 38 (κατὰ τὰ πλείω τῶν ἀντιγράφων): χερείω codd.
(χερείων Br U¹ : χερείον f U⁸)   177 δέμας f i j L⁵ Eust. : φρένας cet.
εἶδος] ἦθος f U⁸   178 τὸν b e g (ἐν σχήματι schol.) : τοῦ
cet.   180 ἐν πύλῳ ἠγαθέῃ d   183 εἴκεν a d l   184 εἴ a d l
185 ἐνίσπες e H³ L⁴ Pal. U⁶ ed. pr. : ἐνίσπε cet., cf. γ 101   188 τ᾽
f U⁸ (Ar. ad a 171) : δ᾽ cet.   189 εὐχετόωνται b f H³ L⁴ P⁶

14. ΟΔΥΣΣΕΙΑΣ Ξ

" τοιγὰρ ἐγώ τοι ταῦτα μάλ' ἀτρεκέως ἀγορεύσω.
εἴη μὲν νῦν νῶϊν ἐπὶ χρόνον ἠμὲν ἐδωδὴ
ἠδὲ μέθυ γλυκερὸν κλισίης ἔντοσθεν ἐοῦσι,
δαίνυσθαι ἀκέοντ', ἄλλοι δ' ἐπὶ ἔργον ἔποιεν·   195
ῥηϊδίως κεν ἔπειτα καὶ εἰς ἐνιαυτὸν ἅπαντα
οὔ τι διαπρήξαιμι λέγων ἐμὰ κήδεα θυμοῦ,
ὅσσα γε δὴ ξύμπαντα θεῶν ἰότητι μόγησα.
ἐκ μὲν Κρητάων γένος εὔχομαι εὐρειάων,
ἀνέρος ἀφνειοῖο πάϊς· πολλοὶ δὲ καὶ ἄλλοι   200
υἱέες ἐν μεγάρῳ ἠμὲν τράφεν ἠδ' ἐγένοντο
γνήσιοι ἐξ ἀλόχου· ἐμὲ δ' ὠνητὴ τέκε μήτηρ
παλλακίς, ἀλλά με ἶσον ἰθαγενέεσσιν ἐτίμα
Κάστωρ Ὑλακίδης, τοῦ ἐγὼ γένος εὔχομαι εἶναι·
ὃς τότ' ἐνὶ Κρήτεσσι θεὸς ὣς τίετο δήμῳ   205
ὄλβῳ τε πλούτῳ τε καὶ υἱάσι κυδαλίμοισιν.
ἀλλ' ἦ τοι τὸν κῆρες ἔβαν θανάτοιο φέρουσαι
εἰς Ἀΐδαο δόμους· τοὶ δὲ ζωὴν ἐδάσαντο
παῖδες ὑπέρθυμοι καὶ ἐπὶ κλήρους ἐβάλοντο,
αὐτὰρ ἐμοὶ μάλα παῦρα δόσαν καὶ οἰκί' ἔνειμαν.   210
ἠγαγόμην δὲ γυναῖκα πολυκλήρων ἀνθρώπων
εἵνεκ' ἐμῆς ἀρετῆς, ἐπεὶ οὐκ ἀποφώλιος ἦα
οὐδὲ φυγοπτόλεμος· νῦν δ' ἤδη πάντα λέλοιπεν·
ἀλλ' ἔμπης καλάμην γέ σ' ὀΐομαι εἰσορόωντα
γιγνώσκειν· ἦ γάρ με δύη ἔχει ἤλιθα πολλή.   215
ἦ μὲν δὴ θάρσος μοι Ἄρης τ' ἔδοσαν καὶ Ἀθήνη
καὶ ῥηξηνορίην· ὁπότε κρίνοιμι λόχονδε
ἄνδρας ἀριστῆας, κακὰ δυσμενέεσσι φυτεύων,

192 τοιαῦτα f U⁸   μάλ'] φίλε U¹ ss.   195 τ' ἀκέοντ' b c f i
ed. pr. : κ' ἀκέοντ' d   ἔργα c e g L⁷   τράποιντο ο, γρ. U⁵ Eust.
(cf. Γ 422 Ψ 53 π 144)   197 θυμῷ a d l   201 υἱέες ἐν b c f g :
υἷες ἐνὶ vulg.   μεγάροις L⁸ corr. ed. pr.   202 ἀλόχου b c g L⁷ U³ :
ἀλόχων vulg.   203 ἰθαιγενέεσσιν g L⁴ : παρέφθαρται τὰ ἀντίγραφα
τὰ ἔχοντα ἰθαιγενέεσσιν Epimerism. Hom. in Ἄσιος (An. Ox. i. 61. 9)
204 Καλλίστρατος ἐν τῇ ἐκ Μουσείου καστῶρ φησι γεγράφθαι schol.
H³. non liquet   205 ποτ' b c e g   206 om. U⁵   213 λέ-
λοιπα R² Z   214 οιομαι εισοραασθαι [215 γινωσκοντ' ?] 𝔭²⁸

24

οὔ ποτέ μοι θάνατον προτιόσσετο θυμὸς ἀγήνωρ,
ἀλλὰ πολὺ πρώτιστος ἐπάλμενος ἔγχει ἔλεσκον   220
ἀνδρῶν δυσμενέων ὅ τέ μοι εἴξειε πόδεσσι.
τοῖος ἔα ἐν πολέμῳ· ἔργον δέ μοι οὐ φίλον ἔσκεν
οὐδ᾽ οἰκωφελίη, ἥ τε τρέφει ἀγλαὰ τέκνα,
ἀλλά μοι αἰεὶ νῆες ἐπήρετμοι φίλαι ἦσαν
καὶ πόλεμοι καὶ ἄκοντες ἐΰξεστοι καὶ ὀϊστοί,   225
λυγρά, τά τ᾽ ἄλλοισίν γε καταριγηλὰ πέλονται.
αὐτὰρ ἐμοὶ τὰ φίλ᾽ ἔσκε τά που θεὸς ἐν φρεσὶ θῆκεν·
ἄλλος γάρ τ᾽ ἄλλοισιν ἀνὴρ ἐπιτέρπεται ἔργοις.
πρὶν μὲν γὰρ Τροίης ἐπιβήμεναι υἷας Ἀχαιῶν
εἰνάκις ἀνδράσιν ἄρξα καὶ ὠκυπόροισι νέεσσιν   230
ἄνδρας ἐς ἀλλοδαπούς, καί μοι μάλα τύγχανε πολλά.
τῶν ἐξαιρεύμην μενοεικέα, πολλὰ δ᾽ ὀπίσσω
λάγχανον· αἶψα δὲ οἶκος ὀφέλλετο, καί ῥα ἔπειτα
δεινός τ᾽ αἰδοῖός τε μετὰ Κρήτεσσι τετύγμην.
ἀλλ᾽ ὅτε δὴ τήν γε στυγερὴν ὁδὸν εὐρύοπα Ζεὺς   235
ἐφράσαθ᾽, ἣ πολλῶν ἀνδρῶν ὑπὸ γούνατ᾽ ἔλυσε,
δὴ τότ᾽ ἔμ᾽ ἤνωγον καὶ ἀγακλυτὸν Ἰδομενῆα
νήεσσ᾽ ἡγήσασθαι ἐς Ἴλιον· οὐδέ τι μῆχος
ἦεν ἀνήνασθαι, χαλεπὴ δ᾽ ἔχε δήμου φῆμις.
ἔνθα μὲν εἰνάετες πολεμίζομεν υἷες Ἀχαιῶν,   240
τῷ δεκάτῳ δὲ πόλιν Πριάμου πέρσαντες ἔβημεν
οἴκαδε σὺν νήεσσι, θεὸς δ᾽ ἐκέδασσεν Ἀχαιούς.
αὐτὰρ ἐμοὶ δειλῷ κακὰ μήδετο μητίετα Ζεύς·
μῆνα γὰρ οἶον ἔμεινα τεταρπόμενος τεκέεσσι
κουριδίῃ τ᾽ ἀλόχῳ καὶ κτήμασιν· αὐτὰρ ἔπειτα   245
Αἴγυπτόνδε με θυμὸς ἀνώγει ναυτίλλεσθαι,
νῆας ἐῢ στείλαντα, σὺν ἀντιθέοις ἑτάροισιν.

220 ὄλεσκον c p   222 ἔ ἔν c f i: ἔην, om. ἐν J P³ R¹⁰ U¹:
ἔον om. ἐν U⁸ cum ἐν Eust. : ἔα om. d P¹   226 καὶ ῥιγηλὰ d e
228 τ᾽ om. j Clem. Alex. strom. vi. 2. 7   230 ἦρξα codd.   231 καί
σφιν Zen.   πολλά b c f i k, γρ. e : πάντα cet.   232 ita vulg. :
ἐξη- d f : ἐξε- l L⁷ : ἐξευ- L⁵ R¹⁰ U⁸   234 τετάγμην b c g
237 ἤνωγαν f   239 φήμη a g L⁵ M²   243 εὐρύοπα e

ἐννέα νῆας στεῖλα, θοῶς δ' ἐσαγείρετο λαός.
ἑξῆμαρ μὲν ἔπειτα ἐμοὶ ἐρίηρες ἑταῖροι
δαίνυντ'· αὐτὰρ ἐγὼν ἱερήϊα πολλὰ παρεῖχον   250
θεοῖσίν τε ῥέζειν αὐτοῖσί τε δαῖτα πένεσθαι.
ἑβδομάτῃ δ' ἀναβάντες ἀπὸ Κρήτης εὐρείης
ἐπλέομεν Βορέῃ ἀνέμῳ ἀκραέϊ καλῷ
ῥηϊδίως, ὡς εἴ τε κατὰ ῥόον· οὐδέ τις οὖν μοι
νηῶν πημάνθη, ἀλλ' ἀσκηθέες καὶ ἄνουσοι   255
ἥμεθα, τὰς δ' ἄνεμός τε κυβερνῆταί τ' ἴθυνον.
πεμπταῖοι δ' Αἴγυπτον ἐϋρρείτην ἱκόμεσθα,
στῆσα δ' ἐν Αἰγύπτῳ ποταμῷ νέας ἀμφιελίσσας.
ἔνθ' ἦ τοι μὲν ἐγὼ κελόμην ἐρίηρας ἑταίρους
αὐτοῦ πὰρ νήεσσι μένειν καὶ νῆας ἔρυσθαι,   260
ὀπτῆρας δὲ κατὰ σκοπιὰς ὄτρυνα νέεσθαι·
οἱ δ' ὕβρει εἴξαντες, ἐπισπόμενοι μένεϊ σφῷ,
αἶψα μάλ' Αἰγυπτίων ἀνδρῶν περικαλλέας ἀγροὺς
πόρθεον, ἐκ δὲ γυναῖκας ἄγον καὶ νήπια τέκνα,
αὐτούς τ' ἔκτεινον· τάχα δ' ἐς πόλιν ἵκετ' ἀϋτή.   265
οἱ δὲ βοῆς ἀΐοντες ἅμ' ἠοῖ φαινομένηφιν
ἦλθον· πλῆτο δὲ πᾶν πεδίον πεζῶν τε καὶ ἵππων
χαλκοῦ τε στεροπῆς· ἐν δὲ Ζεὺς τερπικέραυνος
φύζαν ἐμοῖς ἑτάροισι κακὴν βάλεν, οὐδέ τις ἔτλη
μεῖναι ἐναντίβιον· περὶ γὰρ κακὰ πάντοθεν ἔστη.   270
ἔνθ' ἡμέων πολλοὺς μὲν ἀπέκτανον ὀξέϊ χαλκῷ,
τοὺς δ' ἄναγον ζωούς, σφίσιν ἐργάζεσθαι ἀνάγκῃ.
αὐτὰρ ἐμοὶ Ζεὺς αὐτὸς ἐνὶ φρεσὶν ὧδε νόημα
ποίησ'· ὡς ὄφελον θανέειν καὶ πότμον ἐπισπεῖν
αὐτοῦ ἐν Αἰγύπτῳ· ἔτι γάρ νύ με πῆμ' ὑπέδεκτο·   275
αὐτίκ' ἀπὸ κρατὸς κυνέην εὔτυκτον ἔθηκα

248 θυμός pro λαός b (ex O 240 Φ 417)   253 πλέομεν G : πλέομεν
ἐν f i   255 ἀσκεθέες b d e Eust., cf. ε 26   257 εὐρείην P³ P⁵
          258 στήσας δ' P⁵ U⁵ : στήσαμεν J R¹⁰ : στήσαμὲν D U² 261 ὅτρ.
codd.   262 σφῶν a d f l Eust.   263 μάλ'] μὲν k   269 ἔτλη]
ἤδη f   272 ἄναγον b h i k L⁷ : ἄγαγον cet.   273 ὧδε] τοῦτο
b f i

καὶ σάκος ὤμοιϊν, δόρυ δ' ἔκβαλον ἔκτοσε χειρός·
αὐτὰρ ἐγὼ βασιλῆος ἐναντίον ἤλυθον ἵππων
καὶ κύσα γούναθ' ἑλών· ὁ δ' ἐρύσατο καί μ' ἐλέησεν,
ἐς δίφρον δέ μ' ἕσας ἄγεν οἴκαδε δάκρυ χέοντα.   280
ἦ μέν μοι μάλα πολλοὶ ἐπήϊσσον μελίῃσιν,
ἱέμενοι κτεῖναι—δὴ γὰρ κεχολώατο λίην—
ἀλλ' ἀπὸ κεῖνος ἔρυκε, Διὸς δ' ὠπίζετο μῆνιν
ξεινίου, ὅς τε μάλιστα νεμεσσᾶται κακὰ ἔργα.
ἔνθα μὲν ἑπτάετες μένον αὐτόθι, πολλὰ δ' ἄγειρα   285
χρήματ' ἀν' Αἰγυπτίους ἄνδρας· δίδοσαν γὰρ ἅπαντες.
ἀλλ' ὅτε δὴ ὄγδοόν μοι ἐπιπλόμενον ἔτος ἦλθε,
δὴ τότε Φοῖνιξ ἦλθεν ἀνὴρ ἀπατήλια εἰδώς,
τρώκτης, ὃς δὴ πολλὰ κάκ' ἀνθρώποισιν ἐώργει·
ὅς μ' ἄγε παρπεπιθὼν ᾗσι φρεσίν, ὄφρ' ἱκόμεσθα   290
Φοινίκην, ὅθι τοῦ γε δόμοι καὶ κτήματ' ἔκειτο.
ἔνθα παρ' αὐτῷ μεῖνα τελεσφόρον εἰς ἐνιαυτόν.
ἀλλ' ὅτε δὴ μῆνές τε καὶ ἡμέραι ἐξετελεῦντο
ἂψ περιτελλομένου ἔτεος καὶ ἐπήλυθον ὧραι,
ἐς Λιβύην μ' ἐπὶ νηὸς ἐέσσατο ποντοπόροιο   295
ψεύδεα βουλεύσας, ἵνα οἱ σὺν φόρτον ἄγοιμι,
κεῖθι δέ μ' ὡς περάσειε καὶ ἄσπετον ὦνον ἕλοιτο.
τῷ ἑπόμην ἐπὶ νηός, ὀϊόμενός περ, ἀνάγκῃ.
ἡ δ' ἔθεεν Βορέῃ ἀνέμῳ ἀκραέϊ καλῷ,
μέσσον ὑπὲρ Κρήτης· Ζεὺς δέ σφισι μήδετ' ὄλεθρον.   300
ἀλλ' ὅτε δὴ Κρήτην μὲν ἐλείπομεν, οὐδέ τις ἄλλη
φαίνετο γαιάων, ἀλλ' οὐρανὸς ἠδὲ θάλασσα,
δὴ τότε κυανέην νεφέλην ἔστησε Κρονίων
νηὸς ὕπερ γλαφυρῆς, ἤχλυσε δὲ πόντος ὑπ' αὐτῆς.

14. ΟΔΥΣΣΕΙΑΣ Ξ

Ζεὺς δ' ἄμυδις βρόντησε καὶ ἔμβαλε νηῒ κεραυνόν·   305
ἡ δ' ἐλελίχθη πᾶσα Διὸς πληγεῖσα κεραυνῷ,
ἐν δὲ θεείου πλῆτο· πέσον δ' ἐκ νηὸς ἅπαντες.
οἱ δὲ κορώνησιν ἴκελοι περὶ νῆα μέλαιναν
κύμασιν ἐμφορέοντο· θεὸς δ' ἀποαίνυτο νόστον.
αὐτὰρ ἐμοὶ Ζεὺς αὐτός, ἔχοντί περ ἄλγεα θυμῷ,   310
ἱστὸν ἀμαιμάκετον νηὸς κυανοπρῴροιο
ἐν χείρεσσιν ἔθηκεν, ὅπως ἔτι πῆμα φύγοιμι.
τῷ ῥα περιπλεχθεὶς φερόμην ὀλοοῖς ἀνέμοισιν.
ἐννῆμαρ φερόμην, δεκάτῃ δέ με νυκτὶ μελαίνῃ
γαίῃ Θεσπρωτῶν πέλασεν μέγα κῦμα κυλίνδον.   315
ἔνθα με Θεσπρωτῶν βασιλεὺς ἐκομίσσατο Φείδων
ἥρως ἀπριάτην· τοῦ γὰρ φίλος υἱὸς ἐπελθὼν
αἴθρῳ καὶ καμάτῳ δεδμημένον ἦγεν ἐς οἶκον,
χειρὸς ἀναστήσας, ὄφρ' ἵκετο δώματα πατρός·
ἀμφὶ δέ με χλαῖνάν τε χιτῶνά τε εἵματα ἕσσεν.   320
ἔνθ' Ὀδυσῆος ἐγὼ πυθόμην· κεῖνος γὰρ ἔφασκε
ξεινίσαι ἠδὲ φιλῆσαι ἰόντ' ἐς πατρίδα γαῖαν,
καί μοι κτήματ' ἔδειξεν ὅσα ξυναγείρατ' Ὀδυσσεύς,
χαλκόν τε χρυσόν τε πολύκμητόν τε σίδηρον.
καί νύ κεν ἐς δεκάτην γενεὴν ἕτερόν γ' ἔτι βόσκοι·   325
τόσσα οἱ ἐν μεγάροις κειμήλια κεῖτο ἄνακτος.
τὸν δ' ἐς Δωδώνην φάτο βήμεναι, ὄφρα θεοῖο
ἐκ δρυὸς ὑψικόμοιο Διὸς βουλὴν ἐπακοῦσαι,
ὅππως νοστήσει' Ἰθάκης ἐς πίονα δῆμον
ἤδη δὴν ἀπεών, ἦ ἀμφαδὸν ἦε κρυφηδόν.   330
ὤμοσε δὲ πρὸς ἔμ' αὐτόν, ἀποσπένδων ἐνὶ οἴκῳ,

307 ἐκ pro ἐν d e C P¹   πλεῖτο g L⁵ P⁵   312 ἐπὶ b f i o
κῦμα O, cf. P99   315 αἴῃ e J   κόμισεν d l : νώμησε C
317 ἀπριάδην Rhian. : ἀπριάτης Crates (κακῶς γράφει) ap. Ap lex. in v.
(39. 28 Bekk.)   318 αἴθρῳ Zen. Aristoph. Ar. codd. : αἴθρῃ schol. Ap.
Rhod. iv. 765 : λύθρῳ quidam ap. Ap. lex. in v. (κακῶς)   323 κειμήλιά
τ' f P⁶   324 ἅλις ἐσθῆτά θ' ὑφαντήν h Eust.   325 νύ κεν] νῦν b 1
H⁵ P⁶ R¹   326 τόσσα a g Br U⁸ Eust. (πᾶσαι schol.) : ὅσσα cet.
328 ἐπακοῦσαι Aristoph. f P²⁸ I·⁶ U² Strabo 329: ἐπακούσῃ Ar.
vulg. : ἐσακοῦσαι l   331 ὔμνυε Eust.   ἐπισπένδων ed. Aeol. P²⁸,
cf. τ 288

28

νῆα κατειρύσθαι καὶ ἐπαρτέας ἔμμεν ἑταίρους,·
οἳ δή μιν πέμψουσι φίλην ἔς πατρίδα γαῖαν.
ἀλλ᾽ ἐμὲ πρὶν ἀπέπεμψε· τύχησε γὰρ ἐρχομένη νηῦς
ἀνδρῶν Θεσπρωτῶν ἐς Δουλίχιον πολύπυρον.   335
ἔνθ᾽ ὅ γέ μ᾽ ἠνώγει πέμψαι βασιλῆϊ ᾽Ακάστῳ
ἐνδυκέως· τοῖσιν δὲ κακὴ φρεσὶν ἥνδανε βουλὴ
ἀμφ᾽ ἐμοί, ὄφρ᾽ ἔτι πάγχυ δύης ἐπὶ πῆμα γενοίμην.
ἀλλ᾽ ὅτε γαίης πολλὸν ἀπέπλω ποντοπόρος νηῦς,
αὐτίκα δούλιον ἦμαρ ἐμοὶ περιμηχανόωντο.   340
ἐκ μέν με χλαῖνάν τε χιτῶνά τε εἵματ᾽ ἔδυσαν,
ἀμφὶ δέ με ῥάκος ἄλλο κακὸν βάλον ἠδὲ χιτῶνα,
ῥωγαλέα, τὰ καὶ αὐτὸς ἐν ὀφθαλμοῖσιν ὅρηαι·
ἑσπέριοι δ᾽ ᾽Ιθάκης εὐδειέλου ἔργ᾽ ἀφίκοντο.
ἔνθ᾽ ἐμὲ μὲν κατέδησαν ἐϋσσέλμῳ ἐνὶ νηῒ   345
ὅπλῳ ἐϋστρεφέϊ στερεῶς, αὐτοὶ δ᾽ ἀποβάντες
ἐσσυμένως παρὰ θῖνα θαλάσσης δόρπον ἕλοντο.
αὐτὰρ ἐμοὶ δεσμὸν μὲν ἀνέγναμψαν θεοὶ αὐτοὶ
ῥηϊδίως· κεφαλῇ δὲ κατὰ ῥάκος ἀμφικαλύψας
ξεστὸν ἐφόλκαιον καταβὰς ἐπέλασσα θαλάσσῃ   350
στῆθος, ἔπειτα δὲ χερσὶ διήρεσσ᾽ ἀμφοτέρῃσι
νηχόμενος, μάλα δ᾽ ὦκα θύρηθ᾽ ἔα ἀμφὶς ἐκείνων.
ἔνθ᾽ ἀναβάς, ὅθι τε δρίος ἦν πολυανθέος ὕλης,
κείμην πεπτηώς. οἱ δὲ μεγάλα στενάχοντες
φοίτων· ἀλλ᾽ οὐ γάρ σφιν ἐφαίνετο κέρδιον εἶναι   355
μαίεσθαι προτέρω, τοὶ μὲν πάλιν αὖτις ἔβαινον
νηὸς ἔπι γλαφυρῆς· ἐμὲ δ᾽ ἔκρυψαν θεοὶ αὐτοὶ
ῥηϊδίως, καί με σταθμῷ ἐπέλασσαν ἄγοντες
ἀνδρὸς ἐπισταμένου· ἔτι γάρ νύ μοι αἶσα βιῶναι."
      Τὸν δ᾽ ἀπαμειβόμενος προσέφης, Εὔμαιε συβῶτα·   360

335 πολύμηλον K R¹⁰   336 ἑκάστῳ g o r   337 βουλὴ
ἥνδανε θυμῷ O   338 δύῃ ἔπι πῆμα γένηται Aristoph.   342 με
f j r L⁴ : μοι cet.   343 ῥωγαλέον Rhianus U⁶   345 ἐπὶ b P⁵ U⁸
   νηὸς P⁵   349 κεφαλὴν δὲ Aristoph. r U⁵ uv.   351 διήρεσα
b o ● g i k   352 θύρηφ᾽ f Eust.   353 δρύος o r C L⁵   πολυβεν-
θέος V³   ὕλη o   355 ἀλλ᾽ ἐπεὶ οὐ Eust.

29

14. ΟΔΥΣΣΕΙΑΣ Ξ

"ἆ δειλὲ ξείνων, ἦ μοι μάλα θυμὸν ὄρινας
ταῦτα ἕκαστα λέγων, ὅσα δὴ πάθες ἠδ' ὅσ' ἀλήθης.
ἀλλὰ τά γ' οὐ κατὰ κόσμον ὀίομαι, οὐδέ με πείσεις
εἰπὼν ἀμφ' Ὀδυσῆϊ· τί σε χρὴ τοῖον ἐόντα
μαψιδίως ψεύδεσθαι; ἐγὼ δ' εὖ οἶδα καὶ αὐτὸς   365
νόστον ἐμοῖο ἄνακτος, ὅ τ' ἤχθετο πᾶσι θεοῖσι
πάγχυ μάλ', ὅττι μιν οὔ τι μετὰ Τρώεσσι δάμασσαν
ἠὲ φίλων ἐν χερσίν, ἐπεὶ πόλεμον τολύπευσε.
τῷ κέν οἱ τύμβον μὲν ἐποίησαν Παναχαιοί,
ἠδέ κε καὶ ᾧ παιδὶ μέγα κλέος ἤρατ' ὀπίσσω.   370
νῦν δέ μιν ἀκλειῶς ἅρπυιαι ἀνηρείψαντο.
αὐτὰρ ἐγὼ παρ' ὕεσσιν ἀπότροπος· οὐδὲ πόλινδε
ἔρχομαι, εἰ μή πού τι περίφρων Πηνελόπεια
ἐλθέμεν ὀτρύνῃσιν, ὅτ' ἀγγελίη ποθὲν ἔλθῃ.
ἀλλ' οἱ μὲν τὰ ἕκαστα παρήμενοι ἐξερέουσιν,   375
ἠμὲν οἳ ἄχνυνται δὴν οἰχομένοιο ἄνακτος,
ἠδ' οἳ χαίρουσιν βίοτον νήποινον ἔδοντες·
ἀλλ' ἐμοὶ οὐ φίλον ἐστὶ μεταλλῆσαι καὶ ἐρέσθαι,
ἐξ οὗ δή μ' Αἰτωλὸς ἀνὴρ ἐξήπαφε μύθῳ,
ὅς ῥ' ἄνδρα κτείνας, πολλὴν ἐπὶ γαῖαν ἀληθείς,   380
ἦλθεν ἐμὰ πρὸς δώματ'· ἐγὼ δέ μιν ἀμφαγάπαζον.
φῆ δέ μιν ἐν Κρήτεσσι παρ' Ἰδομενῆϊ ἰδέσθαι
νῆας ἀκειόμενον, τάς οἱ ξυνέαξαν ἄελλαι·
καὶ φάτ' ἐλεύσεσθαι ἢ ἐς θέρος ἢ ἐς ὀπώρην,
πολλὰ χρήματ' ἄγοντα, σὺν ἀντιθέοις ἑτάροισι.   385
καὶ σύ, γέρον πολυπενθές, ἐπεί σέ μοι ἤγαγε δαίμων,
μήτε τί μοι ψεύδεσσι χαρίζεο μήτε τι θέλγε·
οὐ γὰρ τοὔνεκ' ἐγώ σ' αἰδέσσομαι οὐδὲ φιλήσω,
ἀλλὰ Δία ξένιον δείσας αὐτόν τ' ἐλεαίρων."

361 ἆ ο P³, γρ. Br, cf. λ 618   365 δὲ οἶδα a d l   366 δδ'
a d f l: δς L⁴ U⁸   369, 370 om. b g i k H³ Eust. (= α 239 ω 32)
375-377 signa = praef. U⁸ (καὶ ὧδε καὶ ἐν τοῖς ἑξῆς δύο στίχοις τὸ
ἄρθρον ἐστί schol.), cf. π 247, 318   377 χαίροντες ... ἔδουσι r : χαί-
ροντες Pal.   381 ἤλυθ' ἐμὸν πρὸς σταθμὸν h P²⁸ Mon Eust.   382 ἰδο-
μενῆα d g l : -ῆ' f g   388 αἰδήσομαι b f g h k   389 ἐλεήσας g ed. pr.

14.   ΟΔΥΣΣΕΙΑΣ   Ξ

Τὸν δ᾿ ἀπαμειβόμενος προσέφη πολύμητις Ὀδυσσεύς·
" ἦ μάλα τίς τοι θυμὸς ἐνὶ στήθεσσιν ἄπιστος,   391
οἷόν σ᾿ οὐδ᾿ ὀμόσας περ ἐπήγαγον οὐδέ σε πείθω.
ἀλλ᾿ ἄγε νῦν ῥήτρην ποιησόμεθ᾿· αὐτὰρ ὄπισθε
μάρτυροι ἀμφοτέροισι θεοί, τοὶ Ὄλυμπον ἔχουσιν.
εἰ μέν κεν νοστήσῃ ἄναξ τεὸς ἐς τόδε δῶμα,   395
ἕσσας με χλαῖνάν τε χιτῶνά τε εἵματα πέμψαι
Δουλίχιόνδ᾿ ἰέναι, ὅθι μοι φίλον ἔπλετο θυμῷ·
εἰ δέ κε μὴ ἔλθῃσιν ἄναξ τεὸς ὡς ἀγορεύω,
δμῶας ἐπισσεύας βαλέειν μεγάλης κατὰ πέτρης,
ὄφρα καὶ ἄλλος πτωχὸς ἀλεύεται ἠπεροπεύειν."   400
Τὸν δ᾿ ἀπαμειβόμενος προσεφώνεε δῖος ὑφορβός·
" ξεῖν᾿, οὕτω γάρ κέν μοι ἐϋκλείη τ᾿ ἀρετή τε
εἴη ἐπ᾿ ἀνθρώπους ἅμα τ᾿ αὐτίκα καὶ μετέπειτα,
ὅς σ᾿ ἐπεὶ ἐς κλισίην ἄγαγον καὶ ξείνια δῶκα,
αὖτις δὲ κτείναιμι φίλον τ᾿ ἀπὸ θυμὸν ἑλοίμην·   405
πρόφρων κεν δὴ ἔπειτα Δία Κρονίωνα λιτοίμην.
νῦν δ᾿ ὥρη δόρποιο· τάχιστά μοι ἔνδον ἑταῖροι
εἶεν, ἵν᾿ ἐν κλισίῃ λαρὸν τετυκοίμεθα δόρπον."
ᾺὩς οἱ μὲν τοιαῦτα πρὸς ἀλλήλους ἀγόρευον,
ἀγχίμολον δὲ σύες τε καὶ ἀνέρες ἦλθον ὑφορβοί.   410
τὰς μὲν ἄρα ἔρξαν κατὰ ἤθεα κοιμηθῆναι,
κλαγγὴ δ᾿ ἄσπετος ὦρτο συῶν αὐλιζομενάων·
αὐτὰρ ὁ οἷς ἑτάροισιν ἐκέκλετο δῖος ὑφορβός·
" ἄξεθ᾿ ὑῶν τὸν ἄριστον, ἵνα ξείνῳ ἱερεύσω
τηλεδαπῷ· πρὸς δ᾿ αὐτοὶ ὀνησόμεθ᾿, οἵ περ ὀϊζὺν   415
δὴν ἔχομεν πάσχοντες ὑῶν ἕνεκ᾿ ἀργιοδόντων·
ἄλλοι δ᾿ ἡμέτερον κάματον νήποινον ἔδουσιν."
ᾺὩς ἄρα φωνήσας κέασε ξύλα νηλέϊ χαλκῷ

393 ὕπερθεν a d h l Eust.   396 εἵματα] οἴκαδε h   403 ἅμα
αὐτίκα ed. pr. : ἁμ᾿ αὐτίκα L⁸ P¹ Eust.   μετόπισθεν a d l Eust.
406 δή κεν a d l   κρονίων᾿ ἀλιτοίμην C M² P¹ U² V⁴ R⁷ corr.   407 ἔνδοι
U²: Siculorum proprium dicit Heraclides ap. Eust. 1726. 24
408 τετυκαιμεθα p¹² : -κώμεθα b : -κήμεθα R⁴   411 τοὺς d f   ἄνω O
412 ἦλθε b

οἳ δ' ὗν εἰσῆγον μάλα πίονα πενταέτηρον.
τὸν μὲν ἔπειτ' ἔστησαν ἐπ' ἐσχάρῃ· οὐδὲ συβώτης   420
λήθετ' ἄρ' ἀθανάτων· φρεσὶ γὰρ κέχρητ' ἀγαθῇσιν·
ἀλλ' ὅ γ' ἀπαρχόμενος κεφαλῆς τρίχας ἐν πυρὶ βάλλεν
ἀργιόδοντος ὑός, καὶ ἐπεύχετο πᾶσι θεοῖσι
νοστῆσαι Ὀδυσῆα πολύφρονα ὅνδε δόμονδε.
κόψε δ' ἀνασχόμενος σχίζῃ δρυός, ἣν λίπε κείων·   425
τὸν δ' ἔλιπε ψυχή. τοὶ δὲ σφάξάν τε καὶ εὗσαν·
αἶψα δέ μιν διέχευαν· ὁ δ' ὠμοθετεῖτο συβώτης,
πάντων ἀρχόμενος μελέων, ἐς πίονα δημόν.
καὶ τὰ μὲν ἐν πυρὶ βάλλε, παλύνας ἀλφίτου ἀκτῇ,
μίστυλλόν τ' ἄρα τἆλλα καὶ ἀμφ' ὀβελοῖσιν ἔπειραν,   430
ὤπτησάν τε περιφραδέως ἐρύσαντό τε πάντα,
βάλλον δ' εἰν ἐλεοῖσιν ἀολλέα· ἂν δὲ συβώτης
ἵστατο δαιτρεύσων· περὶ γὰρ φρεσὶν αἴσιμα ᾔδη.
καὶ τὰ μὲν ἔπταχα πάντα διεμοιρᾶτο δαΐζων·
τὴν μὲν ἴαν νύμφῃσι καὶ Ἑρμῇ, Μαιάδος υἱεῖ,   435
θῆκεν ἐπευξάμενος, τὰς δ' ἄλλας νεῖμεν ἑκάστῳ·
νώτοισιν δ' Ὀδυσῆα διηνεκέεσσι γέραιρεν
ἀργιόδοντος ὑός, κύδαινε δὲ θυμὸν ἄνακτος·
καί μιν φωνήσας προσέφη πολύμητις Ὀδυσσεύς·
" αἴθ' οὕτως, Εὔμαιε, φίλος Διὶ πατρὶ γένοιο   440
ὡς ἐμοί, ὅττι με τοῖον ἐόντ' ἀγαθοῖσι γεραίρεις."
    Τὸν δ' ἀπαμειβόμενος προσέφης, Εὔμαιε συβῶτα·
" ἔσθιε, δαιμόνιε ξείνων, καὶ τέρπεο τοῖσδε,
οἷα πάρεστι· θεὸς δὲ τὸ μὲν δώσει, τὸ δ' ἐάσει,
ὅττι κεν ᾧ θυμῷ ἐθέλῃ· δύναται γὰρ ἅπαντα."   445

419 εἰσάγαγον a f i   425 πλῆξε Dion. Hal. de comp. verb. 5 37
ἀπαρχόμενος Dion. Hal. ant. Rom. vii. 72 (ex 422): ἀναχαζόμενος O
σχίζης b   426 δ' ἔσφ. codd. praeter Mon.   428 πάντων
Ar. : παντόθεν codd. (αἱ εἰκαιότεραι)   429 ἀκτήν b R¹¹ : ἀκτῆς i
L⁵ P² P⁵   433 δαιτρεύων a b k p   434 om. U⁵   ἔπταχα] ἔσχατα O:
ἔσταχα L⁵ : εὔτεχνα U¹   436 ἐπαρξάμενος d   ἑκάστοις a d l
Eust.   438 ἥνδανε d j l R⁴ V⁴ : τόδ' ἄρ' ἥνδανε C   439 ἔπεα πτερόεν-
τα προσηύδα g p²⁸ M⁴ P¹ R¹⁰, H¹ mg.   441 γρ. καὶ κυδανέεις R⁴

14. ΟΔΥΣΣΕΙΑΣ Ξ

Ἦ ῥα καὶ ἄργματα θῦσε θεοῖς αἰειγενέτῃσι,
σπείσας δ' αἴθοπα οἶνον Ὀδυσσῆϊ πτολιπόρθῳ
ἐν χείρεσσιν ἔθηκεν· ὁ δ' ἕζετο ᾗ παρὰ μοίρῃ.
σῖτον δέ σφιν ἔνειμε Μεσαύλιος, ὅν ῥα συβώτης   450
αὐτὸς κτήσατο οἶος ἀποιχομένοιο ἄνακτος,
νόσφιν δεσποίνης καὶ Λαέρταο γέροντος·
πὰρ δ' ἄρα μιν Ταφίων πρίατο κτεάτεσσιν ἑοῖσιν.
οἱ δ' ἐπ' ὀνείαθ' ἑτοῖμα προκείμενα χεῖρας ἴαλλον.
αὐτὰρ ἐπεὶ πόσιος καὶ ἐδητύος ἐξ ἔρον ἕντο,
σῖτον μέν σφιν ἀφεῖλε Μεσαύλιος, οἱ δ' ἐπὶ κοῖτον   455
σίτου καὶ κρειῶν κεκορημένοι ἐσσεύοντο.
    Νὺξ δ' ἄρ' ἐπῆλθε κακή, σκοτομήνιος· ὗε δ' ἄρα Ζεὺς
πάννυχος, αὐτὰρ ἄη Ζέφυρος μέγας αἰὲν ἔφυδρος.
τοῖς δ' Ὀδυσεὺς μετέειπε, συβώτεω πειρητίζων,
εἴ πώς οἱ ἐκδὺς χλαῖναν πόροι, ἤ τιν' ἑταίρων   460
ἄλλον ἐποτρύνειεν, ἐπεί ἑο κήδετο λίην·
" κέκλυθι νῦν, Εὔμαιε καὶ ἄλλοι πάντες ἑταῖροι,
εὐξάμενός τι ἔπος ἐρέω· οἶνος γὰρ ἀνώγει
ἠλεός, ὅς τ' ἐφέηκε πολύφρονά περ μάλ' ἀεῖσαι
καί θ' ἁπαλὸν γελάσαι, καί τ' ὀρχήσασθαι ἀνῆκε,   465
καί τι ἔπος προέηκεν ὅ πέρ τ' ἄρρητον ἄμεινον.
ἀλλ' ἐπεὶ οὖν τὸ πρῶτον ἀνέκραγον, οὐκ ἐπικεύσω.
εἴθ' ὣς ἡβώοιμι βίη τέ μοι ἔμπεδος εἴη,
ὡς ὅθ' ὑπὸ Τροίην λόχον ἤγομεν ἀρτύναντες.
ἡγείσθην δ' Ὀδυσεύς τε καὶ Ἀτρεΐδης Μενέλαος,   470
τοῖσι δ' ἅμα τρίτος ἄρχον ἐγών· αὐτοὶ γὰρ ἄνωγον.
ἀλλ' ὅτε δή ῥ' ἱκόμεσθα ποτὶ πτόλιν αἰπύ τε τεῖχος,
ἡμεῖς μὲν περὶ ἄστυ κατὰ ῥωπήϊα πυκνά,
ἂν δόνακας καὶ ἕλος, ὑπὸ τεύχεσι πεπτηῶτες

455 κοίτην g O m. sec. P⁵ ss.   457 ἔοικεν ἡ σκοτομήνιος καὶ
σκοτομήνεια γράφεσθαι Eust. citato fort. Heraclide   461 λίην]
βουλήν U⁵   462 κέκλυτε fort. U⁵, Eust.   464 χαλεπῆναι E. M.
425. 57   465 ἀνώγει Cl. Alex. paed. ii. 48. 1   466 καί τε Ath.
179 F   παρέθηκεν Aristoph.   469 τροίη g h 𝔭²⁸ P⁵ U⁵ Strab.
599   470 ἡγείσθον b   471 ἦρχον codd.   474 τείχεσι v. l. ant.

33

κείμεθα, νὺξ δ' ἄρ' ἐπῆλθε κακὴ Βορέαο πεσόντος,   475,
πηγυλίς· αὐτὰρ ὕπερθε χιὼν γένετ' ἠΰτε πάχνη,
ψυχρή, καὶ σακέεσσι περιτρέφετο κρύσταλλος.
ἔνθ' ἄλλοι πάντες χλαίνας ἔχον ἠδὲ χιτῶνας,
εὗδον δ' εὔκηλοι, σάκεσιν εἰλυμένοι ὤμους·
αὐτὰρ ἐγὼ χλαῖναν μὲν ἰὼν ἑτάροισιν ἔλειπον   480
ἀφραδίης, ἐπεὶ οὐκ ἐφάμην ῥιγωσέμεν ἔμπης,
ἀλλ' ἑπόμην σάκος οἶον ἔχων καὶ ζῶμα φαεινόν.
ἀλλ' ὅτε δὴ τρίχα νυκτὸς ἔην, μετὰ δ' ἄστρα βεβήκει,
καὶ τότ' ἐγὼν Ὀδυσῆα προσηύδων ἐγγὺς ἐόντα
ἀγκῶνι νύξας· ὁ δ' ἄρ' ἐμμαπέως ὑπάκουσε·   485
' διογενὲς Λαερτιάδη, πολυμήχαν' Ὀδυσσεῦ,
οὔ τοι ἔτι ζωοῖσι μετέσσομαι, ἀλλά με χεῖμα
δάμναται· οὐ γὰρ ἔχω χλαῖναν· παρά μ' ἤπαφε δαίμων
οἰοχίτων' ἔμεναι· νῦν δ' οὐκέτι φυκτὰ πέλονται.'
ὣς ἐφάμην, ὁ δ' ἔπειτα νόον σχέθε τόνδ' ἐνὶ θυμῷ,   490
οἷος κεῖνος ἔην βουλευέμεν ἠδὲ μάχεσθαι·
φθεγξάμενος δ' ὀλίγῃ ὀπί με πρὸς μῦθον ἔειπε·
' σίγα νῦν, μή τίς σευ Ἀχαιῶν ἄλλος ἀκούσῃ.'
ἦ καὶ ἐπ' ἀγκῶνος κεφαλὴν σχέθεν εἶπέ τε μῦθον·
' κλῦτε, φίλοι· θεῖός μοι ἐνύπνιον ἦλθεν ὄνειρος.   495
λίην γὰρ νηῶν ἑκὰς ἤλθομεν· ἀλλά τις εἴη
εἰπεῖν Ἀτρεΐδῃ Ἀγαμέμνονι, ποιμένι λαῶν,
εἰ πλέονας παρὰ ναῦφιν ἐποτρύνειε νέεσθαι.'
ὣς ἔφατ', ὦρτο δ' ἔπειτα Θόας, Ἀνδραίμονος υἱός,
καρπαλίμως, ἀπὸ δὲ χλαῖναν θέτο φοινικόεσσαν,   500
βῆ δὲ θέειν ἐπὶ νῆας· ἐγὼ δ' ἐνὶ εἵματι κείνου
κείμην ἀσπασίως, φάε δὲ χρυσόθρονος Ἠώς.

476 ἔπειτα g Pal. marg.: ἔπι j   v. om. r   478 ἄλλοι g h L⁴ Pᵇ:
ἄλλοι μὲν cet.   481 ἀφραδίης h p Eust. (-αις): ἀφραδέως b c g:
ἀφραδίῃ vulg.: ἀμαθίᾳ γρ. Br H³ V⁴   485 ἀνόρουσε g j   488 ἥλασε
Callistratus   489 ἴμεναι Callistratus   490 σχέτο i L⁵,
γρ. Uᵇ   494 θέτο b c e g   495 ἀθετεῖται ὡς ἐκ τῆς Ἰλιάδος
[B 56] μετενηνεγμένος schol.   ἐνύπνιος d g r   500 βάλε o e g r
501 δ' ἰέναι g

ὣς νῦν ἡβώοιμι βίη τέ μοι ἔμπεδος εἴη·
δοίη κέν τις χλαῖναν ἐνὶ σταθμοῖσι συφορβῶν,
ἀμφότερον, φιλότητι καὶ αἰδοῖ φωτὸς ἑῆος·   505
νῦν δέ μ' ἀτιμάζουσι κακὰ χροῒ εἵματ' ἔχοντα."
   Τὸν δ' ἀπαμειβόμενος προσέφης, Εὔμαιε συβῶτα·
" ὦ γέρον, αἶνος μέν τοι ἀμύμων, ὃν κατέλεξας,
οὐδέ τί πω παρὰ μοῖραν ἔπος νηκερδὲς ἔειπες·
τῷ οὔτ' ἐσθῆτος δευήσεαι οὔτε τευ ἄλλου,   510
ὧν ἐπέοιχ' ἱκέτην ταλαπείριον ἀντιάσαντα,
νῦν· ἀτὰρ ἠῶθέν γε τὰ σὰ ῥάκεα δνοπαλίξεις.
οὐ γὰρ πολλαὶ χλαῖναι ἐπημοιβοί τε χιτῶνες
ἐνθάδε ἕννυσθαι, μία δ' οἴη φωτὶ ἑκάστῳ.
αὐτὰρ ἐπὴν ἔλθῃσιν Ὀδυσσῆος φίλος υἱός,   515
αὐτός τοι χλαῖνάν τε χιτῶνά τε εἵματα δώσει,
πέμψει δ' ὅππῃ σε κραδίη θυμός τε κελεύει."
   Ὣς εἰπὼν ἀνόρουσε, τίθει δ' ἄρα οἱ πυρὸς ἐγγὺς
εὐνήν, ἐν δ' ὀΐων τε καὶ αἰγῶν δέρματ' ἔβαλλεν.
ἔνθ' Ὀδυσεὺς κατέλεκτ'· ἐπὶ δὲ χλαῖναν βάλεν αὐτῷ   520
πυκνὴν καὶ μεγάλην, ἥ οἱ παρεκέσκετ' ἀμοιβάς,
ἕννυσθαι ὅτε τις χειμὼν ἔκπαγλος ὄροιτο.
   Ὣς ὁ μὲν ἔνθ' Ὀδυσεὺς κοιμήσατο, τοὶ δὲ παρ' αὐτὸν
ἄνδρες κοιμήσαντο νεηνίαι· οὐδὲ συβώτῃ
ἥνδανεν αὐτόθι κοῖτος, ὑῶν ἄπο κοιμηθῆναι,   525
ἀλλ' ὅ γ' ἄρ' ἔξω ἰὼν ὁπλίζετο· χαῖρε δ' Ὀδυσσεύς,
ὅττι ῥά οἱ βιότου περικήδετο νόσφιν ἐόντος.
πρῶτον μὲν ξίφος ὀξὺ περὶ στιβαροῖς βάλετ' ὤμοις,
ἀμφὶ δὲ χλαῖναν ἑέσσατ' ἀλεξάνεμον, μάλα πυκνήν,

503 καὶ ὁ 'Αθηνοκλῆς προηθέτει schol.   503–506 obelos praefig. U⁵ :
504–506 uncino simplici notat M⁴, forte et R⁸, non autem Br
509 ἐνίσπες e g, cf. γ 101   515–517 hab. a d f l Eust., om. cet.
   516 δώσει] ἔσσει f C P⁶   519 αἰγῶν τε καὶ οἰῶν e g P⁵
521 μαλακὴν e g   παρέχεσκεν a d (ἔν τισι διὰ τοῦ χ schol.) : παρε-
χέσκετ' q Mon. R⁸ v. l. ap. Eust.   ἀμοιβήν h O uv.   522 εἵνυσθαι
Rhianus, Aristoph. : αἴνυσθαι P³   526 κατελέξατο f j R⁹ : κατα-
ρέξατο g : ὁπλίζετο l R⁴ Z : ὥπλ- cet.   528 στιβαροὺς ... ὤμους g

ἂν δὲ νάκην ἕλετ' αἰγὸς ἐϋτρεφέος μεγάλοιο,   530
εἵλετο δ' ὀξὺν ἄκοντα, κυνῶν ἀλκτῆρα καὶ ἀνδρῶν.
βῆ δ' ἴμεναι κείων ὅθι περ σύες ἀργιόδοντες
πέτρῃ ὕπο γλαφυρῇ εὗδον, Βορέω ὑπ' ἰωγῇ.

530 νάκος schol. Theocr. v. 2   ἐϋστρεφέος ♭ j L⁴ : ὀριτρόφου schol.
Theocr. l.c   532 ἰέναι g   533 ἰωῆ U⁶ : ἰωγῆς f L⁵ M² P⁵

Ἡ δ' εἰς εὐρύχορον Λακεδαίμονα Παλλὰς Ἀθήνη
οἴχετ', Ὀδυσσῆος μεγαθύμου φαίδιμον υἱὸν
νόστου ὑπομνήσουσα καὶ ὀτρυνέουσα νέεσθαι.
εὗρε δὲ Τηλέμαχον καὶ Νέστορος ἀγλαὸν υἱὸν
εὕδοντ' ἐν προδόμῳ Μενελάου κυδαλίμοιο,   5
ἦ τοι Νεστορίδην μαλακῷ δεδμημένον ὕπνῳ·
Τηλέμαχον δ' οὐχ ὕπνος ἔχε γλυκύς, ἀλλ' ἐνὶ θυμῷ
νύκτα δι' ἀμβροσίην μελεδήματα πατρὸς ἔγειρεν.
ἀγχοῦ δ' ἱσταμένη προσέφη γλαυκῶπις Ἀθήνη·
" Τηλέμαχ', οὐκέτι καλὰ δόμων ἄπο τῆλ' ἀλάλησαι,   10
κτήματά τε προλιπὼν ἄνδρας τ' ἐν σοῖσι δόμοισιν
οὕτω ὑπερφιάλους· μή τοι κατὰ πάντα φάγωσι
κτήματα δασσάμενοι, σὺ δὲ τηϋσίην ὁδὸν ἔλθῃς.
ἀλλ' ὄτρυνε τάχιστα βοὴν ἀγαθὸν Μενέλαον
πεμπέμεν, ὄφρ' ἔτι οἴκοι ἀμύμονα μητέρα τέτμῃς.   15
ἤδη γάρ ῥα πατήρ τε κασίγνητοί τε κέλονται
Εὐρυμάχῳ γήμασθαι· ὁ γὰρ περιβάλλει ἅπαντας
μνηστῆρας δώροισι καὶ ἐξώφελλεν ἔεδνα·
μή νύ τι σεῦ ἀέκητι δόμων ἐκ κτῆμα φέρηται.
οἶσθα γὰρ οἷος θυμὸς ἐνὶ στήθεσσι γυναικός·   20
κείνου βούλεται οἶκον ὀφέλλειν ὅς κεν ὀπυίῃ,
παίδων δὲ προτέρων καὶ κουριδίοιο φίλοιο
οὐκέτι μέμνηται τεθνηότος οὐδὲ μεταλλᾷ.
ἀλλὰ σύ γ' ἐλθὼν αὐτὸς ἐπιτρέψειας ἕκαστα

2 ᾤχ. codd.   3 νόστον e f R⁹   6 om. b   7 ἔλε b L⁵ U⁸   8 πατρὸς]
θυμὸς L⁴   ἄγειρεν p q   10 οὐ μὲν Ap. lex. in v. Καλά   τῆδ' U⁸ :
δὴν g   11 δώμασι σοῖσι O   16 γάρ τε b f i   17 περίβαλλεν
τ : περὶ κάλλεϊ f   19 ἀθετεῖ Ἀριστοφάνης ἐπὶ σμικρολογίᾳ. ἔνιοι
τοὺς γ' νοθεύουσιν schol.   24 post 25 posuit g, postponi voluit P⁵

δμφάων ἥ τίς τοι ἀρίστη φαίνεται εἶναι,   25
εἰς ὅ κέ τοι φήνωσι θεοὶ κυδρὴν παράκοιτιν.
ἄλλο δέ τοί τι ἔπος ἐρέω, σὺ δὲ σύνθεο θυμῷ.
μνηστήρων σ᾽ ἐπιτηδὲς ἀριστῆες λοχόωσιν
ἐν πορθμῷ Ἰθάκης τε Σάμοιό τε παιπαλοέσσης,
ἱέμενοι κτεῖναι, πρὶν πατρίδα γαῖαν ἱκέσθαι.   30
ἀλλὰ τά γ᾽ οὐκ ὀίω· πρὶν καί τινα γαῖα καθέξει
ἀνδρῶν μνηστήρων, οἵ τοι βίοτον κατέδουσιν.
ἀλλὰ ἑκὰς νήσων ἀπέχειν εὐεργέα νῆα,
νυκτὶ δ᾽ ὁμῶς πλείειν· πέμψει δέ τοι οὖρον ὄπισθεν
ἀθανάτων ὅς τίς σε φυλάσσει τε ῥύεταί τε.   35
αὐτὰρ ἐπὴν πρώτην ἀκτὴν Ἰθάκης ἀφίκηαι,
νῆα μὲν ἐς πόλιν ὀτρῦναι καὶ πάντας ἑταίρους,
αὐτὸς δὲ πρώτιστα συβώτην εἰσαφικέσθαι,
ὅς τοι ὑῶν ἐπίουρος, ὁμῶς δέ τοι ἤπια οἶδεν.
ἔνθα δὲ νύκτ᾽ ἀέσαι· τὸν δ᾽ ὀτρῦναι πόλιν εἴσω   40
ἀγγελίην ἐρέοντα περίφρονι Πηνελοπείῃ,
οὕνεκά οἱ σῶς ἐσσι καὶ ἐκ Πύλου εἰλήλουθας."

Ἡ μὲν ἄρ᾽ ὣς εἰποῦσ᾽ ἀπέβη πρὸς μακρὸν Ὄλυμπον,
αὐτὰρ ὁ Νεστορίδην ἐξ ἡδέος ὕπνου ἔγειρε
λὰξ ποδὶ κινήσας, καί μιν πρὸς μῦθον ἔειπεν·   45
" ἔγρεο, Νεστορίδη Πεισίστρατε, μώνυχας ἵππους
ζεῦξον ὑφ᾽ ἅρματ᾽ ἄγων, ὄφρα πρήσσωμεν ὁδοῖο."

Τὸν δ᾽ αὖ Νεστορίδης Πεισίστρατος ἀντίον ηὔδα·
" Τηλέμαχ᾽, οὔ πως ἔστιν ἐπειγομένους περ ὁδοῖο
νύκτα διὰ δνοφερὴν ἐλάαν· τάχα δ᾽ ἔσσεται ἠώς.   50
ἀλλὰ μέν᾽ εἰς ὅ κε δῶρα φέρων ἐπιδίφρια θήῃ

26 φήνωσι g H³ L⁴ Pal. : φήινωσι j : φάνωσι o : φαίνωσι cet. : δώωσι
h : δώῃσι θεὸς Eust.   κεδνήν r L⁵ R¹ : κυδνὴν a o   27 τοί τι ἔπο.
g Mon. U⁶ : γε pro τι d : τι om. cet.   ἄλλο δέ τοι ἐρέω· σὺ δ᾽ ἐνὶ
φρεσὶ βάλλεο θυμῷ e (praeter Br) : λείπει τὸ ἔπος ἐν ἄλλῳ βυβλίῳ Br
31 ὑποπτεύει Διονύσιος schol.   33 ἀπέχευ d   40 ἔνθα
κεν q P⁵ marg.   43 γλαυκῶπις ἀθήνη e   44 a ἀγχοῦ δ᾽ ἱστάμενος
προσέφη τηλέμαχος θεοειδὴς a d e   45 νοθεύεται ὡς διαπεπλασμένος
ἐξ ἡμιστιχίου τῆς κ᾽ Ἰλιάδος [158] schol.   48, 49 om. q P²⁸ (add.
mg.) H² R³ R⁴   49 ἐπειγόμενόν d : -ουσν V⁴

38

ἥρως Ἀτρεΐδης, δουρικλειτὸς Μενέλαος,
καὶ μύθοις ἀγανοῖσι παραυδήσας ἀποπέμψῃ.
τοῦ γάρ τε ξεῖνος μιμνήσκεται ἤματα πάντα
ἀνδρὸς ξεινοδόκου, ὅς κεν φιλότητα παράσχῃ." 55
*Ὣς ἔφατ᾽, αὐτίκα δὲ χρυσόθρονος ἤλυθεν Ἠώς.
ἀγχίμολον δέ σφ᾽ ἦλθε βοὴν ἀγαθὸς Μενέλαος,
ἀνστὰς ἐξ εὐνῆς, Ἑλένης πάρα καλλικόμοιο.
τὸν δ᾽ ὡς οὖν ἐνόησεν Ὀδυσσῆος φίλος υἱός,
σπερχόμενός ῥα χιτῶνα περὶ χροῒ σιγαλόεντα 60
δῦνεν, καὶ μέγα φᾶρος ἐπὶ στιβαροῖς βάλετ᾽ ὤμοις
ἥρως, βῆ δὲ θύραζε, παριστάμενος δὲ προσηύδα
Τηλέμαχος, φίλος υἱὸς Ὀδυσσῆος θείοιο·
"Ἀτρεΐδη Μενέλαε διοτρεφές, ὄρχαμε λαῶν,
ἤδη νῦν μ᾽ ἀπόπεμπε φίλην ἐς πατρίδα γαῖαν· 65
ἤδη γάρ μοι θυμὸς ἐέλδεται οἴκαδ᾽ ἱκέσθαι."
Τὸν δ᾽ ἠμείβετ᾽ ἔπειτα βοὴν ἀγαθὸς Μενέλαος·
"Τηλέμαχ᾽, οὔ τί σ᾽ ἐγώ γε πολὺν χρόνον ἐνθάδ᾽ ἐρύξω
ἱέμενον νόστοιο· νεμεσσῶμαι δὲ καὶ ἄλλῳ
ἀνδρὶ ξεινοδόκῳ, ὅς κ᾽ ἔξοχα μὲν φιλέῃσιν, 70
ἔξοχα δ᾽ ἐχθαίρῃσιν· ἀμείνω δ᾽ αἴσιμα πάντα.
ἶσόν τοι κακόν ἐσθ᾽, ὅς τ᾽ οὐκ ἐθέλοντα νέεσθαι
ξεῖνον ἐποτρύνει καὶ ὃς ἐσσύμενον κατερύκει.
χρὴ ξεῖνον παρεόντα φιλεῖν, ἐθέλοντα δὲ πέμπειν.
ἀλλὰ μέν᾽ εἰς ὅ κε δῶρα φέρων ἐπιδίφρια θείω 75
καλά, σὺ δ᾽ ὀφθαλμοῖσιν ἴδῃς, εἴπω δὲ γυναιξὶ
δεῖπνον ἐνὶ μεγάροις τετυκεῖν ἅλις ἔνδον ἐόντων.
ἀμφότερον κῦδός τε καὶ ἀγλαΐη καὶ ὄνειαρ
δειπνήσαντας ἴμεν πολλὴν ἐπ᾽ ἀπείρονα γαῖαν.
εἰ δ᾽ ἐθέλεις τραφθῆναι ἀν᾽ Ἑλλάδα καὶ μέσον Ἄργος, 80

61 δῦναι f P⁶   62 δ᾽ ἔπος ηὔδα L⁴   63 hab. ● f j ed. pr.,
om. cet.   74 ἐν πολλοῖς οὐκ ἐφέρετο ... εἰ δὲ δεχοίμεθα αὐτόν, πρὸ
τῶν πρὸ ἑαυτοῦ δύο στίχων ὀφείλει γράφεσθαι schol.   76 ἴδης codd.,
cf. λ 94   78-85 οἱ η᾽ ἠθετοῦντο schol. obelos praem. U⁵   80 ταρ-
φθῆναι a Mon. P⁶ U⁸ : ταρφᾶναι f : τρεφθῆναι Eust. ed. pr. : στραφ[θ]ῆναι
schol. ℙ Amh. 18

39

ὄφρα τοι αὐτὸς ἕπωμαι, ὑποζεύξω δέ τοι ἵππους,
ἄστεα δ' ἀνθρώπων ἡγήσομαι· οὐδέ τις ἡμέας
αὔτως ἀππέμψει, δώσει δέ τι ἕν γε φέρεσθαι,
ἠέ τινα τριπόδων εὐχάλκων ἠὲ λεβήτων,
ἠὲ δύ' ἡμιόνους ἠὲ χρύσειον ἄλεισον."   85

Τὸν δ' αὖ Τηλέμαχος πεπνυμένος ἀντίον ηὔδα·
"'Ατρεΐδη Μενέλαε διοτρεφές, ὄρχαμε λαῶν,
βούλομαι ἤδη νεῖσθαι ἐφ' ἡμέτερ'· οὐ γὰρ ὄπισθεν
οὖρον ἰὼν κατέλειπον ἐπὶ κτεάτεσσιν ἐμοῖσιν·
μὴ πατέρ' ἀντίθεον διζήμενος αὐτὸς ὄλωμαι,   90
ἤ τί μοι ἐκ μεγάρων κειμήλιον ἐσθλὸν ὄληται."

Αὐτὰρ ἐπεὶ τό γ' ἄκουσε βοὴν ἀγαθὸς Μενέλαος,
αὐτίκ' ἄρ' ᾗ ἀλόχῳ ἠδὲ δμῳῇσι κέλευσε
δεῖπνον ἐνὶ μεγάροις τετυκεῖν ἅλις ἔνδον ἐόντων.
ἀγχίμολον δέ οἱ ἦλθε Βοηθοΐδης 'Ετεωνεύς,   95
ἀνστὰς ἐξ εὐνῆς, ἐπεὶ οὐ πολὺ ναῖεν ἀπ' αὐτοῦ·
τὸν πῦρ κῆαι ἄνωγε βοὴν ἀγαθὸς Μενέλαος
ὀπτῆσαί τε κρεῶν· ὁ δ' ἄρ' οὐκ ἀπίθησεν ἀκούσας.
αὐτὸς δ' ἐς θάλαμον κατεβήσετο κηώεντα,
οὐκ οἶος, ἅμα τῷ γ' 'Ελένη κίε καὶ Μεγαπένθης.   100
ἀλλ' ὅτε δή ῥ' ἵκανον ὅθι κειμήλια κεῖτο,
'Ατρεΐδης μὲν ἔπειτα δέπας λάβεν ἀμφικύπελλον,
υἱὸν δὲ κρητῆρα φέρειν Μεγαπένθε' ἄνωγεν
ἀργύρεον· 'Ελένη δὲ παρίστατο φωριαμοῖσιν,
ἔνθ' ἔσαν οἱ πέπλοι παμποίκιλοι, οὓς κάμεν αὐτή.   105
τῶν ἕν' ἀειραμένη 'Ελένη φέρε, δῖα γυναικῶν,
ὃς κάλλιστος ἔην ποικίλμασιν ἠδὲ μέγιστος,
ἀστὴρ δ' ὣς ἀπέλαμπεν· ἔκειτο δὲ νείατος ἄλλων.
βὰν δ' ἰέναι προτέρω διὰ δώματος, ἧος ἵκοντο
Τηλέμαχον· τὸν δὲ προσέφη ξανθὸς Μενέλαος·   110

83 ita Ap. lex.: ἀμπέμψει schol. p Amh. 18 (-αι) o k Mª Pᵉ Vᵁ:
ἀποπ.cet.   ἕν γε] ἔργα h   96 οὐκ ἀναγκαῖον ἀθετεῖν schol.   97 τῷ
R³   101 ἵκανον ⊕ i k r: ἵκοντο cet.   ὅθι b f j H³ Mon.: ὅθι οἱ cet.
    102 λάβε δέπας f, cf. 182   105 ἔργα γυναικῶν a d l q   109 δώ-
ματα Eust.

15. ΟΔΥΣΣΕΙΑΣ Ο

" Τηλέμαχ', ἦ τοι νόστον, ὅπως φρεσὶ σῆσι μενοινᾷς,
ὥς τοι Ζεὺς τελέσειεν, ἐρίγδουπος πόσις Ἥρης.
δώρων δ', ὅσσ' ἐν ἐμῷ οἴκῳ κειμήλια κεῖται,
δώσω ὃ κάλλιστον καὶ τιμήεστατόν ἐστι.
δώσω τοι κρητῆρα τετυγμένον· ἀργύρεος δὲ   115
ἐστὶν ἅπας, χρυσῷ δ' ἐπὶ χείλεα κεκράανται,
ἔργον δ' Ἡφαίστοιο· πόρεν δέ ἑ Φαίδιμος ἥρως,
Σιδονίων βασιλεύς, ὅθ' ἑὸς δόμος ἀμφεκάλυψε
κεῖσ' ἐμὲ νοστήσαντα· τεῒν δ' ἐθέλω τόδ' ὀπάσσαι."

Ὣς εἰπὼν ἐν χειρὶ τίθει δέπας ἀμφικύπελλον   120
ἥρως Ἀτρεΐδης· ὁ δ' ἄρα κρητῆρα φαεινὸν
θῆκ' αὐτοῦ προπάροιθε φέρων κρατερὸς Μεγαπένθης,
ἀργύρεον· Ἑλένη δὲ παρίστατο καλλιπάρῃος
πέπλον ἔχουσ' ἐν χερσίν, ἔπος τ' ἔφατ' ἔκ τ' ὀνόμαζε·
" δῶρόν τοι καὶ ἐγώ, τέκνον φίλε, τοῦτο δίδωμι,   125
μνῆμ' Ἑλένης χειρῶν, πολυηράτου ἐς γάμου ὥρην,
σῇ ἀλόχῳ φορέειν· τῆος δὲ φίλῃ παρὰ μητρὶ
κεῖσθαι ἐνὶ μεγάρῳ. σὺ δέ μοι χαίρων ἀφίκοιο
οἶκον ἐϋκτίμενον καὶ σὴν ἐς πατρίδα γαῖαν."

Ὣς εἰποῦσ' ἐν χερσὶ τίθει, ὁ δ' ἐδέξατο χαίρων.   130
καὶ τὰ μὲν ἐς πείρινθα τίθει Πεισίστρατος ἥρως
δεξάμενος, καὶ πάντα ἑῷ θηήσατο θυμῷ·
τοὺς δ' ἦγε πρὸς δῶμα κάρη ξανθὸς Μενέλαος.
ἑζέσθην δ' ἄρ' ἔπειτα κατὰ κλισμούς τε θρόνους τε.
χέρνιβα δ' ἀμφίπολος προχόῳ ἐπέχευε φέρουσα   135
καλῇ χρυσείῃ, ὑπὲρ ἀργυρέοιο λέβητος,
νίψασθαι· παρὰ δὲ ξεστὴν ἐτάνυσσε τράπεζαν.
σῖτον δ' αἰδοίη ταμίη παρέθηκε φέρουσα,

111 ἐνὶ φρεσὶν ὡς σὺ b   113-119 om. bi 𝔭²⁸ uv. H³ L⁵ schol. 𝔭
Amh. 18 uv. (= δ 613-617)   113 δώρων δ' e k q   118 v.
δ 618   119 κεῖθι με h   120 χειρὶ i L⁵ (γρ. χειρὶ ἐνικῶς
schol.) : χερσὶ cet., cf. γ 51   124 χειρὶ o V⁴ U⁸ corr. : χερσὶ cet.
125 τῇ νῦν καί σοι τοῦτο τέκος κειμήλιον ἔστω Macrob. v. 6. 2
(= Ψ 618)   127 εἰως schol. 𝔭 Amh. 18   128 κεῖσθαί Ar. L⁴ L⁸ :
κείσθω codd. (κείσθαι C)   130 γρ. χειρὶ H³

εἴδατα πόλλ' ἐπιθεῖσα, χαριζομένη παρεόντων·
πὰρ δὲ Βοηθοΐδης κρέα δαίετο καὶ νέμε μοίρας·   140
οἰνοχόει δ' υἱὸς Μενελάου κυδαλίμοιο.
οἱ δ' ἐπ' ὀνείαθ' ἑτοῖμα προκείμενα χεῖρας ἴαλλον.
αὐτὰρ ἐπεὶ πόσιος καὶ ἐδητύος ἐξ ἔρον ἔντο,
δὴ τότε Τηλέμαχος καὶ Νέστορος ἀγλαὸς υἱὸς
ἵππους τε ζεύγνυντ' ἀνά θ' ἅρματα ποικίλ' ἔβαινον,   145
ἐκ δ' ἔλασαν προθύροιο καὶ αἰθούσης ἐριδούπου.
τοὺς δὲ μετ' Ἀτρεΐδης ἔκιε ξανθὸς Μενέλαος,
οἶνον ἔχων ἐν χειρὶ μελίφρονα δεξιτερῆφι,
ἐν δέπαϊ χρυσέῳ, ὄφρα λείψαντε κιοίτην.
στῆ δ' ἵππων προπάροιθε, δεδισκόμενος δὲ προσηύδα·   150
"χαίρετον, ὦ κούρω, καὶ Νέστορι ποιμένι λαῶν
εἰπεῖν· ἦ γὰρ ἐμοί γε πατὴρ ὣς ἤπιος ἦεν,
ἧος ἐνὶ Τροίῃ πολεμίζομεν υἷες Ἀχαιῶν."

    Τὸν δ' αὖ Τηλέμαχος πεπνυμένος ἀντίον ηὔδα·
"καὶ λίην κείνῳ γε, διοτρεφές, ὡς ἀγορεύεις,   155
πάντα τάδ' ἐλθόντες καταλέξομεν· αἲ γὰρ ἐγὼν ὣς
νοστήσας Ἰθάκηνδε, κιχὼν Ὀδυσῆ' ἐνὶ οἴκῳ,
εἴποιμ' ὡς παρὰ σεῖο τυχὼν φιλότητος ἀπάσης
ἔρχομαι, αὐτὰρ ἄγω κειμήλια πολλὰ καὶ ἐσθλά."

    Ὣς ἄρα οἱ εἰπόντι ἐπέπτατο δεξιὸς ὄρνις,   160
αἰετὸς ἀργὴν χῆνα φέρων ὀνύχεσσι πέλωρον,
ἥμερον ἐξ αὐλῆς· οἱ δ' ἰύζοντες ἕποντο
ἀνέρες ἠδὲ γυναῖκες· ὁ δέ σφισιν ἐγγύθεν ἐλθὼν
δεξιὸς ἤϊξε πρόσθ' ἵππων· οἱ δὲ ἰδόντες
γήθησαν, καὶ πᾶσιν ἐνὶ φρεσὶ θυμὸς ἰάνθη.   165
τοῖσι δὲ Νεστορίδης Πεισίστρατος ἄρχετο μύθων·
"φράζεο δή, Μενέλαε διοτρεφές, ὄρχαμε λαῶν,

139 hab. d f g h, om. cet.   141 οἰνοχόει L⁴ U⁵ ss. schol. T A 470.
cf. A 598 : φν- codd.   142 ιαλλεν εξετεινεν sch. Ɖ Amh.   143 om.
g   144 δὴ a d h k q : καὶ cet.   145 ἵππους ἐζ, om. τε, Ca P¹ R²
R⁴ al.   149 ἐν δέπαι χρυσέῳ ⊝ g j k : χρυσέῳ ἐν δ. vulg.   150 διδι-
[σκομενος] sch. Ɖ Amh.   152 οὕτως εἰπεῖν, οὐκ εἴρετον schol.
153 ἧος] ὁππότ' L⁴   157 κιχὼν k q R², γρ. Br R³ V⁴ : κίων cet.
106 ἤρχ. codd.

15. ΟΔΥΣΣΕΙΑΣ Ο

ἦ νῶϊν τόδ᾽ ἔφηνε θεὸς τέρας ἠὲ σοὶ αὐτῷ."

ᵃὮς φάτο, μερμήριξε δ᾽ ἀρηΐφιλος Μενέλαος,
ὅππως οἱ κατὰ μοῖραν ὑποκρίναιτο νοήσας.   17᛭
τὸν δ᾽ Ἑλένη τανύπεπλος ὑποφθαμένη φάτο μῦθον·
ᶜ κλῦτέ μευ· αὐτὰρ ἐγὼ μαντεύσομαι, ὡς ἐνὶ θυμῷ
ἀθάνατοι βάλλουσι καὶ ὡς τελέεσθαι ὀΐω.
ὡς ὅδε χῆν᾽ ἥρπαξ᾽ ἀτιταλλομένην ἐνὶ οἴκῳ
ἐλθὼν ἐξ ὄρεος, ὅθι οἱ γενεή τε τόκος τε,   175
ὣς Ὀδυσεὺς κακὰ πολλὰ παθὼν καὶ πόλλ᾽ ἐπαληθεὶς
οἴκαδε νοστήσει καὶ τίσεται· ἠὲ καὶ ἤδη
οἴκοι, ἀτὰρ μνηστῆρσι κακὸν πάντεσσι φυτεύει."

Τὴν δ᾽ αὖ Τηλέμαχος πεπνυμένος ἀντίον ηὔδα·
" οὕτω νῦν Ζεὺς θείη, ἐρίγδουπος πόσις Ἥρης·   180
τῷ κέν τοι καὶ κεῖθι θεῷ ὡς εὐχετοῴμην."

Ἦ καὶ ἐφ᾽ ἵπποιϊν μάστιν βάλεν· οἱ δὲ μάλ᾽ ὦκα
ἤϊξαν πεδίονδε διὰ πτόλιος μεμαῶτες.
οἱ δὲ πανημέριοι σεῖον ζυγὸν ἀμφὶς ἔχοντες.

Δύσετό τ᾽ ἠέλιος σκιόωντό τε πᾶσαι ἀγυιαί·   185
ἐς Φηρὰς δ᾽ ἵκοντο Διοκλῆος ποτὶ δῶμα,
υἱέος Ὀρτιλόχοιο, τὸν Ἀλφειὸς τέκε παῖδα.
ἔνθα δὲ νύκτ᾽ ἄεσαν, ὁ δὲ τοῖς πὰρ ξείνια θῆκεν.

Ἦμος δ᾽ ἠριγένεια φάνη ῥοδοδάκτυλος Ἠώς,
ἵππους τε ζεύγνυντ᾽ ἀνά θ᾽ ἅρματα ποικίλ᾽ ἔβαινον,   190
ἐκ δ᾽ ἔλασαν προθύροιο καὶ αἰθούσης ἐριδούπου·
μάστιξε·· δ᾽ ἐλάαν, τὼ δ᾽ οὐκ ἀέκοντε πετέσθην.
αἶψα δ᾽ ἔπειθ᾽ ἵκοντο Πύλου αἰπὺ πτολίεθρον·
καὶ τότε Τηλέμαχος προσεφώνεε Νέστορος υἱόν·
" Νεστορίδη, πῶς κέν μοι ὑποσχόμενος τελέσειας   195

168 ἦ b f L⁴ P¹ U⁸ : εἰ cet.   διὸς τέρας ꝓ¹³ Mon.   172 μοι ꝓ¹³
Porph. qu. II. 273, 7, cf. A 451 ζ 239 al.   κέκλυτε Eust. : κέκλυτέ μεο
U¹   μυθήσομαι quidam   173 μέλλουσι f   τετελέσθαι a d l q.
cf. a 201   174 ἥρπαζεν ἀταλλομένην b   182 βάλε μάστιν P⁶
186 φῆρας V¹ V³ : φυρὰς R¹⁰   βαθυκλῆος b   187 ὀρσιλόχοιο
e f H¹ P⁶, cf. γ 489   188 αὖ[σαν] εκοιμηθησαν scho᾽ ꝓ Amh.
192 ἀέκοντε o H² L⁵ O : ἄκοντε cet.

43

μῦθον ἐμόν; ξεῖνοι δὲ διαμπερὲς εὐχόμεθ' εἶναι
ἐκ πατέρων φιλότητος, ἀτὰρ καὶ ὁμήλικές εἰμεν·
ἥδε δ' ὁδὸς καὶ μᾶλλον ὁμοφροσύνῃσιν ἐνήσει.
μή με παρὲξ ἄγε νῆα, διοτρεφές, ἀλλὰ λίπ' αὐτοῦ,
μή μ' ὁ γέρων ἀέκοντα κατάσχῃ ᾧ ἐνὶ οἴκῳ   200
ἱέμενος φιλέειν· ἐμὲ δὲ χρεὼ θᾶσσον ἱκέσθαι."
    Ὣς φάτο, Νεστορίδης δ' ἄρ' ἑῷ συμφράσσατο θυμῷ,
ὅππως οἱ κατὰ μοῖραν ὑποσχόμενος τελέσειεν.
ὧδε δέ οἱ φρονέοντι δοάσσατο κέρδιον εἶναι·
στρέψ' ἵππους ἐπὶ νῆα θοὴν καὶ θῖνα θαλάσσης,   205
νηῒ δ' ἐνὶ πρύμνῃ ἐξαίνυτο κάλλιμα δῶρα,
ἐσθῆτα χρυσόν τε, τά οἱ Μενέλαος ἔδωκε·
καί μιν ἐποτρύνων ἔπεα πτερόεντα προσηύδα·
" σπουδῇ νῦν ἀνάβαινε κέλευέ τε πάντας ἑταίρους,
πρὶν ἐμὲ οἴκαδ' ἱκέσθαι ἀπαγγεῖλαί τε γέροντι.   210
εὖ γὰρ ἐγὼ τόδε οἶδα κατὰ φρένα καὶ κατὰ θυμόν·
οἷος κείνου θυμὸς ὑπέρβιος, οὔ σε μεθήσει,
ἀλλ' αὐτὸς καλέων δεῦρ' εἴσεται, οὐδέ ἕ φημι
ἂψ ἰέναι κενόν· μάλα γὰρ κεχολώσεται ἔμπης."
    Ὣς ἄρα φωνήσας ἔλασεν καλλίτριχας ἵππους   215
ἂψ Πυλίων ἐς ἄστυ, θοῶς δ' ἄρα δώμαθ' ἵκανε.
Τηλέμαχος δ' ἑτάροισιν ἐποτρύνας ἐκέλευσεν·
" ἐγκοσμεῖτε τὰ τεύχε', ἑταῖροι, νηῒ μελαίνῃ,
αὐτοί τ' ἀμβαίνωμεν, ἵνα πρήσσωμεν ὁδοῖο."
    Ὣς ἔφαθ', οἱ δ' ἄρα τοῦ μάλα μὲν κλύον ἠδ' ἐπίθοντο,
αἶψα δ' ἄρ' εἴσβαινον καὶ ἐπὶ κληῖσι καθῖζον.   221
ἦ τοι ὁ μὲν τὰ πονεῖτο καὶ εὔχετο, θῦε δ' Ἀθήνῃ
νηῒ πάρα πρύμνῃ· σχεδόθεν δέ οἱ ἤλυθεν ἀνὴρ

197 ἦμεν R² : ἐσμὲν q Eust. j marg.   198 ὀνήσει f : ἐνῆκε h :
ἀνήσει ed. pr.   201 χρεὼν e   206 επι p¹³ ut coni. Duentzer
ἐξαίνετο schol. p Amh.   208 μιν φωνήσας h   213 ἵξεται
g L⁴ H¹ marg. : οἴσεται j r   ε] σε c e f h k r Eust.   215 ἵμασεν
e g Mon.   216 εἰς codd.   217 ἐποτρύνων p¹⁴ b c e i k
218 τεύχε' ἐμοὶ ἐρίηρες ἑταῖροι b   220 ἠδ' ἐπήκουον e g   221 ἔμ-
βαινον d

τηλεδαπός, φεύγων ἐξ Ἄργεος ἄνδρα κατακτάς,
μάντις· ἀτὰρ γενεήν γε Μελάμποδος ἔκγονος ἦεν,　225
ὃς πρὶν μέν ποτ' ἔναιε Πύλῳ ἔνι, μητέρι μήλων,
ἀφνειὸς Πυλίοισι μέγ' ἔξοχα δώματα ναίων·
δὴ τότε γ' ἄλλων δῆμον ἀφίκετο, πατρίδα φεύγων
Νηλέα τε μεγάθυμον, ἀγαυότατον ζωόντων,
ὅς οἱ χρήματα πολλὰ τελεσφόρον εἰς ἐνιαυτὸν　230
εἶχε βίῃ. ὁ δὲ τῆος ἐνὶ μεγάροις Φυλάκοιο
δεσμῷ ἐν ἀργαλέῳ δέδετο, κρατέρ' ἄλγεα πάσχων
εἵνεκα Νηλῆος κούρης ἄτης τε βαρείης,
τήν οἱ ἐπὶ φρεσὶ θῆκε θεὰ δασπλῆτις Ἐρινύς.
ἀλλ' ὁ μὲν ἔκφυγε κῆρα καὶ ἤλασε βοῦς ἐριμύκους　235
ἐς Πύλον ἐκ Φυλάκης καὶ ἐτίσατο ἔργον ἀεικὲς
ἀντίθεον Νηλῆα, κασιγνήτῳ δὲ γυναῖκα
ἠγάγετο πρὸς δώμαθ'· ὁ δ' ἄλλων ἵκετο δῆμον,
Ἄργος ἐς ἱππόβοτον· τόθι γάρ νύ οἱ αἴσιμον ἦεν
ναιέμεναι πολλοῖσιν ἀνάσσοντ' Ἀργείοισιν.　240
ἔνθα δ' ἔγημε γυναῖκα καὶ ὑψερεφὲς θέτο δῶμα,
γείνατο δ' Ἀντιφάτην καὶ Μάντιον, υἷε κραταιώ.
Ἀντιφάτης μὲν τίκτεν Ὀϊκλῆα μεγάθυμον,
αὐτὰρ Ὀϊκλῆς λαοσσόον Ἀμφιάραον,
ὃν περὶ κῆρι φίλει Ζεύς τ' αἰγίοχος καὶ Ἀπόλλων　245
παντοίην φιλότητ'· οὐδ' ἵκετο γήραος οὐδόν,
ἀλλ' ὄλετ' ἐν Θήβῃσι γυναίων εἵνεκα δώρων.
τοῦ δ' υἱεῖς ἐγένοντ' Ἀλκμάων Ἀμφίλοχός τε.
Μάντιος αὖ τέκετο Πολυφείδεά τε Κλειτόν τε·

224 τηλεδαὼς V³　227 μέγ'] μετ' v. l. ant. (ἡ γραφὴ μετά schol.),
cf. 1623 al.　228 ἄλλων a c j k Eust. uv. : ἄλλον cet.　231 τῆος
Nauck : τέως μὲν codd.　Ἰφίκλοιο M² P⁵　232 ἐν om. a d 1
234 τήν ῥά οἱ a d 1　δυσπλῆτις j L⁵ M² Bothe : δ' ἐσπλῆτις Pal.,
δ' ἀπλῆτις V³ : γρ. δυσπλῆτες R⁶ U⁵　238 ἄλλον a 1 : ἄλλον ἀφίκετο d
243 τίκτεν k Eust. : ἔτικτεν cet.　244 ὀικλῆς j k (διχῶς
schol.) ed. pr. : -είης cet.　ἀμφιάραον a d 1 : -ηον Zen. vulg., cf. 253
245 ἀπόλλων] ἀθήνη b L⁴　246 παντοίη Plato Axioch. 368 A
οὐδῶ g H¹ P⁵ marg.　247 diplen praem. p¹⁴　248 ἀλκμαίων
P³ R¹

ἀλλ' ἤ τοι Κλεῖτον χρυσόθρονος ἥρπασεν Ἠὼς   250
κάλλεος εἵνεκα οἶο, ἵν' ἀθανάτοισι μετείη·
αὐτὰρ ὑπέρθυμον Πολυφείδεα μάντιν Ἀπόλλων
θῆκε βροτῶν ὄχ' ἄριστον, ἐπεὶ θάνεν Ἀμφιάραος·
ὅς ῥ' Ὑπερησίηνδ' ἀπενάσσατο πατρὶ χολωθείς,
ἔνθ' ὅ γε ναιετάων μαντεύετο πᾶσι βροτοῖσι.   255
    Τοῦ μὲν ἄρ' υἱὸς ἐπῆλθε, Θεοκλύμενος δ' ὄνομ' ἦεν,
ὃς τότε Τηλεμάχου πέλας ἵστατο· τὸν δ' ἐκίχανε
σπένδοντ' εὐχόμενόν τε θοῇ παρὰ νηὶ μελαίνῃ,
καί μιν φωνήσας ἔπεα πτερόεντα προσηύδα·
"ὦ φίλ', ἐπεί σε θύοντα κιχάνω τῷδ' ἐνὶ χώρῳ,   260
λίσσομ' ὑπὲρ θυέων καὶ δαίμονος, αὐτὰρ ἔπειτα
σῆς τ' αὐτοῦ κεφαλῆς καὶ ἑταίρων, οἵ τοι ἕπονται,
εἰπέ μοι εἰρομένῳ νημερτέα μηδ' ἐπικεύσῃς·
τίς πόθεν εἰς ἀνδρῶν; πόθι τοι πόλις ἠδὲ τοκῆες;"
    Τὸν δ' αὖ Τηλέμαχος πεπνυμένος ἀντίον ηὔδα·   265
"τοιγὰρ ἐγώ τοι, ξεῖνε, μάλ' ἀτρεκέως ἀγορεύσω.
ἐξ Ἰθάκης γένος εἰμί, πατὴρ δέ μοί ἐστιν Ὀδυσσεύς,
εἴ ποτ' ἔην· νῦν δ' ἤδη ἀπέφθιτο λυγρῷ ὀλέθρῳ.
τοὔνεκα νῦν ἑτάρους τε λαβὼν καὶ νῆα μέλαιναν
ἦλθον πευσόμενος πατρὸς δὴν οἰχομένοιο."   270
    Τὸν δ' αὖτε προσέειπε Θεοκλύμενος θεοειδής·
"οὕτω τοι καὶ ἐγὼν ἐκ πατρίδος, ἄνδρα κατακτὰς
ἔμφυλον· πολλοὶ δὲ κασίγνητοί τε ἔται τε
Ἄργος ἀν' ἱππόβοτον, μέγα δὲ κρατέουσιν Ἀχαιῶν.
τῶν ὑπαλευάμενος θάνατον καὶ κῆρα μέλαιναν   275
φεύγω, ἐπεί νύ μοι αἶσα κατ' ἀνθρώπους ἀλάλησθαι.
ἀλλά με νηὸς ἔφεσσαι, ἐπεί σε φυγὼν ἱκέτευσα,

250 diplen praem. p¹⁴   251 ὁ ἀστερίσκος ὅτι τοῦτον γράφουσι
τὸν στίχον καὶ ἐν τῇ Ὀδυσσείᾳ ἐπὶ τοῦ Κλείτου οὐ δεόντως schol. Υ 225
    253 ἀμφιάραος a d l : -ηος cet., cf. 244   254 ὑπαρησείην Br V⁴ :
ὑπεθηείην P⁴   261 ἠδὲ τοκήων a d l q V⁴ utrumque Eust.
262 ἔποντο a d l   268 λυγρὸν ὄλεθρον v. l. ant. (αἱ χαριέστεραι),
cf. γ 87   274 ἀν'] ἐς f P³   ἀχαιοί b e : ἐπειοί P³   275 αλευομενος
schol. p Amh.   276 κατὰ χρόνους γρ. R¹² U⁵

μή με κατακτείνωσι· διωκέμεναι γὰρ ὀίω."

Τὸν δ' αὖ Τηλέμαχος πεπνυμένος ἀντίον ηὔδα·
" οὐ μὲν δή σ' ἐθέλοντά γ' ἀπώσω νηὸς ἐίσης,   280
ἀλλ' ἔπευ· αὐτὰρ κεῖθι φιλήσεαι, οἷά κ' ἔχωμεν."

ᵡΩς ἄρα φωνήσας οἱ ἐδέξατο χάλκεον ἔγχος,
καὶ τό γ' ἐπ' ἰκριόφιν τάνυσεν νεὸς ἀμφιελίσσης·
ἂν δὲ καὶ αὐτὸς νηὸς ἐβήσετο ποντοπόροιο.
ἐν πρύμνῃ δ' ἄρ' ἔπειτα καθέζετο, πὰρ δὲ οἷ αὐτῷ   285
εἷσε Θεοκλύμενον· τοὶ δὲ πρυμνῆσι' ἔλυσαν.
Τηλέμαχος δ' ἑτάροισιν ἐποτρύνας ἐκέλευσεν
ὅπλων ἅπτεσθαι· τοὶ δ' ἐσσυμένως ἐπίθοντο.
ἱστὸν δ' εἰλάτινον κοίλης ἔντοσθε μεσόδμης
στῆσαν ἀείραντες, κατὰ δὲ προτόνοισιν ἔδησαν,   290
ἕλκον δ' ἱστία λευκὰ ἐϋστρέπτοισι βοεῦσι.
τοῖσιν δ' ἴκμενον οὖρον ἵει γλαυκῶπις Ἀθήνη,
λάβρον ἐπαιγίζοντα δι' αἰθέρος, ὄφρα τάχιστα
νηῦς ἀνύσειε θέουσα θαλάσσης ἁλμυρὸν ὕδωρ.
βὰν δὲ παρὰ Κρουνοὺς καὶ Χαλκίδα καλλιρέεθρον.   295

Δύσετό τ' ἠέλιος σκιόωντό τε πᾶσαι ἀγυιαί·
ἡ δὲ Φεὰς ἐπέβαλλεν ἐπειγομένη Διὸς οὔρῳ,
ἠδὲ παρ' Ἤλιδα δῖαν, ὅθι κρατέουσιν Ἐπειοί.
ἔνθεν δ' αὖ νήσοισιν ἐπιπροέηκε θοῇσιν,
ὁρμαίνων ἤ κεν θάνατον φύγοι ἦ κεν ἀλώῃ.   300

282 οὗ q   285 παρέζετο g   νηὶ δ' ἐνὶ πρύμνη κατ' ἀρ ἕζετο
ἄγχι δ' ἄρ' αὐτοῦ h   290 κατὰ δὲ πρυμνῆσι' ἔδησαν g H¹ marg.
293 λαῦρον L⁶, invenit Eust.   ἐπαίσσοντα Aristoph.   295 om.
codd. leg. Strabo 350, 447 (et hic quidem πετρήεσσαν fort. ex Β 640) :
add. Barnes adnotante Casaubono in marg. ed. Steph. bibl. univ.
Cantabrig. (Nn. v. 17) deest hic versus.   vide ςραβ. viii.—H. h. Apoll.
425 : βῆ δὲ παρὰ Κρουνοὺς καὶ Χαλκίδα καὶ παρὰ Δύμην   296 δύετο
Strabo 350   297 φερὰς codd. (φρένας H²) : φεαῖς Ar. teste sch. H 135
(cf. Strab. 351) : φεὰς cit. Strabo 350 (ὁ παράπλους παρὰ . . . Φεάν 351).
eadem ratio intercedit inter Φειάν Thuc. ii. 25 et Φεράν, Φερίαν, Φερὰς
Diod. xii. 43. 4, cf. τῆς Ἠλείας εἰς τὴν καλουμένην Φλιάδα (corr. in
Φειάδα) νῆσον Polyb. iv. 9. 9 : Φειγάλειαν dedit eadem vox Paus. v. 18.
6 : ceterum Θηρὰς pro Φειὰς leg. Did. H 135, duce Pherecyde : cf. εὖτε
Φερὰς ἐπέβαλλεν ἀγαλλομένη Διὸς οὔρῳ h. Apoll. 427 : ἀγαλλομένη ex
hoc loco cit. Strabo 350   300 αλοιη sch. 𝔭 Amh.

47

Τὼ δ' αὖτ' ἐν κλισίῃ Ὀδυσεὺς καὶ δῖος ὑφορβὸς
δορπείτην· παρὰ δέ σφιν ἐδόρπεον ἀνέρες ἄλλοι.
αὐτὰρ ἐπεὶ πόσιος καὶ ἐδητύος ἐξ ἔρον ἔντο,
τοῖς δ' Ὀδυσεὺς μετέειπε, συβώτεω πειρητίζων,
ἤ μιν ἔτ' ἐνδυκέως φιλέοι μεῖναί τε κελεύοι   305
αὐτοῦ ἐνὶ σταθμῷ, ἦ ὀτρύνειε πόλινδε·
" κέκλυθι νῦν, Εὔμαιε, καὶ ἄλλοι πάντες ἑταῖροι·
ἠῶθεν προτὶ ἄστυ λιλαίομαι ἀπονέεσθαι
πτωχεύσων, ἵνα μή σε κατατρύχω καὶ ἑταίρους.
ἀλλά μοι εὖ θ' ὑπόθεν καὶ ἅμ' ἡγεμόν' ἐσθλὸν ὄπασσον,
ὅς κέ με κεῖσ' ἀγάγῃ· κατὰ δὲ πτόλιν αὐτὸς ἀνάγκῃ   311
πλάγξομαι, αἴ κέν τις κοτύλην καὶ πύρνον ὀρέξῃ.
καί κ' ἐλθὼν πρὸς δώματ' Ὀδυσσῆος θείοιο
ἀγγελίην εἴποιμι περίφρονι Πηνελοπείῃ,
καί κε μνηστήρεσσιν ὑπερφιάλοισι μιγείην,   315
εἴ μοι δεῖπνον δοῖεν ὀνείατα μυρί' ἔχοντες.
αἶψά κεν εὖ δρώοιμι μετὰ σφίσιν ἅσσ' ἐθέλοιεν.
ἐκ γάρ τοι ἐρέω, σὺ δὲ σύνθεο καί μευ ἄκουσον·
Ἑρμείαο ἕκητι διακτόρου, ὅς ῥά τε πάντων
ἀνθρώπων ἔργοισι χάριν καὶ κῦδος ὀπάζει,   320
δρηστοσύνῃ οὐκ ἄν μοι ἐρίσσειε βροτὸς ἄλλος,
πῦρ τ' εὖ νηῆσαι διά τε ξύλα δανὰ κεάσσαι,
δαιτρεῦσαί τε καὶ ὀπτῆσαι καὶ οἰνοχοῆσαι,
οἷά τε τοῖς ἀγαθοῖσι παραδρώωσι χέρηες."
Τὸν δὲ μέγ' ὀχθήσας προσέφης, Εὔμαιε συβῶτα·   325
" ὤ μοι, ξεῖνε, τίη τοι ἐνὶ φρεσὶ τοῦτο νόημα
ἔπλετο; ἦ σύ γε πάγχυ λιλαίεαι αὐτόθ' ὀλέσθαι,
εἰ δὴ μνηστήρων ἐθέλεις καταδῦναι ὅμιλον,
τῶν ὕβρις τε βίη τε σιδήρεον οὐρανὸν ἵκει.

301 κλισίῃ g j i L⁸ : -ης cet.   305 εἰ codd.   310 εὖθ' e k o L⁸ :
εὖ cet.   καί μ' ἡγεμόν' k M² R²   314 δαίφρονι leg. uv. Eust. 1784. 30
317 ἄσσ' Ar. ad A 554 : ὅττ' (ὅττι) codd.   ἐθέλοιεν Ar. (φασί
schol.) vulg. : θέλοιεν b g j   322 τ' εὐνῆσαι quidam ap. Eust.
(ἤτοι κατευνάσαι)   δανὰ e R¹⁰ U⁸ Eust. : δ' ἀνὰ j Pal. R⁹ : πολλὰ vulg.
324 πάρα R¹ schol. ϸ Amh. uv., Eust. (ἀναστρεπτέον schol.)
329 ἥκει g P⁵ ed. pr. : ἥκοι C P³

οὔ τοι τοιοίδ᾽ εἰσὶν ὑποδρηστῆρες ἐκείνων,   330
ἀλλὰ νέοι, χλαίνας εὖ εἱμένοι ἠδὲ χιτῶνας,
αἰεὶ δὲ λιπαροὶ κεφαλὰς καὶ καλὰ πρόσωπα,
οἵ σφιν ὑποδρώωσιν· ἐΰξεστοι δὲ τράπεζαι
σίτου καὶ κρειῶν ἠδ᾽ οἴνου βεβρίθασιν.
ἀλλὰ μέν᾽· οὐ γάρ τίς τοι ἀνιᾶται παρεόντι,   335
οὔτ᾽ ἐγὼ οὔτε τις ἄλλος ἑταίρων, οἵ μοι ἔασιν.
αὐτὰρ ἐπὴν ἔλθῃσιν Ὀδυσσῆος φίλος υἱός,
κεῖνός σε χλαῖνάν τε χιτῶνά τε εἵματα ἕσσει,
πέμψει δ᾽ ὅππῃ σε κραδίη θυμός τε κελεύει."
    Τὸν δ᾽ ἠμείβετ᾽ ἔπειτα πολύτλας δῖος Ὀδυσσεύς·   340
"αἴθ᾽ οὕτως, Εὔμαιε, φίλος Διὶ πατρὶ γένοιο
ὡς ἐμοί, ὅττι μ᾽ ἔπαυσας ἄλης καὶ δϊζύος αἰνῆς.
πλαγκτοσύνης δ᾽ οὐκ ἔστι κακώτερον ἄλλο βροτοῖσιν·
ἀλλ᾽ ἕνεκ᾽ οὐλομένης γαστρὸς κακὰ κήδε᾽ ἔχουσιν
ἀνέρες, ὅν τιν᾽ ἵκηται ἄλη καὶ πῆμα καὶ ἄλγος.   345
νῦν δ᾽ ἐπεὶ ἰσχανάᾳς μεῖναί τέ με κεῖνον ἄνωγας,
εἴπ᾽ ἄγε μοι περὶ μητρὸς Ὀδυσσῆος θείοιο
πατρός θ᾽, ὃν κατέλειπεν ἰὼν ἐπὶ γήραος οὐδῷ,
ἦ που ἔτι ζώουσιν ὑπ᾽ αὐγὰς ἠελίοιο,
ἦ ἤδη τεθνᾶσι καὶ εἰν Ἀΐδαο δόμοισι."   350
    Τὸν δ᾽ αὖτε προσέειπε συβώτης, ὄρχαμος ἀνδρῶν·
"τοιγὰρ ἐγώ τοι, ξεῖνε, μάλ᾽ ἀτρεκέως ἀγορεύσω.
Λαέρτης μὲν ἔτι ζώει, Διὶ δ᾽ εὔχεται αἰεὶ
θυμὸν ἀπὸ μελέων φθίσθαι οἷς ἐν μεγάροισιν·
ἐκπάγλως γὰρ παιδὸς ὀδύρεται οἰχομένοιο   355
κουριδίης τ᾽ ἀλόχοιο δαΐφρονος, ἥ ἑ μάλιστα
ἤκαχ᾽ ἀποφθιμένη καὶ ἐν ὠμῷ γήραϊ θῆκεν.
ἡ δ᾽ ἄχεϊ οὗ παιδὸς ἀπέφθιτο κυδαλίμοιο,
λευγαλέῳ θανάτῳ, ὡς μὴ θάνοι ὅς τις ἐμοί γε

334 ἠδ᾽] an καὶ leg.?   344 κήδε᾽ e g h k Eust.: ἄλγε᾽ Eust. 1820.
15: μήδε᾽ cet.   345 om. g k   ἂν b c i: ἂ r   349 ἤ r: εἴ cet.
    354 ἀπὲκ p   φθίσαι e r: φθεῖραι o   μεγάροισιν ἑοῖσιν J,
γρ. K   357 ἐν om. Br V⁴, non leg. Eust.

ἐνθάδε ναιετάων φίλος εἴη καὶ φίλα ἔρδοι.   360

ὄφρα μὲν οὖν δὴ κείνη ἔην, ἀχέουσά περ ἔμπης,
τόφρα τί μοι φίλον ἔσκε μεταλλῆσαι καὶ ἐρέσθαι,
οὕνεκά μ' αὐτὴ θρέψεν ἅμα Κτιμένῃ τανυπέπλῳ,
θυγατέρ' ἰφθίμῃ, τὴν ὁπλοτάτην τέκε παίδων·
τῇ ὁμοῦ ἐτρεφόμην, ὀλίγον δέ τί μ' ἧσσον ἐτίμα.   365
αὐτὰρ ἐπεί ῥ' ἥβην πολυήρατον ἱκόμεθ' ἄμφω,
τὴν μὲν ἔπειτα Σάμηνδ' ἔδοσαν καὶ μυρί' ἕλοντο,
αὐτὰρ ἐμὲ χλαῖνάν τε χιτῶνά τε εἵματ' ἐκείνη
καλὰ μάλ' ἀμφιέσασα, ποσὶν δ' ὑποδήματα δοῦσα
ἀγρόνδε προΐαλλε· φίλει δέ με κηρόθι μᾶλλον.   370
νῦν δ' ἤδη τούτων ἐπιδεύομαι· ἀλλά μοι αὐτῷ
ἔργον ἀέξουσιν μάκαρες θεοὶ ᾧ ἐπιμίμνω·
τῶν ἔφαγόν τ' ἔπιόν τε καὶ αἰδοίοισιν ἔδωκα.
ἐκ δ' ἄρα δεσποίνης οὐ μείλιχον ἔστιν ἀκοῦσαι
οὔτ' ἔπος οὔτε τι ἔργον, ἐπεὶ κακὸν ἔμπεσεν οἴκῳ,   375
ἄνδρες ὑπερφίαλοι· μέγα δὲ δμῶες χατέουσιν
ἀντία δεσποίνης φάσθαι καὶ ἕκαστα πυθέσθαι
καὶ φαγέμεν πιέμεν τε, ἔπειτα δὲ καί τι φέρεσθαι
ἀγρόνδ', οἷά τε θυμὸν ἀεὶ δμώεσσιν ἰαίνει."

    Τὸν δ' ἀπαμειβόμενος προσέφη πολύμητις Ὀδυσσεύς·
" ὢ πόποι, ὡς ἄρα τυτθὸς ἐών, Εὔμαιε συβῶτα,   381
πολλὸν ἀπεπλάγχθης σῆς πατρίδος ἠδὲ τοκήων.
ἀλλ' ἄγε μοι τόδε εἰπὲ καὶ ἀτρεκέως κατάλεξον,
ἠὲ διεπράθετο πτόλις ἀνδρῶν εὐρυάγυια,
ᾗ ἔνι ναιετάασκε πατὴρ καὶ πότνια μήτηρ,   385
ἦ σέ γε μουνωθέντα παρ' οἴεσιν ἢ παρὰ βουσὶν
ἄνδρες δυσμενέες νηυσὶν λάβον ἠδ' ἐπέρασσαν
τοῦδ' ἀνδρὸς πρὸς δώμαθ', ὁ δ' ἄξιον ὦνον ἔδωκε."

    Τὸν δ' αὖτε προσέειπε συβώτης, ὄρχαμος ἀνδρῶν·

363 οὕνεκ' ἄρ' αὐτὴ d   364 ἰφθίμην b   παῖδα Mon. Eust.
368 ἐμοὶ a d l p   379 ἀεὶ δμώεσσιν b c h i j k : ἐνὶ στήθεσσιν cet.
  ἰαίνειν schol. p Amh.   384 πτόλις d e h Mon. Eust. : πόλις
cet.   385 ναιετάεσκε a d f k l p Eust.

" ξεῖν', ἐπεὶ ἂρ δὴ ταῦτά μ' ἀνείρεαι ἠδὲ μεταλλᾷς,   390
σιγῇ νῦν ξυνίει καὶ τέρπεο, πῖνέ τε οἶνον
ἥμενος.   αἵδε δὲ νύκτες ἀθέσφατοι· ἔστι μὲν εὕδειν,
ἔστι δὲ τερπομένοισιν ἀκούειν· οὐδέ τί σε χρή,
πρὶν ὥρη, καταλέχθαι· ἀνίη καὶ πολὺς ὕπνος.
τῶν δ' ἄλλων ὅτινα κραδίη καὶ θυμὸς ἀνώγει,   395
εὑδέτω ἐξελθών· ἅμα δ' ἠοῖ φαινομένηφι
δειπνήσας ἅμ' ὕεσσιν ἀνακτορίησιν ἐπέσθω.
νῶϊ δ' ἐνὶ κλισίῃ πίνοντέ τε δαινυμένω τε
κήδεσιν ἀλλήλων τερπώμεθα λευγαλέοισι,
μνωομένω· μετὰ γάρ τε καὶ ἄλγεσι τέρπεται ἀνήρ,   400
ὅς τις δὴ μάλα πολλὰ πάθῃ καὶ πόλλ' ἐπαληθῇ.
τοῦτο δέ τοι ἐρέω ὅ μ' ἀνείρεαι ἠδὲ μεταλλᾷς.

Νῆσός τις Συρίη κικλήσκεται, εἴ που ἀκούεις,
Ὀρτυγίης καθύπερθεν, ὅθι τροπαὶ ἠελίοιο,
οὔ τι περιπληθὴς λίην τόσον, ἀλλ' ἀγαθὴ μέν,   405
εὔβοτος εὔμηλος, οἰνοπληθὴς πολύπυρος.
πείνη δ' οὔ ποτε δῆμον ἐσέρχεται, οὐδέ τις ἄλλη
νοῦσος ἐπὶ στυγερὴ πέλεται δειλοῖσι βροτοῖσιν·
ἀλλ' ὅτε γηράσκωσι πόλιν κάτα φῦλ' ἀνθρώπων,
ἐλθὼν ἀργυρότοξος Ἀπόλλων Ἀρτέμιδι ξὺν   410
οἷς ἀγανοῖς βελέεσσιν ἐποιχόμενος κατέπεφνεν.
ἔνθα δύω πόλιες, δίχα δέ σφισι πάντα δέδασται·
τῇσιν δ' ἀμφοτέρῃσι πατὴρ ἐμὸς ἐμβασίλευε,
Κτήσιος Ὀρμενίδης, ἐπιείκελος ἀθανάτοισιν.

Ἔνθα δὲ Φοίνικες ναυσίκλυτοι ἤλυθον ἄνδρες,   415
τρῶκται, μυρί' ἄγοντες ἀθύρματα νηὶ μελαίνῃ.
ἔσκε δὲ πατρὸς ἐμοῖο γυνὴ Φοίνισσ' ἐνὶ οἴκῳ,
καλή τε μεγάλη τε καὶ ἀγλαὰ ἔργα ἰδυῖα·

393 ἀκούειν Ar. : ἀκουέμεν codd.   395 θυμὸς τε κελεύει Mon. U⁶
398-401 { notat R¹² marg.   400 μεμνομένω γρ. U⁵   ἄλγεα
U³   401 μνήμενος ὅστις πολλὰ πάθῃ καὶ πολλὰ ἐόργῃ Ar. Rhet.
1370 b 5   404 τροφαὶ et στροφαὶ quidam (ἔγραψαν δέ τινες) ap.
Hesych. in Ὀρτυγίῃ   407 ἐπέρχεται ● k Ap. Dysc. coni. 228. 1
411 cf. γ 280   ἐπέεσσιν R¹⁰   413 ἡγεμόνευε b

τὴν δ' ἄρα Φοίνικες πολυπαίπαλοι ἠπερόπευον.
πλυνούσῃ τις πρῶτα μίγη κοίλῃ παρὰ νηὶ   420
εὐνῇ καὶ φιλότητι, τά τε φρένας ἠπεροπεύει
θηλυτέρῃσι γυναιξί, καὶ ἥ κ' εὐεργὸς ἔῃσιν.
εἰρώτα δὴ ἔπειτα τίς εἴη καὶ πόθεν ἔλθοι·
ἡ δὲ μάλ' αὐτίκα πατρὸς ἐπέφραδεν ὑψερεφὲς δῶ·
' ἐκ μὲν Σιδῶνος πολυχάλκου εὔχομαι εἶναι,   425
κούρη δ' εἴμ' Ἀρύβαντος ἐγὼ ῥυδὸν ἀφνειοῖο·
ἀλλά μ' ἀνήρπαξαν Τάφιοι ληίστορες ἄνδρες
ἀγρόθεν ἐρχομένην, πέρασαν δέ τε δεῦρ' ἀγαγόντες
τοῦδ' ἀνδρὸς πρὸς δώμαθ'· ὁ δ' ἄξιον ὦνον ἔδωκε.'

Τὴν δ' αὖτε προσέειπεν ἀνήρ, ὃς ἐμίσγετο λάθρῃ·   430
' ἦ ῥά κε νῦν πάλιν αὖτις ἅμ' ἡμῖν οἴκαδ' ἕποιο,
ὄφρα ἴδῃ πατρὸς καὶ μητέρος ὑψερεφὲς δῶ
αὐτούς τ'; ἦ γὰρ ἔτ' εἰσὶ καὶ ἀφνειοὶ καλέονται.'

Τὸν δ' αὖτε προσέειπε γυνὴ καὶ ἀμείβετο μύθῳ·
' εἴη κεν καὶ τοῦτ', εἴ μοι ἐθέλοιτέ γε, ναῦται,   435
ὅρκῳ πιστωθῆναι ἀπήμονά μ' οἴκαδ' ἀπάξειν.'

Ὣς ἔφαθ', οἱ δ' ἄρα πάντες ἐπόμνυον ὡς ἐκέλευεν.
αὐτὰρ ἐπεί ῥ' ὄμοσάν τε τελεύτησάν τε τὸν ὅρκον,
τοῖς δ' αὖτις μετέειπε γυνὴ καὶ ἀμείβετο μύθῳ·
' σιγῇ νῦν, μή τίς με προσαυδάτω ἐπέεσσιν   440
ὑμετέρων ἐτάρων, ξυμβλήμενος ἢ ἐν ἀγυιῇ
ἤ που ἐπὶ κρήνῃ· μή τις ποτὶ δῶμα γέροντι
ἐλθὼν ἐξείπῃ, ὁ δ' ὀϊσάμενος καταδήσῃ
δεσμῷ ἐν ἀργαλέῳ, ὑμῖν δ' ἐπιφράσσετ' ὄλεθρον.
ἀλλ' ἔχετ' ἐν φρεσὶ μῦθον, ἐπείγετε δ' ὦνον ὀδαίων.   445
ἀλλ' ὅτε κεν δὴ νηῦς πλείη βιότοιο γένηται,
ἀγγελίη μοι ἔπειτα θοῶς ἐς δώμαθ' ἱκέσθω·
οἴσω γὰρ καὶ χρυσόν, ὅτις χ' ὑποχείριος ἔλθῃ·

419 τὴν δ' b o g h i L⁴ : τῇ δ' cet.   420 τις] τῇ b : ἦ L⁵ M² P²
422 ἦ] ε⟨ g L⁴ U⁸ Eust.   423 ἠρώτα codd. praeter d e g L⁵
432 ἴδῃ b o P⁵ : ἴδης cet., cf. A 203 al. λ 94   437 ἐπόμνυον Ar. vulg.
ἀπ- a al. ἀπο- Br Ca R² U¹ U⁴, cf. σ 58   440 σιγῇ L⁵ Eust. : σίγα
C U⁸   447 ἱκέσθαι L⁵ Pal.   448 εἴη b o L⁵ M³ P⁶

καὶ δέ κεν ἄλλ᾽ ἐπίβαθρον ἐγὼν ἐθέλουσά γε δοίην.
παῖδα γὰρ ἀνδρὸς ἑῆος ἐνὶ μεγάροις ἀτιτάλλω,   450
κερδαλέον δὴ τοῖον, ἅμα τροχόωντα θύραζε·
τόν κεν ἄγοιμ᾽ ἐπὶ νηός, ὁ δ᾽ ὑμῖν μυρίον ὦνον
ἄλφοι, ὅπη περάσητε κατ᾽ ἀλλοθρόους ἀνθρώπους.᾽
Ἡ μὲν᾽ ἄρ᾽ ὣς εἰποῦσ᾽ ἀπέβη πρὸς δώματα καλά,
οἱ δ᾽ ἐνιαυτὸν ἅπαντα παρ᾽ ἡμῖν αὖθι μένοντες   455
ἐν νηῒ γλαφυρῇ βίοτον πολὺν ἐμπολόωντο.
ἀλλ᾽ ὅτε δὴ κοίλη νηῦς ἤχθετο τοῖσι νέεσθαι,
καὶ τότ᾽ ἄρ᾽ ἄγγελον ἧκαν, ὃς ἀγγείλειε γυναικί.
ἤλυθ᾽ ἀνὴρ πολύϊδρις ἐμοῦ πρὸς δώματα πατρὸς
χρύσεον ὅρμον ἔχων, μετὰ δ᾽ ἠλέκτροισιν ἔερτο.   460
τὸν μὲν ἄρ᾽ ἐν μεγάρῳ δμῳαὶ καὶ πότνια μήτηρ
χερσίν τ᾽ ἀμφαφόωντο καὶ ὀφθαλμοῖσιν ὁρῶντο,
ὦνον ὑπισχόμεναι· ὁ δὲ τῇ κατένευσε σιωπῇ.
ἦ τοι ὁ καννεύσας κοίλην ἐπὶ νῆα βεβήκει,
ἡ δ᾽ ἐμὲ χειρὸς ἑλοῦσα δόμων ἐξῆγε θύραζε.   465
εὗρε δ᾽ ἐνὶ προδόμῳ ἠμὲν δέπα ἠδὲ τραπέζας
ἀνδρῶν δαιτυμόνων, οἵ μευ πατέρ᾽ ἀμφεπένοντο.
οἱ μὲν ἄρ᾽ ἐς θῶκον πρόμολον δήμοιό τε φῆμιν,
ἡ δ᾽ αἶψα τρί᾽ ἄλεισα κατακρύψασ᾽ ὑπὸ κόλπῳ
ἔκφερεν· αὐτὰρ ἐγὼν ἑπόμην ἀεσιφροσύνῃσι.   470
δύσετό τ᾽ ἠέλιος σκιόωντό τε πᾶσαι ἀγυιαί·
ἡμεῖς δ᾽ ἐς λιμένα κλυτὸν ἤλθομεν ὦκα κιόντες·
ἔνθ᾽ ἄρα Φοινίκων ἀνδρῶν ἦν ὠκύαλος νηῦς.
οἱ μὲν ἔπειτ᾽ ἀναβάντες ἐπέπλεον ὑγρὰ κέλευθα,
νὼ ἀναβησάμενοι· ἐπὶ δὲ Ζεὺς οὖρον ἴαλλεν.   475

451 om. d   ἀματροχόωντα f U² Porph. qu. Il. 264. 2, qu. Od.
121. 5 Eust : ὁμοτρ. γρ. Eust.   453 κατ᾽ a d 1 L⁴ V⁴ Ap. lex. in v.
Ἄλφοι: πρὸς cet.   454 καλά] πατρός b   460 μετὰ δ᾽] ἀτὰρ
Herod.   ἔερκτο i p C L⁵ v. l. ap. Eust.   461 μεγάρῳ] προδόμῳ
U⁶   462 χείρεσιν R¹, γρ. L² Mo   466 δέπα L⁸ (ἐκτατέον τὸ
δέπα, ποτήρια schol.): δέπατ᾽ Pe R¹²: δέπας vulg., cf. τ 62
469 κόλπου Aristoph. ap. schol. ι 329   473 ἦν ἀνδρῶν e g ed. pr.
ὠκύπορος a d 1 L⁴ V⁴

ἐξῆμαρ μὲν ὁμῶς πλέομεν νύκτας τε καὶ ἦμαρ·
ἀλλ' ὅτε δὴ ἕβδομον ἦμαρ ἐπὶ Ζεὺς θῆκε Κρονίων,
τὴν μὲν ἔπειτα γυναῖκα βάλ' Ἄρτεμις ἰοχέαιρα,
ἄντλῳ δ' ἐνδούπησε πεσοῦσ' ὡς εἰναλίη κήξ.
καὶ τὴν μὲν φώκῃσι καὶ ἰχθύσι κύρμα γενέσθαι   480
ἔκβαλον· αὐτὰρ ἐγὼ λιπόμην ἀκαχήμενος ἦτορ·
τοὺς δ' Ἰθάκῃ ἐπέλασσε φέρων ἄνεμός τε καὶ ὕδωρ,
ἔνθα με Λαέρτης πρίατο κτεάτεσσιν ἑοῖσιν.
οὕτω τήνδε τε γαῖαν ἐγὼν ἴδον ὀφθαλμοῖσι."

Τὸν δ' αὖ διογενὴς Ὀδυσεὺς ἠμείβετο μύθῳ·   485
" Εὔμαι', ἦ μάλα δή μοι ἐνὶ φρεσὶ θυμὸν ὄρινας
ταῦτα ἕκαστα λέγων, ὅσα δὴ πάθες ἄλγεα θυμῷ.
ἀλλ' ἦ τοι σοὶ μὲν παρὰ καὶ κακῷ ἐσθλὸν ἔθηκε
Ζεύς, ἐπεὶ ἀνδρὸς δώματ' ἀφίκεο πολλὰ μογήσας
ἠπίου, ὃς δή τοι παρέχει βρῶσίν τε πόσιν τε   490
ἐνδυκέως, ζώεις δ' ἀγαθὸν βίον· αὐτὰρ ἐγώ γε
πολλὰ βροτῶν ἐπὶ ἄστε' ἀλώμενος ἐνθάδ' ἱκάνω."

Ὥς οἱ μὲν τοιαῦτα πρὸς ἀλλήλους ἀγόρευον,
καδδραθέτην δ' οὐ πολλὸν ἐπὶ χρόνον, ἀλλὰ μίνυνθα·
αἶψα γὰρ Ἠὼς ἦλθεν ἐύθρονος. οἱ δ' ἐπὶ χέρσου   495
Τηλεμάχου ἕταροι λύον ἱστία, κὰδ δ' ἕλον ἱστὸν
καρπαλίμως, τὴν δ' εἰς ὅρμον προέρεσσαν ἐρετμοῖς.
ἐκ δ' εὐνὰς ἔβαλον, κατὰ δὲ πρυμνῆσι' ἔδησαν·
ἐκ δὲ καὶ αὐτοὶ βαῖνον ἐπὶ ῥηγμῖνι θαλάσσης,
δεῖπνόν τ' ἐντύνοντο κερῶντό τε αἴθοπα οἶνον.   500
αὐτὰρ ἐπεὶ πόσιος καὶ ἐδητύος ἐξ ἔρον ἕντο,
τοῖσι δὲ Τηλέμαχος πεπνυμένος ἄρχετο μύθων·
" ὑμεῖς μὲν νῦν ἄστυδ' ἐλαύνετε νῆα μέλαιναν,
αὐτὰρ ἐγὼν ἀγροὺς ἐπιείσομαι ἠδὲ βοτῆρας·

477 δτ' ἄρ' d   479 κήηξ a d f l q V⁴   484 τὴν δέ τ' ἐγὼν
γαῖαν C   487 ἠδ' ὅσ' ἀλήθης e g P⁵ R⁴ (= ξ 362)   495 δ' ἄρ'
a d l Mon. V¹   497 ὡς ὅρμον ⊙ : ἐς λιμένα d l q L⁴ V⁴   προέρυσσαν
codd, cf. ι 73 ν 279 (προέρεσσαν διχῶς schol.)   501 obelo not. U⁵
502 ἄρχετο hic V⁴   503 δῖοι ἕταιροι b   504 ἀγρὸν δ' e g
ἐπελεύσομαι a d l q L⁴ V⁴

ἐσπέριος δ' ἐς ἄστυ ἰδὼν ἐμὰ ἔργα κάτειμι.   505
ἠῶθεν δέ κεν ὔμμιν ὁδοιπόριον παραθείμην,
δαῖτ' ἀγαθὴν κρειῶν καὶ οἴνου ἡδυπότοιο."
   Τὸν δ' αὖτε προσέειπε Θεοκλύμενος θεοειδής·
" πῇ γὰρ ἐγώ, φίλε τέκνον, ἴω; τεῦ δώμαθ' ἵκωμαι
ἀνδρῶν οἳ κραναὴν 'Ιθάκην κάτα κοιρανέουσιν;   510
ἦ ἰθὺς σῆς μητρὸς ἴω καὶ σοῖο δόμοιο; "
   Τὸν δ' αὖ Τηλέμαχος πεπνυμένος ἀντίον ηὔδα·
" ἄλλως μέν σ' ἂν ἐγώ γε καὶ ἡμέτερόνδε κελοίμην
ἔρχεσθ'· οὐ γάρ τι ξενίων ποθή· ἀλλὰ σοὶ αὐτῷ
χεῖρον, ἐπεί τοι ἐγὼ μὲν ἀπέσσομαι, οὐδέ σε μήτηρ   515
ὄψεται· οὐ μὲν γάρ τι θαμὰ μνηστῆρσ' ἐνὶ οἴκῳ
φαίνεται, ἀλλ' ἀπὸ τῶν ὑπερωΐῳ ἱστὸν ὑφαίνει.
ἀλλά τοι ἄλλον φῶτα πιφαύσκομαι ὅν κεν ἵκοιο,
Εὐρύμαχον, Πολύβοιο δαΐφρονος ἀγλαὸν υἱόν,
τὸν νῦν ἶσα θεῷ 'Ιθακήσιοι εἰσορόωσι·   520
καὶ γὰρ πολλὸν ἄριστος ἀνὴρ μέμονέν τε μάλιστα
μητέρ' ἐμὴν γαμέειν καὶ 'Οδυσσῆος γέρας ἕξειν,
ἀλλὰ τά γε Ζεὺς οἶδεν 'Ολύμπιος, αἰθέρι ναίων,
εἴ κέ σφι πρὸ γάμοιο τελευτήσει κακὸν ἦμαρ."
   ὼς ἄρα οἱ εἰπόντι ἐπέπτατο δεξιὸς ὄρνις,   525
κίρκος, 'Απόλλωνος ταχὺς ἄγγελος· ἐν δὲ πόδεσσι
τίλλε πέλειαν ἔχων, κατὰ δὲ πτερὰ χεῦεν ἔραζε
μεσσηγὺς νηός τε καὶ αὐτοῦ Τηλεμάχοιο.
τὸν δὲ Θεοκλύμενος ἑτάρων ἀπονόσφι καλέσσας
ἔν τ' ἄρα οἱ φῦ χειρὶ ἔπος τ' ἔφατ' ἔκ τ' ὀνόμαζε·   530
" Τηλέμαχ', οὔ τοι ἄνευ θεοῦ ἔπτατο δεξιὸς ὄρνις·
ἔγνων γάρ μιν ἐσάντα ἰδὼν οἰωνὸν ἐόντα.
ὑμετέρου δ' οὐκ ἔστι γένεος βασιλεύτερον ἄλλο

506 ἐπιδόρπιον Pˢ   παραθείην b i C Mon.: -είτην h   507 τε
καὶ codd.   ἠδὲ ποτοῖο a d l q V⁴   514 τι] τοι g r Mon. U⁵ U⁸
Eust.   531 ἔπτατο c Pal. P⁵ U⁸: ἐπέπτατο e g: ἤλυθε cet.
533 γένεος e J, γρ. Br: γένευς vulg.: γένους V¹ L⁴ corr. U⁸ in ras.:
γένος P⁶ R⁷   Ἑλλάδι δ' οὔτε γένος βασιλεύτερος οὔτε τι φωνὴν
Ἡρώδεω Kaibel Ep. Gr. 1046. 36

ἐν δήμῳ Ἰθάκης, ἀλλ' ὑμεῖς καρτεροὶ αἰεί."

Τὸν δ' αὖ Τηλέμαχος πεπνυμένος ἀντίον ηὔδα·   535
" αἲ γὰρ τοῦτο, ξεῖνε, ἔπος τετελεσμένον εἴη·
τῷ κε τάχα γνοίης φιλότητά τε πολλά τε δῶρα
ἐξ ἐμεῦ, ὡς ἄν τίς σε συναντόμενος μακαρίζοι."

Ἡ καὶ Πείραιον προσεφώνεε, πιστὸν ἑταῖρον·
" Πείραιε Κλυτίδη, σὺ δέ μοι τά περ ἄλλα μάλιστα   540
πείθῃ ἐμῶν ἑτάρων, οἵ μοι Πύλον εἰς ἅμ' ἕποντο·
καὶ νῦν μοι τὸν ξεῖνον ἄγων ἐν δώμασι σοῖσιν
ἐνδυκέως φιλέειν καὶ τιέμεν, εἰς ὅ κεν ἔλθω."

Τὸν δ' αὖ Πείραιος δουρικλυτὸς ἀντίον ηὔδα·
" Τηλέμαχ', εἰ γάρ κεν σὺ πολὺν χρόνον ἐνθάδε μίμνοις, 545
τόνδε τ' ἐγὼ κομιῶ, ξενίων δέ οἱ οὐ ποθὴ ἔσται."

Ὣς εἰπὼν ἐπὶ νηὸς ἔβη, ἐκέλευσε δ' ἑταίρους
αὐτούς τ' ἀμβαίνειν ἀνά τε πρυμνήσια λῦσαι.
οἱ δ' αἶψ' εἴσβαινον καὶ ἐπὶ κληῖσι καθῖζον.

Τηλέμαχος δ' ὑπὸ ποσσὶν ἐδήσατο καλὰ πέδιλα,   550
εἵλετο δ' ἄλκιμον ἔγχος, ἀκαχμένον ὀξέϊ χαλκῷ,
νηὸς ἀπ' ἰκριόφιν· τοὶ δὲ πρυμνήσι' ἔλυσαν.
οἱ μὲν ἀνώσαντες πλέον ἐς πόλιν, ὡς ἐκέλευσε
Τηλέμαχος, φίλος υἱὸς Ὀδυσσῆος θείοιο·
τὸν δ' ὦκα προβιβάντα πόδες φέρον, ὄφρ' ἵκετ' αὐλήν, 555
ἔνθα οἱ ἦσαν ὕες μάλα μυρίαι, ᾗσι συβώτης
ἐσθλὸς ἐὼν ἐνίαυεν, ἀνάκτεσιν ἤπια εἰδώς.

536 γάρ τοι τοῦτο a b1 q Br V⁴ (λείπει τὸ τοὶ παρ' ἐνίοις Br)
τελέσειε κρονίων L⁴   537 τάχα] μάλα θ   556 οἶσι Mon. Eust.
συφορβὸς C   557 ἐνιαύειν f (sc. ἐνιαύει)

Τὼ δ' αὖτ' ἐν κλισίῃ Ὀδυσεὺς καὶ δῖος ὑφορβὸς
ἐντύνοντ' ἄριστον ἅμ' ἠοῖ, κηαμένω πῦρ,
ἔκπεμψάν τε νομῆας ἅμ' ἀγρομένοισι σύεσσι·
Τηλέμαχον δὲ περίσσαινον κύνες ὑλακόμωροι,
οὐδ' ὕλαον προσιόντα. νόησε δὲ δῖος Ὀδυσσεὺς   5
σαίνοντάς τε κύνας, περί τε κτύπος ἦλθε ποδοῖιν.
αἶψα δ' ἄρ' Εὔμαιον ἔπεα πτερόεντα προσηύδα·
" Εὔμαι', ἦ μάλα τίς τοι ἐλεύσεται ἐνθάδ' ἑταῖρος
ἢ καὶ γνώριμος ἄλλος, ἐπεὶ κύνες οὐχ ὑλάουσιν,
ἀλλὰ περισσαίνουσι· ποδῶν δ' ὑπὸ δοῦπον ἀκούω."   10
    Οὔ πω πᾶν εἴρητο ἔπος, ὅτε οἱ φίλος υἱὸς
ἔστη ἐνὶ προθύροισι. ταφὼν δ' ἀνόρουσε συβώτης,
ἐκ δ' ἄρα οἱ χειρῶν πέσον ἄγγεα, τοῖς ἐπονεῖτο,
κιρνὰς αἴθοπα οἶνον. ὁ δ' ἀντίος ἦλθεν ἄνακτος,
κύσσε δέ μιν κεφαλήν τε καὶ ἄμφω φάεα καλὰ   15
χεῖράς τ' ἀμφοτέρας· θαλερὸν δέ οἱ ἔκπεσε δάκρυ.
ὡς δὲ πατὴρ ὃν παῖδα φίλα φρονέων ἀγαπάζῃ
ἐλθόντ' ἐξ ἀπίης γαίης δεκάτῳ ἐνιαυτῷ,
μοῦνον τηλύγετον, τῷ ἔπ' ἄλγεα πολλὰ μογήσῃ,
ὣς τότε Τηλέμαχον θεοειδέα δῖος ὑφορβὸς   20
πάντα κύσεν περιφύς, ὡς ἐκ θανάτοιο φυγόντα·
καί ῥ' ὀλοφυρόμενος ἔπεα πτερόεντα προσηύδα·
" ἦλθες, Τηλέμαχε, γλυκερὸν φάος· οὔ σ' ἔτ' ἐγώ γε

1 κλισίῃ ο k P⁵ R⁹ R¹² U⁸ : -ης cet.   2 φαινομένηφι Plut. quaest.
conv. viii. 4 = 726 C   6 ὑπὸ δὲ κτύπος Dion. Hal. de comp. verb. 3
7 προσεφώνεεν ἐγγὺς ἐόντα Dion. Hal. l. c.   14 κιρνᾶς l H³ U¹ :
κιρνῶν L⁵   ἦλθεν θ O U⁶ : ἤλυθ' cet.   15 τε om. L⁵ Eust.
Meletius in An. Ox. iii. 68. 13   16 θαλερὸν κατὰ δάκρυον εἶβων
R¹² (εἶβον ο)   17 φιλοφρονέων R¹   18 ἐλθὼν b c   19 om. d
πολλοῖσιν ἐπὶ κτεάτεσσιν Alexander in Rhet. gr. viii. 441. 8
(= Ι 482)

ὄψεσθαι ἐφάμην, ἐπεὶ οἴχεο νηὶ Πύλονδε.
ἀλλ' ἄγε νῦν εἴσελθε, φίλον τέκος, ὄφρα σε θυμῷ   25
τέρψομαι εἰσορόων νέον ἄλλοθεν ἔνδον ἐόντα.
οὐ μὲν γάρ τι θάμ' ἀγρὸν ἐπέρχεαι οὐδὲ νομῆας,
ἀλλ' ἐπιδημεύεις· ὣς γάρ νύ τοι εὔαδε θυμῷ,
ἀνδρῶν μνηστήρων ἐσορᾶν ἀΐδηλον ὅμιλον."
    Τὸν δ' αὖ Τηλέμαχος πεπνυμένος ἀντίον ηὔδα·   30
" ἔσσεται οὕτως, ἄττα· σέθεν δ' ἕνεκ' ἐνθάδ' ἱκάνω,
ὄφρα σέ τ' ὀφθαλμοῖσιν ἴδω καὶ μῦθον ἀκούσω,
ἤ μοι ἔτ' ἐν μεγάροις μήτηρ μένει, ἦέ τις ἤδη
ἀνδρῶν ἄλλος ἔγημεν, Ὀδυσσῆος δέ που εὐνὴ
χήτει ἐνευναίων κάκ' ἀράχνια κεῖται ἔχουσα."   35
    Τὸν δ' αὖτε προσέειπε συβώτης, ὄρχαμος ἀνδρῶν·
" καὶ λίην κείνη γε μένει τετληότι θυμῷ
σοῖσιν ἐνὶ μεγάροισιν· ὀϊζυραὶ δέ οἱ αἰεὶ
φθίνουσιν νύκτες τε καὶ ἤματα δάκρυ χεούσῃ."
    Ὣς ἄρα φωνήσας οἱ ἐδέξατο χάλκεον ἔγχος·   40
αὐτὰρ ὅ γ' εἴσω ἴεν καὶ ὑπέρβη λάϊνον οὐδόν.
τῷ δ' ἕδρης ἐπιόντι πατὴρ ὑπόειξεν Ὀδυσσεύς·
Τηλέμαχος δ' ἑτέρωθεν ἐρήτυε φώνησέν τε·
" ἧσο, ξεῖν'· ἡμεῖς δὲ καὶ ἄλλοθι δήομεν ἕδρην
σταθμῷ ἐν ἡμετέρῳ· παρὰ δ' ἀνὴρ ὃς καταθήσει."   45
    Ὣς φάθ', ὁ δ' αὖτις ἰὼν κατ' ἄρ' ἕζετο· τῷ δὲ συβώτης
χεῦεν ὕπο χλωρὰς ῥῶπας καὶ κῶας ὕπερθεν·
ἔνθα καθέζετ' ἔπειτα Ὀδυσσῆος φίλος υἱός.
τοῖσιν δ' αὖ κρειῶν πίνακας παρέθηκε συβώτης
ὀπταλέων, ἅ ῥα τῇ προτέρῃ ὑπέλιπον ἔδοντες,   50

24 ᾤχ. codd.   24 a λάθ[ρ]η ἐμεῦ ἀέκητι φίλου μετὰ πατρὸς ἀκουήν
U⁶ marg. = ρ43   29 ἐσορᾶν b c h Mon. : προσορᾶν cet.   31 οὕτω
U³ : οὕτως ἔχουσι schol. [?]   33 ἤ c d C : εἴ cet.   35 ἐνευναίῳ
v. l. ap. schol. (ἄμφω δοτικαί, οἱ παλαιοὶ ap. Eust.)   39 φθίνουσιν f
C L⁴ Pal. R⁸ U⁶ : φθινύθουσιν cet., cf. λ 183 ν 338   42 ὑπέειξεν Ar.
   44 ἧσ' δ g k p U⁸ Eust., γρ. Br R⁶, M¹ O corr., P⁵ mg.   δίομεν
L⁵ : θήομεν O uv.   49 πίνακας κρειῶν b c k Athen. 228 C   50 om.
d q P¹ R⁴   τά ῥα L⁵ P²   κατέλειπον i o P³ P⁶ Plut. quaest. conv.
vii. 4. 6 = 704 A

σῖτον δ' ἐσσυμένως παρενήνεεν ἐν κανέοισιν,
ἐν δ' ἄρα κισσυβίῳ κίρνη μελιηδέα οἶνον·
αὐτὸς δ' ἀντίον ἷζεν 'Οδυσσῆος θείοιο.
οἱ δ' ἐπ' ὀνείαθ' ἑτοῖμα προκείμενα χεῖρας ἴαλλον.

αὐτὰρ ἐπεὶ πόσιος καὶ ἐδητύος ἐξ ἔρον ἔντο,   55
δὴ τότε Τηλέμαχος προσεφώνεε δῖον ὑφορβόν·
" ἄττα, πόθεν τοι ξεῖνος ὅδ' ἵκετο; πῶς δέ ἑ ναῦται
ἤγαγον εἰς 'Ιθάκην; τίνες ἔμμεναι εὐχετόωντο;
οὐ μὲν γάρ τί ἑ πεζὸν ὀίομαι ἐνθάδ' ἱκέσθαι."
Τὸν δ' ἀπαμειβόμενος προσέφης, Εὔμαιε συβῶτα·   60
" τοιγὰρ ἐγώ τοι, τέκνον, ἀληθέα πάντ' ἀγορεύσω.
ἐκ μὲν Κρητάων γένος εὔχεται εὐρειάων,
φησὶ δὲ πολλὰ βροτῶν ἐπὶ ἄστεα δινηθῆναι
πλαζόμενος· ὣς γάρ οἱ ἐπέκλωσεν τά γε δαίμων.
νῦν αὖ Θεσπρωτῶν ἀνδρῶν παρὰ νηὸς ἀποδρὰς   65
ἤλυθ' ἐμὸν πρὸς σταθμόν, ἐγὼ δέ τοι ἐγγυαλίξω·
ἔρξον ὅπως ἐθέλεις· ἱκέτης δέ τοι εὔχεται εἶναι."
Τὸν δ' αὖ Τηλέμαχος πεπνυμένος ἀντίον ηὔδα·
" Εὔμαι', ἦ μάλα τοῦτο ἔπος θυμαλγὲς ἔειπες·
πῶς γὰρ δὴ τὸν ξεῖνον ἐγὼν ὑποδέξομαι οἴκῳ;   70
αὐτὸς μὲν νέος εἰμὶ καὶ οὔ πω χερσὶ πέποιθα
ἄνδρ' ἀπαμύνασθαι, ὅτε τις πρότερος χαλεπήνῃ·
μητρὶ δ' ἐμῇ δίχα θυμὸς ἐνὶ φρεσὶ μερμηρίζει,
ἢ αὐτοῦ παρ' ἐμοί τε μένῃ καὶ δῶμα κομίζῃ,
εὐνήν τ' αἰδομένη πόσιος δήμοιό τε φῆμιν,   75
ἦ ἤδη ἅμ' ἕπηται 'Αχαιῶν ὅς τις ἄριστος
μνᾶται ἐνὶ μεγάροισιν ἀνὴρ καὶ πλεῖστα πόρῃσιν.
ἀλλ' ἦ τοι τὸν ξεῖνον, ἐπεὶ τεὸν ἵκετο δῶμα,
ἕσσω μιν χλαῖνάν τε χιτῶνά τε, εἵματα καλά,

---

51 παρενήνεον b c p   κανέεσσιν e : κανέησι P³   65 ἐκ a d g l
Eust. : ἀπὸ Mon. U⁶   66 παρὰ ο   70 ἐμῶ e   72 ἀπα-
λέξασθαι schol. T 326   73 δέ μοι e k M², γρ. Br   74 μένειν...
κομίζειν L⁵ P³ : μένειν Pal. corr.   79 ἔσσωμι leg. schol. : μὲν g p²⁷ :
εἰσόκε μιν P³

δώσω δὲ ξίφος ἄμφηκες καὶ ποσσὶ πέδιλα,　　　　80
πέμψω δ' ὅππῃ μιν κραδίη θυμός τε κελεύει
εἰ δ' ἐθέλεις, σὺ κόμισσον ἐνὶ σταθμοῖσιν ἐρύξας·
εἵματα δ' ἐνθάδ' ἐγὼ πέμψω καὶ σῖτον ἅπαντα
ἔδμεναι, ὡς ἂν μή σε κατατρύχῃ καὶ ἑταίρους.
κεῖσε δ' ἂν οὔ μιν ἐγώ γε μετὰ μνηστῆραs ἐῶμι　　85
ἔρχεσθαι· λίην γὰρ ἀτάσθαλον ὕβριν ἔχουσι·
μή μιν κερτομέωσιν, ἐμοὶ δ' ἄχος ἔσσεται αἰνόν.
πρῆξαι δ' ἀργαλέον τι μετὰ πλεόνεσσιν ἐόντα
ἄνδρα καὶ ἴφθιμον, ἐπεὶ ἦ πολὺ φέρτεροί εἰσι."

Τὸν δ' αὖτε προσέειπε πολύτλας δῖος Ὀδυσσεύς·　　90
" ὦ φίλ', ἐπεί θήν μοι καὶ ἀμείψασθαι θέμις ἐστίν,
ἦ μάλα μευ καταδάπτετ' ἀκούοντος φίλον ἦτορ,
οἷά φατε μνηστῆρας ἀτάσθαλα μηχανάασθαι
ἐν μεγάροις, ἀέκητι σέθεν τοιούτου ἐόντος.
εἰπέ μοι ἠὲ ἑκὼν ὑποδάμνασαι, ἦ σέ γε λαοὶ　　95
ἐχθαίρουσ' ἀνὰ δῆμον, ἐπισπόμενοι θεοῦ ὀμφῇ,
ἦ τι κασιγνήτοις ἐπιμέμφεαι, οἷσί περ ἀνὴρ
μαρναμένοισι πέποιθε, καὶ εἰ μέγα νεῖκος ὄρηται.
αἲ γὰρ ἐγὼν οὕτω νέος εἴην τῷδ' ἐπὶ θυμῷ,
ἢ παῖς ἐξ Ὀδυσῆος ἀμύμονος ἠὲ καὶ αὐτὸς　　100
ἔλθοι ἀλητεύων· ἔτι γὰρ καὶ ἐλπίδος αἶσα·
αὐτίκ' ἔπειτ' ἀπ' ἐμεῖο κάρη τάμοι ἀλλότριος φώς,
εἰ μὴ ἐγὼ κείνοισι κακὸν πάντεσσι γενοίμην
ἐλθὼν ἐς μέγαρον Λαερτιάδεω Ὀδυσῆος.
εἰ δ' αὖ με πληθυῖ δαμασαίατο μοῦνον ἐόντα,　　105
βουλοίμην κ' ἐν ἐμοῖσι κατακτάμενος μεγάροισι
τεθνάμεν ἢ τάδε γ' αἰὲν ἀεικέα ἔργ' ὁράασθαι,

85 ἐῶ μῖν g L⁴ : ἐῶμιν M¹ corr. : ἐῶμιν ꭤ L⁵ U⁸ : ἐάσω b o e f i
　　　　　　　　　　　　　　　　　　　　δη
86 ἔργον e J　　91 θήν H³ R⁴　　92 μὲν U⁸ : δή μεν o　　99 ἐπὶ
Ar. j Mon. : ἐνὶ cet.　　101 οὗτος ὁ στίχος ὀβελίζεται καὶ καλῶς.
περιττὸς ὁ στίχος καὶ διαλύων τὸ πᾶν νόημα schol.　　104 ath. Zen.
　　105 μ' ἐν o　　πληθὺς p　　106 κ' ἐν L⁸ P³ U⁸ : κεν cet. (οὕτως
schol.)　　107 ἢ αὐτοῦ αἰὲν b (sc. τῇδ')

ξείνους τε στυφελιζομένους δμῳάς τε γυναῖκας
ῥυστάζοντας ἀεικελίως κατὰ δώματα καλά,
καὶ οἶνον διαφυσσόμενον, καὶ σῖτον ἔδοντας 110
μὰψ αὔτως, ἀτέλεστον, ἀνηνύστῳ ἐπὶ ἔργῳ."
Τὸν δ' αὖ Τηλέμαχος πεπνυμένος ἀντίον ηὔδα·
" τοιγὰρ ἐγώ τοι, ξεῖνε, μάλ' ἀτρεκέως ἀγορεύσω.
οὔτε τί μοι πᾶς δῆμος ἀπεχθόμενος χαλεπαίνει,
οὔτε κασιγνήτοις ἐπιμέμφομαι, οἷσί περ ἀνὴρ 115
μαρναμένοισι πέποιθε, καὶ εἰ μέγα νεῖκος ὄρηται.
ὧδε γὰρ ἡμετέρην γενεὴν μούνωσε Κρονίων·
μοῦνον Λαέρτην Ἀρκείσιος υἱὸν ἔτικτε,
μοῦνον δ' αὖτ' Ὀδυσῆα πατὴρ τέκεν· αὐτὰρ Ὀδυσσεὺς
μοῦνον ἔμ' ἐν μεγάροισι τεκὼν λίπεν οὐδ' ἀπόνητο. 120
τῷ νῦν δυσμενέες μάλα μυρίοι εἴσ' ἐνὶ οἴκῳ.
ὅσσοι γὰρ νήσοισιν ἐπικρατέουσιν ἄριστοι,
Δουλιχίῳ τε Σάμῃ τε καὶ ὑλήεντι Ζακύνθῳ,
ἠδ' ὅσσοι κραναὴν Ἰθάκην κάτα κοιρανέουσι,
τόσσοι μητέρ' ἐμὴν μνῶνται, τρύχουσι δὲ οἶκον. 125
ἡ δ' οὔτ' ἀρνεῖται στυγερὸν γάμον οὔτε τελευτὴν
ποιῆσαι δύναται· τοὶ δὲ φθινύθουσιν ἔδοντες
οἶκον ἐμόν· τάχα δή με διαρραίσουσι καὶ αὐτόν.
ἀλλ' ἦ τοι μὲν ταῦτα θεῶν ἐν γούνασι κεῖται·
ἄττα, σὺ δ' ἔρχεο θᾶσσον, ἐχέφρονι Πηνελοπείῃ 130
εἴφ' ὅτι οἱ σῶς εἰμι καὶ ἐκ Πύλου εἰλήλουθα.
αὐτὰρ ἐγὼν αὐτοῦ μενέω, σὺ δὲ δεῦρο νέεσθαι,
οἴῃ ἀπαγγείλας· τῶν δ' ἄλλων μή τις Ἀχαιῶν
πευθέσθω· πολλοὶ γὰρ ἐμοὶ κακὰ μηχανόωνται."
Τὸν δ' ἀπαμειβόμενος προσέφης, Εὔμαιε συβῶτα· 135
" γιγνώσκω, φρονέω· τά γε δὴ νοέοντι κελεύεις.
ἀλλ' ἄγε μοι τόδε εἰπὲ καὶ ἀτρεκέως κατάλεξον,
ἦ καὶ Λαέρτῃ αὐτὴν ὁδὸν ἄγγελος ἔλθω

115 κασιγνήτους ο   128 δέ με d   131 εἰπεῖν Θ Ο   138 ἦ
d Θ L⁵ : εἰ cet.

61

δυσμόρῳ, ὃς τῆος μὲν Ὀδυσσῆος μέγ᾽ ἀχεύων
ἔργα τ᾽ ἐποπτεύεσκε μετὰ δμώων τ᾽ ἐνὶ οἴκῳ   140
πῖνε καὶ ἦσθ᾽, ὅτε θυμὸς ἐνὶ στήθεσσιν ἀνώγοι·
αὐτὰρ νῦν, ἐξ οὗ σύ γε οἴχεο νηὶ Πύλονδε,
οὔ πώ μίν φασιν φαγέμεν καὶ πιέμεν αὔτως,
οὐδ᾽ ἐπὶ ἔργα ἰδεῖν, ἀλλὰ στοναχῇ τε γόῳ τε
ἧσται ὀδυρόμενος, φθινύθει δ᾽ ἀμφ᾽ ὀστεόφι χρώς.”   145
    Τὸν δ᾽ αὖ Τηλέμαχος πεπνυμένος ἀντίον ηὔδα·
“ἄλγιον, ἀλλ᾽ ἔμπης μιν ἐάσομεν, ἀχνύμενοί περ·
εἰ γάρ πως εἴη αὐτάγρετα πάντα βροτοῖσι,
πρῶτόν κεν τοῦ πατρὸς ἑλοίμεθα νόστιμον ἦμαρ.
ἀλλὰ σύ γ᾽ ἀγγείλας ὀπίσω κίε, μηδὲ κατ᾽ ἀγροὺς   150
πλάζεσθαι μετ᾽ ἐκεῖνον· ἀτὰρ πρὸς μητέρα εἰπεῖν
ἀμφίπολον ταμίην ὀτρυνέμεν ὅττι τάχιστα
κρύβδην· κείνη γάρ κεν ἀπαγγείλειε γέροντι.”
    Ἦ ῥα καὶ ὦρσε συφορβόν· ὁ δ᾽ εἵλετο χερσὶ πέδιλα,
δησάμενος δ᾽ ὑπὸ ποσσὶ πόλινδ᾽ ἴεν. οὐδ᾽ ἄρ᾽ Ἀθήνην   155
λῆθεν ἀπὸ σταθμοῖο κιὼν Εὔμαιος ὑφορβός,
ἀλλ᾽ ἥ γε σχεδὸν ἦλθε· δέμας δ᾽ ἤϊκτο γυναικὶ
καλῇ τε μεγάλῃ τε καὶ ἀγλαὰ ἔργα ἰδυίῃ.
στῆ δὲ κατ᾽ ἀντίθυρον κλισίης Ὀδυσῆϊ φανεῖσα·
οὐδ᾽ ἄρα Τηλέμαχος ἴδεν ἀντίον οὐδ᾽ ἐνόησεν,   160
οὐ γάρ πως πάντεσσι θεοὶ φαίνονται ἐναργεῖς,
ἀλλ᾽ Ὀδυσεύς τε κύνες τε ἴδον, καί ῥ᾽ οὐχ ὑλάοντο,
κνυζηθμῷ δ᾽ ἑτέρωσε διὰ σταθμοῖο φόβηθεν.
ἡ δ᾽ ἄρ᾽ ἐπ᾽ ὀφρύσι νεῦσε· νόησε δὲ δῖος Ὀδυσσεύς,
ἐκ δ᾽ ἦλθεν μεγάροιο παρὲκ μέγα τειχίον αὐλῆς,   165
στῆ δὲ πάροιθ᾽ αὐτῆς· τὸν δὲ προσέειπεν Ἀθήνη·
“διογενὲς Λαερτιάδη, πολυμήχαν᾽ Ὀδυσσεῦ,

139 τ᾽ εἴως Br R² U¹ U⁸ ed. pr. : εἴως M² : τείως cet.   142 φχ·
codd.   σύ γ᾽ ἐπέρχεο L⁵   143 οὔ πώ] οὔτω ♭ Ap. lex. in v. Αὔτως
145 μινύθει] 147 μὲν a g L⁵   ἀχνύμενόν g Pᵛ v. l. ap. Eust.
153, 154 νοθεύονται schol.   154 ὦσεν ὑφορβόν ♭ P¹   161 πω
♭ c e f i   162 ἀλόοντο o   165 γρ. καὶ θρίγκιον U⁵ : τριγχίον L⁴ ss.
166 αὐλῆς e i

ἤδη νῦν σῷ παιδὶ ἔπος φάο μηδ' ἐπίκευθε,
ὡς ἂν μνηστῆρσιν θάνατον καὶ κῆρ' ἀραρόντε
ἔρχησθον προτὶ ἄστυ περικλυτόν· οὐδ' ἐγὼ αὐτὴ   170
δηρὸν ἀπὸ σφῶϊν ἔσομαι μεμαυῖα μάχεσθαι."
    Ἦ καὶ χρυσείῃ ῥάβδῳ ἐπεμάσσατ' Ἀθήνη.
φᾶρος μέν οἱ πρῶτον ἐΰπλυνὲς ἠδὲ χιτῶνα
θῆκ' ἀμφὶ στήθεσσι, δέμας δ' ὤφελλε καὶ ἥβην.
ἂψ δὲ μελαγχροιὴς γένετο, γναθμοὶ δὲ τάνυσθεν,   175
κυάνεαι δ' ἐγένοντο γενειάδες ἀμφὶ γένειον.
ἡ μὲν ἄρ' ὡς ἔρξασα πάλιν κίεν· αὐτὰρ Ὀδυσσεὺς
ἤϊεν ἐς κλισίην· θάμβησε δέ μιν φίλος υἱός,
ταρβήσας δ' ἑτέρωσε βάλ' ὄμματα μὴ θεὸς εἴη,
καί μιν φωνήσας ἔπεα πτερόεντα προσηύδα·   180
" ἀλλοῖός μοι, ξεῖνε, φάνης νέον ἠὲ πάροιθεν,
ἄλλα δὲ εἵματ' ἔχεις, καί τοι χρὼς οὐκέθ' ὁμοῖος.
ἦ μάλα τις θεός ἐσσι, τοὶ οὐρανὸν εὐρὺν ἔχουσιν·
ἀλλ' ἴληθ', ἵνα τοι κεχαρισμένα δώομεν ἱρὰ
ἠδὲ χρύσεα δῶρα, τετυγμένα· φείδεο δ' ἡμέων."   185
    Τὸν δ' ἠμείβετ' ἔπειτα πολύτλας δῖος Ὀδυσσεύς·
" οὔ τίς τοι θεός εἰμι· τί μ' ἀθανάτοισιν ἐΐσκεις;
ἀλλὰ πατὴρ τεός εἰμι, τοῦ εἵνεκα σὺ στεναχίζων
πάσχεις ἄλγεα πολλά, βίας ὑποδέγμενος ἀνδρῶν."
    Ὣς ἄρα φωνήσας υἱὸν κύσε, κὰδ δὲ παρειῶν   190
δάκρυον ἧκε χαμᾶζε· πάρος δ' ἔχε νωλεμὲς αἰεί.
Τηλέμαχος δ', οὐ γάρ πω ἐπείθετο ὃν πατέρ' εἶναι,
ἐξαῦτίς μιν ἔπεσσιν ἀμειβόμενος προσέειπεν·
" οὐ σύ γ' Ὀδυσσεύς ἐσσι πατὴρ ἐμός, ἀλλά με δαίμων
θέλγει, ὄφρ' ἔτι μᾶλλον ὀδυρόμενος στεναχίζω.   195
οὐ γάρ πως ἂν θνητὸς ἀνὴρ τάδε μηχανόῳτο
ᾧ αὐτοῦ γε νόῳ, ὅτε μὴ θεὸς αὐτὸς ἐπελθὼν

168 φάε J U⁵, fort. L⁵   174 στήθεσφι c h k   176 ἐθειράδες
k, γρ. O: cit. schol. Theocr. i. 34, v. l. ap. Eust.   γένεια j
181 νέον φάνες f   ἢ τὸ πάροιθεν j Iulian. 309 D   195 θέλγεις
editio ἢ κυκλική   197 οἶ e, γρ. Br H³

ῥηϊδίως ἐθέλων θείη νέον ἠὲ γέροντα.
ἢ γάρ τοι νέον ἦσθα γέρων καὶ ἀεικέα ἕσσο·
νῦν δὲ θεοῖσιν ἔοικας, οἳ οὐρανὸν εὐρὺν ἔχουσι."   200

Τὸν δ' ἀπαμειβόμενος προσέφη πολύμητις 'Οδυσσεύς·
" Τηλέμαχ', οὔ σε ἔοικε φίλον πατέρ' ἔνδον ἐόντα
οὔτε τι θαυμάζειν περιώσιον οὔτ' ἀγάασθαι·
οὐ μὲν γάρ τοι ἔτ' ἄλλος ἐλεύσεται ἐνθάδ' 'Οδυσσεύς,
ἀλλ' ὅδ' ἐγὼ τοιόσδε, παθὼν κακά, πολλὰ δ' ἀληθείς,   205
ἤλυθον εἰκοστῷ ἔτεϊ ἐς πατρίδα γαῖαν.
αὐτάρ τοι τόδε ἔργον 'Αθηναίης ἀγελείης,
ἥ τέ με τοῖον ἔθηκεν ὅπως ἐθέλει, δύναται γάρ,
ἄλλοτε μὲν πτωχῷ ἐναλίγκιον, ἄλλοτε δ' αὖτε
ἀνδρὶ νέῳ καὶ καλὰ περὶ χροῒ εἵματ' ἔχοντι.   210
ῥηΐδιον δὲ θεοῖσι, τοὶ οὐρανὸν εὐρὺν ἔχουσιν,
ἠμὲν κυδῆναι θνητὸν βροτὸν ἠδὲ κακῶσαι."

῝Ως ἄρα φωνήσας κατ' ἄρ' ἕζετο, Τηλέμαχος δὲ
ἀμφιχυθεὶς πατέρ' ἐσθλὸν ὀδύρετο, δάκρυα λείβων.
ἀμφοτέροισι δὲ τοῖσιν ὑφ' ἵμερος ὦρτο γόοιο·   215
κλαῖον δὲ λιγέως, ἀδινώτερον ἤ τ' οἰωνοί,
φῆναι ἢ αἰγυπιοὶ γαμψώνυχες, οἷσί τε τέκνα
ἀγρόται ἐξείλοντο πάρος πετεηνὰ γενέσθαι·
ὣς ἄρα τοί γ' ἐλεεινὸν ὑπ' ὀφρύσι δάκρυον εἶβον.
καί νύ κ' ὀδυρομένοισιν ἔδυ φάος ἠελίοιο,   220
εἰ μὴ Τηλέμαχος προσεφώνεεν ὃν πατέρ' αἶψα·
" ποίῃ γὰρ νῦν δεῦρο, πάτερ φίλε, νηΐ σε ναῦται
ἤγαγον εἰς 'Ιθάκην; τίνες ἔμμεναι εὐχετόωντο;
οὐ μὲν γάρ τί σε πεζὸν ὀΐομαι ἐνθάδ' ἱκέσθαι."

Τὸν δ' αὖτε προσέειπε πολύτλας δῖος 'Οδυσσεύς·   225
" τοιγὰρ ἐγώ τοι, τέκνον, ἀληθείην καταλέξω.

198 παλαιόν b   205 πόλλ' ἐπαληθεὶς Pˢ : δ' ἀνατλάς a d h j k l
Eust., cf. o 401   214 ἀμφιχυθεὶς Ar. codd. de altera scriptura
tacent scholl. an ἀμφιπεσών?   215 ὧρσε e, c ss.   216 ἥπερ
Eust. : ἤτ' οἰωνῶν d H³ corr.: ἠΰτ' οἰωνοί g Pˢ   217 ἢ om. e M²
marg. Br, Ap. lex. in v. φήνη   αἰγυπιοὶ f o: αἰγυπτιακοὶ Ap. lex.
218 πετεεινὰ g p r: ποτεηνὰ R² U¹   219 δάκρυα λεῖβον Pal. R⁷ (-ην) U⁶

Φαίηκές μ' ἄγαγον ναυσίκλυτοι, οἵ τε καὶ ἄλλους
ἀνθρώπους πέμπουσιν, ὅτις σφέας εἰσαφίκηται·
καί μ' εὕδοντ' ἐν νηὶ θοῇ ἐπὶ πόντον ἄγοντες
κάτθεσαν εἰς Ἰθάκην, ἔπορον δέ μοι ἀγλαὰ δῶρα,   230
χαλκόν τε χρυσόν τε ἅλις ἐσθῆτά θ' ὑφαντήν.
καὶ τὰ μὲν ἐν σπήεσσι θεῶν ἰότητι κέονται·
νῦν αὖ δεῦρ' ἱκόμην ὑποθημοσύνῃσιν Ἀθήνης,
ὄφρα κε δυσμενέεσσι φόνου πέρι βουλεύσωμεν.
ἀλλ' ἄγε μοι μνηστῆρας ἀριθμήσας κατάλεξον,   235
ὄφρα ἰδέω ὅσσοι τε καὶ οἵ τινες ἀνέρες εἰσί·
καί κεν ἐμὸν κατὰ θυμὸν ἀμύμονα μερμηρίξας
φράσσομαι, ἤ κεν νῶϊ δυνησόμεθ' ἀντιφέρεσθαι
μούνω ἄνευθ' ἄλλων, ἢ καὶ διζησόμεθ' ἄλλους."
Τὸν δ' αὖ Τηλέμαχος πεπνυμένος ἀντίον ηὔδα·   240
" ὦ πάτερ, ἦ τοι σεῖο μέγα κλέος αἰὲν ἄκουον,
χεῖράς τ' αἰχμητὴν ἔμεναι καὶ ἐπίφρονα βουλήν·
ἀλλὰ λίην μέγα εἶπες· ἄγη μ' ἔχει· οὐδέ κεν εἴη
ἄνδρε δύω πολλοῖσι καὶ ἰφθίμοισι μάχεσθαι.
μνηστήρων δ' οὔτ' ἄρ δεκὰς ἀτρεκὲς οὔτε δύ' οἶαι,   245
ἀλλὰ πολὺ πλέονες· τάχα δ' εἴσεαι ἐνθάδ' ἀριθμόν.
ἐκ μὲν Δουλιχίοιο δύω καὶ πεντήκοντα
κοῦροι κεκριμένοι, ἓξ δὲ δρηστῆρες ἕπονται·
ἐκ δὲ Σάμης πίσυρες καὶ εἴκοσι φῶτες ἔασιν,
ἐκ δὲ Ζακύνθου ἔασιν ἐείκοσι κοῦροι Ἀχαιῶν,   250
ἐκ δ' αὐτῆς Ἰθάκης δυοκαίδεκα πάντες ἄριστοι,
καί σφιν ἅμ' ἐστὶ Μέδων κῆρυξ καὶ θεῖος ἀοιδὸς
καὶ δοιὼ θεράποντε, δαήμονε δαιτροσυνάων.
τῶν εἴ κεν πάντων ἀντήσομεν ἔνδον ἐόντων,

228 ὅτι dfk   230 ἔδοσαν j   234 βουλεύσωμαι Br
236 ὄφρα ἰδέω ik Pal. : ὄφρα οἱ ἰδέω o: ὄφρ' εἰδέω cet.   238 ἤ H³ O:
εἴ cet. (αἴ j Mon.)   239 ath. Dionysius   242 ἐπίφρονι βουλῇ
U⁶   246 πλεῖον θ M², γρ. Br   ἐνθάδ'] αὐτὸς b L⁵ : αὐτὸς ἐπελθών
L⁴, γρ. P²   247 dipl. praef. U³ = U⁸, cf. ξ 375   249-251 — praem.
U⁵   249 σάμου U⁸, cf. α 246 ι 24   τε καὶ codd.   ἄνδρες P³ :
κοῦροι γρ. Br hab. ed. pr.   250 κοῦροι a b c h j : φῶτες cet.

μὴ *ουλύπικρα καὶ αἰνὰ βίας ἀποτίσεαι ἐλθών.   255
ἀλλὰ σύ γ', εἰ δύνασαί τιν' ἀμύντορα μερμηρίξαι,
φράζευ, ὅ κέν τις νῶϊν ἀμύνοι πρόφρονι θυμῷ."
  Τὸν δ' αὖτε προσέειπε πολύτλας δῖος Ὀδυσσεύς·
" τοιγὰρ ἐγὼν ἐρέω, σὺ δὲ σύνθεο καί μευ ἄκουσον·
καὶ φράσαι ἤ κεν νῶϊν Ἀθήνη σὺν Διὶ πατρὶ   260
ἀρκέσει, ἦέ τιν' ἄλλον ἀμύντορα μερμηρίξω."
  Τὸν δ' αὖ Τηλέμαχος πεπνυμένος ἀντίον ηὔδα·
" ἐσθλώ τοι τούτω γ' ἐπαμύντορε, τοὺς ἀγορεύεις,
ὑψι περ ἐν νεφέεσσι καθημένω· ὥ τε καὶ ἄλλοις
ἀνδράσι τε κρατέουσι καὶ ἀθανάτοισι θεοῖσι."   265
  Τὸν δ' αὖτε προσέειπε πολύτλας δῖος Ὀδυσσεύς·
" οὐ μέν τοι κείνω γε πολὺν χρόνον ἀμφὶς ἔσεσθον
φυλόπιδος κρατερῆς, ὁπότε μνηστῆρσι καὶ ἡμῖν
ἐν μεγάροισιν ἐμοῖσι μένος κρίνηται Ἄρηος.
ἀλλὰ σὺ μὲν νῦν ἔρχευ ἅμ' ἠοῖ φαινομένηφιν   270
οἴκαδε, καὶ μνηστῆρσιν ὑπερφιάλοισιν ὁμίλει·
αὐτὰρ ἐμὲ προτὶ ἄστυ συβώτης ὕστερον ἄξει,
πτωχῷ λευγαλέῳ ἐναλίγκιον ἠδὲ γέροντι.
εἰ δέ μ' ἀτιμήσουσι δόμον κάτα, σὸν δὲ φίλον κῆρ
τετλάτω ἐν στήθεσσι κακῶς πάσχοντος ἐμεῖο,   275
ἤν περ καὶ διὰ δῶμα ποδῶν ἕλκωσι θύραζε
ἢ βέλεσιν βάλλωσι· σὺ δ' εἰσορόων ἀνέχεσθαι.
ἀλλ' ἦ τοι παύεσθαι ἀνωγέμεν ἀφροσυνάων,
μειλιχίοις ἐπέεσσι παραυδῶν· οἱ δέ τοι οὔ τι
πείσονται· δὴ γάρ σφι παρίσταται αἴσιμον ἦμαρ.   280
ἄλλο δέ τοι ἐρέω, σὺ δ' ἐνὶ φρεσὶ βάλλεο σῇσιν·

256 μερμηρίξας f   256a (= 261) hab. g (vacat L⁸ m. rec.)
257 φράζε c e M², γρ. Br   264 ὥ e k L⁸ M² Pal. Eust. : ὥς P² R¹ U⁸ :
οἵ cet.   267 κείνων P⁸ L⁸ m. rec. P⁵ ss.   ἔσεσθον] ὀπάσσω P⁸ :
ἔπαθον P⁵ : ἔσεσθαι Be P⁵ marg.   273 ἐπιείκελον a d l q   274 οἱ
δέ a d g L⁴ P¹   279 παρασταδὸν b   οὐκὶ a d l q : οὐχὶ g h Eust.
ed. pr.   280 δὴ] ἦ e i   αἰπὺς ὄλεθρος L⁴   281-298 νοθεύονται
ιη'... ἀθετεῖ Ζηνόδοτος ιη' schol. : ἡ περὶ τῶν ὅπλων ἐνταῦθα παραγγελία
τῇ τῆς τ μάλιστα ῥαψῳδίας [τ 4-13] ὠκείωται κατὰ τοὺς παλαιούς· ὧδε
γὰρ ὀβελίζονται φασὶ τὰ τοιαῦτα ἔπη μετὰ καὶ ἀστερίσκων, ἐκεῖ δὲ
καιριώτατα κεῖνται Eust.

66

ὁππότε κεν πολύβουλος ἐνὶ φρεσὶ θῆσιν Ἀθήνη,
νεύσω μέν τοι ἐγὼ κεφαλῇ, σὺ δ᾽ ἔπειτα νοήσας
ὅσσα τοι ἐν μεγάροισιν ἀρήϊα τεύχεα κεῖται
ἐς μυχὸν ὑψηλοῦ θαλάμου καταθεῖναι ἀείρας   285
πάντα μάλ᾽· αὐτὰρ μνηστῆρας μαλακοῖς ἐπέεσσι
παρφάσθαι, ὅτε κέν σε μεταλλῶσιν ποθέοντες·
'ἐκ καπνοῦ κατέθηκ᾽, ἐπεὶ οὐκέτι τοῖσιν ἐῴκει
οἷά ποτε Τροίηνδε κιὼν κατέλειπεν Ὀδυσσεύς,
ἀλλὰ κατῄκισται, ὅσσον πυρὸς ἵκετ᾽ ἀϋτμή.   290
πρὸς δ᾽ ἔτι καὶ τόδε μεῖζον ἐνὶ φρεσὶ θῆκε Κρονίων,
μή πως οἰνωθέντες, ἔριν στήσαντες ἐν ὑμῖν,
ἀλλήλους τρώσητε καταισχύνητέ τε δαῖτα
καὶ μνηστύν· αὐτὸς γὰρ ἐφέλκεται ἄνδρα σίδηρος.'
νῶϊν δ᾽ οἴοισιν δύο φάσγανα καὶ δύο δοῦρε   295
καλλιπέειν καὶ δοιὰ βοάγρια χερσὶν ἑλέσθαι,
ὡς ἂν ἐπιθύσαντες ἑλοίμεθα· τοὺς δέ κ᾽ ἔπειτα
Παλλὰς Ἀθηναίη θέλξει καὶ μητίετα Ζεύς.
ἄλλο δέ τοι ἐρέω, σὺ δ᾽ ἐνὶ φρεσὶ βάλλεο σῇσιν·
εἰ ἐτεόν γ᾽ ἐμός ἐσσι καὶ αἵματος ἡμετέροιο,   300
μή τις ἔπειτ᾽ Ὀδυσῆος ἀκουσάτω ἔνδον ἐόντος,
μήτ᾽ οὖν Λαέρτης ἴστω τό γε μήτε συβώτης
μήτε τις οἰκήων μήτ᾽ αὐτὴ Πηνελόπεια,
ἀλλ᾽ οἷοι σύ τ᾽ ἐγώ τε γυναικῶν γνώομεν ἰθύν·
καί κέ τεο δμώων ἀνδρῶν ἔτι πειρηθεῖμεν,   305
ἠμὲν ὅπου τις νῶϊ τίει καὶ δείδιε θυμῷ,
ἠδ᾽ ὅτις οὐκ ἀλέγει, σὲ δ᾽ ἀτιμᾷ τοῖον ἐόντα."
    Τὸν δ᾽ ἀπαμειβόμενος προσεφώνεε φαίδιμος υἱός·
"ὦ πάτερ, ἦ τοι ἐμὸν θυμὸν καὶ ἔπειτά γ᾽, ὀΐω,

285 ὑψηλὸν Mon.   291 μοι τόδε eij ed. pr.   ἔμβαλε δαίμων h
Mon. (= τ 10)   296 καλλείπειν f: καλλιπέτην J U⁵   300 ἐμοὶ
δέ σ᾽ ἐγείνατο μήτηρ, γρ. Mon. P⁴ U⁷, leg. Plut. vit. Hom. ii.
149   305 κεν τοι â C O: κεν τε q P¹ P⁵ R⁴ (τεω f):
κ᾽ ἐτεοδιώων Ptol. Ascal. : κ᾽ ὅτεο quidam, cf. τ 176   πειρηθῆμεν
n P²V²: -είημεν e H³ : -ῶμεν a d g l   306 ὅπου beik: ὅπως
cet.

γνώσεαι· οὐ μὲν γάρ τι χαλιφροσύναι γέ μ' ἔχουσιν·   310
ἀλλ' οὔ τοι τόδε κέρδος ἐγὼν ἔσσεσθαι ὀΐω
ἡμῖν ἀμφοτέροισι· σὲ δὲ φράζεσθαι ἄνωγα.
δηθὰ γὰρ αὔτως εἴσῃ ἑκάστου πειρητίζων,
ἔργα μετερχόμενος· τοὶ δ' ἐν μεγάροισιν ἕκηλοι
χρήματα δαρδάπτουσιν ὑπέρβιον, οὐδ' ἔπι φειδώ.   315
ἀλλ' ἦ τοί σε γυναῖκας ἐγὼ δεδάασθαι ἄνωγα,
αἵ τέ σ' ἀτιμάζουσι καὶ αἳ νηλίτιδές εἰσιν·
ἀνδρῶν δ' οὐκ ἂν ἐγώ γε κατὰ σταθμοὺς ἐθέλοιμι
ἡμέας πειράζειν, ἀλλ' ὕστερα ταῦτα πένεσθαι,
εἰ ἐτεόν γέ τι οἶσθα Διὸς τέρας αἰγιόχοιο."   320
Ὣς οἱ μὲν τοιαῦτα πρὸς ἀλλήλους ἀγόρευον,
ἡ δ' ἄρ' ἔπειτ' Ἰθάκηνδε κατήγετο νηῦς εὐεργής,
ἣ φέρε Τηλέμαχον Πυλόθεν καὶ πάντας ἑταίρους.
οἱ δ' ὅτε δὴ λιμένος πολυβενθέος ἐντὸς ἵκοντο,
νῆα μὲν οἵ γε μέλαιναν ἐπ' ἠπείροιο ἔρυσσαν,   325
τεύχεα δέ σφ' ἀπένεικαν ὑπέρθυμοι θεράποντες,
αὐτίκα δ' ἐς Κλυτίοιο φέρον περικαλλέα δῶρα.
αὐτὰρ κήρυκα πρόεσαν δόμον εἰς Ὀδυσῆος,
ἀγγελίην ἐρέοντα περίφρονι Πηνελοπείῃ,
οὕνεκα Τηλέμαχος μὲν ἐπ' ἀγροῦ, νῆα δ' ἀνώγει   330
ἄστυδ' ἀποπλείειν, ἵνα μὴ δείσασ' ἐνὶ θυμῷ
ἰφθίμη βασίλεια τέρεν κατὰ δάκρυον εἴβοι.
τὼ δὲ συναντήτην κῆρυξ καὶ δῖος ὑφορβὸς
τῆς αὐτῆς ἕνεκ' ἀγγελίης, ἐρέοντε γυναικί.
ἀλλ' ὅτε δή ῥ' ἵκοντο δόμον θείου βασιλῆος,   335
κῆρυξ μέν ῥα μέσῃσι μετὰ δμῳῇσιν ἔειπεν·
" ἤδη τοι, βασίλεια, φίλος πάϊς εἰλήλουθε."

310 μέ γ' ἔχουσιν H³ L⁸ P² P⁶: μέ τ' op M²: μετέχουσιν e
311 τό γε P⁵ U⁸: γε τὸ e L² M²   313 αὖτις b   315 οὐδέ τι
c e h P⁵ Eust.   317 om. a l L⁴ R⁶ U¹   νηλίτιδές Hesych.
Suid. Eust. 1874. 9, 1932. 39 schol. τ 498: νηλιτεῖς codd. (νηλιτέες J
νηλητεῖς L⁵ U⁸), cf. τ 498 χ 418   318 om. Mon. = praef. U⁸
330 νόσφι πόληος L⁵, γρ. P²   331 ποτιπλείειν e f i H³ Pal.
335 ὀδυσῆος L⁵, γρ. P² U⁵   337 ἐκ πύλου ἦλθε b e f Mon. :
utramque lectionem conflavit Eust. 1797. 17

Πηνελοπείη δ' εἶπε συβώτης ἄγχι παραστὰς
πάνθ' ὅσα οἱ φίλος υἱὸς ἀνώγει μυθήσασθαι.
αὐτὰρ ἐπεὶ δὴ πᾶσαν ἐφημοσύνην ἀπέειπε,   34⁰
βῆ ῥ' ἴμεναι μεθ' ὗας, λίπε δ' ἕρκεά τε μέγαρόν τε.
Μνηστῆρες δ' ἀκάχοντο κατήφησάν τ' ἐνὶ θυμῷ,
ἐκ δ' ἦλθον μεγάροιο παρὲκ μέγα τειχίον αὐλῆς,
αὐτοῦ δὲ προπάροιθε θυράων ἑδριόωντο.
τοῖσιν δ' Εὐρύμαχος, Πολύβου πάϊς, ἄρχ' ἀγορεύειν·   345
" ὦ φίλοι, ἦ μέγα ἔργον ὑπερφιάλως τετέλεσται
Τηλεμάχῳ ὁδός ἥδε· φάμεν δέ οἱ οὐ τελέεσθαι.
ἀλλ' ἄγε νῆα μέλαιναν ἐρύσσομεν, ἥ τις ἀρίστη,
ἐς δ' ἐρέτας ἁλιῆας ἀγείρομεν, οἵ κε τάχιστα
κείνοις ἀγγείλωσι θοῶς οἰκόνδε νέεσθαι."   35⁰
Οὔ πω πᾶν εἴρηθ', ὅτ' ἄρ' Ἀμφίνομος ἴδε νῆα,
στρεφθεὶς ἐκ χώρης, λιμένος πολυβενθέος ἐντός,
ἱστία τε στέλλοντας ἐρετμά τε χερσὶν ἔχοντας.
ἡδὺ δ' ἄρ' ἐκγελάσας μετεφώνεεν οἷς ἑτάροισι·
" μή τιν' ἔτ' ἀγγελίην ὀτρύνομεν· οἵδε γὰρ ἔνδον.   355
ἤ τίς σφιν τόδ' ἔειπε θεῶν, ἢ ἔσιδον αὐτοὶ
νῆα παρερχομένην, τὴν δ' οὐκ ἐδύναντο κιχῆναι."
Ὣς ἔφαθ', οἱ δ' ἀνστάντες ἔβαν ἐπὶ θῖνα θαλάσσης,
αἶψα δὲ νῆα μέλαιναν ἐπ' ἠπείροιο ἔρυσσαν,
τεύχεα δέ σφ' ἀπένεικαν ὑπέρθυμοι θεράποντες.   36⁰
αὐτοὶ δ' εἰς ἀγορὴν κίον ἀθρόοι, οὐδέ τιν' ἄλλον
εἴων οὔτε νέων μεταΐζειν οὔτε γερόντων.
τοῖσιν δ' Ἀντίνοος μετέφη, Εὐπείθεος υἱός·
" ὦ πόποι, ὡς τόνδ' ἄνδρα θεοὶ κακότητος ἔλυσαν.
ἤματα μὲν σκοποὶ ἷζον ἐπ' ἄκριας ἠνεμοέσσας   365
αἰὲν ἐπασσύτεροι· ἅμα δ' ἠελίῳ καταδύντι
οὔ ποτ' ἐπ' ἠπείρου νύκτ' ἄσαμεν, ἀλλ' ἐνὶ πόντῳ

344 ἀγχοῦ g k, γρ. U⁵   345 ἀντίον η⁵δα r Mon.   346 ἐτελέσθη
g j k l L⁵, γρ. e   347 οἱ b g h H³: μιν cet.   οὐ] μὴ e L²
356 εἴσιδον codd.   357 om. U⁵: κιχάναι c: κιχῆσαι g   358 θῖνα
c e g j l Pal. : θινὶ cet.   361 ἄλλων d   367 ἀέσσαμεν a d l:
ἔσσαμεν g   ἐπὶ a d l

νηὶ θοῇ πλείοντες ἐμίμνομεν Ἠῶ δῖαν,
Τηλέμαχον λοχόωντες, ἵνα φθίσωμεν ἑλόντες
αὐτόν· τὸν δ᾽ ἄρα τῆος ἀπήγαγεν οἴκαδε δαίμων.   370
ἡμεῖς δ᾽ ἐνθάδε οἱ φραζώμεθα λυγρὸν ὄλεθρον
Τηλεμάχῳ, μηδ᾽ ἡμας ὑπεκφύγοι· οὐ γὰρ ὀίω
τούτου γε ζώοντος ἀνύσσεσθαι τάδε ἔργα.
αὐτὸς μὲν γὰρ ἐπιστήμων βουλῇ τε νόῳ τε,
λαοὶ δ᾽ οὐκέτι πάμπαν ἐφ᾽ ἡμῖν ἦρα φέρουσιν.   375
ἀλλ᾽ ἄγετε, πρὶν κεῖνον ὁμηγυρίσασθαι Ἀχαιοὺς
εἰς ἀγορήν—οὐ γάρ τι μεθησέμεναί μιν ὀίω,
ἀλλ᾽ ἀπομηνίσει, ἐρέει δ᾽ ἐν πᾶσιν ἀναστὰς
οὕνεκά οἱ φόνον αἰπὺν ἐράπτομεν οὐδ᾽ ἐκίχημεν·
οἱ δ᾽ οὐκ αἰνήσουσιν ἀκούοντες κακὰ ἔργα·   380
μή τι κακὸν ῥέξωσι καὶ ἡμέας ἐξελάσωσι
γαίης ἡμετέρης, ἄλλων δ᾽ ἀφικώμεθα δῆμον·
ἀλλὰ φθέωμεν ἑλόντες ἐπ᾽ ἀγροῦ νόσφι πόληος
ἢ ἐν ὁδῷ· βίοτον δ᾽ αὐτοὶ καὶ κτήματ᾽ ἔχωμεν,
δασσάμενοι κατὰ μοῖραν ἐφ᾽ ἡμέας, οἰκία δ᾽ αὖτε   385
κείνου μητέρι δοῖμεν ἔχειν ἠδ᾽ ὅς τις ὀπυίοι.
εἰ δ᾽ ὑμῖν ὅδε μῦθος ἀφανδάνει, ἀλλὰ βόλεσθε
αὐτόν τε ζώειν καὶ ἔχειν πατρώια πάντα,
μή οἱ χρήματ᾽ ἔπειτα ἅλις θυμηδέ᾽ ἔδωμεν
ἐνθάδ᾽ ἀγειρόμενοι, ἀλλ᾽ ἐκ μεγάροιο ἕκαστος   390
μνάσθω ἐέδνοισιν διζήμενος· ἡ δέ κ᾽ ἔπειτα
γήμαιθ᾽ ὅς κε πλεῖστα πόροι καὶ μόρσιμος ἔλθοι."
    Ὣς ἔφαθ᾽, οἱ δ᾽ ἄρα πάντες ἀκὴν ἐγένοντο σιωπῇ.
τοῖσιν δ᾽ Ἀμφίνομος ἀγορήσατο καὶ μετέειπε,
Νίσου φαίδιμος υἱός, Ἀρητιάδαο ἄνακτος,   395
ὅς ῥ᾽ ἐκ Δουλιχίου πολυπύρου ποιήεντος
ἡγεῖτο μνηστῆρσι, μάλιστα δὲ Πηνελοπείῃ
ἥνδανε μύθοισι· φρεσὶ γὰρ κέχρητ᾽ ἀγαθῇσιν·

382 ἄλλων e g h k Pal. : ἄλλον cet.   385 μετὰ U² : κατὰ δῆμον
γρ. e   387 βόλεσθε d L⁴ : βούλεσθε cet.   389 χρήματα καλὰ
d : πάντα Mon.   ἔπειτα om. a Br R² U¹   392 μόρσιμον a d l q

δ σφιν εὐφρονέων ἀγορήσατο καὶ μετέειπεν·
" ὦ φίλοι, οὐκ ἂν ἐγώ γε κατακτείνειν ἐθέλοιμι   400
Τηλέμαχον· δεινὸν δὲ γένος βασιλήϊόν ἐστι
κτείνειν· ἀλλὰ πρῶτα θεῶν εἰρώμεθα βουλάς.
εἰ μέν κ' αἰνήσωσι Διὸς μεγάλοιο θέμιστες,
αὐτός τε κτενέω τούς τ' ἄλλους πάντας ἀνώξω·
εἰ δέ κ' ἀποτρωπῶσι θεοί, παύσασθαι ἄνωγα."   405
Ὣς ἔφατ' Ἀμφίνομος, τοῖσιν δ' ἐπιήνδανε μῦθος.
αὐτίκ' ἔπειτ' ἀνστάντες ἔβαν δόμον εἰς Ὀδυσῆος,
ἐλθόντες δὲ καθῖζον ἐπὶ ξεστοῖσι θρόνοισιν.
Ἡ δ' αὖτ' ἄλλ' ἐνόησε περίφρων Πηνελόπεια,
μνηστήρεσσι φανῆναι ὑπέρβιον ὕβριν ἔχουσι·   410
πεύθετο γὰρ οὗ παιδὸς ἐνὶ μεγάροισιν ὄλεθρον·
κῆρυξ γάρ οἱ ἔειπε Μέδων, ὃς ἐπεύθετο βουλάς.
βῆ δ' ἰέναι μέγαρόνδε σὺν ἀμφιπόλοισι γυναιξίν.
ἀλλ' ὅτε δὴ μνηστῆρας ἀφίκετο δῖα γυναικῶν,
στῆ ῥα παρὰ σταθμὸν τέγεος πύκα ποιητοῖο,   415
ἄντα παρειάων σχομένη λιπαρὰ κρήδεμνα,
Ἀντίνοον δ' ἐνένιπεν ἔπος τ' ἔφατ' ἔκ τ' ὀνόμαζεν·
" Ἀντίνο', ὕβριν ἔχων, κακομήχανε, καὶ δέ σέ φασιν
ἐν δήμῳ Ἰθάκης μεθ' ὁμήλικας ἔμμεν ἄριστον
βουλῇ καὶ μύθοισι· σὺ δ' οὐκ ἄρα τοῖος ἔησθα.   420
μάργε, τίη δὲ σὺ Τηλεμάχῳ θάνατόν τε μόρον τε
ῥάπτεις, οὐδ' ἱκέτας ἐμπάζεαι, οἷσιν ἄρα Ζεὺς
μάρτυρος; οὐδ' ὁσίη κακὰ ῥάπτειν ἀλλήλοισιν.
ἦ οὐκ οἶσθ' ὅτε δεῦρο πατὴρ τεὸς ἵκετο φεύγων,
δῆμον ὑποδείσας; δὴ γὰρ κεχολώατο λίην,   425

403 θέμιτες M² : τομοῦροι cit. Strabo 328 (γρ. τινές) 329 (οἱ νεώτεροι),
v. l. ap. Eust.   405 ἀποτρεπέῃσι θεός cit. Strab. l. c.   406 ἀμφήν-
δανε d l q   407 ἀστάντες Mon.   408 λίθοισι b c e f k C
410 ἀπεχθομένοισί περ ἔμπης a d r (= σ 165)   412 a αὐλῆς ἐκτὸς
ἐὼν· οἷ δ' ἔνδοθι μῆτιν ὕφαινον hab. a d j l r (= δ 678) — praef.
rubrica P⁵   414 ἢ δ' ὅτε δὴ 1 Br P⁴   μνηστῆρσιν a d l
417 ἐνέειπεν o e k, cf. ι 37, 90, 167 σ 78, 321 τ 65 φ 287 χ 212 ψ 96 ω 161
   419 εἶναι e Mon. Eust.   423 ὅσιον a d l r

οὕνεκα ληϊστῆρσιν ἐπισπόμενος Ταφίοισιν
ἤκαχε Θεσπρωτούς· οἱ δ' ἡμῖν ἄρθμιοι ἦσαν.
τόν ῥ' ἔθελον φθῖσαι καὶ ἀπορραῖσαι φίλον ἦτορ
ἠδὲ κατὰ ζωὴν φαγέειν μενοεικέα πολλήν·
ἀλλ' Ὀδυσεὺς κατέρυκε καὶ ἔσχεθεν ἱεμένους περ.   430
τοῦ νῦν οἶκον ἄτιμον ἔδεις, μνάᾳ δὲ γυναῖκα
παῖδά τ' ἀποκτείνεις, ἐμὲ δὲ μεγάλως ἀκαχίζεις·
ἀλλά σε παύσασθαι κέλομαι καὶ ἀνωγέμεν ἄλλους."
    Τὴν δ' αὖτ' Εὐρύμαχος, Πολύβου πάϊς, ἀντίον ηὔδα·
" κούρη Ἰκαρίοιο, περίφρον Πηνελόπεια,   435
θάρσει· μή τοι ταῦτα μετὰ φρεσὶ σῇσι μελόντων.
οὐκ ἔσθ' οὗτος ἀνὴρ οὐδ' ἔσσεται οὐδὲ γένηται,
ὅς κεν Τηλεμάχῳ σῷ υἱέϊ χεῖρας ἐποίσει
ζώοντός γ' ἐμέθεν καὶ ἐπὶ χθονὶ δερκομένοιο.
ὧδε γὰρ ἐξερέω, καὶ μὴν τετελεσμένον ἔσται·   440
αἶψά οἱ αἷμα κελαινὸν ἐρωήσει περὶ δουρὶ
ἡμετέρῳ, ἐπεὶ ἦ καὶ ἐμὲ πτολίπορθος Ὀδυσσεὺς
πολλάκι γούνασιν οἷσιν ἐφεσσάμενος κρέας ὀπτὸν
ἐν χείρεσσιν ἔθηκεν, ἐπέσχε τε οἶνον ἐρυθρόν·
τῷ μοι Τηλέμαχος πάντων πολὺ φίλτατός ἐστιν   445
ἀνδρῶν, οὐδέ τί μιν θάνατον τρομέεσθαι ἄνωγα
ἔκ γε μνηστήρων· θεόθεν δ' οὐκ ἔστ' ἀλέασθαι."
    Ὣς φάτο θαρσύνων, τῷ δ' ἤρτυεν αὐτὸς ὄλεθρον.
ἡ μὲν ἄρ' εἰσαναβᾶσ' ὑπερώϊα σιγαλόεντα
κλαῖεν ἔπειτ' Ὀδυσῆα, φίλον πόσιν, ὄφρα οἱ ὕπνον   450
ἡδὺν ἐπὶ βλεφάροισι βάλε γλαυκῶπις Ἀθήνη.
    Ἑσπέριος δ' Ὀδυσῆϊ καὶ υἱέϊ δῖος ὑφορβὸς
ἤλυθεν· οἱ δ' ἄρα δόρπον ἐπισταδὸν ὑπλίζοντο,
σῦν ἱερεύσαντες ἐνιαύσιον.   αὐτὰρ Ἀθήνη

427 ἄρθμιοι L⁸ Pal. U⁶, H³ U⁵ corr. : ἀρίθμιοι cet., cf. h. Herm. 524
428 φθῖσαι cg L⁴ Pal. R³ U⁸ : κτεῖναι cet., γρ. φθεῖσθαι U⁵   430 ἱέ-
μενός j L⁵, fort. C U⁷   432 τ' ἐκπάγλως Mon., γρ. R¹²
434 πεπνυμένος eijk   436 μή τι γε d : μήτι Pal.   437 διερὸς
βρότος U⁶ (= ʕ 201)   438 ὅς κ' ἐπὶ k o   440 μιν afiklq
    441 αἶψά κεν adlq   μέλαν αἷμα e   453 ἐπὶ σταθμὸν g   ὁπλ.
Ar. p C M² R¹ : ὁπλ. cet.

ἄγχι παρισταμένη Λαερτιάδην Ὀδυσῆα   455
ῥάβδῳ πεπληγυῖα πάλιν ποίησε γέροντα,
λυγρὰ δὲ εἵματα ἕσσε περὶ χροΐ, μή ἑ συβώτης
γνοίη ἐσάντα ἰδὼν καὶ ἐχέφρονι Πηνελοπείῃ
ἔλθοι ἀπαγγέλλων μηδὲ φρεσὶν εἰρύσσαιτο.
  Τὸν καὶ Τηλέμαχος πρότερος πρὸς μῦθον ἔειπεν·   460
" ἦλθες, δῖ᾽ Εὔμαιε. τί δὴ κλέος ἔστ᾽ ἀνὰ ἄστυ;
ἦ ῥ᾽ ἤδη μνηστῆρες ἀγήνορες ἔνδον ἔασιν
ἐκ λόχου, ἦ ἔτι μ᾽ αὖτ᾽ εἰρύαται οἴκαδ᾽ ἰόντα; "
  Τὸν δ᾽ ἀπαμειβόμενος προσέφης, Εὔμαιε συβῶτα·
" οὐκ ἔμελέν μοι ταῦτα μεταλλῆσαι καὶ ἐρέσθαι   465
ἄστυ καταβλώσκοντα· τάχιστά με θυμὸς ἀνώγει
ἀγγελίην εἰπόντα πάλιν δεῦρ᾽ ἀπονέεσθαι.
ὡμήρησε δέ μοι παρ᾽ ἑταίρων ἄγγελος ὠκύς,
κῆρυξ, ὃς δὴ πρῶτος ἔπος σῇ μητρὶ ἔειπεν.
ἄλλο δέ τοι τό γε οἶδα· τὸ γὰρ ἴδον ὀφθαλμοῖσιν.   470
ἤδη ὑπὲρ πόλιος, ὅθι Ἕρμαιος λόφος ἐστίν,
ἦα κιών, ὅτε νῆα θοὴν ἰδόμην κατιοῦσαν
ἐς λιμέν᾽ ἡμέτερον· πολλοὶ δ᾽ ἔσαν ἄνδρες ἐν αὐτῇ,
βεβρίθει δὲ σάκεσσι καὶ ἔγχεσιν ἀμφιγύοισι·
καὶ σφέας ὠίσθην τοὺς ἔμμεναι, οὐδέ τι οἶδα."   475
  Ὣς φάτο, μείδησεν δ᾽ ἱερὴ ἲς Τηλεμάχοιο
ἐς πατέρ᾽ ὀφθαλμοῖσιν ἰδών, ἀλέεινε δ᾽ ὑφορβόν.
  Οἱ δ᾽ ἐπεὶ οὖν παύσαντο πόνου τετύκοντό τε δαῖτα,
δαίνυντ᾽, οὐδέ τι θυμὸς ἐδεύετο δαιτὸς ἐίσης.
αὐτὰρ ἐπεὶ πόσιος καὶ ἐδητύος ἐξ ἔρον ἕντο,   480
κοίτου τε μνήσαντο καὶ ὕπνου δῶρον ἕλοντο.

459 μηδὲ] ἠδὲ q : οὐδὲ M² ss. : μὴ καὶ L⁵ P²   460 πεπνυμένος
ἀντίον ηὔδα U⁶ : marg. οὗτος κεῖται τὸν καὶ τηλέμαχος πρότερος [κτλ]
461 δῖ᾽ j k : δὴ cet., cf. χ 157 Hes. Opp. 2   463 ἔνδον j : ἰόντι d
Br H³ P¹ : ἰόντες q   466 τὸ βλώσκοντα δύναται γραφῆναι καὶ βλώ-
σκοντι Eust.   468 ἐλθὼν Harpocr. in v. ὀμηρεύοντας   469 μητέρι
d 1   471 ὅθι θ᾽ U⁸ : ὅθι δ᾽ g Herod. N 791   481 δὴ τότε κοιμήσαντο
g U⁸ Eust., γρ. Br H³ Pal.

Ἦμος δ' ἠριγένεια φάνη ῥοδοδάκτυλος Ἠώς,
δὴ τότ' ἔπειθ' ὑπὸ ποσσὶν ἐδήσατο καλὰ πέδιλα
Τηλέμαχος, φίλος υἱὸς Ὀδυσσῆος θείοιο,
εἵλετο δ' ἄλκιμον ἔγχος, ὅ οἱ παλάμηφιν ἀρήρει,
ἄστυδε ἱέμενος, καὶ ἑὸν προσέειπε συβώτην·   5
" ἄττ', ἦ τοι μὲν ἐγὼν εἶμ' ἐς πόλιν, ὄφρα με μήτηρ
ὄψεται· οὐ γάρ μιν πρόσθεν παύσεσθαι ὀΐω
κλαυθμοῦ τε στυγεροῖο γόοιό τε δακρυόεντος,
πρίν γ' αὐτόν με ἴδηται· ἀτὰρ σοί γ' ὧδ' ἐπιτέλλω.
τὸν ξεῖνον δύστηνον ἄγ' ἐς πόλιν, ὄφρ' ἂν ἐκεῖθι   10
δαῖτα πτωχεύῃ· δώσει δέ οἱ ὅς κ' ἐθέλῃσι
πύρνον καὶ κοτύλην· ἐμὲ δ' οὔ πως ἔστιν ἅπαντας
ἀνθρώπους ἀνέχεσθαι, ἔχοντά περ ἄλγεα θυμῷ.
ὁ ξεῖνος δ' εἴ περ μάλα μηνίει, ἄλγιον αὐτῷ
ἔσσεται· ἦ γὰρ ἐμοὶ φίλ' ἀληθέα μυθήσασθαι."   15
    Τὸν δ' ἀπαμειβόμενος προσέφη πολύμητις Ὀδυσσεύς·
" ὦ φίλος, οὐδέ τοι αὐτὸς ἐρύκεσθαι μενεαίνω·
πτωχῷ βέλτερόν ἐστι κατὰ πτόλιν ἠὲ κατ' ἀγροὺς
δαῖτα πτωχεύειν· δώσει δέ μοι ὅς κ' ἐθέλῃσιν.
οὐ γὰρ ἐπὶ σταθμοῖσι μένειν ἔτι τηλίκος εἰμί,   20
ὥς τ' ἐπιτειλαμένῳ σημάντορι πάντα πιθέσθαι.
ἀλλ' ἔρχευ· ἐμὲ δ' ἄξει ἀνὴρ ὅδε, τὸν σὺ κελεύεις,
αὐτίκ' ἐπεί κε πυρὸς θερέω ἀλέη τε γένηται.
αἰνῶς γὰρ τάδε εἵματ' ἔχω κακά· μή με δαμάσσῃ
στίβη ὑπηοίη· ἕκαθεν δέ τε ἄστυ φάτ' εἶναι."   25

3 a εἵματα ἐσσάμενος περὶ δὲ ξίφος ὀξὺ θέτ' ὤμω U⁶ (= β 3)
6 ἄττ'] ἀλλ' a d 1 r   9 με ἴδηται e f 1 H³ Pal. : μ' ἐσίδηται cet., cf.
σ 246   10–13 signum (⟩) praem. H³ m. sec., R⁷ (= o)   17 οὐδ'
αὐτός τοι e M² P² P⁶ Pal.   18 βέλτιον g U⁸   21 πυθέσθαι a l
Br U¹, cf. ψ 40   25 ἐπηοίη editio ἡ κυκλική : ὑπηοίνη o

74

17. ΟΔΥΣΣΕΙΑΣ Ρ

Ὣς φάτο, Τηλέμαχος δὲ διὰ σταθμοῖο βεβήκει,
κραιπνὰ ποσὶ προβιβάς, κακὰ δὲ μνηστῆρσι φύτευεν.
αὐτὰρ ἐπεί ῥ᾽ ἵκανε δόμους εὖ ναιετάοντας,
ἔγχος μέν ῥ᾽ ἔστησε φέρων πρὸς κίονα μακρήν,
αὐτὸς δ᾽ εἴσω ἵεν καὶ ὑπέρβη λάϊνον οὐδόν.   30
Τὸν δὲ πολὺ πρώτη εἶδε τροφὸς Εὐρύκλεια,
κώεα καστορνῦσα θρόνοις ἔνι δαιδαλέοισι,
δακρύσασα δ᾽ ἔπειτ᾽ ἰθὺς κίεν· ἀμφὶ δ᾽ ἄρ᾽ ἄλλαι
δμῳαὶ Ὀδυσσῆος ταλασίφρονος ἠγερέθοντο,
καὶ κύνεον ἀγαπαζόμεναι κεφαλήν τε καὶ ὤμους.   35
Ἡ δ᾽ ἵεν ἐκ θαλάμοιο περίφρων Πηνελόπεια,
Ἀρτέμιδι ἰκέλη ἠὲ χρυσέῃ Ἀφροδίτῃ,
ἀμφὶ δὲ παιδὶ φίλῳ βάλε πήχεε δακρύσασα,
κύσσε δέ μιν κεφαλήν τε καὶ ἄμφω φάεα καλά,
καί ῥ᾽ ὀλοφυρομένη ἔπεα πτερόεντα προσηύδα·   40
" ἦλθες, Τηλέμαχε, γλυκερὸν φάος. οὔ σ᾽ ἔτ᾽ ἐγώ γε
ὄψεσθαι ἐφάμην, ἐπεὶ οἴχεο νηὶ Πύλονδε
λάθρῃ, ἐμεῦ ἀέκητι, φίλου μετὰ πατρὸς ἀκουήν.
ἀλλ᾽ ἄγε μοι κατάλεξον ὅπως ἤντησας ὀπωπῆς."
Τὴν δ᾽ αὖ Τηλέμαχος πεπνυμένος ἀντίον ηὔδα·   45
" μῆτερ ἐμή, μή μοι γόον ὄρνυθι μηδέ μοι ἦτορ
ἐν στήθεσσιν ὄρινε φυγόντι περ αἰπὺν ὄλεθρον·
ἀλλ᾽ ὑδρηναμένη, καθαρὰ χροῒ εἵμαθ᾽ ἑλοῦσα,
εἰς ὑπερῷ᾽ ἀναβᾶσα σὺν ἀμφιπόλοισι γυναιξὶν
εὔχεο πᾶσι θεοῖσι τεληέσσας ἑκατόμβας   50
ῥέξειν, αἴ κέ ποθι Ζεὺς ἄντιτα ἔργα τελέσσῃ.

26 διὲκ μεγάροιο **k**, γρ. H³ V³   29 ita **b g i** H³ ed. pr. ἄλλως
Eust. (μακρὸν **p r**) (= a 127), ἔγχος μὲν στῆσε πρὸς κίονα μακρὸν ἐρείσας
f j k Eust. lectionem ex utraque conflatam **a d e**   30 αὐτὰρ ὁ Ap.
Dysc. synt. 8. 27 Bekk.   32 καστρων(ν)ῦσα **a d l q** : καστροννῦσα
O U⁴   36 βῆ δ᾽ ἰέναι θαλάμοιο **e g** L² ed. pr.: ἧιε δ᾽ ἐν μεγάροισι
Cocondrius Rhet. gr. viii. 795   38 δύναται τὸ φίλῳ καὶ δυικῶς
λέγεσθαι Eust. : φίλα U⁷   πήχεῖ M⁴   42 ἂψ ἐφάμην ὄψεσθ᾽ **k** P²
ᾧχ. codd.   43 post 44 hab. **g** P⁵   45 τὸν δ᾽ ἀπαμειβόμενος τηλέ-
μαχος ἀντίον ηὔδα **e**   46 ἐμοὶ U⁸, L⁵ uv.   49 om. c **e** Eust., post
51 hab. **a d l**   50 ἔρχεο Pal.

αὐτὰρ ἐγὼν ἀγορὴν ἐσελεύσομαι, ὄφρα καλέσσω
ξεῖνον, ὅτις μοι κεῖθεν ἅμ' ἕσπετο δεῦρο κιόντι.
τὸν μὲν ἐγὼ προὔπεμψα σὺν ἀντιθέοις ἑτάροισι,
Πείραιον δέ μιν ἠνώγεα προτὶ οἶκον ἄγοντα   55
ἐνδυκέως φιλέειν καὶ τιέμεν, εἰς ὅ κεν ἔλθω."
῾Ως ἄρ' ἐφώνησεν, τῇ δ' ἄπτερος ἔπλετο μῦθος.
ἡ δ' ὑδρηναμένη, καθαρὰ χροῒ εἵμαθ' ἑλοῦσα,
εὔχετο πᾶσι θεοῖσι τεληέσσας ἑκατόμβας
ῥέξειν, αἴ κέ ποθι Ζεὺς ἄντιτα ἔργα τελέσσῃ.   60
Τηλέμαχος δ' ἄρ' ἔπειτα διὲκ μεγάροιο βεβήκει
ἔγχος ἔχων, ἅμα τῷ γε δύω κύνες ἀργοὶ ἕποντο.
θεσπεσίην δ' ἄρα τῷ γε χάριν κατέχευεν Ἀθήνη·
τὸν δ' ἄρα πάντες λαοὶ ἐπερχόμενον θηεῦντο.
ἀμφὶ δέ μιν μνηστῆρες ἀγήνορες ἠγερέθοντο   65
ἐσθλ' ἀγορεύοντες, κακὰ δὲ φρεσὶ βυσσοδόμευον.
αὐτὰρ ὁ τῶν μὲν ἔπειτα ἀλεύατο πουλὺν ὅμιλον,
ἀλλ' ἵνα Μέντωρ ἧστο καὶ Ἄντιφος ἠδ' Ἁλιθέρσης,
οἵ τέ οἱ ἐξ ἀρχῆς πατρώϊοι ἦσαν ἑταῖροι,
ἔνθα καθέζετ' ἰών· τοὶ δ' ἐξερέεινον ἅπαντα.   70
τοῖσι δὲ Πείραιος δουρικλυτὸς ἐγγύθεν ἦλθε
ξεῖνον ἄγων ἀγορήνδε διὰ πτόλιν· οὐδ' ἄρ' ἔτι δὴν
Τηλέμαχος ξείνοιο ἑκὰς τράπετ', ἀλλὰ παρέστη.
τὸν καὶ Πείραιος πρότερος πρὸς μῦθον ἔειπε·
"Τηλέμαχ', αἶψ' ὄτρυνον ἐμὸν ποτὶ δῶμα γυναῖκας,   75
ὥς τοι δῶρ' ἀποπέμψω, ἅ τοι Μενέλαος ἔδωκε."
Τὸν δ' αὖ Τηλέμαχος πεπνυμένος ἀντίον ηὔδα·
"Πείραι', οὐ γὰρ ἴδμεν ὅπως ἔσται τάδε ἔργα.
εἴ κεν ἐμὲ μνηστῆρες ἀγήνορες ἐν μεγάροισι
λάθρῃ κτείναντες πατρώϊα πάντα δάσωνται,   80

52 δὲ ἐλεύσομαι Aristoph. ed. pr.: δ' ἐλεύσομαι e g i: ἀγορὴν ἐπε-
λεύσομαι b C, cf. a 88 Z 365: ἐσελεύσομαι cet.   62 κύνες δύο i:
κύνες ποδὰς ἀργοὺς g C L⁴ M¹ Pal. P¹ ed. pr., cf. β 11   70 ἅπαντα
d: ἔκαστα cet., γρ. ἴκελα M¹   71 τοῖσι δὲ c g i C Pal. P² P⁸: τοῖς
δ' ἐπὶ cet.   ἀντίον ●   78 τ' ἴδμεν codd.

αὐτὸν ἔχοντά σε βούλομ' ἐπαυρέμεν ἤ τινα τῶνδε·
εἰ δέ κ' ἐγὼ τούτοισι φόνον καὶ κῆρα φυτεύσω,
δὴ τότε μοι χαίροντι φέρειν πρὸς δώματα χαίρων."
ᵉὮς εἰπὼν ξεῖνον ταλαπείριον ἦγεν ἐς οἶκον.
αὐτὰρ ἐπεί ῥ' ἵκοντο δόμους εὖ ναιετάοντας,   85
χλαίνας μὲν κατέθεντο κατὰ κλισμούς τε θρόνους τε,
ἐς δ' ἀσαμίνθους βάντες ἐϋξέστας λούσαντο.
τοὺς δ' ἐπεὶ οὖν δμῳαὶ λοῦσαν καὶ χρῖσαν ἐλαίῳ,
ἀμφὶ δ' ἄρα χλαίνας οὔλας βάλον ἠδὲ χιτῶνας,
ἔκ ῥ' ἀσαμίνθων βάντες ἐπὶ κλισμοῖσι καθῖζον.   90
χέρνιβα δ' ἀμφίπολος προχόῳ ἐπέχευε φέρουσα
καλῇ χρυσείῃ, ὑπὲρ ἀργυρέοιο λέβητος,
νίψασθαι· παρὰ δὲ ξεστὴν ἐτάνυσσε τράπεζαν.
σῖτον δ' αἰδοίη ταμίη παρέθηκε φέρουσα,
εἴδατα πόλλ' ἐπιθεῖσα, χαριζομένη παρεόντων.   95
μήτηρ δ' ἀντίον ἷζε παρὰ σταθμὸν μεγάροιο
κλισμῷ κεκλιμένη, λέπτ' ἠλάκατα στρωφῶσα.
οἱ δ' ἐπ' ὀνείαθ' ἑτοῖμα προκείμενα χεῖρας ἴαλλον.
αὐτὰρ ἐπεὶ πόσιος καὶ ἐδητύος ἐξ ἔρον ἕντο,
τοῖσι δὲ μύθων ἄρχε περίφρων Πηνελόπεια·   100
" Τηλέμαχ', ἦ τοι ἐγὼν ὑπερῴον εἰσαναβᾶσα
λέξομαι εἰς εὐνήν, ἥ μοι στονόεσσα τέτυκται,
αἰεὶ δάκρυσ' ἐμοῖσι πεφυρμένη, ἐξ οὗ 'Οδυσσεὺς
οἴχεθ' ἅμ' 'Ατρεΐδῃσιν ἐς "Ιλιον· οὐδέ μοι ἔτλης,
πρὶν ἐλθεῖν μνηστῆρας ἀγήνορας ἐς τόδε δῶμα,   105
νόστον σοῦ πατρὸς σάφα εἰπέμεν, εἴ που ἄκουσας."
Τὴν δ' αὖ Τηλέμαχος πεπνυμένος ἀντίον ηὔδα·
" τοιγὰρ ἐγώ τοι, μῆτερ, ἀληθείην καταλέξω.
οἰχόμεθ' ἔς τε Πύλον καὶ Νέστορα, ποιμένα λαῶν·
δεξάμενος δέ με κεῖνος ἐν ὑψηλοῖσι δόμοισιν   110
ἐνδυκέως ἐφίλει, ὡς εἴ τε πατὴρ ἐὸν υἱὸν

83 πατρός a d l r   87 ἐπὶ κλισμοῖσι κάθιζον o   88 χρῖσαν
λίπ' ἐλαίῳ d f l   100 τοίων μύθων d P¹: τοίων δὲ a Br
R² U¹   ἦρχ. codd.   104 ῷχ. codd.   109 ῷχ. codd. praeter W
111 υἵα Ar. teste schol c e i j k Pal. Eust. ed. pr.: υἱὸν cet.: ἐὸν
παῖδα Zen. teste schol., cf. Ι 481 π 17

ἐλθόντα χρόνιον νέον ἄλλοθεν· ὡς ἐμὲ κεῖνος
ἐνδυκέως ἐκόμιζε σὺν υἱάσι κυδαλίμοισιν.
αὐτὰρ Ὀδυσσῆος ταλασίφρονος οὔ ποτ' ἔφασκε
ζωοῦ οὐδὲ θανόντος ἐπιχθονίων τευ ἀκοῦσαι,   115
ἀλλά μ' ἐς Ἀτρείδην, δουρικλειτὸν Μενέλαον,
ἵπποισι προὔπεμψε καὶ ἅρμασι κολλητοῖσιν.
ἔνθ' ἴδον Ἀργείην Ἑλένην, ἧς εἵνεκα πολλὰ
Ἀργεῖοι Τρῶές τε θεῶν ἰότητι μόγησαν.
εἴρετο δ' αὐτίκ' ἔπειτα βοὴν ἀγαθὸς Μενέλαος   120
ὅττευ χρηΐζων ἱκόμην Λακεδαίμονα δῖαν·
αὐτὰρ ἐγὼ τῷ πᾶσαν ἀληθείην κατέλεξα·
καὶ τότε δή με ἔπεσσιν ἀμειβόμενος προσέειπεν·
'ὢ πόποι, ἦ μάλα δὴ κρατερόφρονος ἀνδρὸς ἐν εὐνῇ
ἤθελον εὐνηθῆναι, ἀνάλκιδες αὐτοὶ ἐόντες.   125
ὡς δ' ὁπότ' ἐν ξυλόχῳ ἔλαφος κρατεροῖο λέοντος
νεβροὺς κοιμήσασα νεηγενέας γαλαθηνοὺς
κνημοὺς ἐξερέῃσι καὶ ἄγκεα ποιήεντα
βοσκομένη, ὁ δ' ἔπειτα ἑὴν εἰσήλυθεν εὐνήν,
ἀμφοτέροισι δὲ τοῖσιν ἀεικέα πότμον ἐφῆκεν,   130
ὡς Ὀδυσεὺς κείνοισιν ἀεικέα πότμον ἐφήσει.
αἲ γάρ, Ζεῦ τε πάτερ καὶ Ἀθηναίη καὶ Ἄπολλον,
τοῖος ἐὼν οἷός ποτ' ἐϋκτιμένῃ ἐνὶ Λέσβῳ
ἐξ ἔριδος Φιλομηλεΐδῃ ἐπάλαισεν ἀναστάς,
κὰδ δ' ἔβαλε κρατερῶς, κεχάροντο δὲ πάντες Ἀχαιοί,   135
τοῖος ἐὼν μνηστῆρσιν ὁμιλήσειεν Ὀδυσσεύς·
πάντες κ' ὠκύμοροί τε γενοίατο πικρόγαμοί τε.
ταῦτα δ' ἅ μ' εἰρωτᾷς καὶ λίσσεαι, οὐκ ἂν ἐγώ γε
ἄλλα παρὲξ εἴποιμι παρακλιδὸν οὐδ' ἀπατήσω,
ἀλλὰ τὰ μέν μοι ἔειπε γέρων ἅλιος νημερτής,   140

112 ἦ ἐμὲ n U¹ (an ᾖ?)   114 μεγαλήτορος Mon.   118 πολλοὶ
a f h k Eust.   119 δάμησαν f k R⁴ U⁸, γρ. Br R² R⁶   versibus
122, 124, 126, 135, 140, 147 notam s praef. H³   122 τοι a d P¹:
πάντα κατὰ μοῖραν j   128 ἄγγεα a d k l   129 ὁ δ' ἔπειτα c e g i
Pal. : ὁ δέ τ' ὦκα cet.   130 ἐφήσει M⁴ P² R² R⁷ : ἐφήει c K
133 οἷός περ f U⁸

τῶν οὐδέν τοι ἐγὼ κρύψω ἔπος οὐδ' ἐπικεύσω,
φῆ μιν ὅ γ' ἐν νήσῳ ἰδέειν κρατέρ' ἄλγε' ἔχοντα,
νύμφης ἐν μεγάροισι Καλυψοῦς, ἥ μιν ἀνάγκῃ
ἴσχει· ὁ δ' οὐ δύναται ἣν πατρίδα γαῖαν ἱκέσθαι.
οὐ γάρ οἱ πάρα νῆες ἐπήρετμοι καὶ ἑταῖροι,   145
οἵ κέν μιν πέμποιεν ἐπ' εὐρέα νῶτα θαλάσσης.'
ὣς ἔφατ' Ἀτρείδης, δουρικλειτὸς Μενέλαος.
ταῦτα τελευτήσας νεόμην· ἔδοσαν δέ μοι οὖρον
ἀθάνατοι, τοί μ' ὦκα φίλην ἐς πατρίδ' ἔπεμψαν."
Ὣς φάτο, τῇ δ' ἄρα θυμὸν ἐνὶ στήθεσσιν ὄρινε.   150
τοῖσι δὲ καὶ μετέειπε Θεοκλύμενος θεοειδής·
" ὦ γύναι αἰδοίη Λαερτιάδεω Ὀδυσῆος,
ἦ τοι ὅ γ' οὐ σάφα οἶδεν, ἐμεῖο δὲ σύνθεο μῦθον·
ἀτρεκέως γάρ τοι μαντεύσομαι οὐδ' ἐπικεύσω.
ἴστω νῦν Ζεὺς πρῶτα θεῶν ξενίη τε τράπεζα   155
ἱστίη τ' Ὀδυσῆος ἀμύμονος, ἣν ἀφικάνω,
ὡς ἦ τοι Ὀδυσεὺς ἤδη ἐν πατρίδι γαίῃ,
ἥμενος ἢ ἕρπων, τάδε πευθόμενος κακὰ ἔργα,
ἔστιν, ἀτὰρ μνηστῆρσι κακὸν πάντεσσι φυτεύει·
οἷον ἐγὼν οἰωνὸν ἐϋσσέλμου ἐπὶ νηὸς   160
ἥμενος ἐφρασάμην καὶ Τηλεμάχῳ ἐγεγώνευν."
Τὸν δ' αὖτε προσέειπε περίφρων Πηνελόπεια·
" αἲ γὰρ τοῦτο, ξεῖνε, ἔπος τετελεσμένον εἴη·
τῷ κε τάχα γνοίης φιλότητά τε πολλά τε δῶρα
ἐξ ἐμεῦ, ὡς ἄν τίς σε συναντόμενος μακαρίζοι."   165
Ὣς οἱ μὲν τοιαῦτα πρὸς ἀλλήλους ἀγόρευον·
μνηστῆρες δὲ πάροιθεν Ὀδυσσῆος μεγάροιο

141 οὐδ' αὐτίκ' ἐγὼ P³   142 [θαλερὸν] κατὰ δάκρυ χέοντα v. l.
ap. Eust.   150-165 ἀθετοῦνται ϛ΄ (ιβ' p) στίχοι schol. id. ad 160
ἐν τοῖς χαριεστέροις οὗτοι μόνοι οἱ δύο [160, 161] ἀθετοῦνται ... ἐν δὲ
τοῖς κοινοτέροις (εἰκαιοτέροις V⁴) ἀπὸ τοῦ ὣς ἔφατο [150] ἕως τοῦ ἐξ
ἐμεῦ [165]. omnibus praeter v. 151 praef. obelos U⁶; uncino
simplici incl. p   150 τῆς k Br V⁴ U⁶ ras.   153 μύθων ● f
H³ L⁸ Pal.   156 ἑστίη a g P⁵: εἰστίη U⁸ (sc. ἑστίη), cf. ξ 159
158 ἕρπων] ὁρόων ●   160 τοῖον i j L⁵   161 ἐγεγώνεον L⁵ P⁵
Herod. ad N 337 diserte: ἐγεγώνευν M² M⁴   167 μεγάροιο] θείοιο j

δίσκοισιν τέρποντο καὶ αἰγανέῃσιν ἱέντες,
ἐν τυκτῷ δαπέδῳ, ὅθι περ πάρος, ὕβριν ἔχοντες.
ἀλλ' ὅτε δὴ δείπνηστος ἔην καὶ ἐπήλυθε μῆλα   170
πάντοθεν ἐξ ἀγρῶν, οἱ δ' ἤγαγον οἳ τὸ πάρος περ,
καὶ τότε δή σφιν ἔειπε Μέδων· ὃς γάρ ῥα μάλιστα
ἥνδανε κηρύκων, καί σφιν παρεγίγνετο δαιτί·
" κοῦροι, ἐπεὶ δὴ πάντες ἐτέρφθητε φρέν' ἀέθλοις,
ἔρχεσθε πρὸς δώμαθ', ἵν' ἐντυνώμεθα δαῖτα·   175
οὐ μὲν γάρ τι χέρειον ἐν ὥρῃ δεῖπνον ἑλέσθαι."
    Ὣς ἔφαθ', οἱ δ' ἀνστάντες ἔβαν πείθοντό τε μύθῳ.
αὐτὰρ ἐπεί ῥ' ἵκοντο δόμους εὖ ναιετάοντας,
χλαίνας μὲν κατέθεντο κατὰ κλισμούς τε θρόνους τε,
οἱ δ' ἱέρευον ὄϊς μεγάλους καὶ πίονας αἶγας,   180
ἴρευον δὲ σύας σιάλους καὶ βοῦν ἀγελαίην,
δαῖτ' ἐντυνόμενοι.   τοὶ δ' ἐξ ἀγροῖο πόλινδε
ὀτρύνοντ' Ὀδυσεύς τ' ἰέναι καὶ δῖος ὑφορβός.
τοῖσι δὲ μύθων ἄρχε συβώτης, ὄρχαμος ἀνδρῶν·
" ξεῖν', ἐπεὶ ἂρ δὴ ἔπειτα πόλινδ' ἰέναι μενεαίνεις   185
σήμερον, ὡς ἐπέτελλεν ἄναξ ἐμός,—ἦ σ' ἂν ἐγώ γε
αὐτοῦ βουλοίμην σταθμῶν ῥυτῆρα λιπέσθαι·
ἀλλὰ τὸν αἰδέομαι καὶ δείδια, μή μοι ὀπίσσω
νεικείῃ· χαλεπαὶ δὲ ἀνάκτων εἰσὶν ὁμοκλαί·
ἀλλ' ἄγε νῦν ἴομεν· δὴ γὰρ μέμβλωκε μάλιστα   190
ἦμαρ, ἀτὰρ τάχα τοι ποτὶ ἕσπερα ῥίγιον ἔσται."
    Τὸν δ' ἀπαμειβόμενος προσέφη πολύμητις Ὀδυσσεύς·
" γιγνώσκω, φρονέω· τά γε δὴ νοέοντι κελεύεις.
ἀλλ' ἴομεν, σὺ δ' ἔπειτα διαμπερὲς ἡγεμόνευε.
δὸς δέ μοι, εἴ ποθί τοι ῥόπαλον τετμημένον ἐστί,   195
σκηρίπτεσθ', ἐπεὶ ἦ φατ' ἀρισφαλέ' ἔμμεναι οὐδόν."

169 ἔχοντες k U⁵ U⁶ Eust. : ἔχεσκον cet.   177 ἄρα πάντες Pal.
U⁸   οἶκον δὲ ἕκαστος g : ποτὶ οἶκον ἕκαστος cefi   181 ath.
Aristoph. Ar.   183 ὠτρ. k p U⁶ U⁸   184 ἤρχ. codd.   186 ἐμοὶ
f P⁴   187 σταθμῶ Mon. U⁸ ras. : σταθμοῦ O   λιπέσθαι c j k L³ P⁵
Pal. : γενέσθαι cet.   189 τ' ἀνάκτων codd.   ὁμικλαί P⁵ : ἀμεικλαί
P¹ M¹ U⁴ ss.   193 νοέοντι] φρονέοντι d e   196 ἀρισφαλὲς . . .

ῌ ῥα καὶ ἀμφ' ὤμοισιν ἀεικέα βάλλετο πήρην,
πυκνὰ ῥωγαλέην· ἐν δὲ στρόφος ἦεν ἀορτήρ.
Εὔμαιος δ' ἄρα οἱ σκῆπτρον θυμαρὲς ἔδωκε.

τὼ βήτην, σταθμὸν δὲ κύνες καὶ βώτορες ἄνδρες   200
ῥύατ' ὄπισθε μένοντες· ὁ δ' ἐς πόλιν ἦγεν ἄνακτα
πτωχῷ λευγαλέῳ ἐναλίγκιον ἠδὲ γέροντι,
σκηπτόμενον· τὰ δὲ λυγρὰ περὶ χροΐ εἵματα ἔστο.
Ἀλλ' ὅτε δὴ στείχοντες ὁδὸν κάτα παιπαλόεσσαν
ἄστεος ἐγγὺς ἔσαν καὶ ἐπὶ κρήνην ἀφίκοντο   205
τυκτὴν καλλίροον, ὅθεν ὑδρεύοντο πολῖται,
τὴν ποίησ' Ἴθακος καὶ Νήριτος ἠδὲ Πολύκτωρ·
ἀμφὶ δ' ἄρ' αἰγείρων ὑδατοτρεφέων ἦν ἄλσος,
πάντοσε κυκλοτερές, κατὰ δὲ ψυχρὸν ῥέεν ὕδωρ
ὑψόθεν ἐκ πέτρης· βωμὸς δ' ἐφύπερθε τέτυκτο   210
νυμφάων, ὅθι πάντες ἐπιρρέζεσκον ὁδῖται·
ἔνθα σφέας ἐκίχανεν υἱὸς Δολίοιο Μελανθεὺς
αἶγας ἄγων, αἳ πᾶσι μετέπρεπον αἰπολίοισι,
δεῖπνον μνηστήρεσσι· δύω δ' ἅμ' ἕποντο νομῆες.
τοὺς δὲ ἰδὼν νείκεσσεν ἔπος τ' ἔφατ' ἔκ τ' ὀνόμαζεν   215
ἔκπαγλον καὶ ἀεικές· ὄρινε δὲ κῆρ Ὀδυσῆος·
" νῦν μὲν δὴ μάλα πάγχυ κακὸς κακὸν ἡγηλάζει,
ὡς αἰεὶ τὸν ὁμοῖον ἄγει θεὸς ὡς τὸν ὁμοῖον.
πῇ δὴ τόνδε μολοβρὸν ἄγεις, ἀμέγαρτε συβῶτα,
πτωχὸν ἀνιηρόν, δαιτῶν ἀπολυμαντῆρα;   220
ὃς πολλῇς φλιῇσι παραστὰς θλίψεται ὤμους,
αἰτίζων ἀκόλους, οὐκ ἄορας οὐδὲ λέβητας·

οὖδας quidam ap. Heraclidem περὶ δυσκλίτων ὀνομάτων ap. Eust.:
ἀρισφαλές· μεγάλως σφαλλόμενον Hesych.: ἄρ' ἐσφαλὲς Ioann. Alex. τον.
παρ. 42. 18   201 γέροντες f   203 ἔστο] ἔχοντα e i   206 ὑδράοντο
f   ὁδῖται γρ. K (ex 211)   212 ἐκίχαν' f H³ Mon. P¹: ἔκιχεν e g i
217 ἀγηλάζει d Br O: ἡγηλάζεις v. l. ant.   218 αἰεί τοι τὸν
ὁμοῖον Plato Lysis 214 A, Aristoteles M. M. 1208 b 10   ὡς τὸν o g i j:
ἐς τὸν cet.   219 ποῖ Br P³   μολαβρὸς v. l. ap. Aristoph. ἐν τῷ
περὶ ὀνομασίας ἡλικιῶν. ap. Eust. (τάχα δ' ἂν ἐγγίζοι τούτῳ καὶ ὁ ἐν τῇ
Ὀδυσσείᾳ εἴτε μολοβρὸς εἴτε μολαβρός)   ἀμέγαρτα f Mon.   221
φλοιῇσι Ū⁸   φλίψεται a d f k l r H³ Eust.

τόν κ' εἴ μοι δοίης σταθμῶν ῥυτῆρα γενέσθαι
σηκοκόρον τ' ἔμεναι θαλλόν τ' ἐρίφοισι φορῆναι,
καί κεν ὀρὸν πίνων μεγάλην ἐπιγουνίδα θεῖτο.   225
ἀλλ' ἐπεὶ οὖν δὴ ἔργα κάκ' ἔμμαθεν, οὐκ ἐθελήσει
ἔργον ἐποίχεσθαι, ἀλλὰ πτώσσων κατὰ δῆμον
βούλεται αἰτίζων βόσκειν ἣν γαστέρ' ἄναλτον.
ἀλλ' ἔκ τοι ἐρέω, τὸ δὲ καὶ τετελεσμένον ἔσται·
αἴ κ' ἔλθῃ πρὸς δώματ' Ὀδυσσῆος θείοιο,   230
πολλά οἱ ἀμφὶ κάρη σφέλα ἀνδρῶν ἐκ παλαμάων
πλευραὶ ἀποτρίψουσι δόμον κάτα βαλλομένοιο."
    Ὣς φάτο, καὶ παριὼν λὰξ ἔνθορεν ἀφραδίῃσιν
ἰσχίῳ· οὐδέ μιν ἐκτὸς ἀταρπιτοῦ ἐστυφέλιξεν,
ἀλλ' ἔμεν' ἀσφαλέως· ὁ δὲ μερμήριξεν Ὀδυσσεὺς   235
ἠὲ μεταΐξας ῥοπάλῳ ἐκ θυμὸν ἕλοιτο,
ἦ πρὸς γῆν ἐλάσειε κάρη ἀμφουδὶς ἀείρας.
ἀλλ' ἐπετόλμησε, φρεσὶ δ' ἔσχετο· τὸν δὲ συβώτης
νείκεσ' ἐσάντα ἰδών, μέγα δ' εὔξατο χεῖρας ἀνασχών·
"νύμφαι κρηναῖαι, κοῦραι Διός, εἴ ποτ' Ὀδυσσεὺς   240
ὕμμ' ἐπὶ μηρία κῆε, καλύψας πίονι δημῷ,
ἀρνῶν ἠδ' ἐρίφων, τόδε μοι κρηήνατ' ἐέλδωρ,
ὡς ἔλθοι μὲν κεῖνος ἀνήρ, ἀγάγοι δέ ἑ δαίμων·
τῷ κέ τοι ἀγλαΐας γε διασκεδάσειεν ἁπάσας,
τὰς νῦν ὑβρίζων φορέεις, ἀλαλήμενος αἰεὶ   245
ἄστυ κάτ'· αὐτὰρ μῆλα κακοὶ φθείρουσι νομῆες."
    Τὸν δ' αὖτε προσέειπε Μελάνθιος, αἰπόλος αἰγῶν·
"ὢ πόποι, οἷον ἔειπε κύων ὀλοφώϊα εἰδώς,
τόν ποτ' ἐγὼν ἐπὶ νηὸς ἐϋσσέλμοιο μελαίνης

223 λιπέσθαι c Pal. Eust.   225 ὀ‍ρὸν U⁵, γρ. θόρὸν   226 οὐδὲ
θέλησιν a d 1   231 ἀμφικαρῆ Ptol. Ascal., γρ. H³   232 πλευρὰς
O ed. pr. v. l. ap. Eust. (fort. Ptol. Ascal.)   233 a ἦλθεν ἐσυμένως
μεγάλην σοφίην ἀνιχνεύων add. g (vacat L⁸)   237 ἀμφουδὶς c L⁴
Pal. schol. Eust. : ἀμφ' οὔδας cet.   ἐρείσας e L², γρ. K v. l. ap. Eust.
    239 νείκεσσ' ἄντα d   241 ἀργέτι e g i   πίονα δημόν k
244 ἀτασθαλίας γρ. K   245 ὑβρίζεις φορέων Mon.   246 φθινύθουσι
P³ Ioann. Alex. τον. παρ. 28. 13

ἄξω τῆλ' Ἰθάκης, ἵνα μοι βίοτον πολὺν ἄλφοι.   250
αἰ γὰρ Τηλέμαχον βάλοι ἀργυρότοξος Ἀπόλλων
σήμερον ἐν μεγάροις, ἢ ὑπὸ μνηστῆρσι δαμείη,
ὡς Ὀδυσῆΐ γε τηλοῦ ἀπώλετο νόστιμον ἦμαρ."
Ὣς εἰπὼν τοὺς μὲν λίπεν αὐτόθι ἧκα κιόντας,
αὐτὰρ ὁ βῆ, μάλα δ' ὦκα δόμους ἵκανεν ἄνακτος.   255
αὐτίκα δ' εἴσω ἴεν, μετὰ δὲ μνηστῆρσι καθῖζεν,
ἀντίον Εὐρυμάχου· τὸν γὰρ φιλέεσκε μάλιστα.
τῷ πάρα μὲν κρειῶν μοῖραν θέσαν οἳ πονέοντο,
σῖτον δ' αἰδοίη ταμίη παρέθηκε φέρουσα
ἔδμεναι. ἀγχίμολον δ' Ὀδυσεὺς καὶ δῖος ὑφορβὸς   260
στήτην ἐρχομένω, περὶ δέ σφεας ἤλυθ' ἰωὴ
φόρμιγγος γλαφυρῆς· ἀνὰ γάρ σφισι βάλλετ' ἀείδειν
Φήμιος. αὐτὰρ ὁ χειρὸς ἑλὼν προσέειπε συβώτην·
" Εὔμαι', ἦ μάλα δὴ τάδε δώματα κάλ' Ὀδυσῆος,
ῥεῖα δ' ἀρίγνωτ' ἐστὶ καὶ ἐν πολλοῖσιν ἰδέσθαι.   265
ἐξ ἑτέρων ἕτερ' ἐστίν, ἐπήσκηται δέ οἱ αὐλὴ
τοίχῳ καὶ θριγκοῖσι, θύραι δ' εὐερκέες εἰσὶ
δικλίδες· οὐκ ἄν τίς μιν ἀνὴρ ὑπεροπλίσσαιτο.
γιγνώσκω δ' ὅτι πολλοὶ ἐν αὐτῷ δαῖτα τίθενται
ἄνδρες, ἐπεὶ κνίση μὲν ἐνήνοθεν, ἐν δέ τε φόρμιγξ   270
ἠπύει, ἣν ἄρα δαιτὶ θεοὶ ποίησαν ἑταίρην."
Τὸν δ' ἀπαμειβόμενος προσέφης, Εὔμαιε συβῶτα·
" ῥεῖ' ἔγνως, ἐπεὶ οὐδὲ τά τ' ἄλλα πέρ ἐσσ' ἀνοήμων.
ἀλλ' ἄγε δὴ φραζώμεθ' ὅπως ἔσται τάδε ἔργα.
ἠὲ σὺ πρῶτος ἔσελθε δόμους εὖ ναιετάοντας,   275
δύσεο δὲ μνηστῆρας, ἐγὼ δ' ὑπολείψομαι αὐτοῦ·
εἰ δ' ἐθέλεις, ἐπίμεινον, ἐγὼ δ' εἶμι προπάροιθε.
μηδὲ σὺ δηθύνειν, μή τίς σ' ἔκτοσθε νοήσας

252 μεγάρω e   254 αὐτόθι eik L⁸ : αὐτοῦ cet.   262 δέ σφιν a b d l
    267 θριγγοῖσι d C L⁵ O P¹   εὐεργέες k o P⁵ Eust. Dio Prus. ii.
43   268 διήροδες Br : κίκλίδες C   269 πένονται Pal., γρ. H⁸
    270 ἐνήνοθεν Ar. ei P⁵ U⁶ v. l. ap. Eust. : ἀνήνοθεν cet. (αἱ
κοιναί)   271 ἑταῖρον C ; R¹⁰ U⁵ uv. : ἑταίρων f   276 λίσσεο h
δύεο O   277 om. R⁹   278 δηθυνέειν g

ἢ βάλῃ ἢ ἐλάσῃ· τὰ δέ σε φράζεσθαι ἄνωγα."

Τὸν δ' ἠμείβετ' ἔπειτα πολύτλας δῖος Ὀδυσσεύς·   280
" γιγνώσκω, φρονέω· τά γε δὴ νοέοντι κελεύεις.
ἀλλ' ἔρχευ προπάροιθεν, ἐγὼ δ' ὑπολείψομαι αὐτοῦ.
οὐ γάρ τι πληγέων ἀδαήμων οὐδὲ βολάων.
τολμήεις μοι θυμός, ἐπεὶ κακὰ πολλὰ πέπονθα
κύμασι καὶ πολέμῳ· μετὰ καὶ τόδε τοῖσι γενέσθω.   285
γαστέρα δ' οὔ πως ἔστιν ἀποκρύψαι μεμαυῖαν,
οὐλομένην, ἣ πολλὰ κάκ' ἀνθρώποισι δίδωσι,
τῆς ἕνεκεν καὶ νῆες ἐΰζυγοι ὁπλίζονται
πόντον ἐπ' ἀτρύγετον, κακὰ δυσμενέεσσι φέρουσαι."

Ὣς οἱ μὲν τοιαῦτα πρὸς ἀλλήλους ἀγόρευον·   290
ἂν δὲ κύων κεφαλήν τε καὶ οὔατα κείμενος ἔσχεν,
Ἄργος, Ὀδυσσῆος ταλασίφρονος, ὅν ῥά ποτ' αὐτὸς
θρέψε μέν, οὐδ' ἀπόνητο, πάρος δ' ἐς Ἴλιον ἱρὴν
οἴχετο. τὸν δὲ πάροιθεν ἀγίνεσκον νέοι ἄνδρες
αἶγας 'ἐπ' ἀγροτέρας ἠδὲ πρόκας ἠδὲ λαγωούς·   295
δὴ τότε κεῖτ' ἀπόθεστος ἀποιχομένοιο ἄνακτος,
ἐν πολλῇ κόπρῳ, ἥ οἱ προπάροιθε θυράων
ἡμιόνων τε βοῶν τε ἅλις κέχυτ', ὄφρ' ἂν ἄγοιεν
δμῶες Ὀδυσσῆος τέμενος μέγα κοπρήσοντες·
ἔνθα κύων κεῖτ' Ἄργος, ἐνίπλειος κυνοραιστέων.   300
δὴ τότε γ', ὡς ἐνόησεν Ὀδυσσέα ἐγγὺς ἐόντα,
οὐρῇ μέν ῥ' ὅ γ' ἔσηνε καὶ οὔατα κάββαλεν ἄμφω,
ἆσσον δ' οὐκέτ' ἔπειτα δυνήσατο οἷο ἄνακτος
ἐλθέμεν· αὐτὰρ ὁ νόσφιν ἰδὼν ἀπομόρξατο δάκρυ,
ῥεῖα λαθὼν Εὔμαιον, ἄφαρ δ' ἐρεείνετο μύθῳ·   305

279 ἠὲ βάλῃ a d P¹   281 φρονέοντι e   282 ὑπολήψομαι p
Pal.   286 ἀποπλῆσαι Clem. Al. strom. vi. 2. 12   289 φέροντε e :
φυτεῦσαι L⁸   291 δ' ὁ R¹ : ἄνθ' ὁ Cocondrius Rhet. gr. viii. 792. 5
   293 εἰς codd.   294 ᾧχ. codd.   295 πτώκας R⁹U³, γρ. Br V⁴
296 ὀδυσῆος e f j k ed. pr. : -οιο ὀδυσῆος g H³   299 δμῶες ἀναγκαῖοι
E. M. 530. 44 (ἀνάγκῃ schol. Ω 164) = ω 210   κοπρήσοντες k
M²P²P³ : -ίσσοντες p U² : κοπρίσοντες vulg. : κοπρήσονται Pal. (-ίσ-
R²)   302 κάββαλεν c e f r Eust. : κάμβαλεν cet.   304 ἰὼν e L⁵L⁶ :
ἐὼν R¹   ἐπεμόρξατο o   305 μῦθον g Eust.

" Εὔμαι', ἦ μάλα θαῦμα κύων ὅδε κεῖτ' ἐνὶ κόπρῳ.
καλὸς μὲν δέμας ἐστίν, ἀτὰρ τόδε γ' οὐ σάφα οἶδα,
ἦ δὴ καὶ ταχὺς ἔσκε θέειν ἐπὶ εἴδεϊ τῷδε,
ἦ αὔτως οἷοί τε τραπεζῆες κύνες ἀνδρῶν
γίγνοντ', ἀγλαΐης δ' ἔνεκεν κομέουσιν ἄνακτες."   310
    Τὸν δ' ἀπαμειβόμενος προσέφης, Εὔμαιε συβῶτα·
" καὶ λίην ἀνδρός γε κύων ὅδε τῆλε θανόντος.
εἰ τοιόσδ' εἴη ἠμὲν δέμας ἠδὲ καὶ ἔργα,
οἷόν μιν Τροίηνδε κιὼν κατέλειπεν Ὀδυσσεύς,
αἶψά κε θηήσαιο ἰδὼν ταχυτῆτα καὶ ἀλκήν.   315
οὐ μὲν γάρ τι φύγεσκε βαθείης βένθεσιν ὕλης
κνώδαλον, ὅττι δίοιτο· καὶ ἴχνεσι γὰρ περιῄδη·
νῦν δ' ἔχεται κακότητι, ἄναξ δέ οἱ ἄλλοθι πάτρης
ὤλετο, τὸν δὲ γυναῖκες ἀκηδέες οὐ κομέουσι.
δμῶες δ', εὖτ' ἂν μηκέτ' ἐπικρατέωσιν ἄνακτες,   320
οὐκέτ' ἔπειτ' ἐθέλουσιν ἐναίσιμα ἐργάζεσθαι·
ἥμισυ γάρ τ' ἀρετῆς ἀποαίνυται εὐρύοπα Ζεὺς
ἀνέρος, εὖτ' ἄν μιν κατὰ δούλιον ἦμαρ ἕλῃσιν."
    Ὣς εἰπὼν εἰσῆλθε δόμους εὖ ναιετάοντας,
βῆ δ' ἰθὺς μεγάροιο μετὰ μνηστῆρας ἀγαυούς.   325
Ἄργον δ' αὖ κατὰ μοῖρ' ἔλαβεν μέλανος θανάτοιο,
αὐτίκ' ἰδόντ' Ὀδυσῆα ἐεικοστῷ ἐνιαυτῷ.
    Τὸν δὲ πολὺ πρῶτος ἴδε Τηλέμαχος θεοειδὴς
ἐρχόμενον κατὰ δῶμα συβώτην, ὦκα δ' ἔπειτα
νεῦσ' ἐπὶ οἷ καλέσας· ὁ δὲ παπτήνας ἕλε δίφρον   330
κείμενον, ἔνθα τε δαιτρὸς ἐφίζεσκε κρέα πολλὰ
δαιόμενος μνηστῆρσι δόμον κάτα δαινυμένοισι·
τὸν κατέθηκε φέρων πρὸς Τηλεμάχοιο τράπεζαν

306 μέγα U⁶   308 εἰ codd., cf. ν 415   314 om. U³, ante
313 pos. R⁹   316 τάφφεσιν γρ. U⁵   317 δίοιτο o p v. l. ap.
Eust. (φύγῃσι schol. Plat. Axioch. 365 C, διώξειε gl. L⁴ M²) Herod.
ad Ψ 475 : ἴδοιτο cet., cf. χ 85   318 γαίης U⁵   322 τε νόου
Plat. Legg. 777 A (Athen. 264 E) Eust. 1766. 37   ἀπαμείρεται Plat.
(Athen.) l. c.   323 ἀνδρῶν οὓς ἂν δὴ idem   329 ὦκα] ὥδ' H³,
cf. ζ 289   331 δὲ codd. corr. Bekk.

ἀντίον, ἔνθα δ' ἄρ' αὐτὸς ἐφέζετο· τῷ δ' ἄρα κῆρυξ
μοῖραν ἑλὼν ἐτίθει κανέου τ' ἐκ σῖτον ἀείρας.   335
Ἀγχίμολον δὲ μετ' αὐτὸν ἐδύσετο δώματ' Ὀδυσσεύς,
πτωχῷ λευγαλέῳ ἐναλίγκιος ἠδὲ γέροντι,
σκηπτόμενος· τὰ δὲ λυγρὰ περὶ χροῒ εἵματα ἕστο.
ἷζε δ' ἐπὶ μελίνου οὐδοῦ ἔντοσθε θυράων,
κλινάμενος σταθμῷ κυπαρισσίνῳ, ὅν ποτε τέκτων   340
ξέσσεν ἐπισταμένως καὶ ἐπὶ στάθμην ἴθυνε.
Τηλέμαχος δ' ἐπὶ οἷ καλέσας προσέειπε συβώτην,
ἄρτον τ' οὖλον ἑλὼν περικαλλέος ἐκ κανέοιο
καὶ κρέας, ὥς οἱ χεῖρες ἐχάνδανον ἀμφιβαλόντι·
" δὸς τῷ ξείνῳ ταῦτα φέρων αὐτόν τε κέλευε   345
αἰτίζειν μάλα πάντας ἐποιχόμενον μνηστῆρας·
αἰδὼς δ' οὐκ ἀγαθὴ κεχρημένῳ ἀνδρὶ παρεῖναι."
Ὣς φάτο, βῆ δὲ συφορβός, ἐπεὶ τὸν μῦθον ἄκουσεν,
ἀγχοῦ δ' ἱστάμενος ἔπεα πτερόεντ' ἀγόρευε·
" Τηλέμαχός τοι, ξεῖνε, διδοῖ τάδε, καί σε κελεύει   350
αἰτίζειν μάλα πάντας ἐποιχόμενον μνηστῆρας·
αἰδῶ δ' οὐκ ἀγαθήν φησ' ἔμμεναι ἀνδρὶ προΐκτῃ."
Τὸν δ' ἀπαμειβόμενος προσέφη πολύμητις Ὀδυσσεύς·
" Ζεῦ ἄνα, Τηλέμαχόν μοι ἐν ἀνδράσιν ὄλβιον εἶναι,
καί οἱ πάντα γένοιτο ὅσα φρεσὶν ᾗσι μενοινᾷ."   355
Ἦ ῥα καὶ ἀμφοτέρῃσιν ἐδέξατο καὶ κατέθηκεν
αὖθι ποδῶν προπάροιθεν, ἀεικελίης ἐπὶ πήρης,
ἤσθιε δ' ἧος ἀοιδὸς ἐνὶ μεγάροισιν ἄειδεν·
εὖθ' ὁ δεδειπνήκειν, ὁ δ' ἐπαύετο θεῖος ἀοιδός,
μνηστῆρες δ' ὁμάδησαν ἀνὰ μέγαρ'· αὐτὰρ Ἀθήνη   360
ἄγχι παρισταμένη Λαερτιάδην Ὀδυσῆα
ὄτρυν', ὡς ἂν πύρνα κατὰ μνηστῆρας ἀγείροι,

334 ἔνθα περ **f p** H³   335 προτίθει **e i** P⁵   338, 339 om. R¹²
347 κεχρημένον ἄνδρα κομίζειν **k** U⁸   παρεῖναι] προίκτη Mon.
Eust., γρ. L⁴ Mo (ex 352)   349 ita **e f i** L⁴: πτερόεντα προσηύδα
cet.   358 ἕως ὅτ' Mon.: ὡς ὅτ' cet.   359 ath. διὰ τὸ γελοῖον sch.
X 329   δεδειπνήκειν **o p** L⁴ M² P⁵ (οὕτω sch.): δεδειπνήκει cet., cf.
Γ 388 σ 344 χ 275   362 ὄτρυν' codd.

86

γνοίη θ᾽ οἵ τινές εἰσιν ἐναίσιμοι οἵ τ᾽ ἀθέμιστοι·
ἀλλ᾽ οὐδ᾽ ὣς τιν᾽ ἔμελλ᾽ ἀπαλεξήσειν κακότητος.
βῆ δ᾽ ἴμεν αἰτήσων ἐνδέξια φῶτα ἕκαστον,   365
πάντοσε χεῖρ᾽ ὀρέγων, ὡς εἰ πτωχὸς πάλαι εἴη.
οἱ δ᾽ ἐλεαίροντες δίδοσαν, καὶ ἐθάμβεον αὐτόν,
ἀλλήλους τ᾽ εἴροντο τίς εἴη καὶ πόθεν ἔλθοι.
τοῖσι δὲ καὶ μετέειπε Μελάνθιος, αἰπόλος αἰγῶν·
" κέκλυτέ μευ, μνηστῆρες ἀγακλειτῆς βασιλείης,   370
τοῦδε περὶ ξείνου· ἦ γάρ μιν πρόσθεν ὄπωπα.
ἦ τοι μέν οἱ δεῦρο συβώτης ἡγεμόνευεν,
αὐτὸν δ᾽ οὐ σάφα οἶδα, πόθεν γένος εὔχεται εἶναι."

ˋΩς ἔφατ᾽, Ἀντίνοος δ᾽ ἔπεσιν νείκεσσε συβώτην·
" ὦ ἀρίγνωτε συβῶτα, τίη δὲ σὺ τόνδε πόλινδε   375
ἤγαγες; ἦ οὐχ ἅλις ἧμιν ἀλήμονές εἰσι καὶ ἄλλοι,
πτωχοὶ ἀνιηροί, δαιτῶν ἀπολυμαντῆρες;
ἦ ὄνοσαι ὅτι τοι βίοτον κατέδουσιν ἄνακτος
ἐνθάδ᾽ ἀγειρόμενοι, σὺ δὲ καὶ προτὶ τόνδ᾽ ἐκάλεσσας; "

Τὸν δ᾽ ἀπαμειβόμενος προσέφης, Εὔμαιε συβῶτα·   380
" Ἀντίνο᾽, οὐ μὲν καλὰ καὶ ἐσθλὸς ἐὼν ἀγορεύεις·
τίς γὰρ δὴ ξεῖνον καλεῖ ἄλλοθεν αὐτὸς ἐπελθὼν
ἄλλον γ᾽, εἰ μὴ τῶν οἳ δημιοεργοὶ ἔασι,
μάντιν ἢ ἰητῆρα κακῶν ἢ τέκτονα δούρων,
ἢ καὶ θέσπιν ἀοιδόν, ὅ κεν τέρπησιν ἀείδων;   385
οὗτοι γὰρ κλητοί γε βροτῶν ἐπ᾽ ἀπείρονα γαῖαν·
πτωχὸν δ᾽ οὐκ ἄν τις καλέοι τρύξοντα ἓ αὐτόν.
ἀλλ᾽ αἰεὶ χαλεπὸς περὶ πάντων εἰς μνηστήρων
δμωσὶν Ὀδυσσῆος, πέρι δ᾽ αὖτ᾽ ἐμοί· αὐτὰρ ἐγώ γε

363 εἶεν g   365 ἐνδεξία v. l. ap. schol. (διχῶς)   371 μιν
πρόσθεν c e : πρόσθεν μιν cet.   375 ὦ ἀρίγνωτε coni. Barnes :
ἀρίγνωτε om. ὦ g j : ἀρίγνωτε b d f l : ὦ ῥίγνωτε a M² Eust. : ὦ ῥίγνωτε
vulg.   378 κατέχουσιν R² U¹   379 ita o Pal. : ποθι cet.
382 "Ομηρος οὕτως ἐποίησεν ἀλλ᾽ οἷον μὲν ἔστι καλεῖν ἐπὶ δαῖτα θάλειαν
(pro 382 ?) καὶ οὕτω προειπὼν ἑτέρους τινὰς οἳ καλέουσιν ἀοιδόν φησιν ὅ
κεν τέρπησιν ἅπαντας (385) Ar. Pol. 1338 a 25   383 τὸν d p Pal. P¹
387 καλέοιτο a d e f   τρύζοντα h L⁸ M² Pal. P² R⁴   ἕκαστον
γρ. U⁵

οὐκ ἀλέγω, ἧός μοι ἐχέφρων Πηνελόπεια   390
ζώει ἐνὶ μεγάροις καὶ Τηλέμαχος θεοειδής."
   Τὸν δ' αὖ Τηλέμαχος πεπνυμένος ἀντίον ηὔδα·
" σίγα, μή μοι τοῦτον ἀμείβεο πολλὰ ἔπεσσιν·
'Αντίνοος δ' εἴωθε κακῶς ἐρεθιζέμεν αἰεὶ
μύθοισιν χαλεποῖσιν, ἐποτρύνει δὲ καὶ ἄλλους."   395
   'Η ῥα καὶ 'Αντίνοον ἔπεα πτερόεντα προσηύδα·
" 'Αντίνο', ἦ μευ καλὰ πατὴρ ὣς κήδεαι υἷος,
ὃς τὸν ξεῖνον ἄνωγας ἀπὸ μεγάροιο δίεσθαι
μύθῳ ἀναγκαίῳ· μὴ τοῦτο θεὸς τελέσειε.
δός οἱ ἑλών· οὔ τοι φθονέω· κέλομαι γὰρ ἐγώ γε·   400
μήτ' οὖν μητέρ' ἐμὴν ἅζευ τό γε μήτε τιν' ἄλλον
δμώων, οἳ κατὰ δώματ' 'Οδυσσῆος θείοιο.
ἀλλ' οὔ τοι τοιοῦτον ἐνὶ στήθεσσι νόημα·
αὐτὸς γὰρ φαγέμεν πολὺ βούλεαι ἢ δόμεν ἄλλῳ."
   Τὸν δ' αὖτ' 'Αντίνοος ἀπαμειβόμενος προσέειπε·   405
" Τηλέμαχ' ὑψαγόρη, μένος ἄσχετε, ποῖον ἔειπες.
εἴ οἱ τόσσον πάντες ὀρέξειαν μνηστῆρες,
καί κέν μιν τρεῖς μῆνας ἀπόπροθεν οἶκος ἐρύκοι."
   Ὣς ἄρ' ἔφη, καὶ θρῆνυν ἑλὼν ὑπέφηνε τραπέζης
κείμενον, ᾧ ῥ' ἔπεχεν λιπαροὺς πόδας εἰλαπινάζων.   410
οἱ δ' ἄλλοι πάντες δίδοσαν, πλῆσαν δ' ἄρα πήρην
σίτου καὶ κρειῶν· τάχα δὴ καὶ ἔμελλεν 'Οδυσσεὺς
αὖτις ἐπ' οὐδὸν ἰὼν προικὸς γεύσεσθαι 'Αχαιῶν·
στῆ δὲ παρ' 'Αντίνοον, καί μιν πρὸς μῦθον ἔειπε·
" δός, φίλος· οὐ μέν μοι δοκέεις ὁ κάκιστος 'Αχαιῶν   415
ἔμμεναι, ἀλλ' ὥριστος, ἐπεὶ βασιλῆϊ ἔοικας.
τῷ σε χρὴ δόμεναι καὶ λώϊον ἠέ περ ἄλλοι

391 μεγάρῳ f P⁶ U⁵   393 σίγα] ἄττα b c e f v. l. ap. Eust.
τόσσον d P¹ R⁴   πόλλ' ἐπέεσσιν codd.   394 αἰεί] γρ. οἴω U⁵
    395 om. R⁴   401 μήτέ τι a d k l   402 om. g Mon.
404 πολὺ] μάλα M² : μάλα πολὺ g   405 ἀπαμείβετο φώνησέν τε
vulg. : ἀπαμειβόμενος προσέειπε c e f i k Pal.   409 ὑπέθηκε h k
τραπέζῃ b e j k l   410 οἰνοποτάζων h L⁵   415 δός] ᾦ Pal.
     417 αλλωι p¹⁷

σίτου· ἐγὼ δέ κέ σε κλείω κατ' ἀπείρονα γαῖαν.
καὶ γὰρ ἐγώ ποτε οἶκον ἐν ἀνθρώποισιν ἔναιον
ὄλβιος ἀφνειὸν καὶ πολλάκι δόσκον ἀλήτῃ 420
τοίῳ, ὁποῖος ἔοι καὶ ὅτευ κεχρημένος ἔλθοι·
ἦσαν δὲ δμῶες μάλα μυρίοι ἄλλα τε πολλὰ
οἷσίν τ' εὖ ζώουσι καὶ ἀφνειοὶ καλέονται.
ἀλλὰ Ζεὺς ἀλάπαξε Κρονίων—ἤθελε γάρ που—
ὅς μ' ἅμα ληϊστῆρσι πολυπλάγκτοισιν ἀνῆκεν 425
Αἴγυπτόνδ' ἰέναι, δολιχὴν ὁδόν, ὄφρ' ἀπολοίμην.
στῆσα δ' ἐν Αἰγύπτῳ ποταμῷ νέας ἀμφιελίσσας.
ἔνθ' ἦ τοι μὲν ἐγὼ κελόμην ἐρίηρας ἑταίρους
αὐτοῦ πὰρ νήεσσι μένειν καὶ νῆα ἔρυσθαι,
ὀπτῆρας δὲ κατὰ σκοπιὰς ὄτρυνα νέεσθαι. 430
οἱ δ' ὕβρει εἴξαντες, ἐπισπόμενοι μένεϊ σφῷ,
αἶψα μάλ' Αἰγυπτίων ἀνδρῶν περικαλλέας ἀγροὺς
πόρθεον, ἐκ δὲ γυναῖκας ἄγον καὶ νήπια τέκνα,
αὐτούς τ' ἔκτεινον· τάχα δ' ἐς πόλιν ἵκετ' ἀϋτή.
οἱ δὲ βοῆς ἀΐοντες ἅμ' ἠοῖ φαινομένηφιν 435
ἦλθον· πλῆτο δὲ πᾶν πεδίον πεζῶν τε καὶ ἵππων
χαλκοῦ τε στεροπῆς· ἐν δὲ Ζεὺς τερπικέραυνος
φύζαν ἐμοῖς ἑτάροισι κακὴν βάλεν, οὐδέ τις ἔτλη
στῆναι ἐναντίβιον· περὶ γὰρ κακὰ πάντοθεν ἔστη.
ἔνθ' ἡμέων πολλοὺς μὲν ἀπέκτανον ὀξέϊ χαλκῷ, 440
τοὺς δ' ἄναγον ζωούς, σφίσιν ἐργάζεσθαι ἀνάγκῃ.
αὐτὰρ ἔμ' ἐς Κύπρον ξείνῳ δόσαν ἀντιάσαντι,
Δμήτορι Ἰασίδῃ, ὃς Κύπρου ἶφι ἄνασσεν·
ἔνθεν δὴ νῦν δεῦρο τόδ' ἵκω πήματα πάσχων."
Τὸν δ' αὖτ' Ἀντίνοος ἀπαμείβετο φώνησέν τε· 445
"τίς δαίμων τόδε πῆμα προσήγαγε, δαιτὸς ἀνίην;

418 δέ σέ κε ⊕: δ' ἄν σε Eust. ed. pr.   421 ἔοι] ἔω a l p: ἔην R¹:
ἔα P⁵: ἐγὼ d   426 δολιχὴν] χαλεπὴν Mon., γρ. R¹²   ἀργαλέην
τε L⁵U⁶   427 στήσας δ' g i p: στῆσαν δ' U⁷   429 νῆα a b f j k l:
νῆας cet.   430 ὄτρυνα codd. plerique   431 σφῶν d f r
432 om. a d l   435 ἀΐοντες b c e i j k: ἀκόοντες d: ἀκούοντες cet.
443 ἀνάσσει d   444 ἵκω o e g j ed. pr.: ἥκω cet.

στῆθ' οὕτως ἐς μέσσον, ἐμῆς ἀπάνευθε τραπέζης,
μὴ τάχα πικρὴν Αἴγυπτον καὶ Κύπρον ἵκηαι·
ὥς τις θαρσαλέος καὶ ἀναιδής ἐσσι προίκτης.
ἐξείης πάντεσσι παρίστασαι· οἱ δὲ διδοῦσι   450
μαψιδίως, ἐπεὶ οὔ τις ἐπίσχεσις οὐδ' ἐλεητὺς
ἀλλοτρίων χαρίσασθαι, ἐπεὶ πάρα πολλὰ ἑκάστῳ."
    Τὸν δ' ἀναχωρήσας προσέφη πολύμητις 'Οδυσσεύς·
" ὢ πόποι, οὐκ ἄρα σοί γ' ἐπὶ εἴδεϊ καὶ φρένες ἦσαν·
οὐ σύ γ' ἂν ἐξ οἴκου σῷ ἐπιστάτῃ οὐδ' ἅλα δοίης,   455
ὃς νῦν ἀλλοτρίοισι παρήμενος οὔ τί μοι ἔτλης
σίτου ἀποπροελὼν δόμεναι· τὰ δὲ πολλὰ πάρεστιν."
    Ὣς ἔφατ', 'Αντίνοος δ' ἐχολώσατο κηρόθι μᾶλλον,
καί μιν ὑπόδρα ἰδὼν ἔπεα πτερόεντα προσηύδα·
" νῦν δή σ' οὐκέτι καλὰ διὲκ μεγάροιό γ' ὀίω   460
ἂψ ἀναχωρήσειν, ὅτε δὴ καὶ ὀνείδεα βάζεις."
    Ὣς ἄρ' ἔφη, καὶ θρῆνυν ἑλὼν βάλε δεξιὸν ὦμον,
πρυμνότατον κατὰ νῶτον· ὁ δ' ἐστάθη ἠύτε πέτρη
ἔμπεδον, οὐδ' ἄρα μιν σφῆλεν βέλος 'Αντινόοιο,
ἀλλ' ἀκέων κίνησε κάρη, κακὰ βυσσοδομεύων.   465
ἂψ δ' ὅ γ' ἐπ' οὐδὸν ἰὼν κατ' ἄρ' ἕζετο, κὰδ δ' ἄρα πήρην
θῆκεν ἐυπλείην, μετὰ δὲ μνηστῆρσιν ἔειπε·
" κέκλυτέ μευ, μνηστῆρες ἀγακλειτῆς βασιλείης,
ὄφρ' εἴπω τά με θυμὸς ἐνὶ στήθεσσι κελεύει.
οὐ μὰν οὔτ' ἄχος ἐστὶ μετὰ φρεσὶν οὔτε τι πένθος,   470
ὁππότ' ἀνὴρ περὶ οἷσι μαχειόμενος κτεάτεσσι
βλήεται, ἢ περὶ βουσὶν ἢ ἀργεννῇς ὀίεσσιν·
αὐτὰρ ἔμ' 'Αντίνοος βάλε γαστέρος εἵνεκα λυγρῆς,
οὐλομένης, ἣ πολλὰ κάκ' ἀνθρώποισι δίδωσιν.

448 ἴδηαι e g i j k v. l. ap. Eust. : ἵκηαι cet.   449 ὅς τις a g k o
v. l. ap. Eust.   450–452 τρεῖς νοθεύονται schol.   455 οὔδαλα
R¹, Callistratus (τὰ κόπρια), οὐδ' ἅλα L¹ (ἄλλα P³ U¹), cf. λ 134
ψ 281: οὐ δ' ἄλλω g P⁵   457 σίτου ἀπάρξασθαι πολλῶν κατὰ οἶκον
ἐόντων Dion. Prus. vii. 250 = 83   466 δ' ὅγ' b c e f g : δ' ἄρ' cet.
    470 ἐνὶ φρεσὶν e M²   472 βλῆται d : βλήσεται o : βλέσεται
U²

ἀλλ' εἴ που πτωχῶν γε θεοὶ καὶ ἐρινύες εἰσίν,   475
'Αντίνοον πρὸ γάμοιο τέλος θανάτοιο κιχείη."
    Τὸν δ' αὖτ' 'Αντίνοος προσέφη, Εὐπείθεος υἱός·
" ἔσθι' ἔκηλος, ξεῖνε, καθήμενος, ἢ ἄπιθ' ἄλλῃ,
μή σε νέοι διὰ δώματ' ἐρύσσωσ', οἳ' ἀγορεύεις,
ἢ ποδὸς ἢ καὶ χειρός, ἀποδρύψωσι δὲ πάντα."   480
    ˓Ὣς ἔφαθ', οἱ δ' ἄρα πάντες ὑπερφιάλως νεμέσησαν·
ὧδε δέ τις εἴπεσκε νέων ὑπερηνορεόντων·
" 'Αντίνο', οὐ μὲν κάλ' ἔβαλες δύστηνον ἀλήτην,
οὐλόμεν', εἰ δή πού τις ἐπουράνιος θεός ἐστι.
καί τε θεοὶ ξείνοισιν ἐοικότες ἀλλοδαποῖσι,   485
παντοῖοι τελέθοντες, ἐπιστρωφῶσι πόληας,
ἀνθρώπων ὕβριν τε καὶ εὐνομίην ἐφορῶντες."
    ˓Ὣς ἄρ' ἔφαν μνηστῆρες, ὁ δ' οὐκ ἐμπάζετο μύθων.
    Τηλέμαχος δ' ἐν μὲν κραδίῃ μέγα πένθος ἄεξε
βλημένου, οὐδ' ἄρα δάκρυ χαμαὶ βάλεν ἐκ βλεφάροιϊν,   490
ἀλλ' ἀκέων κίνησε κάρη, κακὰ βυσσοδομεύων.
    Τοῦ δ' ὡς οὖν ἤκουσε περίφρων Πηνελόπεια
βλημένου ἐν μεγάρῳ, μετ' ἄρα δμῳῆσιν ἔειπεν·
" αἴθ' οὕτως αὐτόν σε βάλοι κλυτότοξος 'Απόλλων."
    τὴν δ' αὖτ' Εὐρυνόμη ταμίη πρὸς μῦθον ἔειπεν·   495
" εἰ γὰρ ἐπ' ἀρῇσιν τέλος ἡμετέρῃσι γένοιτο·
οὐκ ἄν τις τούτων γε ἐΰθρονον Ἠῶ ἵκοιτο."
    Τὴν δ' αὖτε προσέειπε περίφρων Πηνελόπεια·
" μαῖ', ἐχθροὶ μὲν πάντες, ἐπεὶ κακὰ μηχανόωνται·
'Αντίνοος δὲ μάλιστα μελαίνῃ κηρὶ ἔοικε.   500
ξεῖνός τις δύστηνος ἀλητεύει κατὰ δῶμα
ἀνέρας αἰτίζων· ἀχρημοσύνη γὰρ ἀνώγει·
ἔνθ' ἄλλοι μὲν πάντες ἐνέπλησάν τ' ἔδοσάν τε,

475–480 νοθεύονται ς' schol. uncino simplici incl. M⁴ R⁸   479 ἐρω-
γῶσ' g   487 ὕβρεις τε καὶ εὐνομίας τῶν ἀνθρώπων καθορᾶν Plat. Soph.
216 B   ὑφορῶντες ⊖: ἐσορῶντες Diod. i. 12. 10: ἐφέποντες Himer.
or. iv. 3   494 ἀργυρότοξος a d l   496 τέκος c g i j L⁴ Pal. v. l.
ap. Eust.   500 κηρὶ] νυκτὶ V¹   501–504 νοθεύει 'Αρίσταρχος
δ' schol.

ᵣῦτος δὲ θρήνυι πρυμνὸν βάλε δεξιὸν ὦμον."
Ἡ μὲν ἄρ' ὣς ἀγόρευε μετὰ δμῳῆσι γυναιξίν,   505
ἡμένη ἐν θαλάμῳ· ὁ δ' ἐδείπνει δῖος Ὀδυσσεύς.
ἡ δ' ἐπὶ οἷ καλέσασα προσηύδα δῖον ὑφορβόν·
" ἔρχεο, δῖ' Εὔμαιε, κιὼν τὸν ξεῖνον ἄνωχθι
ἐλθέμεν, ὄφρα τί μιν προσπτύξομαι ἠδ' ἐρέωμαι
εἴ που Ὀδυσσῆος ταλασίφρονος ἠὲ πέπυσται   510
ἢ ἴδεν ὀφθαλμοῖσι· πολυπλάγκτῳ γὰρ ἔοικε."
Τὴν δ' ἀπαμειβόμενος προσέφης, Εὔμαιε συβῶτα·
" εἰ γάρ τοι, βασίλεια, σιωπήσειαν Ἀχαιοί·
οἳ ὅ γε μυθεῖται, θέλγοιτό κέ τοι φίλον ἦτορ.
τρεῖς γὰρ δή μιν νύκτας ἔχον, τρία δ' ἤματ' ἔρυξα   515
ἐν κλισίῃ· πρῶτον γὰρ ἔμ' ἵκετο νηὸς ἀποδράς·
ἀλλ' οὔ πω κακότητα διήνυσεν ἣν ἀγορεύων.
ὡς δ' ὅτ' ἀοιδὸν ἀνὴρ ποτιδέρκεται, ὅς τε θεῶν ἒξ
ἀείδῃ δεδαὼς ἔπε' ἱμερόεντα βροτοῖσι,
τοῦ δ' ἄμοτον μεμάασιν ἀκουέμεν, ὁππότ' ἀείδῃ·   520
ὣς ἐμὲ κεῖνος ἔθελγε παρήμενος ἐν μεγάροισι.
φησὶ δ' Ὀδυσσῆος ξεῖνος πατρώϊος εἶναι,
Κρήτῃ ναιετάων, ὅθι Μίνωος γένος ἐστίν.
ἔνθεν δὴ νῦν δεῦρο τόδ' ἵκετο πήματα πάσχων,
προπροκυλινδόμενος· στεῦται δ' Ὀδυσῆος ἀκῦσαι   525
ἀγχοῦ, Θεσπρωτῶν ἀνδρῶν ἐν πίονι δήμῳ,
ζωοῦ· πολλὰ δ' ἄγει κειμήλια ὅνδε δόμονδε."
Τὸν δ' αὖτε προσέειπε περίφρων Πηνελόπεια·
" ἔρχεο, δεῦρο κάλεσσον, ἵν' ἀντίον αὐτὸς ἐνίσπῃ.
οὗτοι δ' ἠὲ θύρῃσι καθήμενοι ἐψιαάσθων   530
ἢ αὐτοῦ κατὰ δώματ', ἐπεί σφισι θυμὸς ἐύφρων.
αὐτῶν μὲν γὰρ κτήματ' ἀκήρατα κεῖτ' ἐνὶ οἴκῳ,

506 ἐδείπνεε ed. pr., cf. ἐκόσμεε Ξ 388, μετεφώνεε Σ 323 in quarto
pede : ἐδείπνειε Pal.   508 δῖ'] δὴ ᵃ οἱ, cf. π 461 φ 234   509 νῦν
προσφθέγγομαι ἢ προσδέξομαι Uᵇ ss. : προσφθέγξομαι J, γρ. Uᵇ
514 οἷά γε M² : οἳ' ἄγε L⁵ P² : ἢ ὅγε H³ p   516 γάρ μ' ᵃ d f l
525 πρόχνυ κυλινδόμενος g P⁵ ss.   526 ἐνὶ ᶠ U⁸ : ἐπὶ L⁵
529 ἵν' ἀντίνοον P⁵, γρ. H³

17. ΟΔΥΣΣΕΙΑΣ Ρ

σῖτος καὶ μέθυ ἡδύ· τὰ μὲν οἰκῆες ἔδουσιν,
οἱ δ' εἰς ἡμέτερον πωλεύμενοι ἤματα πάντα,
βοῦς ἱερεύοντες καὶ ὄϊς καὶ πίονας αἶγας,   535
εἰλαπινάζουσιν πίνουσί τε αἴθοπα οἶνον
μαψιδίως· τὰ δὲ πολλὰ κατάνεται· οὐ γὰρ ἔπ' ἀνήρ,
οἷος Ὀδυσσεὺς ἔσκεν, ἀρὴν ἀπὸ οἴκου ἀμῦναι.
εἰ δ' Ὀδυσεὺς ἔλθοι καὶ ἵκοιτ' ἐς πατρίδα γαῖαν,
αἶψά κε σὺν ᾧ παιδὶ βίας ἀποτίσεται ἀνδρῶν."   540
Ὣς φάτο, Τηλέμαχος δὲ μέγ' ἔπταρεν, ἀμφὶ δὲ δῶμα
σμερδαλέον κονάβησε· γέλασσε δὲ Πηνελόπεια,
αἶψα δ' ἄρ' Εὔμαιον ἔπεα πτερόεντα προσηύδα·
" ἔρχεό μοι, τὸν ξεῖνον ἐναντίον ὧδε κάλεσσον.
οὐχ ὁράᾳς ὅ μοι υἱὸς ἐπέπταρε πᾶσι ἔπεσσι;   545
τῷ κε καὶ οὐκ ἀτελὴς θάνατος μνηστῆρσι γένοιτο
πᾶσι μάλ', οὐδέ κέ τις θάνατον καὶ κῆρας ἀλύξει.
ἄλλο δέ τοι ἐρέω, σὺ δ' ἐνὶ φρεσὶ βάλλεο σῇσιν·
αἴ κ' αὐτὸν γνώω νημερτέα πάντ' ἐνέποντα,
ἔσσω μιν χλαῖνάν τε χιτῶνά τε, εἵματα καλά."   550
Ὣς φάτο, βῆ δὲ συφορβός, ἐπεὶ τὸν μῦθον ἄκουσεν,
ἀγχοῦ δ' ἱστάμενος ἔπεα πτερόεντα προσηύδα·
" ξεῖνε πάτερ, καλέει σε περίφρων Πηνελόπεια,
μήτηρ Τηλεμάχοιο· μεταλλῆσαί τί ἑ θυμὸς
ἀμφὶ πόσει κέλεται, καὶ κήδεά περ πεπαθυίη.   555
εἰ δέ κέ σε γνώῃ νημερτέα πάντ' ἐνέποντα,
ἔσσει σε χλαῖνάν τε χιτῶνά τε, τῶν σὺ μάλιστα
χρηΐζεις· σῖτον δὲ καὶ αἰτίζων κατὰ δῆμον
γαστέρα βοσκήσεις· δώσει δέ τοι ὅς κ' ἐθέλῃσι."
Τὸν δ' αὖτε προσέειπε πολύτλας δῖος Ὀδυσσεύς·   560
" Εὔμαι', αἶψά κ' ἐγὼ νημερτέα πάντ' ἐνέποιμι

533 ;·ὲν L⁸ : μέν τ' cet.   534 ἡμετέρου vulg. : ἡμέτερον a k Br
R² U¹ U³ : ἡμέτερόν γε d, cf. β 55 η 301   537 καταίνεται d :
καταύεται c : κτάνεται f P⁶ U⁸   540 ἐλθών g Mon. Pal.   542 κανά-
χησε g γρ. U⁵, v. l. ap. Eust. ed. pr. : κονάχησε j O   545 υ�
d 1   οἷσιν pro πᾶσιν Origen. c. Cels. iv. 94. 226   547 om. g k
555 πόσιν d : πόσι fl   πεπαθοί;ης p

κούρη Ἰκαρίοιο, περίφρονι Πηνελοπείῃ·
οἶδα γὰρ εὖ περὶ κείνου, ὁμὴν δ' ἀνεδέγμεθ' ὀϊζύν.
ἀλλὰ μνηστήρων χαλεπῶν ὑποδείδι' ὅμιλον,
τῶν ὕβρις τε βίη τε σιδήρεον οὐρανὸν ἵκει.   565
καὶ γὰρ νῦν, ὅτε μ' οὗτος ἀνὴρ κατὰ δῶμα κιόντα
οὔ τι κακὸν ῥέξαντα βαλὼν ὀδύνῃσιν ἔδωκεν,
οὔτε τι Τηλέμαχος τό γ' ἐπήρκεσεν οὔτε τις ἄλλος.
τῷ νῦν Πηνελόπειαν ἐνὶ μεγάροισιν ἄνωχθι
μεῖναι, ἐπειγομένην περ, ἐς ἠέλιον καταδύντα·   570
καὶ τότε μ' εἰρέσθω πόσιος πέρι νόστιμον ἦμαρ,
ἀσσοτέρω καθίσασα παραὶ πυρί· εἵματα γάρ τοι
λύγρ' ἔχω· οἶσθα καὶ αὐτός, ἐπεί σε πρῶθ' ἱκέτευσα.'
   Ὣς φάτο, βῆ δὲ συφορβός, ἐπεὶ τὸν μῦθον ἄκουσε.
τὸν δ' ὑπὲρ οὐδοῦ βάντα προσηύδα Πηνελόπεια·   575
" οὐ σύ γ' ἄγεις, Εὔμαιε; τί τοῦτ' ἐνόησεν ἀλήτης;
ἦ τινά που δείσας ἐξαίσιον ἠὲ καὶ ἄλλως
αἰδεῖται κατὰ δῶμα; κακὸς δ' αἰδοῖος ἀλήτης."
   Τὴν δ' ἀπαμειβόμενος προσέφης, Εὔμαιε συβῶτα·
" μυθεῖται κατὰ μοῖραν, ἅ πέρ κ' οἴοιτο καὶ ἄλλος,   580
ὕβριν ἀλυσκάζων ἀνδρῶν ὑπερηνορεόντων.
ἀλλά σε μεῖναί ἄνωγεν ἐς ἠέλιον καταδύντα.
καὶ δὲ σοὶ ὧδ' αὐτῇ πολὺ κάλλιον, ὦ βασίλεια,
οἴην πρὸς ξεῖνον φάσθαι ἔπος ἠδ' ἐπακοῦσαι."
   Τὸν δ' αὖτε προσέειπε περίφρων Πηνελόπεια·   585
" οὐκ ἄφρων ὁ ξεῖνος ὀΐεται, ὥς περ ἂν εἴη·
οὐ γάρ πώ τινες ὧδε καταθνητῶν ἀνθρώπων
ἀνέρες ὑβρίζοντες ἀτάσθαλα μηχανόωνται."

---

563 ἀνεδέγμην Br C P¹ U¹ U⁴ V⁴   564 χαλεπὸν e f i j k Pal.
   565 om. b e i j H³ Mon.   ἧκει f P³ U⁸ : ἧκε M⁴ U² : ἵκεν d
568 a δμώων οἳ κατὰ δώματ' ὀδυσσῆος θείοιο hab. p Mon. (= 402)
577 a ὕβριν ἀλυσκάζειν ἀνδρῶν ὑπερηνορεόντων g P⁶ (marg. ὅρα rubr.)
(vacat L⁸) = 581   578 κακῶς L⁸ ed. pr. : κακὸν Eust.
δ' om. d f L⁸ P¹   581 ἀλυσκάζων vulg. (ἐν τοῖς πλείστοις schol.) :
ἀλισκάζων a f : ἀλυσκάζειν L⁸ : ἀναγκάζων P⁶   586 ὅς H³ L⁴ Pal.
U⁵, L⁸ corr. : ὃς cet. (ὃς ὥσπερ P⁶)   587 πω codd. : που Eust.

17. ΟΔΥΣΣΕΙΑΣ Ρ

Ἡ μὲν ἄρ' ὣς ἀγόρευεν, ὁ δ' οἴχετο δῖος ὑφορβὸς
μνηστήρων ἐς ὅμιλον, ἐπεὶ διεπέφραδε πάντα.   590
αἶψα δὲ Τηλέμαχον ἔπεα πτερόεντα προσηύδα,
ἄγχι σχὼν κεφαλήν, ἵνα μὴ πευθοίαθ' οἱ ἄλλοι·
" ὦ φίλ', ἐγὼ μὲν ἄπειμι, σύας καὶ κεῖνα φυλάξων,
σὸν καὶ ἐμὸν βίοτον· σοὶ δ' ἐνθάδε πάντα μελόντων.
αὐτὸν μέν σε πρῶτα σάω, καὶ φράζεο θυμῷ   595
μή τι πάθῃς· πολλοὶ δὲ κακὰ φρονέουσιν Ἀχαιῶν,
τοὺς Ζεὺς ἐξολέσειε πρὶν ἡμῖν πῆμα γενέσθαι."
Τὸν δ' αὖ Τηλέμαχος πεπνυμένος ἀντίον ηὔδα·
" ἔσσεται οὕτως, ἄττα· σὺ δ' ἔρχεο δειελιήσας·
ἠῶθεν δ' ἰέναι καὶ ἄγειν ἱερήϊα καλά·   600
αὐτὰρ ἐμοὶ τάδε πάντα καὶ ἀθανάτοισι μελήσει."
Ὣς φάθ', ὁ δ' αὖτις ἄρ' ἕζετ' ἐϋξέστου ἐπὶ δίφρου,
πλησάμενος δ' ἄρα θυμὸν ἐδητύος ἠδὲ ποτῆτος
βῆ ῥ' ἴμεναι μεθ' ὗας, λίπε δ' ἕρκεά τε μέγαρόν τε
πλεῖον δαιτυμόνων· οἱ δ' ὀρχηστυῖ καὶ ἀοιδῇ   605
τέρποντ'· ἤδη γὰρ καὶ ἐπήλυθε δείελον ἦμαρ.

589 ᾧχ. cet.   592 πεπυθοίαθ' P⁶   593 κύνα f : κύνας U² : κοῖνα
Pal. corr.   595 σάο M² : σάου V¹   596 ἀχαιοί a b c d : 1
599 διελινήσας M², γρ. U⁵, gl. H³ K V³   602 ἐπὶ θρόνου ἔνθεν ἀνέστη
H³ M² Pal. P² (ὅθεν) e   603 a αὐτὰρ ἐπεὶ δείπνησε καὶ ἤραρε θυμὸν
ἐδωδῇ hab. p Mon. (περισσὸς εἷς ἐκ τῶν β p) : uncino simplici incl. R⁸
(= ε 95 ξ 111)

Ἦλθε δ' ἐπὶ πτωχὸς πανδήμιος, ὃς κατὰ ἄστυ
πτωχεύεσκ' Ἰθάκης, μετὰ δ' ἔπρεπε γαστέρι μάργῃ
ἀζηχὲς φαγέμεν καὶ πιέμεν· οὐδέ οἱ ἦν ἲς
οὐδὲ βίη, εἶδος δὲ μάλα μέγας ἦν ὁράασθαι.
Ἀρναῖος δ' ὄνομ' ἔσκε· τὸ γὰρ θέτο πότνια μήτηρ   5
ἐκ γενετῆς· Ἶρον δὲ νέοι κίκλησκον ἅπαντες,
οὕνεκ' ἀπαγγέλλεσκε κιών, ὅτε πού τις ἀνώγοι·
ὅς ῥ' ἐλθὼν Ὀδυσῆα διώκετο οἷο δόμοιο,
καί μιν νεικείων ἔπεα πτερόεντα προσηύδα·
" εἶκε, γέρον, προθύρου, μὴ δὴ τάχα καὶ ποδὸς ἕλκῃ.   10
οὐκ ἀΐεις ὅτι δή μοι ἐπιλλίζουσιν ἅπαντες,
ἑλκέμεναι δὲ κέλονται; ἐγὼ δ' αἰσχύνομαι ἔμπης.
ἀλλ' ἄνα, μὴ τάχα νῶϊν ἔρις καὶ χερσὶ γένηται."
    Τὸν δ' ἄρ' ὑπόδρα ἰδὼν προσέφη πολύμητις Ὀδυσσεύς·
" δαιμόνι', οὔτε τί σε ῥέζω κακὸν οὔτ' ἀγορεύω,   15
οὔτε τινὰ φθονέω δόμεναι καὶ πόλλ' ἀνελόντα.
οὐδὸς δ' ἀμφοτέρους ὅδε χείσεται, οὐδέ τί σε χρὴ
ἀλλοτρίων φθονέειν· δοκέεις δέ μοι εἶναι ἀλήτης
ὥς περ ἐγών, ὄλβον δὲ θεοὶ μέλλουσιν ὀπάζειν.
χερσὶ δὲ μή τι λίην προκαλίζεο, μή με χολώσῃς,   20
μή σε γέρων περ ἐὼν στῆθος καὶ χείλεα φύρσω
αἵματος· ἡσυχίη δ' ἂν ἐμοὶ καὶ μᾶλλον ἔτ' εἴη
αὔριον· οὐ μὲν γάρ τί σ' ὑποστρέψεσθαι ὀΐω
δεύτερον ἐς μέγαρον Λαερτιάδεω Ὀδυσῆος."

    3 ἀζυγὲς ϲ   πινέμεν ϲ : ἠδὲ πιέμεν ⊕ (ἰδὲ coni. Bothe)   5 θέτό
οἵ ποτε μήτηρ E. M. 146. 12   δειλή pro πότνια V¹   6 γενεῆς v. l.
ant. (διχῶς)   7 οὔνεκεν ἀγγέλλεσκε U⁶   κέν τις L⁸ ed. pr.
14 δ' ἀπαμειβόμενος ϲ⊕ṝᵢ   15 ῥέξα h   17 ἀμφοτέρωθ' E. M
809. 12, fort. U⁸   24 αὖτις ἔσω μεγάρων L⁸, γρ. P⁵, ed. pr. (μέγαρον)
(= ψ 24)

Τὸν δὲ χολωσάμενος προσεφώνεεν Ἶρος ἀλήτης·   25
" ὦ πόποι, ὡς ὁ μολοβρὸς ἐπιτροχάδην ἀγορεύει,
γρηὶ καμινοῖ ἶσος· ὃν ἂν κακὰ μητισαίμην
κόπτων ἀμφοτέρῃσι, χαμαὶ δέ κε πάντας ὀδόντας
γναθμῶν ἐξελάσαιμι συὸς ὡς ληϊβοτείρης.
ζῶσαι νῦν, ἵνα πάντες ἐπιγνώωσι καὶ οἵδε   30
μαρναμένους· πῶς δ' ἂν σὺ νεωτέρῳ ἀνδρὶ μάχοιο; "
Ὣς οἱ μὲν προπάροιθε θυράων ὑψηλάων
οὐδοῦ ἔπι ξεστοῦ πανθυμαδὸν ὀκριόωντο.
τοῖϊν δὲ ξυνέηχ' ἱερὸν μένος Ἀντινόοιο,
ἡδὺ δ' ἄρ' ἐκγελάσας μετεφώνει μνηστήρεσσιν·   35
" ὦ φίλοι, οὐ μέν πώ τι πάρος τοιοῦτον ἐτύχθη,
οἵην τερπωλὴν θεὸς ἤγαγεν ἐς τόδε δῶμα.
ὁ ξεῖνος καὶ Ἶρος ἐρίζετον ἀλλήλοϊϊν
χερσὶ μαχέσσασθαι· ἀλλὰ ξυνελάσσομεν ὦκα."
Ὣς ἔφαθ', οἱ δ' ἄρα πάντες ἀνήϊξαν γελόωντες,   40
ἀμφὶ δ' ἄρα πτωχοὺς κακοείμονας ἠγερέθοντο.
τοῖσιν δ' Ἀντίνοος μετέφη, Εὐπείθεος υἱός·
" κέκλυτέ μευ, μνηστῆρες ἀγήνορες, ὄφρα τι εἴπω.
γαστέρες αἵδ' αἰγῶν κέατ' ἐν πυρί, τὰς ἐπὶ δόρπῳ
κατθέμεθα κνίσης τε καὶ αἵματος ἐμπλήσαντες.   45
ὁππότερος δέ κε νικήσῃ κρείσσων τε γένηται,
τάων ἥν κ' ἐθέλησιν ἀναστὰς αὐτὸς ἑλέσθω·
αἰεὶ δ' αὖθ' ἡμῖν μεταδαίσεται, οὐδέ τιν' ἄλλον
πτωχὸν ἔσω μίσγεσθαι ἐάσομεν αἰτήσοντα."
Ὣς ἔφατ' Ἀντίνοος, τοῖσιν δ' ἐπιήνδανε μῦθος.   50
τοῖς δὲ δολοφρονέων μετέφη πολύμητις Ὀδυσσεύς·
" ὦ φίλοι, οὔ πως ἔστι νεωτέρῳ ἀνδρὶ μάχεσθαι
ἄνδρα γέροντα, δύῃ ἀρημένον· ἀλλά με γαστὴρ

27 καμινῷ, ἐν πολλοῖς H³   28 δέ κε Ar. (σχεδὸν πᾶσαι schol.):
δ' ἐκ codd. : δέ γε U⁸   35 μετεφώνεε b c C L⁴ M² R⁸ : προσεφώνεε
a g ed. pr. : ἐπεφώνει U⁸   38 τε καὶ codd. praeter Pal.
40 γελόωντες U⁸ : γελάσαντες Mon.   44 κέαται M² P³   47 ἐθέ-
λησθα d   51 τὸν δὲ c e Pal. : τῶν p
τοῖσι δὲ καὶ μετέειπε πολύτλας
δῖος Ὀδ. j

ὀτρύνει κακοεργός, ἵνα πληγῇσι δαμείω.
ἀλλ' ἄγε νῦν μοι πάντες ὀμόσσατε καρτερὸν ὅρκον,   55
μή τις ἐπ' Ἴρῳ ἦρα φέρων ἐμὲ χειρὶ βαρείῃ
πλήξῃ ἀτασθάλλων, τούτῳ δέ με ἶφι δαμάσσῃ.
῍Ως ἔφαθ', οἱ δ' ἄρα πάντες ἐπόμνυον ὡς ἐκέλευεν.
αὐτὰρ ἐπεί ῥ' ὄμοσάν τε τελεύτησάν τε τὸν ὅρκον,
τοῖς αὖτις μετέειφ' ἱερὴ ἲς Τηλεμάχοιο·   60
" ξεῖν', εἴ σ' ὀτρύνει κραδίη καὶ θυμὸς ἀγήνωρ
τοῦτον ἀλέξασθαι, τῶν δ' ἄλλων μή τιν' Ἀχαιῶν
δείδιθ', ἐπεὶ πλεόνεσσι μαχήσεται ὅς κέ σε θείνῃ.
ξεινοδόκος μὲν ἐγών, ἐπὶ δ' αἰνεῖτον βασιλῆε,
Ἀντίνοός τε καὶ Εὐρύμαχος, πεπνυμένω ἄμφω."   65
῍Ως ἔφαθ', οἱ δ' ἄρα πάντες ἐπήνεον, αὐτὰρ Ὀδυσσεὺς
ζώσατο μὲν ῥάκεσιν περὶ μήδεα, φαῖνε δὲ μηροὺς
καλούς τε μεγάλους τε, φάνεν δέ οἱ εὐρέες ὦμοι
στήθεά τε στιβαροί τε βραχίονες· αὐτὰρ Ἀθήνη
ἄγχι παρισταμένη μέλε' ἤλδανε ποιμένι λαῶν.   70
μνηστῆρες δ' ἄρα πάντες ὑπερφιάλως ἀγάσαντο·
ὧδε δέ τις εἴπεσκεν ἰδὼν ἐς πλησίον ἄλλον·
" ἦ τάχα Ἶρος Ἄϊρος ἐπίσπαστον κακὸν ἕξει,
οἵην ἐκ ῥακέων ὁ γέρων ἐπιγουνίδα φαίνει."
῍Ως ἄρ' ἔφαν, Ἴρῳ δὲ κακῶς ὠρίνετο θυμός.   75
ἀλλὰ καὶ ὣς δρηστῆρες ἄγον ζώσαντες ἀνάγκῃ
δειδιότα· σάρκες δὲ περιτρομέοντο μέλεσσιν.
Ἀντίνοος δ' ἐνένιπεν ἔπος τ' ἔφατ' ἔκ τ' ὀνόμαζε·
" νῦν μὲν μήτ' εἴης, βουγάϊε, μήτε γένοιο,
εἰ δὴ τοῦτόν γε τρομέεις καὶ δείδιας αἰνῶς,   80

56 ἐπ' delendum   παχείη a d g i j l Eust., cf. Φ 590   57 ἀτασθαλέων
h   ἀνδάσῃ Br V⁴   58 ἐπώ(ό)μνυον vulg. : ἐπ- Ar. : ἀπώ(ό)μνυον
a d l L⁴ Eust.   59 om. g Eust. puncto rubro not. P⁵   60 μετέφη
a d l   65 εὐρύμαχός τε καὶ ἀντίνοος p¹⁸ b c e f g i ed. pr.   67 ῥάκει
Eust. 1835. 10   73 ἄξει Z, γρ. U⁵ : Ap. lex. in v. Ἐπίσπαστον
75 κακὸς C L⁵ L⁸ P¹ U⁸ ed. pr.   76 μνηστῆρες f C O Dion. Hal.
Ant. Rom. vii. 72   78 αλ[xii litt.] ἐνέ p¹⁸ : ἐνέειπεν U⁸ V³, fort.
Pal., cf. π 417   79 βουγήϊε Zen. ad N 824 : βουκάϊε alii

ἄνδρα γέροντα, δύῃ ἀρημένον, ἥ μιν ἱκάνει.
ἀλλ' ἔκ τοι ἐρέω, τὸ δὲ καὶ τετελεσμένον ἔσται·
αἴ κέν σ' οὗτος νικήσῃ κρείσσων τε γένηται.
πέμψω σ' ἤπειρόνδε, βαλὼν ἐν νηῒ μελαίνῃ,
εἰς Ἔχετον βασιλῆα, βροτῶν δηλήμονα πάντων,   85
ὅς κ' ἀπὸ ῥῖνα τάμῃσι καὶ οὔατα νηλέϊ χαλκῷ,
μήδεά τ' ἐξερύσας δώῃ κυσὶν ὠμὰ δάσασθαι."
  Ὣς φάτο, τῷ δ' ἔτι μᾶλλον ὑπὸ τρόμος ἔλλαβε γυῖα.
ἐς μέσσον δ' ἄναγον· τὼ δ' ἄμφω χεῖρας ἀνέσχον.
δὴ τότε μερμήριξε πολύτλας δῖος Ὀδυσσεὺς   90
ἢ ἐλάσει' ὥς μιν ψυχὴ λίποι αὖθι πεσόντα,
ἦέ μιν ἦκ' ἐλάσειε τανύσσειέν τ' ἐπὶ γαίῃ.
ὧδε δέ οἱ φρονέοντι δοάσσατο κέρδιον εἶναι,
ἦκ' ἐλάσαι, ἵνα μή μιν ἐπιφρασσαίατ' Ἀχαιοί.
δὴ τότ' ἀνασχομένω ὁ μὲν ἤλασε δεξιὸν ὦμον   95
Ἴρος, ὁ δ' αὐχέν' ἔλασσεν ὑπ' οὔατος, ὀστέα δ' εἴσω
ἔθλασεν· αὐτίκα δ' ἦλθε κατὰ στόμα φοίνιον αἷμα,
κὰδ δ' ἔπεσ' ἐν κονίῃσι μακών, σὺν δ' ἤλασ' ὀδόντας
λακτίζων ποσὶ γαῖαν· ἀτὰρ μνηστῆρες ἀγαυοὶ
χεῖρας ἀνασχόμενοι γέλῳ ἔκθανον.   αὐτὰρ Ὀδυσσεὺς   100
ἕλκε διὲκ προθύροιο λαβὼν ποδός, ὄφρ' ἵκετ' αὐλὴν
αἰθούσης τε θύρας· καί μιν ποτὶ ἑρκίον αὐλῆς
εἷσεν ἀνακλίνας, σκῆπτρον δέ οἱ ἔμβαλε χειρί,
καί μιν φωνήσας ἔπεα πτερόεντα προσηύδα·
"ἐνταυθοῖ νῦν ἧσο σύας τε κύνας τ' ἀπερύκων,   105
μηδὲ σύ γε ξείνων καὶ πτωχῶν κοίρανος εἶναι
λυγρὸς ἐών, μή πού τι κακὸν καὶ μεῖζον ἐπαύρῃ."
  Ἦ ῥα καὶ ἀμφ' ὤμοισιν ἀεικέα βάλλετο πήρην,
πυκνὰ ῥωγαλέην· ἐν δὲ στρόφος ἦεν ἀορτήρ.

    86 τάμῃ e i   88 τόνδ' j   ἤλυθε g k ed pr., cf. κ 31 ω 49
91 ἐλάσ' εἴως e M²   97 ἦλθεν ἀνὰ g k ed. pr.   98 χανὼν ed.
Aeolica   99 ποτὶ a b d f k : ποσὶ cet.   105 ἦσο] κεῖσο k M²,
cf. Φ 122 ubi διχῶς Ar. κεῖσο et ἦσο, υ 262 (ἦσο)   κύνας τε σύας
g k ed. pr.   107 ἐπαύρῃς g ed. pr. : ἐπαίρει Pal. ἄλλο πάθησθα γρ.
Mon.

ἂψ δ' ὅ γ' ἐπ' οὐδὸν ἰὼν κατ' ἄρ' ἕζετο· τοὶ δ' ἴσαν εἴσω
ἡδὺ γελώωντες καὶ δεικανόωντο ἔπεσσι·   111
ὧδε δέ τις εἴπεσκε νέων ὑπερηνορεόντων·   111 a
"Ζεύς τοι δοίη, ξεῖνε, καὶ ἀθάνατοι θεοὶ ἄλλοι
ὅττι μάλιστ' ἐθέλεις καί τοι φίλον ἔπλετο θυμῷ,
ὃς τοῦτον τὸν ἄναλτον ἀλητεύειν ἀπέπαυσας
ἐν δήμῳ· τάχα γάρ μιν ἀνάξομεν ἠπειρόνδε   115
εἰς Ἔχετον βασιλῆα, βροτῶν δηλήμονα πάντων."
  Ὣς ἄρ' ἔφαν, χαῖρεν δὲ κληηδόνι δῖος Ὀδυσσεύς.
Ἀντίνοος δ' ἄρα οἱ μεγάλην παρὰ γαστέρα θῆκεν,
ἐμπλείην κνίσης τε καὶ αἵματος· Ἀμφίνομος δὲ
ἄρτους ἐκ κανέοιο δύω παρέθηκεν ἀείρας   120
καὶ δέπαϊ χρυσέῳ δειδίσκετο φώνησέν τε·
"χαῖρε, πάτερ ὦ ξεῖνε· γένοιτό τοι ἔς περ ὀπίσσω
ὄλβος· ἀτὰρ μὲν νῦν γε κακοῖς ἔχεαι πολέεσσι."
  Τὸν δ' ἀπαμειβόμενος προσέφη πολύμητις Ὀδυσσεύς·
"Ἀμφίνομ', ἦ μάλα μοι δοκέεις πεπνυμένος εἶναι·   125
τοίου γὰρ καὶ πατρός, ἐπεὶ κλέος ἐσθλὸν ἄκουον,
Νῖσον Δουλιχιῆα ἐὺν τ' ἔμεν ἀφνειόν τε·
τοῦ σ' ἔκ φασι γενέσθαι, ἐπητῇ δ' ἀνδρὶ ἔοικας.
τοὔνεκά τοι ἐρέω, σὺ δὲ σύνθεο καί μευ ἄκουσον·
οὐδὲν ἀκιδνότερον γαῖα τρέφει ἀνθρώποιο   130
πάντων ὅσσα τε γαῖαν ἔπι πνείει τε καὶ ἕρπει.
οὐ μὲν γάρ ποτέ φησι κακὸν πείσεσθαι ὀπίσσω,
ὄφρ' ἀρετὴν παρέχωσι θεοὶ καὶ γούνατ' ὀρώρῃ·
ἀλλ' ὅτε δὴ καὶ λυγρὰ θεοὶ μάκαρες τελέσωσι,

110 δ' ὅγ' e L⁸ U⁶ : δ' ἄρ' cet.   ἴον d   111 γελώωντις d Br
H³ : -οντες vulg. : γελοίωντες Eust. 1895. 30, cf. ν 347, 390   ἐδεικ-
α e f j l   111 a hab. f h L⁴ Pal., om. cet. (= β 324)   113 ὅσσα
a d l   115, 116 οὗτοι οἱ δύο ἐκ τῶν ἄνωθεν [84, 85] μετήχθησαν . . .
διὸ περιγράφονται schol.   118 ἀμφίνομος k U⁸   119, 120 om.
R² R⁶ U¹   122 ἔς περ c j Pal. U⁵ Eust. : ὥσπερ cet., cf. ν 199
126 τοιούτου p Eust.   130 . . . διὸ καὶ Ζηνόδοτον εὐθύνουσι γράφοντα
οὐθὲν ἀκιδνότερον Ammon. in v. Οὐδέν   γῆ ἐκτρέφει Georgides in
Boissonad. An. i. 70   131 om. H³ L⁸ Pal. U⁵ Plut. cons. Apoll.
104 D   132 φασὶ e H³ M² Mon. Pal. U⁸   133 ἐρώη P⁶

καὶ τὰ φέρει ἀεκαζόμενος τετληότι θυμῷ.   135
τοῖος γὰρ νόος ἐστὶν ἐπιχθονίων ἀνθρώπων
οἷον ἐπ᾽ ἦμαρ ἄγῃσι πατὴρ ἀνδρῶν τε θεῶν τε.
καὶ γὰρ ἐγώ ποτ᾽ ἔμελλον ἐν ἀνδράσιν ὄλβιος εἶναι,
πολλὰ δ᾽ ἀτάσθαλ᾽ ἔρεξα βίῃ καὶ κάρτεϊ εἴκων,
πατρί τ᾽ ἐμῷ πίσυνος καὶ ἐμοῖσι κασιγνήτοισι.   140
τῷ μή τίς ποτε πάμπαν ἀνὴρ ἀθεμίστιος εἴη,
ἀλλ᾽ ὅ γε σιγῇ δῶρα θεῶν ἔχοι, ὅττι διδοῖεν.
οἳ ὁρόω μνηστῆρας ἀτάσθαλα μηχανόωντας,
κτήματα κείροντας καὶ ἀτιμάζοντας ἄκοιτιν
ἀνδρός, ὃν οὐκέτι φημὶ φίλων καὶ πατρίδος αἴης   145
δηρὸν ἀπέσσεσθαι· μάλα δὲ σχεδόν· ἀλλά σε δαίμων
οἴκαδ᾽ ὑπεξαγάγοι, μηδ᾽ ἀντιάσειας ἐκείνῳ,
ὁππότε νοστήσειε φίλην ἐς πατρίδα γαῖαν·
οὐ γὰρ ἀναιμωτί γε διακρινέεσθαι ὀΐω
μνηστῆρας καὶ κεῖνον, ἐπεί κε μέλαθρον ὑπέλθῃ."   150
Ὣς φάτο, καὶ σπείσας ἔπιεν μελιηδέα οἶνον,
ἂψ δ᾽ ἐν χερσὶν ἔθηκε δέπας κοσμήτορι λαῶν.
αὐτὰρ ὁ βῆ διὰ δῶμα φίλον τετιημένος ἦτορ,
νευστάζων κεφαλῇ· δὴ γὰρ κακὸν ὄσσετο θυμῷ.
ἀλλ᾽ οὐδ᾽ ὣς φύγε κῆρα· πέδησε δὲ καὶ τὸν Ἀθήνη   155
Τηλεμάχου ὑπὸ χερσὶ καὶ ἔγχεϊ ἶφι δαμῆναι.
ἂψ δ᾽ αὖτις κατ᾽ ἄρ᾽ ἕζετ᾽ ἐπὶ θρόνου ἔνθεν ἀνέστη.
    Τῇ δ᾽ ἄρ᾽ ἐπὶ φρεσὶ θῆκε θεὰ γλαυκῶπις Ἀθήνη,
κούρῃ Ἰκαρίοιο, περίφρονι Πηνελοπείῃ,
μνηστήρεσσι φανῆναι, ὅπως πετάσειε μάλιστα   160
θυμὸν μνηστήρων ἰδὲ τιμήεσσα γένοιτο
μᾶλλον πρὸς πόσιός τε καὶ υἱέος ἢ πάρος ἦεν.
ἀχρεῖον δ᾽ ἐγέλασσεν ἔπος τ᾽ ἔφατ᾽ ἔκ τ᾽ ὀνόμαζεν·
" Εὐρυνόμη, θυμός μοι ἐέλδεται, οὔ τι πάρος γε,

148 μήποτε νοστῆσαί τε Plut. Hellen. 26 = 297 B   149 διακρινθή-
μεναι οἴω Plut. fort. Rom. 326 C   153 διὰ g ed. pr. : κατὰ cet.
154 κεφαλὴν a d l Mon. U³, cf. 240   θυμός e g j v. l. ap. Eust.
155 om. U⁵   160 θέλξειε f Mon. O, R¹² ss., γρ. Br V² V³

μνηστήρεσσι φανῆναι, ἀπεχθομένοισί περ ἔμπης·
παιδὶ δέ κεν εἴποιμι ἔπος, τό κε κέρδιον εἴη,
μὴ πάντα μνηστῆρσιν ὑπερφιάλοισιν ὁμιλεῖν,
οἵ τ' εὖ μὲν βάζουσι, κακῶς δ' ὄπιθεν φρονέουσι."
Τὴν δ' αὖτ' Εὐρυνόμη ταμίη πρὸς μῦθον ἔειπε·
"ναὶ δὴ ταῦτά γε πάντα, τέκος, κατὰ μοῖραν ἔειπες.
ἀλλ' ἴθι καὶ σῷ παιδὶ ἔπος φάο μηδ' ἐπίκευθε,
χρῶτ' ἀπονιψαμένη καὶ ἐπιχρίσασα παρειάς·
μηδ' οὕτω δακρύοισι πεφυρμένη ἀμφὶ πρόσωπα
ἔρχευ, ἐπεὶ κάκιον πενθήμεναι ἄκριτον αἰεί.
ἤδη μὲν γάρ τοι παῖς τηλίκος, ὃν σὺ μάλιστα
ἠρῶ ἀθανάτοισι γενειήσαντα ἰδέσθαι."
Τὴν δ' αὖτε προσέειπε περίφρων Πηνελόπεια·
"Εὐρυνόμη, μὴ ταῦτα παραύδα, κηδομένη περ,
χρῶτ' ἀπονίπτεσθαι καὶ ἐπιχρίεσθαι ἀλοιφῇ·
ἀγλαΐην γὰρ ἐμοί γε θεοί, τοὶ Ὄλυμπον ἔχουσιν,
ὤλεσαν, ἐξ οὗ κεῖνος ἔβη κοίλῃς ἐνὶ νηυσίν.
ἀλλά μοι Αὐτονόην τε καὶ Ἱπποδάμειαν ἄνωχθι
ἐλθέμεν, ὄφρα κέ μοι παρστήετον ἐν μεγάροισιν·
οἴη δ' οὐκ εἴσειμι μετ' ἀνέρας· αἰδέομαι γάρ."
Ὣς ἄρ' ἔφη, γρηῢς δὲ διὲκ μεγάροιο βεβήκει
ἀγγελέουσα γυναιξὶ καὶ ὀτρυνέουσα νέεσθαι.
Ἔνθ' αὖτ' ἄλλ' ἐνόησε θεὰ γλαυκῶπις Ἀθήνη·
κούρῃ Ἰκαρίοιο κατὰ γλυκὺν ὕπνον ἔχευεν,
εὗδε δ' ἀνακλινθεῖσα, λύθεν δέ οἱ ἅψεα πάντα
αὐτοῦ ἐνὶ κλιντῆρι· τέως δ' ἄρα δῖα θεάων
ἄμβροτα δῶρα δίδου, ἵνα μιν θησαίατ' Ἀχαιοί.
κάλλεϊ μέν οἱ πρῶτα προσώπατα καλὰ κάθηρεν

166 ἦεν **dlq** 167 ὁμιλεῖν] ἐπαινεῖν **eik**, γρ. Br R[12], cf. h. Herm. 457 μῦθον ἐπαίνει πρεσβυτέροισιν 173 πρόσωπον **d** 174 ἔρχεο **d** 178 κηδομένη] μετὰ τοῦ ῑ ἀντὶ τοῦ κηδευούσῃ πρὸς τὸ χ [X 416] schol. 184 οὐκ εἴσειμι **eik**, γρ. Br τινὲς ap. schol.: οὐ κεῖσ' εἶμι cet. 184 a μίσγεσθαι μνηστῆρσιν ὑπερφιάλοισιν ἀνάγκῃ hab. **a d** Br P[1] U[8] (cf. ξ 27) 190 κλισμῷ τῆος Nauck δῖ' Ἀφροδίτη Zen. (ap. schol. 197) 192 πρόσωπά τε **g**: -ώπατε O corr.: πρόσωπα τὰ Ap. lex. in v. Κάλλει: πρόσωπα plures codd. Eust.

ἀμβροσίῳ, οἵῳ περ ἐϋστέφανος Κυθέρεια
χρίεται, εὖτ᾽ ἂν ἴῃ Χαρίτων χορὸν ἱμερόεντα·
καί μιν μακροτέρην καὶ πάσσονα θῆκεν ἰδέσθαι,   195
λευκοτέρην δ᾽ ἄρα μιν θῆκε πριστοῦ ἐλέφαντος.
ἡ μὲν ἄρ᾽ ὣς ἔρξασ᾽ ἀπεβήσετο δῖα θεάων,
ἦλθον δ᾽ ἀμφίπολοι λευκώλενοι ἐκ μεγάροιο
φθόγγῳ ἐπερχόμεναι· τὴν δὲ γλυκὺς ὕπνος ἀνῆκε,
καί ῥ᾽ ἀπομόρξατο χερσὶ παρειὰς φώνησέν τε·   200
" ἦ με μάλ᾽ αἰνοπαθῆ μαλακὸν περὶ κῶμ᾽ ἐκάλυψεν.
αἴθε μοι ὣς μαλακὸν θάνατον πόροι Ἄρτεμις ἁγνὴ
αὐτίκα νῦν, ἵνα μηκέτ᾽ ὀδυρομένη κατὰ θυμὸν
αἰῶνα φθινύθω, πόσιος ποθέουσα φίλοιο
παντοίην ἀρετήν, ἐπεὶ ἔξοχος ἦεν Ἀχαιῶν."   205
Ὣς φαμένη κατέβαιν᾽ ὑπερώϊα σιγαλόεντα,
οὐκ οἴη, ἅμα τῇ γε καὶ ἀμφίπολοι δύ᾽ ἕποντο.
ἡ δ᾽ ὅτε δὴ μνηστῆρας ἀφίκετο δῖα γυναικῶν,
στῆ ῥα παρὰ σταθμὸν τέγεος πύκα ποιητοῖο
ἄντα παρειάων σχομένη λιπαρὰ κρήδεμνα·   210
ἀμφίπολος δ᾽ ἄρα οἱ κεδνὴ ἑκάτερθε παρέστη.
τῶν δ᾽ αὐτοῦ λύτο γούνατ᾽, ἔρῳ δ᾽ ἄρα θυμὸν ἔθελχθεν,
πάντες δ᾽ ἠρήσαντο παραὶ λεχέεσσι κλιθῆναι.
ἡ δ᾽ αὖ Τηλέμαχον προσεφώνεεν, ὃν φίλον υἱόν·
" Τηλέμαχ᾽, οὐκέτι τοι φρένες ἔμπεδοι οὐδὲ νόημα·   215
παῖς ἔτ᾽ ἐὼν καὶ μᾶλλον ἐνὶ φρεσὶ κέρδε᾽ ἐνώμας·
νῦν δ᾽ ὅτε δὴ μέγας ἐσσὶ καὶ ἥβης μέτρον ἱκάνεις,
καί κέν τις φαίη γόνον ἔμμεναι ὀλβίου ἀνδρός,
ἐς μέγεθος καὶ κάλλος ὁρώμενος, ἀλλότριος φώς.
οὐκέτι τοι φρένες εἰσὶν ἐναίσιμοι οὐδὲ νόημα,   220
οἷον δὴ τόδε ἔργον ἐνὶ μεγάροισιν ἐτύχθη,

194 εἰς ἐρόεντα J ed. pr. : ἐρόεντα γρ. V³   196 λευκοῦ γρ. U³
197 εἰπούσ᾽ P²   ἀπέβη γλαυκῶπις ἀθήνη Pal.   199 om. V⁴
200 εἰπέ τε μῦθον Mon.   211 ἀμφίπολοι ... κεδναὶ ... παρέσταν
V²   δέ οἱ ἄρα d l U⁸   212 ἔρως C L⁵ Pal., P² ss., γρ U⁵   ἔθελγεν
h k Pal., γρ. U⁵   214 δ᾽ ἄρα e f H³ M² Pal.   220 ἐναίσιμοι]
ἐνάρσιμοι Pal. : ἔμπεδοι C (ex 215)

ὃς τὸν ξεῖνον ἔασας ἀεικισθήμεναι οὕτως.
πῶς νῦν, εἴ τι ξεῖνος ἐν ἡμετέροισι δόμοισιν
ἥμενος ὧδε πάθοι ῥυστακτύος ἐξ ἀλεγεινῆς;
σοί κ᾽ αἶσχος λώβη τε μετ᾽ ἀνθρώποισι πέλοιτο." 225
   Τὴν δ᾽ αὖ Τηλέμαχος πεπνυμένος ἀντίον ηὔδα·
" μῆτερ ἐμή, τὸ μὲν οὔ σε νεμεσσῶμαι κεχολῶσθαι·
αὐτὰρ ἐγὼ θυμῷ νοέω καὶ οἶδα ἕκαστα,
ἐσθλά τε καὶ τὰ χέρεια· πάρος δ᾽ ἔτι νήπιος ἦα.
ἀλλά τοι οὐ δύναμαι πεπνυμένc πάντα νοῆσαι· 230
ἐκ γάρ με πλήσσουσι παρήμενοι ἄλλοθεν ἄλλος
οἵδε κακὰ φρονέοντες, ἐμοὶ δ᾽ οὐκ εἰσὶν ἀρωγοί.
οὐ μέν τοι ξείνου γε καὶ Ἴρου μῶλος ἐτύχθη
μνηστήρων ἰότητι, βίῃ δ᾽ ὅ γε φέρτερος ἦεν.
αἲ γάρ, Ζεῦ τε πάτερ καὶ Ἀθηναίη καὶ Ἄπολλον, 235
οὕτω νῦν μνηστῆρες ἐν ἡμετέροισι δόμοισι
νεύοιεν κεφαλὰς δεδμημένοι, οἱ μὲν ἐν αὐλῇ,
οἱ δ᾽ ἔντοσθε δόμοιο, λελῦτο δὲ γυῖα ἑκάστου,
ὡς νῦν Ἶρος κεῖνος ἐπ᾽ αὐλείῃσι θύρῃσιν
ἧσται νευστάζων κεφαλῇ, μεθύοντι ἐοικώς, 240
οὐδ᾽ ὀρθὸς στῆναι δύναται ποσὶν οὐδὲ νέεσθαι
οἴκαδ᾽, ὅπῃ οἱ νόστος, ἐπεὶ φίλα γυῖα λέλυνται."
   Ὣς οἱ μὲν τοιαῦτα πρὸς ἀλλήλους ἀγόρευον·
Εὐρύμαχος δὲ ἔπεσσι προσηύδα Πηνελόπειαν·
" κούρη Ἰκαρίοιο, περίφρον Πηνελόπεια, 245
εἰ πάντες σε ἴδοιεν ἀν᾽ Ἴασον Ἄργος Ἀχαιοί,
πλέονές κε μνηστῆρες ἐν ὑμετέροισι δόμοισιν
ἠῶθεν δαινῦατ᾽, ἐπεὶ περίεσσι γυναικῶν

223 εἴ τι M² Mon. Pal. R² U⁶ U⁷ U⁸ Eust. (οὕτως schol.) : τις vulg. :
τοι ● f   225 γένοιτο Porph. qu. Il. 334. 20 : γένηται C   229 ath.
Aristoph. Ar.   μέγας δέ κε νήπιος εἴην, γρ. schol.   238 λέλυντο
g Mon., H³ corr.   οἱ δὲ καὶ ἔκτοσθεν μεγάρων εὐναιεταόντων k U⁸
239 γοῦν R⁷ marg., γρ. H³   240 κεφαλῇ c i j k : -ὴν vulg., cf. 154
   241 ὀρθῶς a c d l L⁴ U⁸   δύναται στῆναι j k L⁸   242 οὐδ᾽
ὅπη οἱ νόστος ●   γοῦνα U⁶   246 γ᾽ ἐσίδοιεν Strab. 369, cf. ρ 9
h. Apoll. 341 al.   248 δαίνυντ᾽ ● i L⁸ Pal.

εἶδός τε μέγεθός τε ἰδὲ φρένας ἔνδον ἐΐσας."

Τὸν δ' ἠμείβετ' ἔπειτα περίφρων Πηνελόπεια·   250
" Εὐρύμαχ', ἦ τοι ἐμὴν ἀρετὴν εἶδός τε δέμας τε
ὤλεσαν ἀθάνατοι, ὅτε Ἴλιον εἰσανέβαινον
Ἀργεῖοι, μετὰ τοῖσι δ' ἐμὸς πόσις ἦεν Ὀδυσσεύς.
εἰ κεῖνός γ' ἐλθὼν τὸν ἐμὸν βίον ἀμφιπολεύοι,
μεῖζόν κε κλέος εἴη ἐμὸν καὶ κάλλιον οὕτως.   255
νῦν δ' ἄχομαι· τόσα γάρ μοι ἐπέσσευεν κακὰ δαίμων.
ἦ μὲν δὴ ὅτε τ' ᾖε λιπὼν κάτα πατρίδα γαῖαν,
δεξιτερὴν ἐπὶ καρπῷ ἑλὼν ἐμὲ χεῖρα προσηύδα·
' ὦ γύναι, οὐ γὰρ ὀΐω ἐϋκνήμιδας Ἀχαιοὺς
ἐκ Τροίης εὖ πάντας ἀπήμονας ἀπονέεσθαι·   260
καὶ γὰρ Τρῶάς φασι μαχητὰς ἔμμεναι ἄνδρας,
ἠμὲν ἀκοντιστὰς ἠδὲ ῥυτῆρας ὀϊστῶν
ἵππων τ' ὠκυπόδων ἐπιβήτορας, οἵ κε τάχιστα
ἔκριναν μέγα νεῖκος ὁμοιΐου πολέμοιο.
τῷ οὐκ οἶδ' ἤ κέν μ' ἀνέσει θεός, ἦ κεν ἁλώω   265
αὐτοῦ ἐνὶ Τροίῃ· σοὶ δ' ἐνθάδε πάντα μελόντων.
μεμνῆσθαι πατρὸς καὶ μητέρος ἐν μεγάροισιν
ὡς νῦν, ἢ ἔτι μᾶλλον ἐμεῦ ἀπονόσφιν ἐόντος·
αὐτὰρ ἐπὴν δὴ παῖδα γενειήσαντα ἴδηαι,
γήμασθ' ᾧ κ' ἐθέλῃσθα, τεὸν κατὰ δῶμα λιποῦσα.'   270
κεῖνος τὼς ἀγόρευε· τὰ δὴ νῦν πάντα τελεῖται.
νὺξ δ' ἔσται ὅτε δὴ στυγερὸς γάμος ἀντιβολήσει
οὐλομένης ἐμέθεν, τῆς τε Ζεὺς ὄλβον ἀπηύρα.
ἀλλὰ τόδ' αἰνὸν ἄχος κραδίην καὶ θυμὸν ἱκάνει·
μνηστήρων οὐχ ἥδε δίκη τὸ πάροιθε τέτυκτο,   275
οἵ τ' ἀγαθήν τε γυναῖκα καὶ ἀφνειοῖο θύγατρα
μνηστεύειν ἐθέλωσι καὶ ἀλλήλοις ἐρίσωσιν·

254 ἐκεῖνος om. εἰ c d P¹   256 ἔχομαι d l: ἄχθομαι L⁸ P⁵, U⁸
corr. R¹⁰ ss. : ἄχνυμαι L⁵ P²   ἐπέ(γ)χευεν a d: ἐπέκλωσε g (cf. τ 129)
263 μάλιστα e i   265 ἤ C L⁵ M² P² P³ U² U⁸ : εἴ cet.
271 τὼς leg. Ar. B 330 : θ' ὡς Herod. ib. e f k H³ L⁸ Eust. : δ' ὡς cet.
275 προπάροιθε e

αὐτοὶ τοί γ᾽ ἀπάγουσι βόας καὶ ἴφια μῆλα,
κούρης δαῖτα φίλοισι, καὶ ἀγλαὰ δῶρα διδοῦσιν·
ἀλλ᾽ οὐκ ἀλλότριον βίοτον νήποινον ἔδουσιν."   280
Ὣς φάτο, γήθησεν δὲ πολύτλας δῖος Ὀδυσσεύς,
οὕνεκα τῶν μὲν δῶρα παρέλκετο, θέλγε δὲ θυμὸν
μειλιχίοις ἐπέεσσι, νόος δέ οἱ ἄλλα μενοίνα.
    Τὴν δ᾽ αὖτ᾽ Ἀντίνοος προσέφη, Εὐπείθεος υἱός·
" κούρη Ἰκαρίοιο, περίφρον Πηνελόπεια,   285
δῶρα μὲν ὅς κ᾽ ἐθέλῃσιν Ἀχαιῶν ἐνθάδ᾽ ἐνεῖκαι,
δέξασθ᾽· οὐ γὰρ καλὸν ἀνήνασθαι δόσιν ἐστίν·
ἡμεῖς δ᾽ οὔτ᾽ ἐπὶ ἔργα πάρος γ᾽ ἴμεν οὔτε πῃ ἄλλῃ,
πρίν γέ σε τῷ γήμασθαι Ἀχαιῶν ὅς τις ἄριστος."
    Ὣς ἔφατ᾽ Ἀντίνοος, τοῖσιν δ᾽ ἐπιήνδανε μῦθος,   290
δῶρα δ᾽ ἄρ᾽ οἰσέμεναι πρόεσαν κήρυκα ἕκαστος.
Ἀντινόῳ μὲν ἔνεικε μέγαν περικαλλέα πέπλον,
ποικίλον· ἐν δ᾽ ἄρ᾽ ἔσαν περόναι δυοκαίδεκα πᾶσαι
χρύσειαι, κληῖσιν ἐϋγνάμπτοις ἀραρυῖαι.
ὅρμον δ᾽ Εὐρυμάχῳ πολυδαίδαλον αὐτίκ᾽ ἔνεικε,   295
χρύσεον, ἠλέκτροισιν ἐερμένον, ἠέλιον ὥς.
ἕρματα δ᾽ Εὐρυδάμαντι δύω θεράποντες ἔνεικαν
τρίγληνα μορόεντα· χάρις δ᾽ ἀπελάμπετο πολλή.
ἐκ δ᾽ ἄρα Πεισάνδροιο Πολυκτορίδαο ἄνακτος
ἴσθμιον ἤνεικεν θεράπων, περικαλλὲς ἄγαλμα.   300
ἄλλο δ᾽ ἄρ᾽ ἄλλος δῶρον Ἀχαιῶν καλὸν ἔνεικεν.
ἡ μὲν ἔπειτ᾽ ἀνέβαιν᾽ ὑπερώϊα δῖα γυναικῶν,
τῇ δ᾽ ἄρ᾽ ἅμ᾽ ἀμφίπολοι ἔφερον περικαλλέα δῶρα.
    Οἱ δ᾽ εἰς ὀρχηστύν τε καὶ ἱμερόεσσαν ἀοιδὴν
τρεψάμενοι τέρποντο, μένον δ᾽ ἐπὶ ἕσπερον ἐλθεῖν.   305
τοῖσι δὲ τερπομένοισι μέλας ἐπὶ ἕσπερος ἦλθεν.

279 κούρης ... φίλῃσι f M² Pal. R³ U⁵ : κούρῃς o   ἔργα c Mon.
    280 ἠδέ κεν g   282 εὐτελὲς τοῦτο. διὸ καὶ κεραύνιον παρέθηκεν
Ἀριστοφάνης schol.   286 ὥς b   287 εἴη U⁶   289 σέ γε
d1   295 Εὐρύμαχος Paus. ix. 41. 5   περικαλλέα Mon.
296 ἐεργμένον a Br L⁵ P'   298 ἀνεδέξατο e   302 σιγαλόεντα
C Pal.

αὐτίκα λαμπτῆρας τρεῖς ἵστασαν ἐν μεγάροισιν,
ὄφρα φαείνοιεν· περὶ δὲ ξύλα κάγκανα θῆκαν,
αὖα πάλαι, περίκηλα, νέον κεκεασμένα χαλκῷ,
καὶ δαΐδας μετέμισγον· ἀμοιβηδὶς δ᾽ ἀνέφαινον   310
δμῳαὶ Ὀδυσσῆος ταλασίφρονος· αὐτὰρ ὁ τῇσιν
αὐτὸς διογενὴς μετέφη πολύμητις Ὀδυσσεύς·
" δμῳαὶ Ὀδυσσῆος, δὴν οἰχομένοιο ἄνακτος,
ἔρχεσθε πρὸς δῶμαθ᾽, ἵν᾽ αἰδοίη βασίλεια·
τῇ δὲ παρ᾽ ἠλάκατα στροφαλίζετε, τέρπετε δ᾽ αὐτὴν   315
ἥμεναι ἐν μεγάρῳ, ἢ εἴρια πείκετε χερσίν·
αὐτὰρ ἐγὼ τούτοισι φάος πάντεσσι παρέξω.
ἤν περ γάρ κ᾽ ἐθέλωσιν ἐΰθρονον Ἠῶ μίμνειν,
οὔ τί με νικήσουσι· πολυτλήμων δὲ μάλ᾽ εἰμί."
Ὥς ἔφαθ᾽, αἱ δ᾽ ἐγέλασσαν, ἐς ἀλλήλας δὲ ἴδοντο.   320
τὸν δ᾽ αἰσχρῶς ἐνένιπε Μελανθὼ καλλιπάρῃος,
τὴν Δολίος μὲν ἔτικτε, κόμισσε δὲ Πηνελόπεια,
παῖδα δὲ ὡς ἀτίταλλε, δίδου δ᾽ ἄρ᾽ ἀθύρματα θυμῷ·
ἀλλ᾽ οὐδ᾽ ὡς ἔχε πένθος ἐνὶ φρεσὶ Πηνελοπείης,
ἀλλ᾽ ἥ γ᾽ Εὐρυμάχῳ μισγέσκετο καὶ φιλέεσκεν.   325
ἥ ῥ᾽ Ὀδυσῆ᾽ ἐνένιπεν ὀνειδείοις ἐπέεσσι·
" ξεῖνε τάλαν, σύ γέ τις φρένας ἐκπεπαταγμένος ἐσσί,
οὐδ᾽ ἐθέλεις εὕδειν χαλκήϊον ἐς δόμον ἐλθών,
ἠέ που ἐς λέσχην, ἀλλ᾽ ἐνθάδε πόλλ᾽ ἀγορεύεις,
θαρσαλέως πολλοῖσι μετ᾽ ἀνδράσιν, οὐδέ τι θυμῷ   330
ταρβεῖς· ἦ ῥά σε οἶνος ἔχει φρένας, ἤ νύ τοι αἰεὶ
τοιοῦτος νόος ἐστίν, ὃ καὶ μεταμώνια βάζεις.
ἦ ἀλύεις ὅτι Ἶρον ἐνίκησας τὸν ἀλήτην;

307 ἵστασαν **h j k** : ἔστασαν cet.. cf. γ 182   308 ἐπὶ **e f j**
309 om. R² 314 ἔρχεσθαι H³ L⁴ Pal. : ἔρχεσθον L⁵   321 ἐνένιπτε
a d l Mon. : ἐνένισπε H³ P², cf. π 417   323 θυμοῦ H³ L⁸ Mon. Pal.
U⁶   324 σχέθε **e i j** L⁸ Mon. v. l. ap. Eust.   326 ἐνένιπτεν
a d l : -ισπεν **f p**, cf. π 417   327 ἐκπεπετασμένος **f**, cf. 160
330-332 ἀθετοῦνται τρεῖς ὡς ἐκ τῶν ἑξῆς [390-392] μετατιθέμενοι schol.
uncino incl. M⁴ R⁸   330 θαρσαλέος **c e** L⁴ Pal.   332 μεταμώλια
e f g j Mon.

μή τίς τοι τάχα Ἴρου ἀμείνων ἄλλος ἀναστῇ,
ὅς τίς σ' ἀμφὶ κάρη κεκοπὼς χερσὶ στιβαρῇσι   335
δώματος ἐκπέμψῃσι φορύξας αἵματι πολλῷ."
   Τὴν δ' ἄρ' ὑπόδρα ἰδὼν προσέφη πολύμητις Ὀδυσσεύς·
" ἦ τάχα Τηλεμάχῳ ἐρέω, κύον, οἷ' ἀγορεύεις,
κεῖσ' ἐλθών, ἵνα σ' αὖθι διὰ μελεϊστὶ τάμῃσιν."
   Ὣς εἰπὼν ἐπέεσσι διεπτοίησε γυναῖκας.   340
βὰν δ' ἴμεναι διὰ δῶμα, λύθεν δ' ὑπὸ γυῖα ἑκάστης
ταρβοσύνῃ· φὰν γάρ μιν ἀληθέα μυθήσασθαι.
αὐτὰρ ὁ πὰρ λαμπτῆρσι φαείνων αἰθομένοισιν
ἑστήκειν ἐς πάντας ὁρώμενος· ἄλλα δέ οἱ κῆρ
ὅρμαινε φρεσὶν ᾗσιν, ἅ ῥ' οὐκ ἀτέλεστα γένοντο.   345
   Μνηστῆρας δ' οὐ πάμπαν ἀγήνορας εἴα Ἀθήνη
λώβης ἴσχεσθαι θυμαλγέος, ὄφρ' ἔτι μᾶλλον
δύη ἄχος κραδίην Λαερτιάδεω Ὀδυσῆος.
τοῖσιν δ' Εὐρύμαχος, Πολύβου πάϊς, ἄρχ' ἀγορεύειν,
κερτομέων Ὀδυσῆα· γέλω δ' ἑτάροισιν ἔτευχε·   350
" κέκλυτέ μευ, μνηστῆρες ἀγακλειτῆς βασιλείης,
ὄφρ' εἴπω τά με θυμὸς ἐνὶ στήθεσσι κελεύει.
οὐκ ἀθεεὶ ὅδ' ἀνὴρ Ὀδυσήϊον ἐς δόμον ἵκει·
ἔμπης μοι δοκέει δαΐδων σέλας ἔμμεναι αὐτοῦ
κὰκ κεφαλῆς, ἐπεὶ οὔ οἱ ἔνι τρίχες οὐδ' ἠβαιαί."   355
   Ἦ ῥ', ἅμα τε προσέειπεν Ὀδυσσῆα πτολίπορθον·
" ξεῖν', ἦ ἄρ κ' ἐθέλοις θητευέμεν, εἴ σ' ἀνελοίμην,
ἀγροῦ ἐπ' ἐσχατιῆς—μισθὸς δέ τοι ἄρκιος ἔσται—
αἱμασιάς τε λέγων καὶ δένδρεα μακρὰ φυτεύων;
ἔνθα κ' ἐγὼ σῖτον μὲν ἐπηετανὸν παρέχοιμι,   360

334 μή πού τις d   335 κεκοφὼς j schol. (διὰ τοῦ φ), cf. N 60
339 γε διαμελιστὶ d L⁵   341 διὰ] κατὰ j   γυῖα] βῖα Pal., cf.
μ 279   344 ἑστήκειν Pal. P⁶ : εἰστ- H³ K v. l. ap. Eust. : ἑσ(εἰσ)-
τήκει cet., cf. ρ 359 χ 275   ἐς πάντας] ἅπαντας a d l r   345 ὥρμαινε
codd.   ἀτέλευτα d l   γένοιτο e : γένοιτο L⁴, H³ corr.   348 λαερ-
τιάδην ὀδυσῆα e M² Mon. ed. pr. (cf. υ 286)   349 ἦρχ' codd.
350 γέλω N R¹⁰ uv. V¹, L⁸ corr. : γέλων vulg. : γέλωτ' U⁸   ἄρα
τοῖσιν o f Pal.   ἔχευε q : ἔθηκε d k   355 κὰκ Barnes : καὶ codd. (γρ.
κὰκε R¹²), cf. δ 72   356 μεγάθυμον Mon., γρ. R¹²   360 ἐνθάδ' g o L⁵

εἵματα δ' ἀμφιέσαιμι ποσίν θ' ὑποδήματα δοίην.
ἀλλ' ἐπεὶ οὖν δὴ ἔργα κάκ' ἔμμαθες, οὐκ ἐθελήσεις
ἔργον ἐποίχεσθαι, ἀλλὰ πτώσσειν κατὰ δῆμον
βούλεαι, ὄφρ' ἂν ἔχῃς βόσκειν σὴν γαστέρ' ἄναλτον."
  Τὸν δ' ἀπαμειβόμενος προσέφη πολύμητις Ὀδυσσεύς·
" Εὐρύμαχ', εἰ γὰρ νῶϊν ἔρις ἔργοιο γένοιτο   366
ὥρῃ ἐν εἰαρινῇ, ὅτε τ' ἤματα μακρὰ πέλονται,
ἐν ποίῃ, δρέπανον μὲν ἐγὼν εὐκαμπὲς ἔχοιμι,
καὶ δὲ σὺ τοῖον ἔχοις, ἵνα πειρησαίμεθα ἔργου
νήστιες ἄχρι μάλα κνέφαος, ποίη δὲ παρείη.   370
εἰ δ' αὖ καὶ βόες εἶεν ἐλαυνέμεν, οἵ περ ἄριστοι,
αἴθωνες μεγάλοι, ἄμφω κεκορηότε ποίης,
ἥλικες ἰσοφόροι, τῶν τε σθένος οὐκ ἀλαπαδνόν,
τετράγυον δ' εἴη, εἴκοι δ' ὑπὸ βῶλος ἀρότρῳ·
τῷ κέ μ' ἴδοις, εἰ ὦλκα διηνεκέα προταμοίμην.   375
εἰ δ' αὖ καὶ πόλεμόν ποθεν ὁρμήσειε Κρονίων
σήμερον, αὐτὰρ ἐμοὶ σάκος εἴη καὶ δύο δοῦρε
καὶ κυνέη πάγχαλκος, ἐπὶ κροτάφοις ἀραρυῖα,
τῷ κέ μ' ἴδοις πρώτοισιν ἐνὶ προμάχοισι μιγέντα,
οὐδ' ἄν μοι τὴν γαστέρ' ὀνειδίζων ἀγορεύοις.   380
ἀλλὰ μάλ' ὑβρίζεις καί τοι νόος ἐστὶν ἀπηνής·
καί πού τις δοκέεις μέγας ἔμμεναι ἠδὲ κραταιός,
οὕνεκα πὰρ παύροισι καὶ οὐκ ἀγαθοῖσιν ὁμιλεῖς.
εἰ δ' Ὀδυσεὺς ἔλθοι καὶ ἵκοιτ' ἐς πατρίδα γαῖαν,
αἶψά κέ τοι τὰ θύρετρα, καὶ εὐρέα περ μάλ' ἐόντα,   385
φεύγοντι στείνοιτο διὲκ προθύροιο θύραζε."
  Ὣς ἔφατ', Εὐρύμαχος δ' ἐχολώσατο κηρόθι μᾶλλον,
καί μιν ὑπόδρα ἰδὼν ἔπεα πτερόεντα προσηύδα·
" ἆ δειλ', ἦ τάχα τοι τελέω κακόν, οἷ' ἀγορεύεις
θαρσαλέως πολλοῖσι μετ' ἀνδράσιν, οὐδέ τι θυμῷ   390

364 ἔχῃ e   ἄναντλον C R¹⁰   370 κνέφεος d e k r P¹
371 ὥσπερ k, γρ. H³ : ὅσσοι e   374 χῶρος k o   383 οὐτιδανοῖσιν
k, γρ. R¹²   386 φεύγοντες στείνοιτε e M² P⁵   καὶ ἐκ e h
μεγάροιο Rhianus a d h l   388 χαλεπῷ ἠνίπαπε μύθῳ j
390 θαρσαλέος p H³ L¹ L⁴, cf. 330

ταρβεῖς· ἦ ῥά σε οἶνος ἔχει φρένας, ἤ νύ τοι αἰεὶ
τοιοῦτος νόος ἐστίν, ὃ καὶ μεταμώνια βάζεις.
ἦ ἀλύεις, ὅτι Ἶρον ἐνίκησας τὸν ἀλήτην;"
    Ὡς ἄρα φωνήσας σφέλας ἔλλαβεν· αὐτὰρ Ὀδυσσεὺς
Ἀμφινόμου πρὸς γοῦνα καθέζετο Δουλιχιῆος,   395
Εὐρύμαχον δείσας· ὁ δ' ἄρ' οἰνοχόον βάλε χεῖρα
δεξιτερήν· πρόχοος δὲ χαμαὶ βόμβησε πεσοῦσα,
αὐτὰρ ὅ γ' οἰμώξας πέσεν ὕπτιος ἐν κονίῃσι.
μνηστῆρες δ' ὁμάδησαν ἀνὰ μέγαρα σκιόεντα,
ὧδε δέ τις εἴπεσκεν ἰδὼν ἐς πλησίον ἄλλον·   400
" αἴθ' ὤφελλ' ὁ ξεῖνος ἀλώμενος ἄλλοθ' ὀλέσθαι
πρὶν ἐλθεῖν· τῷ κ' οὔ τι τόσον κέλαδον μετέθηκε.
νῦν δὲ περὶ πτωχῶν ἐριδαίνομεν, οὐδέ τι δαιτὸς
ἐσθλῆς ἔσσεται ἦδος, ἐπεὶ τὰ χερείονα νικᾷ."
    Τοῖσι δὲ καὶ μετέειφ' ἱερὴ ἲς Τηλεμάχοιο·   405
" δαιμόνιοι, μαίνεσθε καὶ οὐκέτι κεύθετε θυμῷ
βρωτὺν οὐδὲ ποτῆτα· θεῶν νύ τις ὔμμ' ὀροθύνει.
ἀλλ' εὖ δαισάμενοι κατακείετε οἴκαδ' ἰόντες,
ὁππότε θυμὸς ἄνωγε· διώκω δ' οὔ τιν' ἐγώ γε."
    Ὡς ἔφαθ', οἱ δ' ἄρα πάντες ὀδὰξ ἐν χείλεσι φύντες   410
Τηλέμαχον θαύμαζον, ὃ θαρσαλέως ἀγόρευε.
τοῖσιν δ' Ἀμφίνομος ἀγορήσατο καὶ μετέειπε
Νίσου φαίδιμος υἱός, Ἀρητιάδαο ἄνακτος·
" ὦ φίλοι, οὐκ ἂν δή τις ἐπὶ ῥηθέντι δικαίῳ
ἀντιβίοις ἐπέεσσι καθαπτόμενος χαλεπαίνοι·   415
μήτε τι τὸν ξεῖνον στυφελίζετε μήτε τιν' ἄλλον
δμώων, οἳ κατὰ δώματ' Ὀδυσσῆος θείοιο.
ἀλλ' ἄγε, οἰνοχόος μὲν ἐπαρξάσθω δεπάεσσιν,
ὄφρα σπείσαντες κατακείομεν οἴκαδ' ἰόντες·

392 μεταμώλια **f g p**, cf. β 98   393 hab. **o e f g**, om. cet.
402 πρίν γ' U⁸   μετέθηκε Ar. (πᾶσαι): μεθέηκε codd.   403 πτωχῶ
d, γρ. Br, leg. Eust. : πτωχὸν **e**   405 μετέφη **a d l**   407 θεός ¦
Eust.   409 εἴποτε **o**   413 hab. **g i j** Pal., om. cet. (= π 395)
418 ἄγε **d** P¹ : ἄγετ' cet.

18. ΟΔΥΣΣΕΙΑΣ Σ

τὸν ξεῖνον δὲ ἐῶμεν ἐνὶ μεγάροις Ὀδυσῆος   420
Τηλεμάχῳ μελέμεν· τοῦ γὰρ φίλον ἵκετο δῶμα."
  Ὣς φάτο, τοῖσι δὲ πᾶσιν ἑαδότα μῦθον ἔειπε.
τοῖσιν δὲ κρητῆρα κεράσσατο Μούλιος ἥρως,
κῆρυξ Δουλιχιεύς· θεράπων δ' ἦν Ἀμφινόμοιο·
νώμησεν δ' ἄρα πᾶσιν ἐπισταδόν· οἱ δὲ θεοῖσι   425
λείψαντες μακάρεσσι πίον μελιηδέα οἶνον.
αὐτὰρ ἐπεὶ σπεῖσάν τ' ἔπιόν θ' ὅσον ἤθελε θυμός,
βάν ῥ' ἴμεναι κείοντες ἑὰ πρὸς δώμαθ' ἕκαστος.

420 δ' εἴωμεν ᶠⱼp   μεγάροισιν ἔκηλον Rhianus   425 νώμησαν
9 Br M² Mon. Pal.   426 σπείσαντες οⱼeiⱼ Pal.   427 cf. γ 342

ΟΔΥΣΣΕΙΑΣ Τ

Αὐτὰρ ὁ ἐν μεγάρῳ ὑπελείπετο δῖος Ὀδυσσεύς,
μνηστήρεσσι φόνον σὺν Ἀθήνῃ μερμηρίζων·
αἶψα δὲ Τηλέμαχον ἔπεα πτερόεντα προσηύδα·
" Τηλέμαχε, χρὴ τεύχε᾽ ἀρήϊα κατθέμεν εἴσω
πάντα μάλ᾽, αὐτὰρ μνηστῆρας μαλακοῖς ἐπέεσσι   5
παρφάσθαι, ὅτε κέν σε μεταλλῶσιν ποθέοντες·
ἐκ καπνοῦ κατέθηκ᾽, ἐπεὶ οὐκέτι τοῖσιν ἐῴκει,
οἷά ποτε Τροίηνδε κιὼν κατέλειπεν Ὀδυσσεύς,
ἀλλὰ κατῄκισται, ὅσσον πυρὸς ἵκετ᾽ ἀϋτμή.
πρὸς δ᾽ ἔτι καὶ τόδε μεῖζον ἐνὶ φρεσὶν ἔμβαλε δαίμων,   10
μή πως οἰνωθέντες, ἔριν στήσαντες ἐν ὑμῖν,
ἀλλήλους τρώσητε καταισχύνητέ τε δαῖτα
καὶ μνηστύν· αὐτὸς γὰρ ἐφέλκεται ἄνδρα σίδηρος."
    Ὣς φάτο, Τηλέμαχος δὲ φίλῳ ἐπεπείθετο πατρί,
ἐκ δὲ καλεσσάμενος προσέφη τροφὸν Εὐρύκλειαν·   15
" μαῖ᾽, ἄγε δή μοι ἔρυξον ἐνὶ μεγάροισι γυναῖκας,
ὄφρα κεν ἐς θάλαμον καταθείομαι ἔντεα πατρὸς
καλά, τά μοι κατὰ οἶκον ἀκηδέα καπνὸς ἀμέρδει
πατρὸς ἀποιχομένοιο· ἐγὼ δ᾽ ἔτι νήπιος ἦα.
νῦν δ᾽ ἐθέλω καταθέσθαι, ἵν᾽ οὐ πυρὸς ἵξετ᾽ ἀϋτμή."   20
    Τὸν δ᾽ αὖτε προσέειπε φίλη τροφὸς Εὐρύκλεια·
" αἲ γὰρ δή ποτε, τέκνον, ἐπιφροσύνας ἀνέλοιο
οἴκου κήδεσθαι καὶ κτήματα πάντα φυλάσσειν.
ἀλλ᾽ ἄγε, τίς τοι ἔπειτα μετοιχομένη φάος οἴσει;

Νίπτρα Aelianus   1 ἀπελείπετο g   4–12 οἱ ἀστερίσκοι ὅτι
ἀναγκαίως ἐνθάδε schol. (= π 281–298), asteriscos circumpunctos
praebent H³ V⁴, invenit et Eust. (κεῖται πρὸ ἑνὸς ἑκάστου στίχου
ἀστερίσκος δίχα ὀβελοῦ, ὡς ἐνταῦθα τῶν στίχων ἄριστα κειμένων)
17 καταθείομεν g U⁶   18 om. d   19 δὴν ἀρ pro πατρὸς d
   20 ἵκετ᾽ ⊖ i L⁸ M² : ἵξετ᾽ L⁵ Pal.   24 ἀλλ᾽ εἴ τις τοι j, γρ. ἀλλ᾽
εἴ τὶς δήτοι Br

δμῳὰς δ' οὐκ εἴας προβλωσκέμεν, αἵ κεν ἔφαινον." 25
Τὴν δ' αὖ Τηλέμαχος πεπνυμένος ἀντίον ηὔδα·
"ξεῖνος ὅδ'· οὐ γὰρ ἀεργὸν ἀνέξομαι ὅς κεν ἐμῆς γε
χοίνικος ἅπτηται, καὶ τηλόθεν εἰληλουθώς."
ὣς ἄρ' ἐφώνησεν, τῇ δ' ἄπτερος ἔπλετο μῦθος.
κλήϊσεν δὲ θύρας μεγάρων εὖ ναιεταόντων. 30
τὼ δ' ἄρ' ἀναΐξαντ' Ὀδυσεὺς καὶ φαίδιμος υἱὸς
ἐσφόρεον κόρυθάς τε καὶ ἀσπίδας ὀμφαλοέσσας
ἔγχεά τ' ὀξυόεντα· πάροιθε δὲ Παλλὰς Ἀθήνη,
χρύσεον λύχνον ἔχουσα, φάος περικαλλὲς ἐποίει.
δὴ τότε Τηλέμαχος προσεφώνεεν ὃν πατέρ' αἶψα· 35
"ὦ πάτερ, ἦ μέγα θαῦμα τόδ' ὀφθαλμοῖσιν ὁρῶμαι.
ἔμπης μοι τοῖχοι μεγάρων καλαί τε μεσόδμαι
εἰλάτιναί τε δοκοὶ καὶ κίονες ὑψόσ' ἔχοντες
φαίνοντ' ὀφθαλμοῖς ὡς εἰ πυρὸς αἰθομένοιο.
ἦ μάλα τις θεὸς ἔνδον, οἳ οὐρανὸν εὐρὺν ἔχουσι." 40
Τὸν δ' ἀπαμειβόμενος προσέφη πολύμητις Ὀδυσσεύς·
"σίγα καὶ κατὰ σὸν νόον ἴσχανε μηδ' ἐρέεινε·
αὕτη τοι δίκη ἐστὶ θεῶν, οἳ Ὄλυμπον ἔχουσιν.
ἀλλὰ σὺ μὲν κατάλεξαι, ἐγὼ δ' ὑπολείψομαι αὐτοῦ,
ὄφρα κ' ἔτι δμῳὰς καὶ μητέρα σὴν ἐρεθίζω· 45
ἡ δέ μ' ὀδυρομένη εἰρήσεται ἀμφὶ ἕκαστα."
ὣς φάτο, Τηλέμαχος δὲ διὲκ μεγάροιο βεβήκει
κείων ἐς θάλαμον, δαΐδων ὕπο λαμπομενάων,
ἔνθα πάρος κοιμᾶθ', ὅτε μιν γλυκὺς ὕπνος ἱκάνοι·
ἔνθ' ἄρα καὶ τότ' ἔλεκτο καὶ Ἠῶ δῖαν ἔμιμνεν. 50
αὐτὰρ ὁ ἐν μεγάρῳ ὑπελείπετο δῖος Ὀδυσσεύς,
μνηστήρεσσι φόνον σὺν Ἀθήνῃ μερμηρίζων.
Ἡ δ' ἴεν ἐκ θαλάμοιο περίφρων Πηνελόπεια,

27 ἀνέξομαι fort. interpretatur Heliodorus ap. Ap. lex. in v. Ἀνέξ
30 θαλάμων Mon.   34 φόως v. l. ant. (ἐν τισι schol.
38 ὕψος ο d j   40 θεῶν R¹, Plutarch. ap. Stobaeum Flor. 3
43 θεοῦ quidam ap. Eust.   44 καταλέξε' U⁸   αὐτὸς J Uᵘ
46 ἀμφὶς codd. em. Bekker   51 μεγάρῳ ο e h i Pal. : προ⁴
Mon. : μεγάροις vulg.

Ἀρτέμιδι ἰκέλη ἠὲ χρυσέῃ Ἀφροδίτῃ.
τῇ παρὰ μὲν κλισίην πυρὶ κάτθεσαν, ἔνθ᾽ ἄρ᾽ ἐφῖζε,   55
δινωτὴν ἐλέφαντι καὶ ἀργύρῳ· ἥν ποτε τέκτων
ποίησ᾽ Ἰκμάλιος, καὶ ὑπὸ θρῆνυν ποσὶν ἧκε
προσφνέ᾽ ἐξ αὐτῆς, ὅθ᾽ ἐπὶ μέγα βάλλετο κῶας.
ἔνθα καθέζετ᾽ ἔπειτα περίφρων Πηνελόπεια.
ἦλθον δὲ δμῳαὶ λευκώλενοι ἐκ μεγάροιο.   60
αἱ δ᾽ ἀπὸ μὲν σῖτον πολὺν ἥρεον ἠδὲ τραπέζας
καὶ δέπα, ἔνθεν ἄρ᾽ ἄνδρες ὑπερμενέοντες ἔπινον·
πῦρ δ᾽ ἀπὸ λαμπτήρων χαμάδις βάλον, ἄλλα δ᾽ ἐπ᾽ αὐτῶν
νήησαν ξύλα πολλά, φόως ἔμεν ἠδὲ θέρεσθαι.
ἡ δ᾽ Ὀδυσῆ᾽ ἐνένιπε Μελανθὼ δεύτερον αὖτις·   65
" ξεῖν᾽, ἔτι καὶ νῦν ἐνθάδ᾽ ἀνιήσεις διὰ νύκτα
δινεύων κατὰ οἶκον, ὀπιπεύσεις δὲ γυναῖκας;
ἀλλ᾽ ἔξελθε θύραζε, τάλαν, καὶ δαιτὸς ὄνησο·
ἢ τάχα καὶ δαλῷ βεβλημένος εἶσθα θύραζε."
    Τὴν δ᾽ ἄρ᾽ ὑπόδρα ἰδὼν προσέφη πολύμητις Ὀδυσσεύς·
" δαιμονίη, τί μοι ὧδ᾽ ἐπέχεις κεκοτηότι θυμῷ;   71
ἦ ὅτι δὴ ῥυπόω, κακὰ δὲ χροῒ εἵματα εἷμαι,
πτωχεύω δ᾽ ἀνὰ δῆμον; ἀναγκαίη γὰρ ἐπείγει.
τοιοῦτοι πτωχοὶ καὶ ἀλήμονες ἄνδρες ἔασι.
καὶ γὰρ ἐγώ ποτε οἶκον ἐν ἀνθρώποισιν ἔναιον   75
ὄλβιος ἀφνειὸν καὶ πολλάκι δόσκον ἀλήτῃ
τοίῳ, ὁποῖος ἔοι καὶ ὅτευ κεχρημένος ἔλθοι·
ἦσαν δὲ δμῶες μάλα μυρίοι, ἄλλα τε πολλὰ
οἷσίν τ᾽ εὖ ζώουσι καὶ ἀφνειοὶ καλέονται.
ἀλλὰ Ζεὺς ἀλάπαξε Κρονίων· ἤθελε γάρ που·   80
τῷ νῦν μή ποτε καὶ σύ, γύναι, ἀπὸ πᾶσαν ὀλέσσῃς

57 θρῆνυς L⁸   ἧεν g j   58 ἔνθ᾽ ἐπιβάλλεται h   61 τράπεζαν
f Athen. 12 A   62 om. d1   δέπας R⁴, cf. o 466   64 φάος
P⁶ : φάος τ᾽ E. M. 565. 39 : φόος b L⁴   65 ἐνένιπε a d1 : -ισπε f,
cf. π 417   65 sq. Μελανθοῦς λοιδορία Paus. x. 25. 1   69 ἦσθα a b g l
L⁴   72 ἢ ὅτι τοι ῥυπαρὰ κατὰ χροῒ g   λιπόω U² : οὐ λιπόω o Mon.
γρ. U⁵ Eust.   73 ἰκάνει k, γρ. M² U⁵, cf. Ψ 623   76, 77 om. P³
    77 om. d1   81 πίμπαν o, γρ. P⁷

ἀγλαΐην, τῇ νῦν γε μετὰ δμῳῇσι κέκασσαι·
μή πώς τοι δέσποινα κοτεσσαμένη χαλεπήνῃ,
ἢ Ὀδυσεὺς ἔλθῃ· ἔτι γὰρ καὶ ἐλπίδος αἶσα.
εἰ δ᾽ ὁ μὲν ὡς ἀπόλωλε καὶ οὐκέτι νόστιμός ἐστιν,   85
ἀλλ᾽ ἤδη παῖς τοῖος Ἀπόλλωνός γε ἕκητι,
Τηλέμαχος· τὸν δ᾽ οὔ τις ἐνὶ μεγάροισι γυναικῶν
λήθει ἀτασθάλλουσ᾽, ἐπεὶ οὐκέτι τηλίκος ἐστίν."
    Ὣς φάτο, τοῦ δ᾽ ἤκουσε περίφρων Πηνελόπεια,
ἀμφίπολον δ᾽ ἐνένιπεν ἔπος τ᾽ ἔφατ᾽ ἔκ τ᾽ ὀνόμαζε·   90
"πάντως, θαρσαλέη, κύον ἀδεές, οὔ τί με λήθεις
ἔρδουσα μέγα ἔργον, ὃ σῇ κεφαλῇ ἀναμάξεις·
πάντα γὰρ εὖ ᾔδησθ᾽, ἐπεὶ ἐξ ἐμεῦ ἔκλυες αὐτῆς,
ὡς τὸν ξεῖνον ἔμελλον ἐνὶ μεγάροισιν ἐμοῖσιν
ἀμφὶ πόσει εἴρεσθαι, ἐπεὶ πυκινῶς ἀκάχημαι."   95
    Ἦ ῥα καὶ Εὐρυνόμην ταμίην πρὸς μῦθον ἔειπεν·
"Εὐρυνόμη, φέρε δὴ δίφρον καὶ κῶας ἐπ᾽ αὐτοῦ,
ὄφρα καθεζόμενος εἴπῃ ἔπος ἠδ᾽ ἐπακούσῃ
ὁ ξεῖνος ἐμέθεν· ἐθέλω δέ μιν ἐξερέεσθαι."
    Ὣς ἔφαθ᾽, ἡ δὲ μάλ᾽ ὀτραλέως κατέθηκε φέρουσα   100
δίφρον ἐΰξεστον καὶ ἐπ᾽ αὐτῷ κῶας ἔβαλλεν·
ἔνθα καθέζετ᾽ ἔπειτα πολύτλας δῖος Ὀδυσσεύς.
τοῖσι δὲ μύθων ἄρχε περίφρων Πηνελόπεια·
"ξεῖνε, τὸ μέν σε πρῶτον ἐγὼν εἰρήσομαι αὐτή·
τίς πόθεν εἰς ἀνδρῶν; πόθι τοι πόλις ἠδὲ τοκῆες;"   105
    Τὴν δ᾽ ἀπαμειβόμενος προσέφη πολύμητις Ὀδυσσεύς·
"ὦ γύναι, οὐκ ἄν τίς σε βροτῶν ἐπ᾽ ἀπείρονα γαῖαν
νεικέοι· ἦ γάρ σευ κλέος οὐρανὸν εὐρὺν ἱκάνει,
ὥς τέ τευ ἢ βασιλῆος ἀμύμονος, ὅς τε θεουδὴς
ἀνδράσιν ἐν πολλοῖσι καὶ ἰφθίμοισιν ἀνάσσων   110

82 ἀγλαίη R² R⁶ U¹   τὴν ο L⁸ Mon. W   83 ἤν πως γρ. U⁵
(ἡ γραφὴ schol.): μή πως codd. (τὰ εἰκαιότερα schol.)   90 cf. π 417
93 εἰδησθ᾽ r Mon.: οἰδησθ᾽ f U⁸   101 αὐτῷ g j k: αὐτοῦ cet.
103 ἄρχε codd.   105 ἦς s   110 om. Plat. rep. 363 B, Plut. ad
princ. inerud. 3 = 780 F, Themist. or. xv. 189 A, Philodemus (uv.)
περὶ ἀγ. βασ. xii. 27

115

εὐδικίας ἀνέχῃσι, φέρῃσι δὲ γαῖα μέλαινα
πυροὺς καὶ κριθάς, βρίθῃσι δὲ δένδρεα καρπῷ,
τίκτῃ δ' ἔμπεδα μῆλα, θάλασσα δὲ παρέχῃ ἰχθῦς
ἐξ εὐηγεσίης, ἀρετῶσι δὲ λαοὶ ὑπ' αὐτοῦ.
τῶ ἐμὲ νῦν τὰ μὲν ἄλλα μετάλλα σῷ ἐνὶ οἴκῳ,   115
μηδ' ἐμὸν ἐξερέεινε γένος καὶ πατρίδα γαῖαν,
μή μοι μᾶλλον θυμὸν ἐνιπλήσῃς ὀδυνάων
μνησαμένῳ· μάλα δ' εἰμὶ πολύστονος· οὐδέ τί με χρὴ
οἴκῳ ἐν ἀλλοτρίῳ γοόωντά τε μυρόμενόν τε
ἧσθαι, ἐπεὶ κάκιον πενθήμεναι ἄκριτον αἰεί·   120
μή τίς μοι δμῴων νεμεσήσεται, ἠὲ σύ γ' αὐτή,
φῇ δὲ δακρυπλώειν βεβαρηότα με φρένας οἴνῳ."
    Τὸν δ' ἠμείβετ' ἔπειτα περίφρων Πηνελόπεια·
" ξεῖν', ἦ τοι μὲν ἐμὴν ἀρετὴν εἶδός τε δέμας τε
ὤλεσαν ἀθάνατοι, ὅτε Ἴλιον εἰσανέβαινον   125
Ἀργεῖοι, μετὰ τοῖσι δ' ἐμὸς πόσις ἦεν Ὀδυσσεύς.
εἰ κεῖνός γ' ἐλθὼν τὸν ἐμὸν βίον ἀμφιπολεύοι,
μεῖζόν κε κλέος εἴη ἐμὸν καὶ κάλλιον οὕτω.
νῦν δ' ἄχομαι· τόσα γάρ μοι ἐπέσσευεν κακὰ δαίμων.
ὅσσοι γὰρ νήσοισιν ἐπικρατέουσιν ἄριστοι,   130
Δουλιχίῳ τε Σάμῃ τε καὶ ὑλήεντι Ζακύνθῳ,
οἵ τ' αὐτὴν Ἰθάκην εὐδείελον ἀμφινέμονται,
οἵ μ' ἀεκαζομένην μνῶνται, τρύχουσι δὲ οἶκον.
τῷ οὔτε ξείνων ἐμπάζομαι οὔθ' ἱκετάων
οὔτε τι κηρύκων, οἳ δημιοεργοὶ ἔασιν·   135
ἀλλ' Ὀδυσῆ ποθέουσα φίλον κατατήκομαι ἦτορ.
οἱ δὲ γάμον σπεύδουσιν· ἐγὼ δὲ δόλους τολυπεύω.

114 εὐηργεσίης L⁵ R⁸ v. l. ant. (κακῶς schol.) : εὐεργεσίης L⁴ U⁵
αὐτῷ j Mon. : αὐτοῖς Br V⁴ : ἐν αὐτῶ e   115 τῶ] ὡς Eust.
    116 μηδέμοι Ar. : μηδ' ἐμοὶ L⁴ : ἐμὸν codd.   121 γ' om.
g j k : ἢ σύ περ e M²   122 om. k   καί με φησὶ δάκρυ πλώειν
βεβαρημένον οἴνῳ Arist. Probl. 953 b 12   129 ἐπέ(γ)χευε d r P¹ :
ἐπέκλωσεν g k R² U⁸ (gl. nevit) ed. pr., cf. σ 256   130-133 ἠθέτηνται
δ'· ἐν δὲ τοῖς πλείστοις οὐδὲ ἐφέροντο schol., cf. α 245 sq. π 122 sq.
136 ὀδυσῆ ποθέουσα Ar., Br : ὀδυσῆα ποθεῦσα c f g j Eust. : ποθοῦσα r
R² : ὀδυσῆα ποθέουσα cet.   137 δόλον j k

φᾶρος μέν μοι πρῶτον ἐνέπνευσε φρεσὶ δαίμων
στησαμένη μέγαν ἱστὸν ἐνὶ μεγάροισιν ὑφαίνειν,
λεπτὸν καὶ περίμετρον· ἄφαρ δ' αὐτοῖς μετέειπον·   140
' κοῦροι, ἐμοὶ μνηστῆρες, ἐπεὶ θάνε δῖος Ὀδυσσεύς,
μίμνετ' ἐπειγόμενοι τὸν ἐμὸν γάμον, εἰς ὅ κε φᾶρος
ἐκτελέσω, μή μοι μεταμώνια νήματ' ὄληται,
Λαέρτῃ ἥρωϊ ταφήϊον, εἰς ὅτε κέν μιν
μοῖρ' ὀλοὴ καθέλῃσι τανηλεγέος θανάτοιο·   145
μή τίς μοι κατὰ δῆμον Ἀχαιϊάδων νεμεσήσῃ,
αἴ κεν ἄτερ σπείρου κῆται πολλὰ κτεατίσσας.'
ὣς ἐφάμην, τοῖσιν δ' ἐπεπείθετο θυμὸς ἀγήνωρ.
ἔνθα καὶ ἠματίη μὲν ὑφαίνεσκον μέγαν ἱστόν,
νύκτας δ' ἀλλύεσκον, ἐπεὶ δαΐδας παραθείμην.   150
ὣς τρίετες μὲν ἔληθον ἐγὼ καὶ ἔπειθον Ἀχαιούς·
ἀλλ' ὅτε τέτρατον ἦλθεν ἔτος καὶ ἐπήλυθον ὧραι,
μηνῶν φθινόντων, περὶ δ' ἤματα πόλλ' ἐτελέσθη,
καὶ τότε δή με διὰ δμῳάς, κύνας οὐκ ἀλεγούσας,
εἷλον ἐπελθόντες καὶ ὁμόκλησαν ἐπέεσσιν.   155
ὣς τὸ μὲν ἐξετέλεσσα, καὶ οὐκ ἐθέλουσ', ὑπ' ἀνάγκης·
νῦν δ' οὔτ' ἐκφυγέειν δύναμαι γάμον οὔτε τιν' ἄλλην
μῆτιν ἔθ' εὑρίσκω· μάλα δ' ὀτρύνουσι τοκῆες
γήμασθ', ἀσχαλάᾳ δὲ πάϊς βίοτον κατεδόντων,
γιγνώσκων· ἤδη γὰρ ἀνὴρ οἷός τε μάλιστα   160
οἴκου κήδεσθαι, τῷ τε Ζεὺς κῦδος ὀπάζει.
ἀλλὰ καὶ ὧς μοι εἰπὲ τεὸν γένος, ὁππόθεν ἐσσί·
οὐ γὰρ ἀπὸ δρυός ἐσσι παλαιφάτου οὐδ' ἀπὸ πέτρης."
Τὴν δ' ἀπαμειβόμενος προσέφη πολύμητις Ὀδυσσεύς·

138 φρεσὶ] μέγα **eik**   139 ὑφαίνειν Ar. **cfgkl** ed. pr.:
ὕφαινον cet.   143 μεταμώλια **eg** ed. pr., cf. β 98   144 εἰσόκε
τε U³: ὁππότε **j**   147 κῆται U⁶, fort. O : κεῖται cet.   150 ἀλλύ-
εσκον v. l. ant. (διὰ τοῦ ῡ schol.)   153 om. **djk** P¹ = κ 470 ω 143
155 ὁμοκλήσαντ' **gk**   158 ἐφευρίσκω **g** : ἀνευρίσκω **o**   ἅμα
pro μάλα L⁴   159 μνάασθ' P³   160 μάλιστα] μέγας τε **g** R²
161 ὅλησιν **boef** v. l. ap. Eust.   163 εἰσί **f** : ἐστι **e**   παλαι-
φάγου quidam   163ᵃ ἀλλ' ἀνδρῶν γένος εἰσί add. Clemens Al.
Protrept. ii. 38, Sext. Empir. 577. 11 Bekk. (ἧεν)

" ὦ γύναι αἰδοίη Λαερτιάδεω Ὀδυσῆος,   165
οὐκέτ' ἀπολλήξεις τὸν ἐμὸν γόνον ἐξερέουσα;
ἀλλ' ἔκ τοι ἐρέω· ἦ μέν μ' ἀχέεσσί γε δώσεις
πλείοσιν ἢ ἔχομαι· ἡ γὰρ δίκη, ὁππότε πάτρης
ἧς ἀπέῃσιν ἀνὴρ τόσσον χρόνον ὅσσον ἐγὼ νῦν,
πολλὰ βροτῶν ἐπὶ ἄστε' ἀλώμενος, ἄλγεα πάσχων.   170
ἀλλὰ καὶ ὣς ἐρέω ὅ μ' ἀνείρεαι ἠδὲ μεταλλᾷς.
Κρήτη τις γαῖ' ἔστι, μέσῳ ἐνὶ οἴνοπι πόντῳ,
καλὴ καὶ πίειρα, περίρρυτος· ἐν δ' ἄνθρωποι
πολλοί, ἀπειρέσιοι, καὶ ἐννήκοντα πόληες·
ἄλλη δ' ἄλλων γλῶσσα μεμιγμένη· ἐν μὲν Ἀχαιοί,   175
ἐν δ' Ἐτεόκρητες μεγαλήτορες, ἐν δὲ Κύδωνες,
Δωριέες τε τριχάϊκες δῖοί τε Πελασγοί·
τῇσι δ' ἐνὶ Κνωσός, μεγάλη πόλις, ἔνθα τε Μίνως
ἐννέωρος βασίλευε Διὸς μεγάλου ὀαριστής,
πατρὸς ἐμοῖο πατήρ, μεγαθύμου Δευκαλίωνος.   180
Δευκαλίων δ' ἐμὲ τίκτε καὶ Ἰδομενῆα ἄνακτα·
ἀλλ' ὁ μὲν ἐν νήεσσι κορωνίσιν Ἴλιον εἴσω
οἴχεθ' ἅμ' Ἀτρεΐδῃσιν, ἐμοὶ δ' ὄνομα κλυτὸν Αἴθων,
ὁπλότερος γενεῇ· ὁ δ' ἄρα πρότερος καὶ ἀρείων.
ἔνθ' Ὀδυσῆα ἐγὼν ἰδόμην καὶ ξείνια δῶκα.   185
καὶ γὰρ τὸν Κρήτηνδε κατήγαγεν ἲς ἀνέμοιο,
ἱέμενον Τροίηνδε παραπλάγξασα Μαλειῶν·
στῆσε δ' ἐν Ἀμνισῷ, ὅθι τε σπέος Εἰλειθυίης,
ἐν λιμέσιν χαλεποῖσι, μόγις δ' ὑπάλυξεν ἀέλλας.
αὐτίκα δ' Ἰδομενῆα μετάλλα ἄστυδ' ἀνελθών·   190
ξεῖνον γάρ οἱ ἔφασκε φίλον τ' ἔμεν αἰδοῖόν τε.

171 τὸν μῦθον ἐνισπήσω σὺ δ' ἄκουσον j (cf. μ 37)   172 γαῖα τις
p J   174 ἐννήκοντα d : ἐνενήκοντα cet.   176 ἐν δέ τε καὶ
κρῆτες g R² Strab. 221 codd. B k l, ἐν δὲ Κρ. sch. Theocr. vii. 12, cf.
Υ 255 π 305, Theognis 288   177 τριχάϊκες e   178 τῇσι o g k Pal.
Plat. Minos 319 B : τοῖσι cet.   179 ἐννέορος d k C   ὀαριστύς d e g
C Pal. : -εύς U⁶   183 φχ. codd.   κλυτὸς e g i j Herod. ad X 51,
parodia exstat apud Theognidem 1209   184 ὁπλοτέρω h   ἅμα j
Mon. (Ar. B 707)   186 κρήτη δὲ b f   188 ἀμνησῷ a l : ἀμνοῖσῷ l.⁵
P²   189 μόγις g U⁶ uv. ed pr. : μόλις cet.   191 οἱ] μιν g ed. pr.

τῷ δ' ἤδη δεκάτη ἢ ἑνδεκάτη πέλεν ἠὼς
οἰχομένῳ σὺν νηυσὶ κορωνίσιν Ἴλιον εἴσω.
τὸν μὲν ἐγὼ πρὸς δώματ' ἄγων ἐῢ ἐξείνισσα,
ἐνδυκέως φιλέων, πολλῶν κατὰ οἶκον ἐόντων·   195
καί οἱ τοῖς ἄλλοις ἑτάροις, οἳ ἅμ' αὐτῷ ἕποντο,
δημόθεν ἄλφιτα δῶκα καὶ αἴθοπα οἶνον ἀγείρας
καὶ βοῦς ἱρεύσασθαι, ἵνα πλησαίατο θυμόν.
ἔνθα δυώδεκα μὲν μένον ἤματα δῖοι Ἀχαιοί·
εἴλει γὰρ Βορέης ἄνεμος μέγας οὐδ' ἐπὶ γαίῃ   200
εἴα ἵστασθαι, χαλεπὸς δέ τις ὤρορε δαίμων·
τῇ τρισκαιδεκάτῃ δ' ἄνεμος πέσε, τοὶ δ' ἀνάγοντο."
Ἴσκε ψεύδεα πολλὰ λέγων ἐτύμοισιν ὁμοῖα·
τῆς δ' ἄρ' ἀκουούσης ῥέε δάκρυα, τήκετο δὲ χρώς.
ὡς δὲ χιὼν κατατήκετ' ἐν ἀκροπόλοισιν ὄρεσσιν,   205
ἥν τ' Εὖρος κατέτηξεν, ἐπὴν Ζέφυρος καταχεύῃ·
τηκομένης δ' ἄρα τῆς ποταμοὶ πλήθουσι ῥέοντες·
ὣς τῆς τήκετο καλὰ παρήϊα δάκρυ χεούσης,
κλαιούσης ἑὸν ἄνδρα παρήμενον. αὐτὰρ Ὀδυσσεὺς
θυμῷ μὲν γοόωσαν ἑὴν ἐλέαιρε γυναῖκα,   210
ὀφθαλμοὶ δ' ὡς εἰ κέρα ἕστασαν ἠὲ σίδηρος
ἀτρέμας ἐν βλεφάροισι· δόλῳ δ' ὅ γε δάκρυα κεῦθεν.
ἡ δ' ἐπεὶ οὖν τάρφθη πολυδακρύτοιο γόοιο,
ἐξαῦτίς μιν ἔπεσσιν ἀμειβομένη προσέειπε·
" νῦν μὲν δή σευ, ξεῖνε, ὀΐω πειρήσεσθαι,   215
εἰ ἐτεὸν δὴ κεῖθι σὺν ἀντιθέοις ἑτάροισι
ξείνισας ἐν μεγάροισιν ἐμὸν πόσιν, ὡς ἀγορεύεις.
εἰπέ μοι ὁπποῖ' ἄσσα περὶ χροῒ εἵματα ἔστο,
αὐτός θ' οἷος ἔην, καὶ ἑταίρους, οἵ οἱ ἕποντο."
Τὴν δ' ἀπαμειβόμενος προσέφη πολύμητις Ὀδυσσεύς·

192 πέλεν] γένετ' k : ἦν e j   194 ἄγον p L⁵   εὖ δ' p   197 ἀείρας
c e f k   198 ἱερεύσας τε q   200 γαίης j k   203 ἴαχε l.⁸ :
ἴσχε g R² Plut. l. citando   λέγειν fort. U² : Plut. glor. Ath. 347 E.
schol. Rhet. gr. vii. 918. 21   205 ὀρεσφιν g R²   212 δέ γε
M² Plut. de virt. mor. 442 E   215 νῦν δὴ σεῖο (om. μὲν) g ed. pr.
γε πειρήσεσθαι ὀίω P⁶   αὔτως add. in fin. vers. C   216 κεῖνον e

" ὦ γύναι, ἀργαλέον τόσσον χρόνον ἀμφὶς ἐόντα   221
εἰπέμεν· ἤδη γάρ οἱ ἐεικοστὸν ἔτος ἐστὶν
ἐξ οὗ κεῖθεν ἔβη καὶ ἐμῆς ἀπελήλυθε πάτρης·
αὐτάρ τοι ἐρέω ὥς μοι ἰνδάλλεται ἦτορ.
χλαῖναν πορφυρέην οὔλην ἔχε δῖος Ὀδυσσεύς,   225
διπλῆν· αὐτάρ οἱ περόνη χρυσοῖο τέτυκτο
αὐλοῖσιν διδύμοισι· πάροιθε δὲ δαίδαλον ἦεν·
ἐν προτέροισι πόδεσσι κύων ἔχε ποικίλον ἐλλόν,
ἀσπαίροντα λάων· τὸ δὲ θαυμάζεσκον ἅπαντες,
ὡς οἱ χρύσεοι ἐόντες ὁ μὲν λάε νεβρὸν ἀπάγχων,   230
αὐτὰρ ὁ ἐκφυγέειν μεμαὼς ἤσπαιρε πόδεσσι.
τὸν δὲ χιτῶν' ἐνόησα περὶ χροῒ σιγαλόεντα,
οἷόν τε κρομύοιο λοπὸν κάτα ἰσχαλέοιο·
τὼς μὲν ἔην μαλακός, λαμπρὸς δ' ἦν ἠέλιος ὥς·
ἦ μὲν πολλαί γ' αὐτὸν ἐθηήσαντο γυναῖκες.   235
ἄλλο δέ τοι ἐρέω, σὺ δ' ἐνὶ φρεσὶ βάλλεο σῇσιν·
οὐκ οἶδ' ἢ τάδε ἕστο περὶ χροῒ οἴκοθ' Ὀδυσσεύς,
ἦ τις ἑταίρων δῶκε θοῆς ἐπὶ νηὸς ἰόντι,
ἤ τίς που καὶ ξεῖνος, ἐπεὶ πολλοῖσιν Ὀδυσσεὺς
ἔσκε φίλος· παῦροι γὰρ Ἀχαιῶν ἦσαν ὁμοῖοι.   240
καί οἱ ἐγὼ χάλκειον ἄορ καὶ δίπλακα δῶκα
καλὴν πορφυρέην καὶ τερμιόεντα χιτῶνα,
αἰδοίως δ' ἀπόπεμπον ἐϋσσέλμου ἐπὶ νηός.
καὶ μέν οἱ κῆρυξ ὀλίγον προγενέστερος αὐτοῦ
εἴπετο· καὶ τόν τοι μυθήσομαι, οἷος ἔην περ.   245

222 μοι a f H¹ Pal. U⁸: μιν d r : τοι k   223 ἐξ οὗ] μέσφ' ὅτε
e j k, cf. ω 310 Θ 508 Λ 756   μεσφα, μεστ' ἀν, μεσποδι praeb. lapides
224 αὐτὰρ ἐγὼν ἐρέω g R² ed. pr.   ἀλλὰ καὶ ὥς ἐρέω ὥς μοι
φρεσὶν εἴδεται εἶναι a d r P¹   ἰνδάλλεται ἦσθαι f Br marg. : εἴδεται
πάτρης Br V⁴ (ex 223)   226 διπλῆν ἐκταδίην ἐν δ' ἄρα οἱ περόνη
χρυσοῖο τέτυκτο k Pal. U⁸ (om. ἐν δ' ἄρα. οἱ), cf. Κ 134 : αὐτάρ τοι
περόνη χρυσοῖο τέτυκτο φαεινοῦ d r P¹ R⁴ : τέτυκτο (-αι) χρυσοῖο φαεινοῦ
g i C   227 δαίδαλος L⁵ : δαίδαλα L⁸ et O corr., ed. pr. E. M. 169.
147, Zon. 343   ἧκεν E. M. l. c. Zon.   230 ἐόντες j ut Heyne :
ὄντες cet.   233 λεπὰς f : λεπὸν Br : λέπος Galen. iii. 787 K.
καταϊσχαλέοιο d e j H³ R⁴   237 ἦ] εἰ codd.   οἴκαδ' a L¹ Br corr.
241 οἱ] τότ' a d P¹   243 ἀπόπεμπον g ed. pr. : ἀπέ- cet.

γυρὸς ἐν ὤμοισιν, μελανόχροος, οὐλοκάρηνος,
Εὐρυβάτης δ' ὄνομ' ἔσκε· τίεν δέ μιν ἔξοχον ἄλλων
ὧν ἑτάρων 'Οδυσεύς, ὅτι οἱ φρεσὶν ἄρτια ἤδη."
*Ὣς φάτο, τῇ δ' ἔτι μᾶλλον ὑφ' ἵμερον ὦρσε γόοιο,
σήματ' ἀναγνούσῃ τά οἱ ἔμπεδα πέφραδ' 'Οδυσσεύς.   250
ἡ δ' ἐπεὶ οὖν τάρφθη πολυδακρύτοιο γόοιο,
καὶ τότε μιν μύθοισιν ἀμειβομένη προσέειπε·
" νῦν μὲν δή μοι, ξεῖνε, πάρος περ ἐὼν ἐλεεινός,
ἐν μεγάροισιν ἐμοῖσι φίλος τ' ἔσῃ αἰδοῖός τε·
αὐτὴ γὰρ τάδε εἵματ' ἐγὼ πόρον, οἷ' ἀγορεύεις,   255
πτύξασ' ἐκ θαλάμου, περόνην τ' ἐπέθηκα φαεινὴν
κείνῳ ἄγαλμ' ἔμεναι· τὸν δ' οὐχ ὑποδέξομαι αὖτις
οἴκαδε νοστήσαντα φίλην ἐς πατρίδα γαῖαν.
τῷ ῥα κακῇ αἴσῃ κοίλης ἐπὶ νηὸς 'Οδυσσεὺς
οἴχετ' ἐποψόμενος Κακοΐλιον οὐκ ὀνομαστήν."   260
Τὴν δ' ἀπαμειβόμενος προσέφη πολύμητις 'Οδυσσεύς·
" ὦ γύναι αἰδοίη Λαερτιάδεω 'Οδυσῆος,
μηκέτι νῦν χρόα καλὸν ἐναίρεο μηδέ τι θυμὸν
τῆκε πόσιν γοόωσα· νεμεσσῶμαί γε μὲν οὐδέν·
καὶ γάρ τίς τ' ἀλλοῖον ὀδύρεται ἄνδρ' ὀλέσασα   265
κουρίδιον, τῷ τέκνα τέκῃ φιλότητι μιγεῖσα,
ἢ 'Οδυσῆ', ὅν φασι θεοῖς ἐναλίγκιον εἶναι.
ἀλλὰ γόου μὲν παῦσαι, ἐμεῖο δὲ σύνθεο μῦθον·
νημερτέως γάρ τοι μυθήσομαι οὐδ' ἐπικεύσω
ὡς ἤδη 'Οδυσῆος ἐγὼ περὶ νόστου ἄκουσα   270
ἀγχοῦ, Θεσπρωτῶν ἀνδρῶν ἐν πίονι δήμῳ,
ζωοῦ· αὐτὰρ ἄγει κειμήλια πολλὰ καὶ ἐσθλὰ
αἰτίζων ἀνὰ δῆμον· ἀτὰρ ἐρίηρας ἑταίρους

246 ἔην ὤμοισιν p r Galen. de dign. puls. i. 4, Herod. de fig. 64. 21
(Rhet. gr. viii. 610), Aphth. Rhet. gr. i. 104 (ἐν cod. Vind.) Eust.
μελάγχροος Galen. Aphth. : μελανόχρεως P⁶   252 ἐπειγομένη e
254 ἐσσὶ g R²   255 αὐτίκα γρ. U⁵, R⁷ ss.   260 ᾧχ. codd.
ὀνομαστὸν c P¹ R⁴   268 μύθων g i R⁴   272 ἀτάρ τοι d L⁴ R⁴ :
αὐτάρ τοι C P¹ U³   πολλὰ δ' ἄγει κειμήλια καλὰ καὶ ἐσθλά U⁸ Mon.
corr., ὃν δε δόμον δε j Mon., cf. ρ 527

ὤλεσε καὶ νῆα γλαφυρὴν ἐνὶ οἴνοπι πόντῳ,
Θρινακίης ἄπο νήσου ἰών· ὀδύσαντο γὰρ αὐτῷ   275
Ζεύς τε καὶ Ἥλιος· τοῦ γὰρ βόας ἔκταν ἑταῖροι.
οἱ μὲν πάντες ὄλοντο πολυκλύστῳ ἐνὶ πόντῳ·
τὸν δ' ἄρ' ἐπὶ τρόπιος νεὸς ἔκβαλε κῦμ' ἐπὶ χέρσου,
Φαιήκων ἐς γαῖαν, οἳ ἀγχίθεοι γεγάασιν,
οἳ δή μιν περὶ κῆρι θεὸν ὣς τιμήσαντο   280
καί οἱ πολλὰ δόσαν πέμπειν τέ μιν ἤθελον αὐτοὶ
οἴκαδ' ἀπήμαντον. καί κεν πάλαι ἐνθάδ' Ὀδυσσεὺς
ἦην· ἀλλ' ἄρα οἱ τό γε κέρδιον εἴσατο θυμῷ,
χρήματ' ἀγυρτάζειν πολλὴν ἐπὶ γαῖαν ἰόντι·
ὣς περὶ κέρδεα πολλὰ καταθνητῶν ἀνθρώπων   285
οἶδ' Ὀδυσεύς, οὐδ' ἄν τις ἐρίσσειε βροτὸς ἄλλος.
ὥς μοι Θεσπρωτῶν βασιλεὺς μυθήσατο Φείδων·
ὄμνυε δὲ πρὸς ἔμ' αὐτόν, ἀποσπένδων ἐνὶ οἴκῳ,
νῆα κατειρύσθαι καὶ ἐπαρτέας ἔμμεν ἑταίρους,
οἳ δή μιν πέμψουσι φίλην ἐς πατρίδα γαῖαν.   290
ἀλλ' ἐμὲ πρὶν ἀπέπεμψε· τύχησε γὰρ ἐρχομένη νηῦς
ἀνδρῶν Θεσπρωτῶν ἐς Δουλίχιον πολύπυρον.
καί μοι κτήματ' ἔδειξεν, ὅσα ξυναγείρατ' Ὀδυσσεύς·
καί νύ κεν ἐς δεκάτην γενεὴν ἕτερόν γ' ἔτι βόσκοι,
ὅσσα οἱ ἐν μεγάροις κειμήλια κεῖτο ἄνακτος.   295
τὸν δ' ἐς Δωδώνην φάτο βήμεναι, ὄφρα θεοῖο
ἐκ δρυὸς ὑψικόμοιο Διὸς βουλὴν ἐπακοῦσαι,
ὅππως νοστήσειε φίλην ἐς πατρίδα γαῖαν
ἤδη δὴν ἀπεών, ἢ ἀμφαδὸν ἦε κρυφηδόν.
ὣς ὁ μὲν οὕτως ἐστὶ σόος καὶ ἐλεύσεται ἤδη   300
ἄγχι μάλ', οὐδ' ἔτι τῆλε φίλων καὶ πατρίδος αἴης
δηρὸν ἀπεσσεῖται· ἔμπης δέ τοι ὅρκια δώσω.

278 ἔμβαλε c f g (om. νεὸς)   283 ἦειν e : εἴην c Pal. P¹ R⁴ :
εἴη d r C   287 φαίδων C   288 ὄμνυε codd.   ἐπισπένδων j,
γρ. U⁵, cf. ξ 331   291, 292 om. h j k, hab. cet. (bina puncta • praem.
R⁶, vacant secundum alios codices L⁸ m. rec.) = ξ 334, 335   295 τόσσα
j o Mon., cf. ξ 326   300 οὕτως c i j : οὗτος cet.

ἴστω νῦν Ζεὺς πρῶτα, θεῶν ὕπατος καὶ ἄριστος,
ἱστίη τ' Ὀδυσῆος ἀμύμονος, ἣν ἀφικάνω·
ἦ μέν τοι τάδε πάντα τελείεται ὡς ἀγορεύω.   305
τοῦδ' αὐτοῦ λυκάβαντος ἐλεύσεται ἐνθάδ' Ὀδυσσεύς,
τοῦ μὲν φθίνοντος μηνός, τοῦ δ' ἱσταμένοιο."
Τὸν δ' αὖτε προσέειπε περίφρων Πηνελόπεια·
" αἲ γὰρ τοῦτο, ξεῖνε, ἔπος τετελεσμένον εἴη·
τῷ κε τάχα γνοίης φιλότητά τε πολλά τε δῶρα   310
ἐξ ἐμεῦ, ὡς ἄν τίς σε συναντόμενος μακαρίζοι.
ἀλλά μοι ὧδ' ἀνὰ θυμὸν ὀίεται, ὡς ἔσεταί περ·
οὔτ' Ὀδυσεὺς ἔτι οἶκον ἐλεύσεται, οὔτε σὺ πομπῆς
τεύξῃ, ἐπεὶ οὐ τοῖοι σημάντορές εἰσ' ἐνὶ οἴκῳ
οἷος Ὀδυσσεὺς ἔσκε μετ' ἀνδράσιν, εἴ ποτ' ἔην γε,   315
ξείνους αἰδοίους ἀποπεμπέμεν ἠδὲ δέχεσθαι.
ἀλλά μιν, ἀμφίπολοι, ἀπονίψατε, κάτθετε δ' εὐνήν,
δέμνια καὶ χλαίνας καὶ ῥήγεα σιγαλόεντα,
ὥς κ' εὖ θαλπιόων χρυσόθρονον Ἠῶ ἵκηται.
ἠῶθεν δὲ μάλ' ἦρι λοέσσαι τε χρῖσαί τε,   320
ὥς κ' ἔνδον παρὰ Τηλεμάχῳ δείπνοιο μέδηται
ἥμενος ἐν μεγάρῳ· τῷ δ' ἄλγιον ὅς κεν ἐκείνων
τοῦτον ἀνιάζῃ θυμοφθόρος· οὐδέ τι ἔργον
ἐνθάδ' ἔτι πρήξει, μάλα περ κεχολωμένος αἰνῶς.
πῶς γὰρ ἐμεῦ σύ, ξεῖνε, δαήσεαι εἴ τι γυναικῶν   325
ἀλλάων περίειμι νόον καὶ ἐπίφρονα μῆτιν,
εἴ κεν ἀϋσταλέος κακὰ εἱμένος ἐν μεγάροισι
δαινύῃ; ἄνθρωποι δὲ μινυνθάδιοι τελέθουσιν.
ὃς μὲν ἀπηνὴς αὐτὸς ἔῃ καὶ ἀπηνέα εἰδῇ,

304 ἑστίη j C : εἱστίη (= ἑστίη) M' U⁸, cf. ξ 159   305 τοι] τῆ c k :
μοι e : δὴ Mon.   306 obelo (dicitur) not. J (an 307 ? cf. ξ 162)
314 τεύξεαι d j k r R⁴ : τεύξαι g   οὗτοι a d P¹ U⁸ Eust.
317 μιν] μοι k U⁶   319 κεν θαλπιόων d e r : κε L⁵ Pal. : εὐθαλπιόων
U² v. l. ap. Eust. (ὑφ' ἓν)   320 μάλ' εἱρήσεται ἦρι j   λοέσσατε
Pal. U⁵ : -ετε L⁵   323 τι] κεν a d P¹   324 αἰνῶς] αἰεί C
325 δαείσσεαι c   326 ἐχέφρονα h j k, γρ. U⁵, Eust.   βουλήν
Mon. Pal. (γ 128)

τῷ δὲ καταρῶνται πάντες βροτοὶ ἄλγε᾽ ὀπίσσω   330
ζωῷ, ἀτὰρ τεθνεῶτί γ᾽ ἐφεψιόωνται ἅπαντες·
ὃς δ᾽ ἂν ἀμύμων αὐτὸς ἔῃ καὶ ἀμύμονα εἰδῇ,
τοῦ μέν τε κλέος εὐρὺ διὰ ξεῖνοι φορέουσι
πάντας ἐπ᾽ ἀνθρώπους, πολλοί τέ μιν ἐσθλὸν ἔειπον."

Τὴν δ᾽ ἀπαμειβόμενος προσέφη πολύμητις Ὀδυσσεύς·
" ὦ γύναι αἰδοίη Λαερτιάδεω Ὀδυσῆος,   336
ἦ τοι ἐμοὶ χλαῖναι καὶ ῥήγεα σιγαλόεντα
ἤχθεθ᾽, ὅτε πρῶτον Κρήτης ὄρεα νιφόεντα
νοσφισάμην ἐπὶ νηὸς ἰὼν δολιχηρέτμοιο,
κείω δ᾽ ὡς τὸ πάρος περ ἀΰπνους νύκτας ἴαυον·   340
πολλὰς γὰρ δὴ νύκτας ἀεικελίῳ ἐνὶ κοίτῃ
ἄεσα καί τ᾽ ἀνέμεινα ἐΰθρονον Ἠῶ δῖαν.
οὐδέ τί μοι ποδάνιπτρα ποδῶν ἐπιήρανα θυμῷ
γίγνεται· οὐδὲ γυνὴ ποδὸς ἅψεται ἡμετέροιο
τάων αἵ τοι δῶμα κάτα δρήστειραι ἔασιν,   345
εἰ μή τις γρηῦς ἐστι παλαιή, κεδνὰ ἰδυῖα,
ἥ τις δὴ τέτληκε τόσα φρεσὶν ὅσσα τ᾽ ἐγώ περ·
τῇ δ᾽ οὐκ ἂν φθονέοιμι ποδῶν ἅψασθαι ἐμεῖο."

Τὸν δ᾽ αὖτε προσέειπε περίφρων Πηνελόπεια·
" ξεῖνε φίλ᾽· οὐ γάρ πώ τις ἀνὴρ πεπνυμένος ὧδε   350
ξείνων τηλεδαπῶν φιλίων ἐμὸν ἵκετο δῶμα,
ὡς σὺ μάλ᾽ εὐφραδέως πεπνυμένα πάντ᾽ ἀγορεύεις·
ἔστι δέ μοι γρηῦς πυκινὰ φρεσὶ μήδε᾽ ἔχουσα,
ἣ κεῖνον δύστηνον ἐῢ τρέφεν ἠδ᾽ ἀτίταλλε,
δεξαμένη χείρεσσ᾽, ὅτε μιν πρῶτον τέκε μήτηρ,   355
ἥ σε πόδας νίψει, ὀλιγηπελέουσά περ ἔμπης.
ἀλλ᾽ ἄγε νῦν ἀνστᾶσα, περίφρων Εὐρύκλεια,
νίψον σοῖο ἄνακτος ὁμήλικα. καί που Ὀδυσσεὺς

341 ἐνὶ οἴκω g R² 343 ἐπίηρ᾽ ἀνὰ c d f g Pˡ v. l. ap. Eust. .
ἐνὶ x U³ θυμῶν f g L⁵ 346–348 ἀθετοῦνται οἱ τρεῖς. obelis dicitur
notare J 347 δὴ L⁴ V⁴ cit. schol. Eust., om. cet. 348 τῇ δ᾽
οὐκ ἂν g R² : τῇδε δ᾽ ἂν οὐ vulg. : τήνδε d f Pˡ R⁴ Eust. : τῆσδε Ap.
Dysc. pron. 57. 29 Schn. 351 τ᾽ ἀλλοδαπῶν R⁴ τ᾽ ἐμὸν a d j r Pˡ
356 ὀλίγη περ ἐοῦσα j q 358 τοῖο p

ἤδη τοιόσδ' ἐστὶ πόδας τοιόσδε τε χεῖρας·
αἶψα γὰρ ἐν κακότητι βροτοὶ καταγηράσκουσιν."   360
῍Ως ἄρ' ἔφη, γρηῢς δὲ κατέσχετο χερσὶ πρόσωπα,
δάκρυα δ' ἔκβαλε θερμά, ἔπος δ' ὀλοφυδνὸν ἔειπεν·
" ὤ μοι ἐγὼ σέο, τέκνον, ἀμήχανος· ἦ σε περὶ Ζεὺς
ἀνθρώπων ἔχθαιρε θεουδέα θυμὸν ἔχοντα.
οὐ γάρ πώ τις τόσσα βροτῶν Διὶ τερπικεραύνῳ   365
πίονα μηρία κῆ' οὐδ' ἐξαίτους ἑκατόμβας,
ὅσσα σὺ τῷ ἐδίδους, ἀρώμενος ἧος ἵκοιο
γῆράς τε λιπαρὸν θρέψαιό τε φαίδιμον υἱόν·
νῦν δέ τοι οἴῳ πάμπαν ἀφείλετο νόστιμον ἦμαρ.
οὕτω που καὶ κείνῳ ἐφεψιόωντο γυναῖκες   370
ξείνων τηλεδαπῶν, ὅτε τευ κλυτὰ δώμαθ' ἵκοιτο,
ὡς σέθεν αἱ κύνες αἵδε καθεψιόωνται ἅπασαι,
τάων νῦν λώβην τε καὶ αἴσχεα πόλλ' ἀλεείνων
οὐκ ἐάᾳς νίζειν· ἐμὲ δ' οὐκ ἀέκουσαν ἄνωγε
κούρη Ἰκαρίοιο, περίφρων Πηνελόπεια.   375
τῷ σε πόδας νίψω ἅμα τ' αὐτῆς Πηνελοπείης
καὶ σέθεν εἴνεκ', ἐπεί μοι ὀρώρεται ἔνδοθι θυμὸς
κήδεσιν. ἀλλ' ἄγε νῦν ξυνίει ἔπος, ὅττι κεν εἴπω·
πολλοὶ δὴ ξεῖνοι ταλαπείριοι ἐνθάδ' ἵκοντο,
ἀλλ' οὔ πώ τινά φημι ἐοικότα ὧδε ἰδέσθαι   380
ὡς σὺ δέμας φωνήν τε πόδας τ' Ὀδυσῆϊ ἔοικας."
Τὴν δ' ἀπαμειβόμενος προσέφη πολύμητις Ὀδυσσεύς·
" ὤ γρηῦ, οὕτω φασὶν ὅσοι ἴδον ὀφθαλμοῖσιν
ἡμέας ἀμφοτέρους, μάλα εἰκέλω ἀλλήλοιϊν
ἔμμεναι, ὡς σύ περ αὐτὴ ἐπιφρονέουσ' ἀγορεύεις."   385
῍Ως ἄρ' ἔφη, γρηῢς δὲ λέβηθ' ἕλε παμφανόωντα,
τοῦ πόδας ἐξαπένιζεν, ὕδωρ δ' ἐνεχεύατο πουλὺ

361 κατέσχεθε lemm. sch. min., cf. δ 758   χερσὶ] καλὰ Pal.
364 ἤχθηρε vulg. : ἤχθαιρε a e j Pal., cf. λ 437, 560   367 ἐδίδου o
H³ Mon. M²: ἐδίδως a d r   369 οἴῳ] σ' ὧδε U⁵: ὧδέ σε g i: δέ τι
σοι ὧδε p   371 ὅτ' ἐς τὰ δ. h   κλυτὰ] κατὰ j Mon.   374 νίψειν e
   ἄκουσαν a d   ἀνώγει e g i   387 πουλύ g R² Pollux x. 77 :
πολλὸν cet.

ψυχρόν, ἔπειτα δὲ θερμὸν ἐπήφυσεν.   αὐτὰρ Ὀδυσσεὺς
ἷζεν ἐπ' ἐσχαρόφιν, ποτὶ δὲ σκότον ἐτράπετ' αἶψα·
αὐτίκα γὰρ κατὰ θυμὸν ὀίσατο, μή ἑ λαβοῦσα   390
οὐλὴν ἀμφράσσαιτο καὶ ἀμφαδὰ ἔργα γένοιτο.
νίζε δ' ἄρ' ἆσσον ἰοῦσα ἄναχθ' ἑόν· αὐτίκα δ' ἔγνω
οὐλήν, τήν ποτέ μιν σῦς ἤλασε λευκῷ ὀδόντι
Παρνησόνδ' ἐλθόντα μετ' Αὐτόλυκόν τε καὶ υἷας,
μητρὸς ἑῆς πατέρ' ἐσθλόν, ὃς ἀνθρώπους ἐκέκαστο   395
κλεπτοσύνῃ θ' ὅρκῳ τε· θεὸς δέ οἱ αὐτὸς ἔδωκεν
Ἑρμείας· τῷ γὰρ κεχαρισμένα μηρία καῖεν
ἀρνῶν ἠδ' ἐρίφων· ὁ δέ οἱ πρόφρων ἅμ' ὀπήδει.
Αὐτόλυκος δ' ἐλθὼν Ἰθάκης ἐς πίονα δῆμον
παῖδα νέον γεγαῶτα κιχήσατο θυγατέρος ἧς·   400
τόν ῥά οἱ Εὐρύκλεια φίλοις ἐπὶ γούνασι θῆκε
παυομένῳ δόρποιο, ἔπος τ' ἔφατ' ἔκ τ' ὀνόμαζεν·
" Αὐτόλυκ', αὐτὸς νῦν ὄνομ' εὕρεο ὅττι κε θῆαι
παιδὸς παιδὶ φίλῳ· πολυάρητος δέ τοί ἐστι."
    Τὴν δ' αὖτ' Αὐτόλυκος ἀπαμείβετο φώνησέν τε·   405
" γαμβρὸς ἐμὸς θυγάτηρ τε, τίθεσθ' ὄνομ' ὅττι κεν εἴπω·
πολλοῖσιν γὰρ ἐγώ γε ὀδυσσάμενος τόδ' ἱκάνω,
ἀνδράσιν ἠδὲ γυναιξὶν ἀνὰ χθόνα πουλυβότειραν·
τῷ δ' Ὀδυσεὺς ὄνομ' ἔστω ἐπώνυμον.   αὐτὰρ ἐγώ γε,
ὁππότ' ἂν ἡβήσας μητρώιον ἐς μέγα δῶμα   410
ἔλθῃ Παρνησόνδ', ὅθι πού μοι κτήματ' ἔασι,
τῶν οἱ ἐγὼ δώσω καί μιν χαίροντ' ἀποπέμψω."
    Τῶν ἕνεκ' ἦλθ' Ὀδυσεύς, ἵνα οἱ πόροι ἀγλαὰ δῶρα.
τὸν μὲν ἄρ' Αὐτόλυκός τε καὶ υἱέες Αὐτολύκοιο
χερσίν τ' ἠσπάζοντο ἔπεσσί τε μειλιχίοισι·   415
μήτηρ δ' Ἀμφιθέη μητρὸς περιφῦσ' Ὀδυσῆι

389 ἐπ' Br M² Mon. P¹ P³ P⁵ P⁶ R¹ R¹² U¹ U² U⁸ : ἀπ' cet.   391 ἀμ-
φάσσαιτο P³ U³   396 τε νόῳ τε, γρ. V¹ : ὥς κεν τε θεὸς h   399 δ'
Ἰθάκης ἐλθὼν g P³ R²   400 θηήσατο a Br   403 θεῖαι j k U⁸ : θείης
e g i Eust.   407 ἐγὼ δὴ j k   τόθ' c e : ἐνθάδ' R¹ : αὐτόθ' g R³
408 βωτιάνειραν c h j k Pal. Eust.   413 πόρε g R²   416 ὀδυσσῆα g k

κύσσ' ἄρα μιν κεφαλήν τε καὶ ἄμφω φάεα καλά.

Αὐτόλυκος δ' υἱοῖσιν ἐκέκλετο κυδαλίμοισι
δεῖπνον ἐφοπλίσσαι· τοὶ δ' ὀτρύνοντος ἄκουσαν,
αὐτίκα δ' εἰσάγαγον βοῦν ἄρσενα πενταέτηρον·   420
τὸν δέρον ἀμφί θ' ἕπον, καί μιν διέχευαν ἅπαντα,
μίστυλλόν τ' ἄρ' ἐπισταμένως πεῖράν τ' ὀβελοῖσιν,
ὤπτησάν τε περιφραδέως δάσσαντό τε μοίρας.
ὣς τότε μὲν πρόπαν ἦμαρ ἐς ἠέλιον καταδύντα
δαίνυντ', οὐδέ τι θυμὸς ἐδεύετο δαιτὸς ἐΐσης·   425
ἦμος δ' ἠέλιος κατέδυ καὶ ἐπὶ κνέφας ἦλθε,
δὴ τότε κοιμήσαντο καὶ ὕπνου δῶρον ἕλοντο.

Ἦμος δ' ἠριγένεια φάνη ῥοδοδάκτυλος Ἠώς,
βάν ῥ' ἴμεν ἐς θήρην, ἠμὲν κύνες ἠδὲ καὶ αὐτοὶ
υἱέες Αὐτολύκου· μετὰ τοῖσι δὲ δῖος Ὀδυσσεὺς   430
ἤϊεν· αἰπὺ δ' ὄρος προσέβαν καταειμένον ὕλῃ
Παρνησοῦ, τάχα δ' ἵκανον πτύχας ἠνεμοέσσας.
Ἥλιος μὲν ἔπειτα νέον προσέβαλλεν ἀρούρας
ἐξ ἀκαλαρρείταο βαθυρρόου Ὠκεανοῖο,
οἱ δ' ἐς βῆσσαν ἵκανον ἐπακτῆρες· πρὸ δ' ἄρ' αὐτῶν   435
ἴχνι' ἐρευνῶντες κύνες ἤϊσαν, αὐτὰρ ὄπισθεν
υἱέες Αὐτολύκου· μετὰ τοῖσι δὲ δῖος Ὀδυσσεὺς
ἤϊεν ἄγχι κυνῶν, κραδάων δολιχόσκιον ἔγχος.
ἔνθα δ' ἄρ' ἐν λόχμῃ πυκινῇ κατέκειτο μέγας σῦς·
τὴν μὲν ἄρ' οὔτ' ἀνέμων διάη μένος ὑγρὸν ἀέντων,   440
οὔτε μιν Ἥλιος φαέθων ἀκτῖσιν ἔβαλλεν,
οὔτ' ὄμβρος περάασκε διαμπερές· ὣς ἄρα πυκνὴ
ἦεν, ἀτὰρ φύλλων ἐνέην χύσις ἤλιθα πολλή.

420 ἄρσενα] πίονα Mon.   423 δάσσαντό τε μοίρας k R¹²:
ἐρύσαντο vulg.: ἐρύσαντό τε πάντα e g h i R⁴, cf. ξ 431   431 ἐπέβαν
a e g i: προσέφαν o   432 παρνησὸν j   433 ἀρούραις f U⁶ Strabo 3
        435 βήσσας a Br U⁷: βήσας g M²R²   βῆσσα ἡ μὲν τοῦ ὄρους ἐν
δυσὶ σσ. πόλις δέ τις Βῆσα ἐν τῇ Βοιωτίᾳ [Β 532] γράφεται καὶ δι' ἑνός
Eust.   436 ἴχνη g Mon. Pal. R² Eust. 1870. 26: ἣν μὲν γὰρ καὶ
ἴχνη γράψαι διὰ τοῦ η Eust.: ἴχνε' Ο   440 διάη k P⁵ U² U⁸: διάει
cet.   ἐόντων j k

τὸν δ' ἀνδρῶν τε κυνῶν τε περὶ κτύπος ἦλθε ποδοῖιν,
ὡς ἐπάγοντες ἐπῇσαν· ὁ δ' ἀντίος ἐκ ξυλόχοιο,   445
φρίξας εὖ λοφιήν, πῦρ δ' ὀφθαλμοῖσι δεδορκώς,
στῆ ῥ' αὐτῶν σχεδόθεν· ὁ δ' ἄρα πρώτιστος Ὀδυσσεὺς
ἔσσυτ' ἀνασχόμενος δολιχὸν δόρυ χειρὶ παχείῃ,
οὐτάμεναι μεμαώς· ὁ δέ μιν φθάμενος ἔλασεν σῦς
γουνὸς ὕπερ, πολλὸν δὲ διήφυσε σαρκὸς ὀδόντι   450
λικριφὶς ἀΐξας, οὐδ' ὀστέον ἵκετο φωτός.
τὸν δ' Ὀδυσεὺς οὔτησε τυχὼν κατὰ δεξιὸν ὦμον,
ἀντικρὺ δὲ διῆλθε φαεινοῦ δουρὸς ἀκωκή·
κὰδ δ' ἔπεσ' ἐν κονίῃσι μακών, ἀπὸ δ' ἔπτατο θυμός.
τὸν μὲν ἄρ' Αὐτολύκου παῖδες φίλοι ἀμφιπένοντο,   455
ὠτειλὴν δ' Ὀδυσῆος ἀμύμονος ἀντιθέοιο
δῆσαν ἐπισταμένως, ἐπαοιδῇ δ' αἷμα κελαινὸν
ἔσχεθον, αἶψα δ' ἵκοντο φίλου πρὸς δώματα πατρός.
τὸν μὲν ἄρ' Αὐτόλυκός τε καὶ υἱέες Αὐτολύκοιο
εὖ ἰησάμενοι ἠδ' ἀγλαὰ δῶρα πορόντες   460
καρπαλίμως χαίροντα φίλην ἐς πατρίδ' ἔπεμπον
εἰς Ἰθάκην. τῷ μέν ῥα πατὴρ καὶ πότνια μήτηρ
χαῖρον νοστήσαντι καὶ ἐξερέεινον ἅπαντα,
οὐλὴν ὅττι πάθοι· ὁ δ' ἄρα σφίσιν εὖ κατέλεξεν
ὥς μιν θηρεύοντ' ἔλασεν σῦς λευκῷ ὀδόντι,   465
Παρνησόνδ' ἐλθόντα σὺν υἱάσιν Αὐτολύκοιο.

Τὴν γρηῢς χείρεσσι καταπρηνέσσι λαβοῦσα
γνῶ ῥ' ἐπιμασσαμένη, πόδα δὲ προέηκε φέρεσθαι·
ἐν δὲ λέβητι πέσε κνήμη, κανάχησε δὲ χαλκός,
ἂψ δ' ἑτέρωσ' ἐκλίθη· τὸ δ' ἐπὶ χθονὸς ἐξέχυθ' ὕδωρ.   470
τὴν δ' ἅμα χάρμα καὶ ἄλγος ἕλε φρένα, τὼ δέ οἱ ὄσσε

444 τῶν δ' ο p L⁵ : τῶν U⁵ : τὴν C   ποδοῖσιν f Br : ἦλυθε ποσσίν j
445 οὖς Mon. v. l. ap. Eust.   446 εὐλοφιὴν q L⁴ Pal. R² : ἐς λοφιὴν o
455 ἀμφιπένοντο g L⁵ Mon. Ζ : ἀμφεπ. cet. : ἀμφιέποντο U⁸
458 om. R⁴ V⁴   φίλα V¹, cf. h. Dem. 107, 180   461 φίλην ἐς
πατρίδ' g R² : φίλος ἐς q : φίλως χαίροντες vulg. : φίλην χαίροντες ed.
pr. : φίλως δ' ἀπέπεμπον C   463 ἅπαντα V¹ : ἕκαστα cet., cf. ρ 70
466 om. R⁴   467 καταπρηνέεσσι r C Mon. P² R²   469 om. Plut.
vit. Hom. ii. 217

δακρυόφι πλῆσθεν, θαλερὴ δέ οἱ ἔσχετο φωνή.
ἀψαμένη δὲ γενείου Ὀδυσσῆα προσέειπεν·
" ἦ μάλ' Ὀδυσσεύς ἐσσι, φίλον τέκος· οὐδέ σ' ἐγώ γε
πρὶν ἔγνων, πρὶν πάντα ἄνακτ' ἐμὸν ἀμφαφάασθαι."   475
Ἦ καὶ Πηνελόπειαν ἐσέδρακεν ὀφθαλμοῖσι,
πεφραδέειν ἐθέλουσα φίλον πόσιν ἔνδον ἐόντα.
ἡ δ' οὔτ' ἀθρῆσαι δύνατ' ἀντίη οὔτε νοῆσαι·
τῇ γὰρ Ἀθηναίη νόον ἔτραπεν· αὐτὰρ Ὀδυσσεὺς
χείρ' ἐπιμασσάμενος φάρυγος λάβε δεξιτερῆφι,   480
τῇ δ' ἑτέρῃ ἕθεν ἆσσον ἐρύσσατο φώνησέν τε·
" μαῖα, τίη μ' ἐθέλεις ὀλέσαι; σὺ δέ μ' ἔτρεφες αὐτὴ
τῷ σῷ ἐπὶ μαζῷ· νῦν δ' ἄλγεα πολλὰ μογήσας
ἤλυθον εἰκοστῷ ἔτεϊ ἐς πατρίδα γαῖαν.
ἀλλ' ἐπεὶ ἐφράσθης καί τοι θεὸς ἔμβαλε θυμῷ,   485
σίγα, μή τίς τ' ἄλλος ἐνὶ μεγάροισι πύθηται.
ὧδε γὰρ ἐξερέω, καὶ μὴν τετελεσμένον ἔσται·
εἴ χ' ὑπ' ἐμοί γε θεὸς δαμάσῃ μνηστῆρας ἀγαυούς,
οὐδὲ τροφοῦ οὔσης σεῦ ἀφέξομαι, ὁππότ' ἂν ἄλλας
δμῳὰς ἐν μεγάροισιν ἐμοῖς κτείνωμι γυναῖκας."   490
Τὸν δ' αὖτε προσέειπε περίφρων Εὐρύκλεια·
" τέκνον ἐμόν, ποῖόν σε ἔπος φύγεν ἕρκος ὀδόντων.
οἶσθα μὲν οἷον ἐμὸν μένος ἔμπεδον οὐδ' ἐπιεικτόν,
ἕξω δ' ὡς ὅτε τις στερεὴ λίθος ἠὲ σίδηρος.
ἄλλο δέ τοι ἐρέω, σὺ δ' ἐνὶ φρεσὶ βάλλεο σῇσιν·   495
εἴ χ' ὑπὸ σοί γε θεὸς δαμάσῃ μνηστῆρας ἀγαυούς,
δὴ τότε τοι καταλέξω ἐνὶ μεγάροισι γυναῖκας,
αἵ τέ σ' ἀτιμάζουσι καὶ αἳ νηλίτιδές εἰσι."
Τὴν δ' ἀπαμειβόμενος προσέφη πολύμητις Ὀδυσσεύς·
" μαῖα, τίη δὲ σὺ τὰς μυθήσεαι; οὐδέ τί σε χρή.   500

474 μάλ'] σύ γ' **g j** 𝔭²⁸   οὔ σέ τ' ἔγωγε **j**   487 καὶ μὴν **j o** L⁴ : τὸ δὲ
καὶ **g** R² : καί κεν vulg.   490 κτείνωμι **j** M² Mon. P² R¹³ : -ψμι
U², v. l. ap. Eust. : -οιμι **a d** : -αιμι cet.   494 στερρὴ **d** P¹   ἔξω δ'
ἠΰτε περ κρατερὴ δρῦς ἠὲ σίδηρος Plut. garrul. 506 A   498 νηλιτίδες
a c g i v. l. ap. Eust. : νηλιτεῖς vulg. : νηλητεῖς **j** Br Mon., cf. π 317
χ 418

εὖ νυ καὶ αὐτὸς ἐγὼ φράσομαι καὶ εἴσομ' ἑκάστην·
ἀλλ' ἔχε σιγῇ μῦθον, ἐπίτρεψον δὲ θεοῖσιν."
῀Ως ἄρ' ἔφη, γρηῢς δὲ διὲκ μεγάροιο βεβήκει
οἰσομένη ποδάνιπτρα· τὰ γὰρ πρότερ' ἔκχυτο πάντα.
αὐτὰρ ἐπεὶ νίψεν τε καὶ ἤλειψεν λίπ' ἐλαίῳ,   505
αὖτις ἄρ' ἀσσοτέρω πυρὸς ἕλκετο δίφρον Ὀδυσσεὺς
θερσόμενος, οὐλὴν δὲ κατὰ ῥακέεσσι κάλυψε.
τοῖσι δὲ μύθων ἄρχε περίφρων Πηνελόπεια·
" ξεῖνε, τὸ μέν σ' ἔτι τυτθὸν ἐγὼν εἰρήσομαι αὐτή·
καὶ γὰρ δὴ κοίτοιο τάχ' ἔσσεται ἡδέος ὥρη,   510
ὅν τινά γ' ὕπνος ἕλοι γλυκερός, καὶ κηδόμενόν περ.
αὐτὰρ ἐμοὶ καὶ πένθος ἀμέτρητον πόρε δαίμων·
ἤματα μὲν γὰρ τέρπομ' ὀδυρομένη, γοόωσα,
ἔς τ' ἐμὰ ἔργ' ὁρόωσα καὶ ἀμφιπόλων ἐνὶ οἴκῳ·
αὐτὰρ ἐπεὶ νὺξ ἔλθῃ, ἕλῃσί τε κοῖτος ἅπαντας,   515
κεῖμαι ἐνὶ λέκτρῳ, πυκιναὶ δέ μοι ἀμφ' ἀδινὸν κῆρ
ὀξεῖαι μελεδῶναι ὀδυρομένην ἐρέθουσιν.
ὡς δ' ὅτε Πανδαρέου κούρη, χλωρηῒς ἀηδών,
καλὸν ἀείδῃσιν ἔαρος νέον ἱσταμένοιο,
δενδρέων ἐν πετάλοισι καθεζομένη πυκινοῖσιν,   520
ἥ τε θαμὰ τρωπῶσα χέει πολυηχέα φωνήν,
παῖδ' ὀλοφυρομένη Ἴτυλον φίλον, ὅν ποτε χαλκῷ
κτεῖνε δι' ἀφραδίας, κοῦρον Ζήθοιο ἄνακτος,
ὡς καὶ ἐμοὶ δίχα θυμὸς ὀρώρεται ἔνθα καὶ ἔνθα,
ἠὲ μένω παρὰ παιδὶ καὶ ἔμπεδα πάντα φυλάσσω,   525
κτῆσιν ἐμήν, δμῳάς τε καὶ ὑψερεφὲς μέγα δῶμα,
εὐνήν τ' αἰδομένη πόσιος δήμοιό τε φῆμιν,
ἦ ἤδη ἅμ' ἕπωμαι Ἀχαιῶν ὅς τις ἄριστος

504 τὰ δὲ f   506 δίφρον] δῖος j Mon.   508 ἦρχε codd.
517 μελεδῶνες a o h k   518 ὡς καὶ Strab. 665   πανδαρέη k : πανδά-
ρεω b : πανδαρέως An. Ox. iv. 313, cf. υ 66   520 δένδρων e M²
521 πολυδευκέα quid. ap. Ael. H. N. v. 38   522 Ἴτυλον v. l. ap.
Eust. : Ἄκτυλος Hellad. in Phot. bibl. 531 A 20   523 κοῦρος
U⁶ : κοῦροι U⁷   Ζήταο v. l. ap. Eust. : Ζήτης ὁ Βορέου παῖς Hellad.
524 ὅρωρεν a i U⁵ : ὁρίνεται Eust. 1875. 58   525 ἱεμένω j   πὰρ
a d f H³

μνᾶται ἐνὶ μεγάροισι, πορὼν ἀπερείσια ἔδνα,
παῖς δ' ἐμὸς ἧος ἔην ἔτι νήπιος ἠδὲ χαλίφρων,   530
γήμασθ' οὔ μ' εἴα πόσιος κατὰ δῶμα λιποῦσαν·
νῦν δ' ὅτε δὴ μέγας ἐστὶ καὶ ἥβης μέτρον ἱκάνει,
καὶ δή μ' ἀρᾶται πάλιν ἐλθέμεν ἐκ μεγάροιο,
κτήσιος ἀσχαλόων, τήν οἱ κατέδουσιν Ἀχαιοί.
ἀλλ' ἄγε μοι τὸν ὄνειρον ὑπόκριναι καὶ ἄκουσον.   535
χῆνές μοι κατὰ οἶκον ἐείκοσι πυρὸν ἔδουσιν
ἐξ ὕδατος, καί τέ σφιν ἰαίνομαι εἰσορόωσα·
ἐλθὼν δ' ἐξ ὄρευς μέγας αἰετὸς ἀγκυλοχείλης
πᾶσι κατ' αὐχέν' ἔαξε καὶ ἔκτανεν· οἱ δ' ἐκέχυντο
ἁθρόοι ἐν μεγάροις, ὁ δ' ἐς αἰθέρα δῖαν ἀέρθη.   540
αὐτὰρ ἐγὼ κλαῖον καὶ ἐκώκυον ἔν περ ὀνείρῳ,
ἀμφὶ δ' ἔμ' ἠγερέθοντο ἐϋπλοκαμῖδες Ἀχαιαί,
οἴκτρ' ὀλοφυρομένην ὅ μοι αἰετὸς ἔκτανε χῆνας.
ἂψ δ' ἐλθὼν κατ' ἄρ' ἕζετ' ἐπὶ προὔχοντι μελάθρῳ,
φωνῇ δὲ βροτέῃ κατερήτυε φώνησέν τε·   545
'θάρσει, Ἰκαρίου κούρη τηλεκλειτοῖο·
οὐκ ὄναρ, ἀλλ' ὕπαρ ἐσθλόν, ὅ τοι τετελεσμένον ἔσται.
χῆνες μὲν μνηστῆρες, ἐγὼ δέ τοι αἰετὸς ὄρνις
ἦα πάρος, νῦν αὖτε τεὸς πόσις εἰλήλουθα,
ὃς πᾶσι μνηστῆρσιν ἀεικέα πότμον ἐφήσω.'   550
ὣς ἔφατ', αὐτὰρ ἐμὲ μελιηδὴς ὕπνος ἀνῆκε·
παπτήνασα δὲ χῆνας ἐνὶ μεγάροισι νόησα
πυρὸν ἐρεπτομένους παρὰ πύελον, ἧχι πάρος περ."
    Τὴν δ' ἀπαμειβόμενος προσέφη πολύμητις Ὀδυσσεύς·
"ὦ γύναι, οὔ πως ἔστιν ὑποκρίνασθαι ὄνειρον   555
ἄλλῃ ἀποκλίναντ', ἐπεὶ ἦ ῥά τοι αὐτὸς Ὀδυσσεὺς
πέφραδ' ὅπως τελέει· μνηστῆρσι δὲ φαίνετ' ὄλεθρος

529 ἄποινα p: δῶρα Mon.   530 ἕως (εἴως) μὲν codd. corr. Nauck
532 ἴκηται e   534 ἀσχάλλων e   539 αὐχέν' ἔηξε Herod.
π. μον. λέξ. i. 15, cf. γ 298 ε 385 : αὐχένας ἦξε codd.   540 μεγάρῳ
d e f r P¹ ἐκ μεγάρων P² ἠέρα v. l. ap. Eust.   δῖον a g j k r
547 ἐστί e M²   557 τελέσῃ d P¹ : -ει f: τελέθει e M²

πᾶσι μάλ᾽, οὐδέ κέ τις θάνατον καὶ κῆρας ἀλύξει."

Τὸν δ᾽ αὖτε προσέειπε περίφρων Πηνελόπεια·
"ξεῖν᾽, ἦ τοι μὲν ὄνειροι ἀμήχανοι ἀκριτόμυθοι   560
γίγνοντ᾽, οὐδέ τι πάντα τελείεται ἀνθρώποισι.
δοιαὶ γάρ τε πύλαι ἀμενηνῶν εἰσὶν ὀνείρων·
αἱ μὲν γὰρ κεράεσσι τετεύχαται, αἱ δ᾽ ἐλέφαντι·
τῶν οἳ μέν κ᾽ ἔλθωσι διὰ πριστοῦ ἐλέφαντος,
οἵ ῥ᾽ ἐλεφαίρονται, ἔπε᾽ ἀκράαντα φέροντες·   565
οἱ δὲ διὰ ξεστῶν κεράων ἔλθωσι θύραζε,
οἵ ῥ᾽ ἔτυμα κραίνουσι, βροτῶν ὅτε κέν τις ἴδηται.
ἀλλ᾽ ἐμοὶ οὐκ ἐντεῦθεν ὀίομαι αἰνὸν ὄνειρον
ἐλθέμεν· ἦ κ᾽ ἀσπαστὸν ἐμοὶ καὶ παιδὶ γένοιτο.
ἄλλο δέ τοι ἐρέω, σὺ δ᾽ ἐνὶ φρεσὶ βάλλεο σῇσιν·   570
ἥδε δὴ ἠὼς εἶσι δυσώνυμος, ἥ μ᾽ Ὀδυσῆος
οἴκου ἀποσχήσει· νῦν γὰρ καταθήσω ἄεθλον,
τοὺς πελέκεας, τοὺς κεῖνος ἐνὶ μεγάροισιν ἑοῖσιν
ἵστασχ᾽ ἑξείης, δρυόχους ὥς, δώδεκα πάντας·
στὰς δ᾽ ὅ γε πολλὸν ἄνευθε διαρρίπτασκεν ὀιστόν.   575
νῦν δὲ μνηστήρεσσιν ἄεθλον τοῦτον ἐφήσω·
ὃς δέ κε ῥηίτατ᾽ ἐντανύσῃ βιὸν ἐν παλάμῃσι
καὶ διοϊστεύσῃ πελέκεων δυοκαίδεκα πάντων,
τῷ κεν ἅμ᾽ ἑσποίμην, νοσφισσαμένη τόδε δῶμα
κουρίδιον, μάλα καλόν, ἐνίπλειον βιότοιο,   580
τοῦ ποτε μεμνήσεσθαι ὀίομαι ἔν περ ὀνείρῳ."

Τὴν δ᾽ ἀπαμειβόμενος προσέφη πολύμητις Ὀδυσσεύς·
" ὦ γύναι αἰδοίη Λαερτιάδεω Ὀδυσῆος,
μηκέτι νῦν ἀνάβαλλε δόμοις ἔνι τοῦτον ἄεθλον·
πρὶν γάρ τοι πολύμητις ἐλεύσεται ἐνθάδ᾽ Ὀδυσσεύς,   585
πρὶν τούτους τόδε τόξον ἐΰξοον ἀμφαφόωντας

558a μνηστήρων οἳ δῶμα κατ᾽ ἀντιθέου ὀδυσῆος   b ἀνέρες ὑβρίζοντες
ἀτάσθαλα μηχανόωνται hab. a f r, marg. N U⁶ (= ν 369, 370)
562 ἀμενηναὶ P³ : ψευστάων E. M. Phot. Suid. in v. τυφλῶν   569 εἰ
g R²   572 αεθλα P²⁸   575 διερρ- Br   οἰστῶν g R²⁸   576 τόνδε
j : τοῦτο leg. Eust.   577 ὃς δ᾽ ἐ᾿. γρ. R⁷   581 τότε g R², v. om.
P²⁵   584 τοῦτο νόημα Pal.   586 ποτε, γρ. H³ V⁴

νευρήν τ' ἐντανύσαι διοϊστεῦσαί τε σιδήρου."
  Τὸν δ' αὖτε προσέειπε περίφρων Πηνελόπεια·
"εἴ κ' ἐθέλοις μοι, ξεῖνε, παρήμενος ἐν μεγάροισι
τέρπειν, οὔ κέ μοι ὕπνος ἐπὶ βλεφάροισι χυθείη.   590
ἀλλ' οὐ γάρ πως ἔστιν ἀΰπνους ἔμμεναι αἰὲν
ἀνθρώπους· ἐπὶ γάρ τοι ἑκάστῳ μοῖραν ἔθηκαν
ἀθάνατοι θνητοῖσιν ἐπὶ ζείδωρον ἄρουραν.
ἀλλ' ἦ τοι μὲν ἐγὼν ὑπερώϊον εἰσαναβᾶσα
λέξομαι εἰς εὐνήν, ἥ μοι στονόεσσα τέτυκται,   595
αἰεὶ δάκρυσ' ἐμοῖσι πεφυρμένη, ἐξ οὗ Ὀδυσσεὺς
οἴχετ' ἐποψόμενος Κακοΐλιον οὐκ ὀνομαστήν.
ἔνθα κε λεξαίμην· σὺ δὲ λέξεο τῷδ' ἐνὶ οἴκῳ,
ἢ χαμάδις στορέσας ἤ τοι κατὰ δέμνια θέντων."
  Ὣς εἰποῦσ' ἀνέβαιν' ὑπερώϊα σιγαλόεντα,   600
οὐκ οἴη, ἅμα τῇ γε καὶ ἀμφίπολοι κίον ἄλλαι.
ἐς δ' ὑπερῷ' ἀναβᾶσα σὺν ἀμφιπόλοισι γυναιξὶ
κλαῖεν ἔπειτ' Ὀδυσῆα, φίλον πόσιν, ὄφρα οἱ ὕπνον
ἡδὺν ἐπὶ βλεφάροισι βάλε γλαυκῶπις Ἀθήνη.

587 σίδηρον Br V⁴   595 λέξω g R²   597 ᾤχ. codd.   599 χαμάδι
Eust. : χερμάδι U⁶

133

Αὐτὰρ ὁ ἐν προδόμῳ εὐνάζετο δῖος Ὀδυσσεύς·
κὰμ μὲν ἀδέψητον βοέην στόρεσ᾽, αὐτὰρ ὕπερθε
κώεα πόλλ᾽ ὀΐων, τοὺς ἱρεύεσκον Ἀχαιοί·
Εὐρυνόμη δ᾽ ἄρ᾽ ἐπὶ χλαῖναν βάλε κοιμηθέντι.
ἔνθ᾽ Ὀδυσεὺς μνηστῆρσι κακὰ φρονέων ἐνὶ θυμῷ   5
κεῖτ᾽ ἐγρηγορόων· ταὶ δ᾽ ἐκ μεγάροιο γυναῖκες
ἤϊσαν, αἳ μνηστῆρσιν ἐμισγέσκοντο πάρος περ,
ἀλλήλῃσι γέλω τε καὶ εὐφροσύνην παρέχουσαι.
τοῦ δ᾽ ὠρίνετο θυμὸς ἐνὶ στήθεσσι φίλοισι·
πολλὰ δὲ μερμήριζε κατὰ φρένα καὶ κατὰ θυμόν,   10
ἠὲ μεταΐξας θάνατον τεύξειεν ἑκάστῃ,
ἦ ἔτ᾽ ἐῷ μνηστῆρσιν ὑπερφιάλοισι μιγῆναι
ὕστατα καὶ πύματα, κραδίη δέ οἱ ἔνδον ὑλάκτει.
ὡς δὲ κύων ἀμαλῇσι περὶ σκυλάκεσσι βεβῶσα
ἄνδρ᾽ ἀγνοιήσασ᾽ ὑλάει μέμονέν τε μάχεσθαι,   15
ὣς ῥα τοῦ ἔνδον ὑλάκτει ἀγαιομένου κακὰ ἔργα·
στῆθος δὲ πλήξας κραδίην ἠνίπαπε μύθῳ·
" τέτλαθι δή, κραδίη· καὶ κύντερον ἄλλο ποτ᾽ ἔτλης,
ἤματι τῷ ὅτε μοι μένος ἄσχετος ἤσθιε Κύκλωψ
ἰφθίμους ἑτάρους· σὺ δ᾽ ἐτόλμας, ὄφρα σε μῆτις   20
ἐξάγαγ᾽ ἐξ ἄντροιο ὀϊόμενον θανέεσθαι."

6 ἐγρηγορέων Galen. de Hipp. et Plat. dogm. iii. 266 (v. 304 K) ut
coni. Bothe   7 ἐμίσγεσκον τοπάρος περ o   πάροιθεν Galen.
l. c. An. Ox. i. 377. 1   8 ἀλλήλοισι o p C L⁵ P⁵ Pal. Galen. l. c.
γέλω τε καὶ a k Pal. P¹ Eust. : γέλων f h p : γέλωτα καὶ vulg. :
γελόων (sc. γέλῶν) j   9 ὀτρύνετο o   12 ἐῷ g i j l : ἐῶ vulg. :
ἠέτ᾽ g j : ἠὲ τεῶ a   14 ἀπαλῇσι d U⁸ Plut. vit. Hom. ii. 86 : -οῖσι
Galen. l. c.   16 ἀγαζομένου Galen. : ἀγανομένου Br   19 ὅτε
τοι e g i j Galen. l. c.   20 δὲ ἔτλης Galen. l. c.

Ὣς ἔφατ᾽, ἐν στήθεσσι καθαπτόμενος φίλον ἦτορ·
τῷ δὲ μάλ᾽ ἐν πείσῃ κραδίη μένε τετληυῖα
νωλεμέως· ἀτὰρ αὐτὸς ἐλίσσετο ἔνθα καὶ ἔνθα.
ὡς δ᾽ ὅτε γαστέρ᾽ ἀνὴρ πολέος πυρὸς αἰθομένοιο,   25
ἐμπλείην κνίσης τε καὶ αἵματος, ἔνθα καὶ ἔνθα
αἰόλλῃ, μάλα δ᾽ ὦκα λιλαίεται ὀπτηθῆναι,
ὣς ἄρ᾽ ὅ γ᾽ ἔνθα καὶ ἔνθα ἐλίσσετο μερμηρίζων
ὅππως δὴ μνηστῆρσιν ἀναιδέσι χεῖρας ἐφήσει
μοῦνος ἐὼν πολέσι. σχεδόθεν δέ οἱ ἦλθεν Ἀθήνη   30
οὐρανόθεν καταβᾶσα· δέμας δ᾽ ἤικτο γυναικί·
στῆ δ᾽ ἄρ᾽ ὑπὲρ κεφαλῆς καί μιν πρὸς μῦθον ἔειπε·
"τίπτ᾽ αὖτ᾽ ἐγρήσσεις, πάντων περὶ κάμμορε φωτῶν;
οἶκος μέν τοι ὅδ᾽ ἐστί, γυνὴ δέ τοι ἥδ᾽ ἐνὶ οἴκῳ
καὶ πάϊς, οἷόν πού τις ἐέλδεται ἔμμεναι υἷα."   35
Τὴν δ᾽ ἀπαμειβόμενος προσέφη πολύμητις Ὀδυσσεύς·
"ναὶ δὴ ταῦτά γε πάντα, θεά, κατὰ μοῖραν ἔειπες·
ἀλλά τί μοι τόδε θυμὸς ἐνὶ φρεσὶ μερμηρίζει,
ὅππως δὴ μνηστῆρσιν ἀναιδέσι χεῖρας ἐφήσω,
μοῦνος ἐών· οἱ δ᾽ αἰὲν ἀολλέες ἔνδον ἔασι.   40
πρὸς δ᾽ ἔτι καὶ τόδε μεῖζον ἐνὶ φρεσὶ μερμηρίζω·
εἴ περ γὰρ κτείναιμι Διός τε σέθεν τε ἕκητι,
πῇ κεν ὑπεκπροφύγοιμι; τά σε φράζεσθαι ἄνωγα."
Τὸν δ᾽ αὖτε προσέειπε θεὰ γλαυκῶπις Ἀθήνη·
"σχέτλιε, καὶ μέν τίς τε χερείονι πείθεθ᾽ ἑταίρῳ,   45
ὅς περ θνητός τ᾽ ἐστὶ καὶ οὐ τόσα μήδεα οἶδεν·
αὐτὰρ ἐγὼ θεός εἰμι, διαμπερὲς ἥ σε φυλάσσω
ἐν πάντεσσι πόνοις. ἐρέω δέ τοι ἐξαναφανδόν·
εἴ περ πεντήκοντα λόχοι μερόπων ἀνθρώπων
νῶϊ περισταῖεν, κτεῖναι μεμαῶτες Ἄρηϊ,   50

23 πείσει a f Meletius An. Ox. iii. 98. 4: πειθοῖ U⁶, gl. H³ U⁵
27 αἰόλλη Br V⁴, U⁸ uv.   34 ἥδ᾽] ὧδ᾽ g k R² ed. pr.   42 τ᾽ ἀέκητι
g R² R⁴ corr. ed. pr.   43 τόδε g i : τόδε σε ϴ   45 θαρσει
εταιρω p¹⁹   46 om. q   ὥσπερ L⁸ Pal. ed. pr.   οἶδεν] ε . . . . p¹⁹
48 πόνοισιν d g r C Mon.   ]των ερεω p¹⁹   49 περ γὰρ g

καί κεν τῶν ἐλάσαιο βόας καὶ ἴφια μῆλα.
ἀλλ' ἐλέτω σε καὶ ὕπνος· ἀνίη καὶ τὸ φυλάσσειν
πάννυχον ἐγρήσσοντα, κακῶν δ' ὑποδύσεαι ἤδη."
    Ὣς φάτο, καί ῥά οἱ ὕπνον ἐπὶ βλεφάροισιν ἔχευεν,
αὐτὴ δ' ἂψ ἐς Ὄλυμπον ἀφίκετο δῖα θεάων.   55
εὖτε τὸν ὕπνος ἔμαρπτε, λύων μελεδήματα θυμοῦ,
λυσιμελής, ἄλοχος δ' ἄρ' ἐπέγρετο κεδνὰ ἰδυῖα,
κλαῖε δ' ἄρ' ἐν λέκτροισι καθεζομένη μαλακοῖσιν.
αὐτὰρ ἐπεὶ κλαίουσα κορέσσατο ὃν κατὰ θυμόν,
Ἀρτέμιδι πρώτιστον ἐπεύξατο δῖα γυναικῶν·   60
"Ἄρτεμι, πότνα θεά, θύγατερ Διός, αἴθε μοι ἤδη
ἰὸν ἐνὶ στήθεσσι βαλοῦσ' ἐκ θυμὸν ἕλοιο
αὐτίκα νῦν, ἢ ἔπειτά μ' ἀναρπάξασα θύελλα
οἴχοιτο προφέρουσα κατ' ἠερόεντα κέλευθα,
ἐν προχοῇς δὲ βάλοι ἀψορρόου Ὠκεανοῖο.   65
ὡς δ' ὅτε Πανδαρέου κούρας ἀνέλοντο θύελλαι·
τῇσι τοκῆας μὲν φθῖσαν θεοί, αἱ δ' ἐλίποντο
ὀρφαναὶ ἐν μεγάροισι, κόμισσε δὲ δῖ' Ἀφροδίτη
τυρῷ καὶ μέλιτι γλυκερῷ καὶ ἡδέι οἴνῳ·
Ἥρη δ' αὐτῇσιν περὶ πασέων δῶκε γυναικῶν   70
εἶδος καὶ πινυτήν, μῆκος δ' ἔπορ' Ἄρτεμις ἁγνή,
ἔργα δ' Ἀθηναίη δέδαε κλυτὰ ἐργάζεσθαι.
εὖτ' Ἀφροδίτη δῖα προσέστιχε μακρὸν Ὄλυμπον,
κούρης αἰτήσουσα τέλος θαλεροῖο γάμοιο,
ἐς Δία τερπικέραυνον—ὁ γάρ τ' εὖ οἶδεν ἅπαντα,   75
μοῖράν τ' ἀμμορίην τε καταθνητῶν ἀνθρώπων—
τόφρα δὲ τὰς κούρας ἅρπυιαι ἀνηρείψαντο
καί ῥ' ἔδοσαν στυγερῇσιν ἐρινύσιν ἀμφιπολεύειν·
ὣς ἔμ' ἀϊστώσειαν Ὀλύμπια δώματ' ἔχοντες,
ἠέ μ' ἐϋπλόκαμος βάλοι Ἄρτεμις, ὄφρ' Ὀδυσῆα   80

51 βοας κα[..]τα[.. p¹⁹   51 a   ]ειας απ[p¹⁹   52   ]πνος
ε..ν επικ[p¹⁹   53 om. p¹⁹   55 ἀπέστιχε p¹⁹ Mon., cf. O 572
    55 a   ] ρος με [p¹⁹   58 a   ]σθεν ακην εχον οι p¹⁹
60 θεάων • g i L⁴   68 κομιζε p¹⁹   79 ἔχουσαι Ů⁶

ὀσσομένη καὶ γαῖαν ὕπο στυγερὴν ἀφικοίμην,
μηδέ τι χείρονος ἀνδρὸς ἐϋφραίνοιμι νόημα.
ἀλλὰ τὸ μὲν καὶ ἀνεκτὸν ἔχει κακόν, ὁππότε κέν τις
ἤματα μὲν κλαίῃ, πυκινῶς ἀκαχήμενος ἦτορ,
νύκτας δ᾽ ὕπνος ἔχῃσιν—ὁ γάρ τ᾽ ἐπέλησεν ἁπάντων,   85
ἐσθλῶν ἠδὲ κακῶν, ἐπεὶ ἂρ βλέφαρ᾽ ἀμφικαλύψῃ—
αὐτὰρ ἐμοὶ καὶ ὀνείρατ᾽ ἐπέσσευεν κακὰ δαίμων.
τῇδε γὰρ αὖ μοι νυκτὶ παρέδραθεν εἴκελος αὐτῷ,
τοῖος ἐὼν οἷος ἦεν ἅμα στρατῷ· αὐτὰρ ἐμὸν κῆρ
χαῖρ᾽, ἐπεὶ οὐκ ἐφάμην ὄναρ ἔμμεναι, ἀλλ᾽ ὕπαρ ἤδη."   90
Ὣς ἔφατ᾽, αὐτίκα δὲ χρυσόθρονος ἤλυθεν Ἠώς.
τῆς δ᾽ ἄρα κλαιούσης ὄπα σύνθετο δῖος Ὀδυσσεύς·
μερμήριζε δ᾽ ἔπειτα, δόκησε δέ οἱ κατὰ θυμὸν
ἤδη γιγνώσκουσα παρεστάμεναι κεφαλῆφι.
χλαῖναν μὲν συνελὼν καὶ κώεα, τοῖσιν ἐνεῦδεν,   95
ἐς μέγαρον κατέθηκεν ἐπὶ θρόνου, ἐκ δὲ βοείην
θῆκε θύραζε φέρων, Διὶ δ᾽ εὔξατο χεῖρας ἀνασχών·
" Ζεῦ πάτερ, εἴ μ᾽ ἐθέλοντες ἐπὶ τραφερήν τε καὶ ὑγρὴν
ἤγετ᾽ ἐμὴν ἐς γαῖαν, ἐπεί μ᾽ ἐκακώσατε λίην,
φήμην τίς μοι φάσθω ἐγειρομένων ἀνθρώπων   100
ἔνδοθεν, ἔκτοσθεν δὲ Διὸς τέρας ἄλλο φανήτω."
Ὣς ἔφατ᾽ εὐχόμενος· τοῦ δ᾽ ἔκλυε μητίετα Ζεύς,
αὐτίκα δ᾽ ἐβρόντησεν ἀπ᾽ αἰγλήεντος Ὀλύμπου,
ὑψόθεν ἐκ νεφέων· γήθησε δὲ δῖος Ὀδυσσεύς.
φήμην δ᾽ ἐξ οἴκοιο γυνὴ προέηκεν ἀλετρὶς   105
πλησίον, ἔνθ᾽ ἄρα οἱ μύλαι ἥατο ποιμένι λαῶν,
τῇσιν δώδεκα πᾶσαι ἐπερρώοντο γυναῖκες
ἄλφιτα τεύχουσαι καὶ ἀλείατα, μυελὸν ἀνδρῶν.
αἱ μὲν ἄρ᾽ ἄλλαι εὗδον, ἐπεὶ κατὰ πυρὸν ἄλεσσαν,

83 om. d r P¹   ἔχει g : ἔχειν cet.   83 a ἤτοι μέν τε βροτῶν
ἄλλος ὧ πένθος ἱκάνει d   84 ἤματι d   85 ἔλησιν a j   ἐπέλυσσεν
L⁵ O   ἄπαντας ⊖ι q C Pal.   86 ἀμφεκάλυψεν d Voss   96 θρόνον
f   101 φανήναι g, P⁵ ss.   106 εἴατο codd. : εἴατο v. l. ant. (ψιλῶς,
ἵν᾽ ᾖ ἧσαι schol.)   107 τῇσι δὲ Br P³ R⁴ U⁶ : τοῖσιν c f lI³ Pal. :
τοῖσι δὲ d   108 ἀλείφατα b c d e : ἀλίφατα g

ἡ δὲ μί οὔ πω παύετ', ἀφαυροτάτη δ' ἐτέτυκτο·   110
ἥ ῥα μύλην στήσασα ἔπος φάτο, σῆμα ἄνακτι·
" Ζεῦ πάτερ, ὅς τε θεοῖσι καὶ ἀνθρώποισιν ἀνάσσεις,
ἦ μεγάλ' ἐβρόντησας ἀπ' οὐρανοῦ ἀστερόεντος,
οὐδέ ποθι νέφος ἐστί· τέρας νύ τεῳ τόδε φαίνεις.
κρῆνον νῦν καὶ ἐμοὶ δειλῇ ἔπος, ὅττι κεν εἴπω·   115
μνηστῆρες πύματόν τε καὶ ὕστατον ἤματι τῷδε
ἐν μεγάροις Ὀδυσῆος ἑλοίατο δαῖτ' ἐρατεινήν,
οἳ δή μοι καμάτῳ θυμαλγέϊ γούνατ' ἔλυσαν
ἄλφιτα τευχούσῃ· νῦν ὕστατα δειπνήσειαν."
Ὣς ἄρ' ἔφη, χαῖρεν δὲ κληηδόνι δῖος Ὀδυσσεὺς   120
Ζηνός τε βροντῇ· φάτο γὰρ τίσασθαι ἀλείτας.
Αἱ δ' ἄλλαι δμῳαὶ κατὰ δώματα κάλ' Ὀδυσῆος
ἀγρόμεναι ἀνέκαιον ἐπ' ἐσχάρῃ ἀκάματον πῦρ.
Τηλέμαχος δ' εὐνῆθεν ἀνίστατο, ἰσόθεος φώς,
εἵματα ἐσσάμενος· περὶ δὲ ξίφος ὀξὺ θέτ' ὤμῳ·   125
ποσσὶ δ' ὑπὸ λιπαροῖσιν ἐδήσατο καλὰ πέδιλα,
εἵλετο δ' ἄλκιμον ἔγχος, ἀκαχμένον ὀξέϊ χαλκῷ·
στῆ δ' ἄρ' ἐπ' οὐδὸν ἰών, πρὸς δ' Εὐρύκλειαν ἔειπε·
" μαῖα φίλη, πῶς ξεῖνον ἐτιμήσασθ' ἐνὶ οἴκῳ
εὐνῇ καὶ σίτῳ, ἦ αὔτως κεῖται ἀκηδής;   130
τοιαύτη γὰρ ἐμὴ μήτηρ, πινυτή περ ἐοῦσα·
ἐμπλήγδην ἕτερόν γε τίει μερόπων ἀνθρώπων
χείρονα, τὸν δέ τ' ἀρείον' ἀτιμήσασ' ἀποπέμπει."
Τὸν δ' αὖτε προσέειπε περίφρων Εὐρύκλεια·
" οὐκ ἄν μιν νῦν, τέκνον, ἀναίτιον αἰτιόῳο.   135
οἶνον μὲν γὰρ πῖνε καθήμενος, ὄφρ' ἔθελ' αὐτός,
σίτου δ' οὐκέτ' ἔφη πεινήμεναι· εἴρετο γάρ μιν.
ἀλλ' ὅτε δὴ κοίτοιο καὶ ὕπνου μιμνήσκοιτο,

110 μὲν g : μιν j   ἀβροτάτη a   115 κρῖνον j : κρίνον C
123 ἀγρόμεναι a j k p   ἐνέκαιον q   125 ὤμοις j k R⁴   129 πῶς
τὸν ξεῖνον c e g i Pal. Eust.   130 αὐτὸς g   131 ἐμοὶ g ed. pr.
132 ἐκπλήγδην g   134 φίλη τροφὸς e ᵖ²⁸ Ma Mon.
135 αἰτιόοιο U⁶ : αἰτιόωντο j : -ωτε U⁸   136 οἴνου O P⁴ U⁴ Eust. 1886. 19

138

ἡ μὲν δέμνι᾽ ἄνωγεν ὑποστορέσαι δμῳῆσιν,
αὐτὰρ ὅ γ᾽, ὥς τις πάμπαν ὀϊζυρὸς καὶ ἄποτμος,   140
οὐκ ἔθελ᾽ ἐν λέκτροισι καὶ ἐν ῥήγεσσι καθεύδειν,
ἀλλ᾽ ἐν ἀδεψήτῳ βοέῃ καὶ κώεσιν οἰῶν
ἔδραθ᾽ ἐνὶ προδόμῳ· χλαῖναν δ᾽ ἐπιέσσαμεν ἡμεῖς."
  Ὣς φάτο, Τηλέμαχος δὲ διὲκ μεγάροιο βεβήκει
ἔγχος ἔχων· ἅμα τῷ γε δύω κύνες ἀργοὶ ἕποντο.   145
βῆ δ᾽ ἴμεν εἰς ἀγορὴν μετ᾽ ἐϋκνήμιδας Ἀχαιούς.
ἡ δ᾽ αὖτε δμῳῆσιν ἐκέκλετο δῖα γυναικῶν,
Εὐρύκλει᾽, Ὦπος θυγάτηρ Πεισηνορίδαο·
" ἀγρεῖθ᾽, αἱ μὲν δῶμα κορήσατε ποιπνύσασαι,
ῥάσσατέ τ᾽ ἔν τε θρόνοις εὐποιήτοισι τάπητας   150
βάλλετε πορφυρέους· αἱ δὲ σπόγγοισι τραπέζας
πάσας ἀμφιμάσασθε, καθήρατε δὲ κρητῆρας
καὶ δέπα ἀμφικύπελλα τετυγμένα· ταὶ δὲ μεθ᾽ ὕδωρ
ἔρχεσθε κρήνηνδε, καὶ οἴσετε θᾶσσον ἰοῦσαι.
οὐ γὰρ δὴν μνηστῆρες ἀπέσσονται μεγάροιο,   155
ἀλλὰ μάλ᾽ ἦρι νέονται, ἐπεὶ καὶ πᾶσιν ἑορτή."
  Ὣς ἔφαθ᾽, αἱ δ᾽ ἄρα τῆς μάλα μὲν κλύον ἠδ᾽ ἐπίθοντο.
αἱ μὲν ἐείκοσι βῆσαν ἐπὶ κρήνην μελάνυδρον,
αἱ δ᾽ αὐτοῦ κατὰ δώματ᾽ ἐπισταμένως πονέοντο.
  Ἐς δ᾽ ἦλθον δρηστῆρες ἀγήνορες· οἱ μὲν ἔπειτα   160
εὖ καὶ ἐπισταμένως κέασαν ξύλα, ταὶ δὲ γυναῖκες
ἦλθον ἀπὸ κρήνης· ἐπὶ δέ σφισιν ἦλθε συβώτης
τρεῖς σιάλους κατάγων, οἳ ἔσαν μετὰ πᾶσιν ἄριστοι.
καὶ τοὺς μέν ῥ᾽ εἴασε καθ᾽ ἕρκεα καλὰ νέμεσθαι,
αὐτὸς δ᾽ αὖτ᾽ Ὀδυσῆα προσηύδα μειλιχίοισι·   165
" ξεῖν᾽, ἦ ἄρ τί σε μᾶλλον Ἀχαιοὶ εἰσορόωσιν,

140 ὅστις b g Br C L⁴ U⁵   143 ἔδραθεν ἐν g M² Eust.   145 om.
a L⁵ P¹   149 ἀγρεῖσθαι μὲν a : ἀγρεῖθ᾽ ἐμὸν q   ποιπνύουσαι g
Mon. ed. pr. : ποιπνήσασαι a Br   150 ῥύσσατέ f P³ : ἐάσατε j
ἔν] εὖ P⁵   θόνοισιν U² U⁸ (? θόωκοισιν)   151 πορφυρέας e g
152 om. q   159 δῶμα e g Pal.   160 ἐκ b c d f P¹ U⁵ U⁸
μνηστῆρες g L⁴ U⁸   ἀχαιῶν a j Br   166 ἦ ἄρα τι a
Br V⁴

139

ἠέ σ' ἀτιμάζουσι κατὰ μέγαρ', ὡς τὸ πάρος περ;"
Τὸν δ' ἀπαμειβόμενος προσέφη πολύμητις Ὀδυσσεύς·
" αἳ γὰρ δή, Εὔμαιε, θεοὶ τισαίατο λώβην,
ἣν οἵδ' ὑβρίζοντες ἀτάσθαλα μηχανόωνται   170
οἴκῳ ἐν ἀλλοτρίῳ, οὐδ' αἰδοῦς μοῖραν ἔχουσιν."
ᵌΩς οἱ μὲν τοιαῦτα πρὸς ἀλλήλους ἀγόρευον,
ἀγχίμολον δέ σφ' ἦλθε Μελάνθιος, αἰπόλος αἰγῶν,
αἶγας ἄγων αἳ πᾶσι μετέπρεπον αἰπολίοισι,
δεῖπνον μνηστήρεσσι· δύω δ' ἅμ' ἕποντο νομῆες.   175
καὶ τὰς μὲν κατέδησεν ὑπ' αἰθούσῃ ἐριδούπῳ,
αὐτὸς δ' αὖτ' Ὀδυσῆα προσηύδα κερτομίοισι·
" ξεῖν', ἔτι καὶ νῦν ἐνθάδ' ἀνιήσεις κατὰ δῶμα
ἀνέρας αἰτίζων, ἀτὰρ οὐκ ἔξεισθα θύραζε;
πάντως οὐκέτι νῶϊ διακρινέεσθαι ὀΐω   180
πρὶν χειρῶν γεύσασθαι, ἐπεὶ σύ περ οὐ κατὰ κόσμον
αἰτίζεις· εἰσὶν δὲ καὶ ἄλλαι δαῖτες Ἀχαιῶν."
ᵌΩς φάτο, τὸν δ' οὔ τι προσέφη πολύμητις Ὀδυσσεύς,
ἀλλ' ἀκέων κίνησε κάρη, κακὰ βυσσοδομεύων.
Τοῖσι δ' ἐπὶ τρίτος ἦλθε Φιλοίτιος, ὄρχαμος ἀνδρῶν,
βοῦν στεῖραν μνηστῆρσιν ἄγων καὶ πίονας αἶγας.   186
πορθμῆες δ' ἄρα τούς γε διήγαγον, οἵ τε καὶ ἄλλους
ἀνθρώπους πέμπουσιν, ὅτις σφέας εἰσαφίκηται.
καὶ τὰ μὲν εὖ κατέδησεν ὑπ' αἰθούσῃ ἐριδούπῳ,
αὐτὸς δ' αὖτ' ἐρέεινε συβώτην ἄγχι παραστάς·   190
" τίς δὴ ὅδε ξεῖνος νέον εἰλήλουθε, συβῶτα,
ἡμέτερον πρὸς δῶμα; τέων δ' ἐξ εὔχεται εἶναι
ἀνδρῶν; ποῦ δέ νύ οἱ γενεὴ καὶ πατρὶς ἄρουρα;
δύσμορος, ἦ τε ἔοικε δέμας βασιλῆϊ ἄνακτι·
ἀλλὰ θεοὶ δυόωσι πολυπλάγκτους ἀνθρώπους,   195

167 ἠέ τ' a : ἢ ἔτ' Br P⁵ : ἢ ἔσ' U⁵   170 ἀτάσθαλα a j κ Eust. :
ἀεικέα cet.   173 ἀγχίμολος O   σφίσι μετήλυθε U⁵   176 τὰς a j
Br L⁸, U⁵ corr. v. l. ap. Eust. (τινα τῶν ἀντιγράφων), τοὺς cet. (ταῖς R⁹)
κατέδησεν a g j : -αν cet.   182 ἄλλαι b o d f g : ἄλλοθι cet.
186 οἵας Mon., γρ. U⁵   188 ὅτε τις g : ὅτε i : ὅστις o   ἐπ' εὐρέα
νῶτα θαλάσσης k   189 εὖ] αὖ a Br : οὖν g i   195 διόωσι Mon. P²

ὑππότε καὶ βασιλεῦσιν ἐπικλώσωνται ὀϊζύν."
      Ἢ καὶ δεξιτερῇ δειδίσκετο χειρὶ παραστάς,
καί μιν φωνήσας ἔπεα πτερόεντα προσηύδα·
" χαῖρε, πάτερ ὦ ξεῖνε· γένοιτό τοι ἔς περ ὀπίσσω
ὄλβος· ἀτὰρ μὲν νῦν γε κακοῖς ἔχεαι πολέεσσι.   200
Ζεῦ πάτερ, οὔ τις σεῖο θεῶν ὀλοώτερος ἄλλος·
οὐκ ἐλεαίρεις ἄνδρας, ἐπὴν δὴ γείνεαι αὐτός,
μισγέμεναι κακότητι καὶ ἄλγεσι λευγαλέοισιν.
ἴδιον, ὡς ἐνόησα, δεδάκρυνται δέ μοι ὄσσε
μνησαμένῳ Ὀδυσῆος, ἐπεὶ καὶ κεῖνον ὀΐω   205
τοιάδε λαίφε' ἔχοντα κατ' ἀνθρώπους ἀλάλησθαι,
εἴ που ἔτι ζώει καὶ ὁρᾷ φάος ἠελίοιο.
εἰ δ' ἤδη τέθνηκε καὶ εἰν Ἀΐδαο δόμοισιν,
ὤ μοι ἔπειτ' Ὀδυσῆος ἀμύμονος, ὅς μ' ἐπὶ βουσὶν
εἷσ' ἔτι τυτθὸν ἐόντα Κεφαλλήνων ἐνὶ δήμῳ.   210
νῦν δ' αἱ μὲν γίγνονται ἀθέσφατοι, οὐδέ κεν ἄλλως
ἀνδρί γ' ὑποσταχύοιτο βοῶν γένος εὐρυμετώπων·
τὰς δ' ἄλλοι με κέλονται ἀγινέμεναί σφισιν αὐτοῖς
ἔδμεναι· οὐδέ τι παιδὸς ἐνὶ μεγάροις ἀλέγουσιν,
οὐδ' ὄπιδα τρομέουσι θεῶν· μεμάασι γὰρ ἤδη   215
κτήματα δάσσασθαι δὴν οἰχομένοιο ἄνακτος.
αὐτὰρ ἐμοὶ τόδε θυμὸς ἐνὶ στήθεσσι φίλοισι
πόλλ' ἐπιδινεῖται· μάλα μὲν κακὸν υἱὸς ἐόντος
ἄλλων δῆμον ἱκέσθαι ἰόντ' αὐτῇσι βόεσσιν,
ἄνδρας ἐς ἀλλοδαπούς· τὸ δὲ ῥίγιον αὖθι μένοντα   220
βουσὶν ἐπ' ἀλλοτρίῃσι καθήμενον ἄλγεα πάσχειν.
καί κεν δὴ πάλαι ἄλλον ὑπερμενέων βασιλήων
ἐξικόμην φεύγων, ἐπεὶ οὐκέτ' ἀνεκτὰ πέλονται·

      197 om. P²⁸ add. mg.   199 ἔσπερ P²⁸ Mon. Eust. : ὥσπερ cet.,
cf. σ 122   200 πολλοῖσιν g p   202 αὐτούς e   204 παρειαὶ h k
      205 μνησάμενος j   211 ἄλλω a h j k o p   212 ἀπεσταχύοιτο a :
ὑποσταχύωτο Eust.   215 φρονέουσι L⁵ Pal. : τροπέουσι O   216 πατρὸς
δὴν οἰχομένοιο d   219 ἄλλον e g L¹ v. l. ap. Eust.   αὐτοῖσι c d
L⁵ U⁸   221 ἀλλοτρίοισι d H³ U⁸   222 ἐυτροφέων a Br : ἐυτρεφέων
j Mon. (⁶ rubr. marg. P⁵), γρ. O R¹²

ἀλλ' ἔτι τὸν δύστηνον ὀίομαι, εἴ ποθεν ἐλθὼν
ἀνδρῶν μνηστήρων σκέδασιν κατὰ δώματα θείη."   225
   Τὸν δ' ἀπαμειβόμενος προσέφη πολύμητις Ὀδυσσεύς·
"βουκόλ', ἐπεὶ οὔτε κακῷ οὔτ' ἄφρονι φωτὶ ἔοικας,
γιγνώσκω δὲ καὶ αὐτὸς ὅ τοι πινυτὴ φρένας ἵκει,
τοὔνεκά τοι ἐρέω καὶ ἐπὶ μέγαν ὅρκον ὀμοῦμαι·
ἴστω νῦν Ζεὺς πρῶτα θεῶν ξενίη τε τράπεζα,   230
ἱστίη τ' Ὀδυσῆος ἀμύμονος, ἣν ἀφικάνω,
ἦ σέθεν ἐνθάδ' ἐόντος ἐλεύσεται οἴκαδ' Ὀδυσσεύς·
σοῖσιν δ' ὀφθαλμοῖσιν ἐπόψεαι, αἴ κ' ἐθέλησθα,
κτεινομένους μνηστῆρας, οἳ ἐνθάδε κοιρανέουσι."
   Τὸν δ' αὖτε προσέειπε βοῶν ἐπιβουκόλος ἀνήρ·   235
"αἲ γὰρ τοῦτο, ξεῖνε, ἔπος τελέσειε Κρονίων·
γνοίης χ' οἵη ἐμὴ δύναμις καὶ χεῖρες ἕπονται."
   Ὣς δ' αὔτως Εὔμαιος ἐπεύξατο πᾶσι θεοῖσι
νοστῆσαι Ὀδυσῆα πολύφρονα ὅνδε δόμονδε.
   Ὣς οἱ μὲν τοιαῦτα πρὸς ἀλλήλους ἀγόρευον,   240
μνηστῆρες δ' ἄρα Τηλεμάχῳ θάνατόν τε μόρον τε
ἤρτυον· αὐτὰρ ὁ τοῖσιν ἀριστερὸς ἤλυθεν ὄρνις,
αἰετὸς ὑψιπέτης, ἔχε δὲ τρήρωνα πέλειαν.
τοῖσιν δ' Ἀμφίνομος ἀγορήσατο καὶ μετέειπεν·
"ὦ φίλοι, οὐχ ἡμῖν συνθεύσεται ἥδε γε βουλή,   245
Τηλεμάχοιο φόνος· ἀλλὰ μνησώμεθα δαιτός."
   Ὣς ἔφατ' Ἀμφίνομος, τοῖσιν δ' ἐπιήνδανε μῦθος.
ἐλθόντες δ' ἐς δώματ' Ὀδυσσῆος θείοιο
χλαίνας μὲν κατέθεντο κατὰ κλισμούς τε θρόνους τε,
οἱ δ' ἱέρευον ὄις μεγάλους καὶ πίονας αἶγας,   250
ἴρευον δὲ σύας σιάλους καὶ βοῦν ἀγελαίην·
σπλάγχνα δ' ἄρ' ὀπτήσαντες ἐνώμων, ἐν δέ τε οἶνον
κρητῆρσιν κερόωντο· κύπελλα δὲ νεῖμε συβώτης.

230 πρῶτα ζεὺς g   ὕπατος καὶ ἄριστος k Pal. (cf. τ 303)   233 ἐσό-
ψεαι a j Mon.   237 ἐμοὶ o Mon.   ἄαπτοι k U⁸   245 ἦ δέ
τε θ M² : ἦ δέ ε g   249 κατέθηκαν e   250 μεγάλας O, ed. pr.
    252 ἐν δ' ἄρα οἶνον a e g i Mon. P⁵   253 κερόωντο b c d L⁴ P¹
Eust. : κεράσαντο cet.

σῖτον δέ σφ' ἐπένειμε Φιλοίτιος, ὄρχαμος ἀνδρῶν,
καλοῖς ἐν κανέοισιν, ἐοινοχόει δὲ Μελανθεύς.   255
οἱ δ' ἐπ' ὀνείαθ' ἑτοῖμα προκείμενα χεῖρας ἴαλλον.

Τηλέμαχος δ' Ὀδυσῆα καθίδρυε, κέρδεα νωμῶν,
ἐντὸς ἐϋσταθέος μεγάρου, παρὰ λάϊνον οὐδόν,
δίφρον ἀεικέλιον καταθεὶς ὀλίγην τε τράπεζαν·
πὰρ δ' ἐτίθει σπλάγχνων μοίρας, ἐν δ' οἶνον ἔχευεν   260
ἐν δέπαϊ χρυσέῳ, καί μιν πρὸς μῦθον ἔειπεν·
" ἐνταυθοῖ νῦν ἧσο μετ' ἀνδράσιν οἰνοποτάζων·
κερτομίας δέ τοι αὐτὸς ἐγὼ καὶ χεῖρας ἀφέξω
πάντων μνηστήρων, ἐπεὶ οὔ τοι δήμιός ἐστιν
οἶκος ὅδ', ἀλλ' Ὀδυσῆος, ἐμοὶ δ' ἐκτήσατο κεῖνος.   265
ὑμεῖς δέ, μνηστῆρες, ἐπίσχετε θυμὸν ἐνιπῆς
καὶ χειρῶν, ἵνα μή τις ἔρις καὶ νεῖκος ὄρηται."
Ὣς ἔφαθ', οἱ δ' ἄρα πάντες ὀδὰξ ἐν χείλεσι φύντες
Τηλέμαχον θαύμαζον, ὃ θαρσαλέως ἀγόρευε.
τοῖσιν δ' Ἀντίνοος μετέφη, Εὐπείθεος υἱός·   270
" καὶ χαλεπόν περ ἐόντα δεχώμεθα μῦθον Ἀχαιοὶ
Τηλεμάχου· μάλα δ' ἧμιν ἀπειλήσας ἀγορεύει.
οὐ γὰρ Ζεὺς εἴασε Κρονίων· τῷ κέ μιν ἤδη
παύσαμεν ἐν μεγάροισι, λιγύν περ ἐόντ' ἀγορητήν."
Ὣς ἔφατ' Ἀντίνοος· ὃ δ' ἄρ' οὐκ ἐμπάζετο μύθων.   275
κήρυκες δ' ἀνὰ ἄστυ θεῶν ἱερὴν ἑκατόμβην
ἧγον· τοὶ δ' ἀγέροντο κάρη κομόωντες Ἀχαιοὶ
ἄλσος ὕπο σκιερὸν ἑκατηβόλου Ἀπόλλωνος.
Οἱ δ' ἐπεὶ ὤπτησαν κρέ' ὑπέρτερα καὶ ἐρύσαντο,
μοίρας δασσάμενοι δαίνυντ' ἐρικυδέα δαῖτα·   280
πὰρ δ' ἄρ' Ὀδυσσῆϊ μοῖραν θέσαν οἳ πονέοντο
ἴσην, ὡς αὐτοί περ ἐλάγχανον· ὣς γὰρ ἀνώγει
Τηλέμαχος, φίλος υἱὸς Ὀδυσσῆος θείοιο.
Μνηστῆρας δ' οὐ πάμπαν ἀγήνορας εἴα Ἀθήνη

255 ἐφνοχ. codd., cf. o 141   259 καταθεὶς a j k (καθεὶς L⁴ L⁵) Eust.
Ar. Poet. 1458 b 29 : παραθεὶς cet.   260 μοῖραν o L² U⁸   267 χεῖρας
g   281 οἱ δ' ἐπένοντο e g 1   282 αὐτοί τε λάγχανον g

λώβης ἴσχεσθαι θυμαλγέος, ὄφρ' ἔτι μᾶλλον   285
δύη ἄχος κραδίην Λαερτιάδεω Ὀδυσῆος.
ἦν δέ τις ἐν μνηστῆρσιν ἀνὴρ ἀθεμίστια εἰδώς,
Κτήσιππος δ' ὄνομ' ἔσκε, Σάμη δ' ἐνὶ οἰκία ναῖεν·
ὃς δή τοι κτεάτεσσι πεποιθὼς θεσπεσίοισι
μνάσκετ' Ὀδυσσῆος δὴν οἰχομένοιο δάμαρτα.   290
ὅς ῥα τότε μνηστῆρσιν ὑπερφιάλοισι μετηύδα·
" κέκλυτέ μευ, μνηστῆρες ἀγήνορες, ὄφρα τι εἴπω·
μοῖραν μὲν δὴ ξεῖνος ἔχει πάλαι, ὡς ἐπέοικεν,
ἴσην· οὐ γὰρ καλὸν ἀτέμβειν οὐδὲ δίκαιον
ξείνους Τηλεμάχου, ὅς κεν τάδε δώμαθ' ἵκηται.   295
ἀλλ' ἄγε οἱ καὶ ἐγὼ δῶ ξείνιον, ὄφρα καὶ αὐτὸς
ἠὲ λοετροχόῳ δώῃ γέρας ἠέ τῳ ἄλλῳ
δμώων, οἳ κατὰ δώματ' Ὀδυσσῆος θείοιο."
Ὣς εἰπὼν ἔρριψε βοὸς πόδα χειρὶ παχείῃ,
κείμενον ἐκ κανέοιο λαβών· ὁ δ' ἀλεύατ' Ὀδυσσεὺς   300
ἦκα παρακλίνας κεφαλήν, μείδησε δὲ θυμῷ
σαρδάνιον μάλα τοῖον· ὁ δ' εὔδμητον βάλε τοῖχον.
Κτήσιππον δ' ἄρα Τηλέμαχος ἠνίπαπε μύθῳ·
" Κτήσιππ', ἦ μάλα τοι τόδε κέρδιον ἔπλετο θυμῷ·
οὐκ ἔβαλες τὸν ξεῖνον· ἀλεύατο γὰρ βέλος αὐτός.   305
ἦ γάρ κέν σε μέσον βάλον ἔγχεϊ ὀξυόεντι,
καί κέ τοι ἀντὶ γάμοιο πατὴρ τάφον ἀμφιπονεῖτο
ἐνθάδε. τῷ μή τίς μοι ἀεικείας ἐνὶ οἴκῳ
φαινέτω· ἤδη γὰρ νοέω καὶ οἶδα ἕκαστα,
ἐσθλά τε καὶ τὰ χέρεια· πάρος δ' ἔτι νήπιος ἦα.   310
ἀλλ' ἔμπης τάδε μὲν καὶ τέτλαμεν εἰσορόωντες,
μήλων σφαζομένων οἴνοιό τε πινομένοιο
καὶ σίτου· χαλεπὸν γὰρ ἐρυκακέειν ἕνα πολλούς.

286 λαερτιάδεω ὀδυσῆος L⁵ O U⁸, marg. P²: λαερτιάδην ὀδυσῆα cet.
(= σ 348)   288 ναίων e g i : μένε j   289 θεσπεσίοισι a j k
Eust. : πατρὸς ἑοῖο cet.   296 ἀλλά τε g i U⁵   302 σαρδάνιον
p²⁸ H³ Mon. Ca corr. Plat. rep. 337 A (μάλα σαρδάνιον) Paus. x. 17. 13
al. Eust. : σαρδόνιον codd. (cf. Lucius Tarrhaeus in schol. Plat.)   μέγα
v. l. ap. Eust., cf. ρ306   307 ἀμφεπ. codd. praeter Pal., cf. τ 455
308 δηιωι p²⁸   311 τετλάμεν d

ἀλλ' ἄγε μηκέτι μοι κακὰ ῥέζετε δυσμενέοντες·
εἰ δ' ἤδη μ' αὐτὸν κτεῖναι μενεαίνετε χαλκῷ,   315
καί κε τὸ βουλοίμην, καί κεν πολὺ κέρδιον εἴη
τεθνάμεν ἢ τάδε γ' αἰὲν ἀεικέα ἔργ' ὁράασθαι,
ξείνους τε στυφελιζομένους δμῳάς τε γυναῖκας
ῥυστάζοντας ἀεικελίως κατὰ δώματα καλά."
᾽Ὡς ἔφαθ', οἱ δ' ἄρα πάντες ἀκὴν ἐγένοντο σιωπῇ·   320
ὀψὲ δὲ δὴ μετέειπε Δαμαστορίδης Ἀγέλαος·
" ὦ φίλοι, οὐκ ἂν δή τις ἐπὶ ῥηθέντι δικαίῳ
ἀντιβίοις ἐπέεσσι καθαπτόμενος χαλεπαίνοι·
μήτε τι τὸν ξεῖνον στυφελίζετε μήτε τιν' ἄλλον
δμώων, οἳ κατὰ δώματ' Ὀδυσσῆος θείοιο.   325
Τηλεμάχῳ δέ κε μῦθον ἐγὼ καὶ μητέρι φαίην
ἤπιον, εἴ σφῶϊν κραδίη ἅδοι ἀμφοτέροιϊν.
ὄφρα μὲν ὑμῖν θυμὸς ἐνὶ στήθεσσιν ἐώλπει
νοστήσειν Ὀδυσῆα πολύφρονα ὅνδε δόμονδε,
τόφρ' οὔ τις νέμεσις μενέμεν τ' ἦν ἰσχέμεναί τε   330
μνηστῆρας κατὰ δώματ', ἐπεὶ τόδε κέρδιον ἦεν,
εἰ νόστησ' Ὀδυσεὺς καὶ ὑπότροπος ἵκετο δῶμα·
νῦν δ' ἤδη τόδε δῆλον, ὅ τ' οὐκέτι νόστιμός ἐστιν.
ἀλλ' ἄγε σῇ τάδε μητρὶ παρεζόμενος κατάλεξον,
γήμασθ' ὅς τις ἄριστος ἀνὴρ καὶ πλεῖστα πόρῃσιν,   335
ὄφρα σὺ μὲν χαίρων πατρώϊα πάντα νέμηαι,
ἔσθων καὶ πίνων, ἡ δ' ἄλλου δῶμα κομίζῃ."
Τὸν δ' αὖ Τηλέμαχος πεπνυμένος ἀντίον ηὔδα·
" οὐ μὰ Ζῆν', Ἀγέλαε, καὶ ἄλγεα πατρὸς ἐμοῖο,
ὅς που τῆλ' Ἰθάκης ἢ ἔφθιται ἢ ἀλάληται,   340
οὔ τι διατρίβω μητρὸς γάμον, ἀλλὰ κελεύω
γήμασθ' ᾧ κ' ἐθέλῃ, ποτὶ δ' ἄσπετα δῶρα δίδωμι.

315 εἰ δ' ἤδη μ' a g j Eust. : εἰ δὴ μή μ' cet. (εἰ δὴ μέν μ' M²)
θυμῷ Mon., γρ. R¹²   316 ἦεν d e f, cf. 331   317 ἢ τάδ' αἰὲν
i q : ἠὲ τάδ' αἰὲν U⁸ : cf. π 107   327 κραδίην g Mon.   328 ἐόλπει
L⁸   329 ita L⁴ L⁸ : -σαι cet.   331 εἴη P⁵   335 om. g
337 δώμαθ' ἵκηται Eust.   340 ὅπ(π)ου g j   ἠὲ φθίται f L⁴ P¹ U² :
ἐφθίεται j   342 πόρῃσι r (δίδωσι Eust.), cf. 335

αἰδέομαι δ' ἀέκουσαν ἀπὸ μεγάροιο δίεσθαι
μύθῳ ἀναγκαίῳ· μὴ τοῦτο θεὸς τελέσειεν."
Ὣς φάτο Τηλέμαχος· μνηστῆρσι δὲ Παλλὰς Ἀθήνη
ἄσβεστον γέλω ὦρσε, παρέπλαγξεν δὲ νόημα.   346
οἱ δ' ἤδη γναθμοῖσι γελώων ἀλλοτρίοισιν,
αἱμοφόρυκτα δὲ δὴ κρέα ἤσθιον· ὄσσε δ' ἄρα σφέων
δακρυόφιν πίμπλαντο, γόον δ' ὠίετο θυμός.
τοῖσι δὲ καὶ μετέειπε Θεοκλύμενος θεοειδής·   350
" ἆ δειλοί, τί κακὸν τόδε πάσχετε; νυκτὶ μὲν ὑμέων
εἰλύαται κεφαλαί τε πρόσωπά τε νέρθε τε γοῦνα,
οἰμωγὴ δὲ δέδηε, δεδάκρυνται δὲ παρειαί,
αἵματι δ' ἐρράδαται τοῖχοι καλαί τε μεσόδμαι·
εἰδώλων δὲ πλέον πρόθυρον, πλείη δὲ καὶ αὐλή,   355
ἱεμένων Ἔρεβόσδε ὑπὸ ζόφον· ἠέλιος δὲ
οὐρανοῦ ἐξαπόλωλε, κακὴ δ' ἐπιδέδρομεν ἀχλύς."
Ὣς ἔφαθ', οἱ δ' ἄρα πάντες ἐπ' αὐτῷ ἡδὺ γέλασσαν.
τοῖσιν δ' Εὐρύμαχος, Πολύβου πάϊς, ἄρχ' ἀγορεύειν·
" ἀφραίνει ξεῖνος νέον ἄλλοθεν εἰληλουθώς.   360
ἀλλά μιν αἶψα, νέοι, δόμου ἐκπέμψασθε θύραζε
εἰς ἀγορὴν ἔρχεσθαι, ἐπεὶ τάδε νυκτὶ ἐΐσκει."
Τὸν δ' αὖτε προσέειπε Θεοκλύμενος θεοειδής·
" Εὐρύμαχ', οὔ τί σ' ἄνωγα ἐμοὶ πομπῆας ὀπάζειν·
εἰσί μοι ὀφθαλμοί τε καὶ οὔατα καὶ πόδες ἄμφω   365
καὶ νόος ἐν στήθεσσι τετυγμένος οὐδὲν ἀεικής.
τοῖς ἔξειμι θύραζε, ἐπεὶ νοέω κακὸν ὕμμιν
ἐρχόμενον, τό κεν οὔ τις ὑπεκφύγοι οὐδ' ἀλέαιτο
μνηστήρων, οἳ δῶμα κατ' ἀντιθέου Ὀδυσῆος
ἀνέρας ὑβρίζοντες ἀτάσθαλα μηχανάασθε."   370

346 γέλον d o ed. pr.   347 γελοίων Uᵇ Eust. ed. pr., cf. 390
348 τ' ἤσθιον g   351 δαιμόνιοι Plat. Ion 539 A   352 γυῖα ib.
354 om. Plato l. c.   ἐρρέδαται g k : -εται Mᵈ Heracl. Alleg.
Hom. 73, cf. η 86, 95, 113   355 πλέων a f g k Pal. P¹   358 οἱ δέ
τε Mon., γρ. R¹²   359 ἦρχε codd.   362 ἐΐσκεις M² Pᵇ, H³ ss. :
ἐώκει e   368 οὐ μὲν b d f k H³   369 ἀνδρῶν οἳ k, γρ. ἀνδρῶν
οἳ κατὰ δώματ' ὀδυσσῆος θείοιο c, cf. 298 σ 417

Ὣς εἰπὼν ἐξῆλθε δόμων εὖ ναιεταόντων,
ἵκετο δ' ἐς Πείραιον, ὅ μιν πρόφρων ὑπέδεκτο.
μνηστῆρες δ' ἄρα πάντες ἐς ἀλλήλους ὁρόωντες
Τηλέμαχον ἐρέθιζον, ἐπὶ ξείνοις γελόωντες·
ὧδε δέ τις εἴπεσκε νέων ὑπερηνορεόντων·   375
" Τηλέμαχ', οὔ τις σεῖο κακοξεινώτερος ἄλλος·
οἷον μέν τινα τοῦτον ἔχεις ἐπίμαστον ἀλήτην,
σίτου καὶ οἴνου κεχρημένον, οὐδέ τι ἔργων
ἔμπαιον οὐδὲ βίης, ἀλλ' αὔτως ἄχθος ἀρούρης.
ἄλλος δ' αὖτέ τις οὗτος ἀνέστη μαντεύεσθαι.   380
ἀλλ' εἴ μοί τι πίθοιο, τό κεν πολὺ κέρδιον εἴη·
τοὺς ξείνους ἐν νηῒ πολυκληῗδι βαλόντες
ἐς Σικελοὺς πέμψωμεν, ὅθεν κέ τοι ἄξιον ἄλφοι."
Ὣς ἔφασαν μνηστῆρες· ὁ δ' οὐκ ἐμπάζετο μύθων,
ἀλλ' ἀκέων πατέρα προσεδέρκετο, δέγμενος αἰεί,   385
ὁππότε δὴ μνηστῆρσιν ἀναιδέσι χεῖρας ἐφήσει.
Ἡ δὲ κατ' ἄντηστιν θεμένη περικαλλέα δίφρον
κούρη Ἰκαρίοιο, περίφρων Πηνελόπεια,
ἀνδρῶν ἐν μεγάροισιν ἑκάστου μῦθον ἄκουε.
δεῖπνον μὲν γὰρ τοί γε γελώωντες τετύκοντο   390
ἡδύ τε καὶ μενοεικές, ἐπεὶ μάλα πόλλ' ἱέρευσαν·
δόρπου δ' οὐκ ἄν πως ἀχαρίστερον ἄλλο γένοιτο,
οἷον δὴ τάχ' ἔμελλε θεὰ καὶ καρτερὸς ἀνὴρ
θησέμεναι· πρότεροι γὰρ ἀεικέα μηχανόωντο.

374 θαύμαζον k, γρ. H³, Eust. (a 382)   ξείνω g : ξείνοιο j p
377 ἄγεις v. l. ap. Eust.   379 ἔμπεον e M² : ἔμπεδος g : ἔμπειρον p
381 εἰ δή τι i j Mon. ed. pr. : ἤδη τι g U⁵ : ἀλλ' εἰ δή μοι τι a
Br   386 ἐφείη g i j   387 καταντηστὶ f Mon. Pᵃ R¹ : καταντίστην
q : -η j Pal. : καταντικρὺ d   390 γελοίωντες Eust. (βέλτιον οὕτω
γράφειν), cf. 347 σ 111

ΟΔΥΣΣΕΙΑΣ Φ

Τῇ δ' ἄρ' ἐπὶ φρεσὶ θῆκε θεὰ γλαυκῶπις Ἀθήνη,
κούρῃ Ἰκαρίοιο, περίφρονι Πηνελοπείῃ,
τόξον μνηστήρεσσι θέμεν πολιόν τε σίδηρον
ἐν μεγάροις Ὀδυσῆος, ἀέθλια καὶ φόνου ἀρχήν.
κλίμακα δ' ὑψηλὴν προσεβήσετο οἷο δόμοιο,   5
εἵλετο δὲ κληῖδ' εὐκαμπέα χειρὶ παχείῃ
καλὴν χαλκείην· κώπη δ' ἐλέφαντος ἐπῆεν.
βῆ δ' ἴμεναι θάλαμόνδε σὺν ἀμφιπόλοισι γυναιξὶν
ἔσχατον· ἔνθα δέ οἱ κειμήλια κεῖτο ἄνακτος,
χαλκός τε χρυσός τε πολύκμητός τε σίδηρος.   10
ἔνθα δὲ τόξον κεῖτο παλίντονον ἠδὲ φαρέτρη
ἰοδόκος, πολλοὶ δ' ἔνεσαν στονόεντες ὀϊστοί,
δῶρα τά οἱ ξεῖνος Λακεδαίμονι δῶκε τυχήσας
Ἴφιτος Εὐρυτίδης, ἐπιείκελος ἀθανάτοισι.
τὼ δ' ἐν Μεσσήνῃ ξυμβλήτην ἀλλήλοιϊν   15
οἴκῳ ἐν Ὀρτιλόχοιο δαΐφρονος. ἦ τοι Ὀδυσσεὺς
ἦλθε μετὰ χρεῖος, τό ῥά οἱ πᾶς δῆμος ὄφελλε·
μῆλα γὰρ ἐξ Ἰθάκης Μεσσήνιοι ἄνδρες ἄειραν
νηυσὶ πολυκλήϊσι τριηκόσι' ἠδὲ νομῆας.
τῶν ἕνεκ' ἐξεσίην πολλὴν ὁδὸν ἦλθεν Ὀδυσσεὺς   20
παιδνὸς ἐών· πρὸ γὰρ ἧκε πατὴρ ἄλλοι τε γέροντες.
Ἴφιτος αὖθ' ἵππους διζήμενος, αἵ οἱ ὄλοντο
δώδεκα θήλειαι, ὑπὸ δ' ἡμίονοι ταλαεργοί·
αἳ δή οἱ καὶ ἔπειτα φόνος καὶ μοῖρα γένοντο,

3 θέμεναι f g j   6 ἐπικαμπέα Mon. : ἐνκαμπέα U¹ in ras.
χερσὶ φίλῃσι quidam in Et. Flor. Miller Mél. 308 (μετέγραψαν)
7 Πηνελόπῃ Strab. 551 in init.   χαλκείην a j k Eust. : χρυσείην cet.
11 ἔκειτο a h j k Eust. : κεῖτο cet.   13 δῶρα] καλὰ Strabo 367
15 τῷ H³ L⁸ Pal. P² R⁴ R⁶   16 ὀρσιλόχοιο f   17 δῆμος
πᾶς g   ὄφειλε k U⁸ Eust.

ἐπεὶ δὴ Διὸς υἱὸν ἀφίκετο καρτερόθυμον,   25
φῶθ' Ἡρακλῆα, μεγάλων ἐπιίστορα ἔργων,
ὅς μιν ξεῖνον ἐόντα κατέκτανεν ᾧ ἐνὶ οἴκῳ,
σχέτλιος, οὐδὲ θεῶν ὄπιν αἰδέσατ' οὐδὲ τράπεζαν,
τὴν ἥν οἱ παρέθηκεν· ἔπειτα δὲ πέφνε καὶ αὐτόν,
ἵππους δ' αὐτὸς ἔχε κρατερώνυχας ἐν μεγάροισι.   30
τὰς ἐρέων Ὀδυσῆϊ συνήντετο, δῶκε δὲ τόξον,
τὸ πρὶν μέν ῥ' ἐφόρει μέγας Εὔρυτος, αὐτὰρ ὁ παιδὶ
κάλλιπ' ἀποθνῇσκων ἐν δώμασιν ὑψηλοῖσι.
τῷ δ' Ὀδυσεὺς ξίφος ὀξὺ καὶ ἄλκιμον ἔγχος ἔδωκεν,
ἀρχὴν ξεινοσύνης προσκηδέος· οὐδὲ τραπέζῃ   35
γνώτην ἀλλήλων· πρὶν γὰρ Διὸς υἱὸς ἔπεφνεν
Ἴφιτον Εὐρυτίδην, ἐπιείκελον ἀθανάτοισιν,
ὅς οἱ τόξον ἔδωκε.   τὸ δ' οὔ ποτε δῖος Ὀδυσσεὺς
ἐρχόμενος πόλεμόνδε μελαινάων ἐπὶ νηῶν
ᾑρεῖτ', ἀλλ' αὐτοῦ μνῆμα ξείνοιο φίλοιο   40
κέσκετ' ἐνὶ μεγάροισι, φόρει δέ μιν ἧς ἐπὶ γαίης.

Ἡ δ' ὅτε δὴ θάλαμον τὸν ἀφίκετο δῖα γυναικῶν,
οὐδόν τε δρύϊνον προσεβήσετο, τόν ποτε τέκτων
ξέσσεν ἐπισταμένως καὶ ἐπὶ στάθμην ἴθυνεν,
ἐν δὲ σταθμοὺς ἄρσε, θύρας δ' ἐπέθηκε φαεινάς·   45
αὐτίκ' ἄρ' ἥ γ' ἱμάντα θοῶς ἀπέλυσε κορώνης,
ἐν δὲ κληῖδ' ἧκε, θυρέων δ' ἀνέκοπτεν ὀχῆας
ἄντα τιτυσκομένη· τὰ δ' ἀνέβραχεν ἠΰτε ταῦρος
βοσκόμενος λειμῶνι· τόσ' ἔβραχε καλὰ θύρετρα
πληγέντα κληῖδι, πετάσθησαν δέ οἱ ὦκα.   50
ἡ δ' ἄρ' ἐφ' ὑψηλῆς σανίδος βῆ· ἔνθα δὲ χηλοὶ
ἕστασαν, ἐν δ' ἄρα τῇσι θυώδεα εἵματ' ἔκειτο.

26 ἡρακλεῖα c   28 αἰδέσατ' ε g i : ᾐδ- cet., cf. Η 93 θ 86
29 τὴν δὴ οἱ d Eust. : ἥν om. cj U⁸   31 μετήντετο e   32 μέν
ῥ' L⁶ U⁶ : μὲν cet.   35 τραπέζης Mon.   36 ἀλλήλω f k o ed.
pr. Eust. : ἀλλήλους a h j Br   41 θέσκετ' f g i j k, cf. ξ 521
42 τὸν om. q   46 θοῆς ἀπέκλεισε Ο   κορώνῃ L⁴ Pal. U⁸ Eust.
    48 ἀνέβρεχεν g   49 τῶ p : τὼς g R¹ R³ R⁸   52 θυοει-
δέα Ο

ἔνθεν ὀρεξαμένη ἀπὸ πασσάλου αἴνυτο τόξον
αὐτῷ γωρυτῷ, ὅς οἱ περίκειτο φαεινός.
ἑζομένη δὲ κατ' αὖθι, φίλοις ἐπὶ γούνασι θεῖσα,   55
κλαῖε μάλα λιγέως, ἐκ δ' ᾕρεε τόξον ἄνακτος.
ἡ δ' ἐπεὶ οὖν τάρφθη πολυδακρύτοιο γόοιο,
βῆ ῥ' ἴμεναι μέγαρόνδε μετὰ μνηστῆρας ἀγαυοὺς
τόξον ἔχουσ' ἐν χειρὶ παλίντονον ἠδὲ φαρέτρην
ἰοδόκον· πολλοὶ δ' ἔνεσαν στονόεντες ὀϊστοί.   60
τῇ δ' ἄρ' ἅμ' ἀμφίπολοι φέρον ὄγκιον, ἔνθα σίδηρος
κεῖτο πολὺς καὶ χαλκός, ἀέθλια τοῖο ἄνακτος.
ἡ δ' ὅτε δὴ μνηστῆρας ἀφίκετο δῖα γυναικῶν,
στῆ ῥα παρὰ σταθμὸν τέγεος πύκα ποιητοῖο,
ἄντα παρειάων σχομένη λιπαρὰ κρήδεμνα.   65
ἀμφίπολος δ' ἄρα οἱ κεδνὴ ἑκάτερθε παρέστη.
αὐτίκα δὲ μνηστῆρσι μετηύδα καὶ φάτο μῦθον·
" κέκλυτέ μευ, μνηστῆρες ἀγήνορες, οἳ τόδε δῶμα
ἐχράετ' ἐσθιέμεν καὶ πινέμεν ἐμμενὲς αἰεὶ
ἀνδρὸς ἀποιχομένοιο πολὺν χρόνον· οὐδέ τιν' ἄλλην   70
μύθου ποιήσασθαι ἐπισχεσίην ἐδύνασθε,
ἀλλ' ἐμὲ ἱέμενοι γῆμαι θέσθαι τε γυναῖκα.
ἀλλ' ἄγετε, μνηστῆρες, ἐπεὶ τόδε φαίνετ' ἄεθλον·
θήσω γὰρ μέγα τόξον 'Οδυσσῆος θείοιο·
ὃς δέ κε ῥηΐτατ' ἐντανύσῃ βιὸν ἐν παλάμῃσι   75
καὶ διοϊστεύσῃ πελέκεων δυοκαίδεκα πάντων,
τῷ κεν ἅμ' ἑσποίμην νοσφισσαμένη τόδε δῶμα
κουρίδιον, μάλα καλόν, ἐνίπλειον βιότοιο,
τοῦ ποτε μεμνήσεσθαι ὀΐομαι ἔν περ ὀνείρῳ."
    ῝Ως φάτο, καί ῥ' Εὔμαιον ἀνώγει, δῖον ὑφορβόν,   80
τόξον μνηστήρεσσι θέμεν πολιόν τε σίδηρον.
δακρύσας δ' Εὔμαιος ἐδέξατο καὶ κατέθηκε·

53 εἴλετο a Br, U⁵ ss.: ἔν(ν)υτο g P³   τόξα g R⁴   56 ᾕρει g
    58 ἴμεναι a j k: ἴμεν ἐς cet.   61 ὀγκίους o ss.: ὀγκίον cit.
Eust. (παροξυτόνως)   65, 66 om. p²⁸   66 om. c M² Mon. Pal. U⁵
U⁸ (= σ 211)   71 γε δύνασθε g

21. ΟΔΥΣΣΕΙΑΣ Φ

κλαῖε δὲ βουκόλος ἄλλοθ᾽, ἐπεὶ ἴδε τόξον ἄνακτος.
Ἀντίνοος δ᾽ ἐνένιπεν ἔπος τ᾽ ἔφατ᾽ ἔκ τ᾽ ὀνόμαζε·
" νήπιοι ἀγροιῶται, ἐφημέρια φρονέοντες,   85
ἆ δειλώ, τί νυ δάκρυ κατείβετον ἠδὲ γυναικὶ
θυμὸν ἐνὶ στήθεσσιν ὀρίνετον; ἦ τε καὶ ἄλλως
κεῖται ἐν ἄλγεσι θυμός, ἐπεὶ φίλον ὤλεσ᾽ ἀκοίτην.
ἀλλ᾽ ἀκέων δαίνυσθε καθήμενοι, ἠὲ θύραζε
κλαίετον ἐξελθόντε, κατ᾽ αὐτόθι τόξα λιπόντε,   90
μνηστήρεσσιν ἄεθλον ἀάατον· οὐ γὰρ ὀίω
ῥηϊδίως τόδε τόξον ἐΰξοον ἐντανύεσθαι.
οὐ γάρ τις μέτα τοῖος ἀνὴρ ἐν τοῖσδεσι πᾶσιν
οἷος Ὀδυσσεὺς ἔσκεν· ἐγὼ δέ μιν αὐτὸς ὄπωπα,
καὶ γὰρ μνήμων εἰμί, πάϊς δ᾽ ἔτι νήπιος ἦα."   95
   Ὣς φάτο, τῷ δ᾽ ἄρα θυμὸς ἐνὶ στήθεσσιν ἐώλπει
νευρὴν ἐντανύειν διοϊστεύσειν τε σιδήρου.
ἦ τοι ὀϊστοῦ γε πρῶτος γεύσεσθαι ἔμελλεν
ἐκ χειρῶν Ὀδυσῆος ἀμύμονος, ὃν τότ᾽ ἀτίμα
ἥμενος ἐν μεγάροις, ἐπὶ δ᾽ ὄρνυε πάντας ἑταίρους.   100
τοῖσι δὲ καὶ μετέειφ᾽ ἱερὴ ἲς Τηλεμάχοιο·
" ὢ πόποι, ἦ μάλα με Ζεὺς ἄφρονα θῆκε Κρονίων·
μήτηρ μέν μοί φησι φίλη, πινυτή περ ἐοῦσα,
ἄλλῳ ἅμ᾽ ἕψεσθαι νοσφισσαμένη τόδε δῶμα·
αὐτὰρ ἐγὼ γελόω καὶ τέρπομαι ἄφρονι θυμῷ.   105
ἀλλ᾽ ἄγετε, μνηστῆρες, ἐπεὶ τόδε φαίνετ᾽ ἄεθλον,
οἵη νῦν οὐκ ἔστι γυνὴ κατ᾽ Ἀχαιίδα γαῖαν,
οὔτε Πύλου ἱερῆς οὔτ᾽ Ἄργεος οὔτε Μυκήνης·
οὔτ᾽ αὐτῆς Ἰθάκης οὔτ᾽ ἠπείροιο μελαίνης·
καὶ δ᾽ αὐτοὶ τόδε ἴστε· τί με χρὴ μητέρος αἴνου;   110

83 ἄλλος c e f g i   86 τίνι M¹ U⁷   μετείβετον Br   89 ἀλλὰ
καὶ ὣς M², quidam ap. Eust. (μεταγράφοντες)   93 τοῖσι δὲ e g i j C
Mon.   97 τε τανύσειν L⁵: ἐντανύσειν b o d Eust.   99 χειρὸς
g P²   ποτ᾽ Pal. Eust.   100 ὄρνυε g : ὤρνυε cet.   101 μετέφη
a d   105 γελόω] γ᾽ ἔσθω g M² : ἔσθω U⁵ : γελάω U⁸   109 om.
a c e h p²⁸ Mon., cf. ξ 97, 98   110 γ᾽ om. e g i Mon. Eust. : γ᾽ ἴστε
cet.

ἀλλ' ἄγε μὴ μύνῃσι παρέλκετε μηδ' ἔτι τόξου
δηρὸν ἀποτρωπᾶσθε τανυστύος, ὄφρα ἴδωμεν.
καὶ δέ κεν αὐτὸς ἐγὼ τοῦ τόξου πειρησαίμην·
εἰ δέ κεν ἐντανύσω διοϊστεύσω τε σιδήρου,
οὔ κέ μοι ἀχνυμένῳ τάδε δώματα πότνια μήτηρ   115
λείποι ἅμ' ἄλλῳ ἰοῦσ', ὅτ' ἐγὼ κατόπισθε λιποίμην
οἷός τ' ἤδη πατρὸς ἀέθλια κάλ' ἀνελέσθαι."
  Ἦ καὶ ἀπ' ὤμοιϊν χλαῖναν θέτο φοινικόεσσαν
ὀρθὸς ἀναΐξας, ἀπὸ δὲ ξίφος ὀξὺ θέτ' ὤμων.
πρῶτον μὲν πελέκεας στῆσεν, διὰ τάφρον ὀρύξας   120
πᾶσι μίαν μακρήν, καὶ ἐπὶ στάθμην ἴθυνεν,
ἀμφὶ δὲ γαῖαν ἔναξε· τάφος δ' ἕλε πάντας ἰδόντας,
ὡς εὐκόσμως στῆσε· πάρος δ' οὔ πώ ποτ' ὀπώπει.
στῆ δ' ἄρ' ἐπ' οὐδὸν ἰὼν καὶ τόξου πειρήτιζε.
τρὶς μέν μιν πελέμιξεν ἐρύσσασθαι μενεαίνων,   125
τρὶς δὲ μεθῆκε βίης, ἐπιελπόμενος τό γε θυμῷ
νευρὴν ἐντανύειν διοϊστεύσειν τε σιδήρου.
καί νύ κε δή ρ' ἐτάνυσσε βίῃ τὸ τέταρτον ἀνέλκων,
ἀλλ' Ὀδυσεὺς ἀνένευε καὶ ἔσχεθεν ἱέμενόν περ.
τοῖς δ' αὖτις μετέειφ' ἱερὴ ἲς Τηλεμάχοιο·   130
" ὢ πόποι, ἦ καὶ ἔπειτα κακός τ' ἔσομ.ιι καὶ ἄκικυς,
ἠὲ νεώτερός εἰμι καὶ οὔ πω χερσὶ πέποιθα
ἄνδρ' ἀπαμύνασθαι, ὅτε τις πρότερος χαλεπήνῃ.
ἀλλ' ἄγεθ', οἳ περ ἐμεῖο βίῃ προφερέστεροί ἐστε,
τόξου πειρήσασθε, καὶ ἐκτελέωμεν ἄεθλον."   135
  Ὣς εἰπὼν τόξον μὲν ἀπὸ ἕο θῆκε χαμᾶζε,
κλίνας κολλητῇσιν ἐϋξέστῃς σανίδεσσιν,
αὐτοῦ δ' ὠκὺ βέλος καλῇ προσέκλινε κορώνῃ,

111 μύνῃσι] μ' ὤρῃσι g   115 ἀχνυμένῳ c k Pal. U⁸ : ἀχνυμένη
cet.   119 ὤμῳ b d e f g i, cf. ν 125   122, 123 om. C
125 μιν om. f P¹ U⁶ : μὲν δὴ d   126 βίῃ Eust. 1904. 38   αλλ'
ουν το γ' αρ' η]θελε θυμ[ος P²⁸ (?)   127 νεύρην τ' d L⁵   ἐντανύειν
e g : ἐντανύσσειν vulg.   διοϊστεύειν j r C al., cf. 97   128 δὴν ἐτάνυσσε
f P¹ : δὴ τανύσειε g i : ρ' om. a j k   130 τοῖσι δ' αὖ d P¹   αὐτοῖς q
131 ἄναλκις e   133 ἐπαμύνασθαι a d   134 πολὺ φέρτεροι
a j k   138 προσέθηκε f O

ἂψ δ' αὖτις κατ' ἄρ' ἕζετ' ἐπὶ θρόνου ἔνθεν ἀνέστη.
τοῖσιν δ' Ἀντίνοος μετέφη, Εὐπείθεος υἱός·   140
" ὄρνυσθ' ἐξείης ἐπιδέξια πάντες ἑταῖροι,
ἀρξάμενοι τοῦ χώρου ὅθεν τέ περ οἰνοχοεύει."
ᾺΩς ἔφατ' Ἀντίνοος, τοῖσιν δ' ἐπιήνδανε μῦθος.
Ληώδης δὲ πρῶτος ἀνίστατο, Οἴνοπος υἱός,
ὅ σφι θυοσκόος ἔσκε, παρὰ κρητῆρα δὲ καλὸν   145
ἷζε μυχοίτατος αἰεί· ἀτασθαλίαι δέ οἱ οἴῳ
ἐχθραὶ ἔσαν, πᾶσιν δὲ νεμέσσα μνηστήρεσσιν·
ὅς ῥα τότε πρῶτος τόξον λάβε καὶ βέλος ὠκύ.
στῆ δ' ἄρ' ἐπ' οὐδὸν ἰὼν καὶ τόξου πειρήτιζεν,
οὐδέ μιν ἐντάνυσε· πρὶν γὰρ κάμε χεῖρας ἀνέλκων   150
ἀτρίπτους ἀπαλάς· μετὰ δὲ μνηστῆρσιν ἔειπεν·
" ὦ φίλοι, οὐ μὲν ἐγὼ τανύω, λαβέτω δὲ καὶ ἄλλος.
πολλοὺς γὰρ τόδε τόξον ἀριστῆας κεκαδήσει
θυμοῦ καὶ ψυχῆς, ἐπεὶ ἦ πολὺ φέρτερόν ἐστι
τεθνάμεν ἢ ζώοντας ἁμαρτεῖν, οὗ θ' ἕνεκ' αἰεὶ   155
ἐνθάδ' ὁμιλέομεν, ποτιδέγμενοι ἤματα πάντα.
νῦν μέν τις καὶ ἔλπετ' ἐνὶ φρεσὶν ἠδὲ μενοινᾷ
γῆμαι Πηνελόπειαν, Ὀδυσσῆος παράκοιτιν.
αὐτὰρ ἐπὴν τόξου πειρήσεται ἠδὲ ἴδηται,
ἄλλην δή τιν' ἔπειτα Ἀχαιάδων εὐπέπλων   160
μνάσθω ἐέδνοισιν διζήμενος· ἡ δέ κ' ἔπειτα
γήμαιθ' ὅς κε πλεῖστα πόροι καὶ μόρσιμος ἔλθοι."
ᾺΩς ἄρ' ἐφώνησεν καὶ ἀπὸ ἕο τόξον ἔθηκε,
κλίνας κολλητῇσιν ἐϋξέστῃς σανίδεσσιν,
αὐτοῦ δ' ὠκὺ βέλος καλῇ προσέκλινε κορώνῃ,   165
ἂψ δ' αὖτις κατ' ἄρ' ἕζετ' ἐπὶ θρόνου ἔνθεν ἀνέστη.
Ἀντίνοος δ' ἐνένιπεν ἔπος τ' ἔφατ' ἔκ τ' ὀνόμαζε·

141 ἄριστοι Br V⁴   142 οἰνοχοεύειν J L⁵ : τ' ἐπιοινοχοεύει a e g j
p²⁸   144 ἤνοπος e f g p²⁸ L⁴ Pal. P¹, cf. Ψ 634, Ξ 444, 445 κ 360
146 μυχαίτατος d f C P¹ v. l. ap. Eust.   150 ἐκτάνυσε d   152 οὐ
δύναμαι τανύσαι Athen. 437 E   162 ὅς τις a g j k   ἔλθοι] εἴη e g
165 προσέθηκε e C, cf. 138   167 ἐνένισπεν a f : -πτεν O ed. pr.,
cf. π 417

" Ληῶδες, ποῖόν σε ἔπος φύγεν ἔρκος ὀδόντων,
δεινόν τ᾿ ἀργαλέον τε,—νεμεσσῶμαι δέ τ᾿ ἀκούων,—
εἰ δὴ τοῦτό γε τόξον ἀριστῆας κεκαδήσει   170
θυμοῦ καὶ ψυχῆς, ἐπεὶ οὐ δύνασαι σὺ τανύσσαι.
οὐ γάρ τοι σέ γε τοῖον ἐγείνατο πότνια μήτηρ
οἷόν τε ῥυτῆρα βιοῦ τ᾿ ἔμεναι καὶ ὀιστῶν·
ἀλλ᾿ ἄλλοι τανύουσι τάχα μνηστῆρες ἀγαυοί."
  Ὣς φάτο, καί ῥ᾿ ἐκέλευσε Μελάνθιον, αἰπόλον αἰγῶν·
" ἄγρει δή, πῦρ κῆον ἐνὶ μεγάροισι, Μελανθεῦ,   176
πὰρ δὲ τίθει δίφρον τε μέγαν καὶ κῶας ἐπ᾿ αὐτοῦ,
ἐκ δὲ στέατος ἔνεικε μέγαν τροχὸν ἔνδον ἐόντος,
ὄφρα νέοι θάλποντες, ἐπιχρίοντες ἀλοιφῇ,
τόξου πειρώμεσθα καὶ ἐκτελέωμεν ἄεθλον."   180
  Ὣς φάθ᾿, ὁ δ᾿ αἶψ᾿ ἀνέκαιε Μελάνθιος ἀκάματον πῦρ,
πὰρ δὲ φέρων δίφρον θῆκεν καὶ κῶας ἐπ᾿ αὐτοῦ,
ἐκ δὲ στέατος ἔνεικε μέγαν τροχὸν ἔνδον ἐόντος·
τῷ ῥα νέοι θάλποντες ἐπειρῶντ᾿· οὐδ᾿ ἐδύναντο
ἐντανύσαι, πολλὸν δὲ βίης ἐπιδευέες ἦσαν.   185
  Ἀντίνοος δ᾿ ἔτ᾿ ἐπεῖχε καὶ Εὐρύμαχος θεοειδής,
ἀρχοὶ μνηστήρων· ἀρετῇ δ᾿ ἔσαν ἔξοχ᾿ ἄριστοι.
  Τὼ δ᾿ ἐξ οἴκου βῆσαν ὁμαρτήσαντες ἅμ᾿ ἄμφω
βουκόλος ἠδὲ συφορβὸς Ὀδυσσῆος θείοιο·
ἐκ δ᾿ αὐτὸς μετὰ τοὺς δόμου ἤλυθε δῖος Ὀδυσσεύς.   190
ἀλλ᾿ ὅτε δή ῥ᾿ ἐκτὸς θυρέων ἔσαν ἠδὲ καὶ αὐλῆς,
φθεγξάμενός σφε ἔπεσσι προσηύδα μειλιχίοισι·
" βουκόλε καὶ σύ, συφορβέ, ἔπος τί κε μυθησαίμην,
ἢ αὐτὸς κεύθω; φάσθαι δέ με θυμὸς ἀνώγει.
ποῖοί κ᾿ εἶτ᾿ Ὀδυσῆι ἀμυνέμεν, εἴ ποθεν ἔλθοι   195

172 τοι] πω 𝔭²⁸   173 διστοῦ c   176 [ἀλλ᾿] ἄγε δὴ g   κεῖον
codd. κεῖε j : corr. Bekker   180 πειρηθῶμεν Eust.   181 ὣς
φάτο αἶψα δ᾿ ἔκαιε b d H⁹ L⁸ P¹ conflatas lectiones e f q   183 ἐόντων
j   185 βίη Pal.   188 ἁμαρτήσαντες c k q Pal.   189 om. L⁵
190 δόμου ἦλθε μετ᾿ αὐτούς, γρ. R¹²   191 ἴσαν g O   192 σφ᾿
ἐπέεσσι a j k : μιν ἔπεσσι cet.   194 δ αὐτὸς p : αὔτως Pal. U⁶ ut
Bothe   195 εἶτ(ε) v. l. ap. Heraclidem (ap. Eust.) : ἦτ᾿ d f g

ὧδε μάλ᾽ ἐξαπίνης καί τις θεὸς αὐτὸν ἐνείκαι;
ἤ κε μνηστήρεσσιν ἀμύνοιτ᾽ ἦ Ὀδυσῆι;
εἴπαθ᾽ ὅπως ὑμέας κραδίη θυμός τε κελεύει."
   Τὸν δ᾽ αὖτε προσέειπε βοῶν ἐπιβουκόλος ἀνήρ·
" Ζεῦ πάτερ, αἲ γὰρ τοῦτο τελευτήσειας ἐέλδωρ,   200
ὡς ἔλθοι μὲν κεῖνος ἀνήρ, ἀγάγοι δέ ἑ δαίμων·
γνοίης χ᾽ οἵη ἐμὴ δύναμις καὶ χεῖρες ἕπονται."
   Ὣς δ᾽ αὔτως Εὔμαιος ἐπεύχετο πᾶσι θεοῖσι
νοστῆσαι Ὀδυσῆα πολύφρονα ὅνδε δόμονδε.
αὐτὰρ ἐπεὶ δὴ τῶν γε νόον νημερτέ᾽ ἀνέγνω,   205
ἐξαῦτίς σφε ἔπεσσιν ἀμειβόμενος προσέειπεν·
" Ἔνδον μὲν δὴ ὅδ᾽ αὐτὸς ἐγώ, κακὰ πολλὰ μογήσας,
ἤλυθον εἰκοστῷ ἔτεϊ ἐς πατρίδα γαῖαν.
γιγνώσκω δ᾽ ὡς σφῶιν ἐελδομένοισιν ἱκάνω
οἴοισι δμώων· τῶν δ᾽ ἄλλων οὔ τευ ἄκουσα   210
εὐξαμένου ἐμὲ αὖτις ὑπότροπον οἴκαδ᾽ ἱκέσθαι.
σφῶιν δ᾽, ὡς ἔσεταί περ, ἀληθείην καταλέξω·
εἴ χ᾽ ὑπ᾽ ἐμοί γε θεὸς δαμάσῃ μνηστῆρας ἀγαυούς,
ἄξομαι ἀμφοτέροις ἀλόχους καὶ κτήματ᾽ ὀπάσσω
οἰκία τ᾽ ἐγγὺς ἐμεῖο τετυγμένα· καί μοι ἔπειτα   215
Τηλεμάχου ἑτάρω τε κασιγνήτω τε ἔσεσθον.
εἰ δ᾽ ἄγε δὴ καὶ σῆμα ἀριφραδὲς ἄλλο τι δείξω,
ὄφρα μ᾽ ἐὺ γνῶτον πιστωθῆτόν τ᾽ ἐνὶ θυμῷ,
οὐλήν, τήν ποτέ με σῦς ἤλασε λευκῷ ὀδόντι
Παρνησόνδ᾽ ἐλθόντα σὺν υἱάσιν Αὐτολύκοιο."   220
   Ὣς εἰπὼν ῥάκεα μεγάλης ἀποέργαθεν οὐλῆς.
τὼ δ᾽ ἐπεὶ εἰσιδέτην εὖ τ᾽ ἐφράσσαντο ἕκαστα,

196 αυτος p²⁷   ἔνεικεν g   202 ἔσονται a c   205 τόν γε e f g :
ἐπεὶ τούτων γε d   νημερτὲς a Br   206 μιν ἔπεσσιν e, cf. 192
207 και pro κακά p²⁷   208 ἦλθον e   213 εἴχ᾽ a f : αἴθ᾽ f M¹ : αἴχ᾽
cet.   216 τηλεμάχῳ p Ca, schol. T 298 ed. pr.   ἔσεσθαι d schol.
T Ξ 499: ἔσεσθε r Eust.   217 λέξω g   218 με εὖ d j Clarke : με
γνῶτον g   219 μοι k : ἐμοὶ a   σῦς ἤλασε παρνησόνδε a
219, 220 om. p²⁸ Mon. U⁶   220 ἐλθόντα μετ᾽ αὐτόλυκόν τε καὶ υἷας
ἀγρώσσων a L⁵ (om. ἀγρώσσων)   μετ᾽ ἀνδράσιν αὐτολύκοιο O : μετ᾽
αὐτόλυκόν τε καὶ υἷας Eust., γρ. R¹² U⁵ (= τ 394): ἐς αὐτ. δὲ καὶ υἷας
L.⁴   222 τήν δ᾽ g   ἄνακτα a f j

21. ΟΔΥΣΣΕΙΑΣ Φ

κλαῖον ἄρ' ἀμφ' Ὀδυσῆϊ δαΐφρονι χεῖρε βαλόντε,
καὶ κύνεον ἀγαπαζόμενοι κεφαλήν τε καὶ ὤμους.
ὣς δ' αὔτως Ὀδυσεὺς κεφαλὰς καὶ χεῖρας ἔκυσσε.   225
καί νύ κ' ὀδυρομένοισιν ἔδυ φάος ἠελίοιο,
εἰ μὴ Ὀδυσσεὺς αὐτὸς ἐρύκακε φώνησέν τε·
" παύεσθον κλαυθμοῖο γόοιό τε, μή τις ἴδηται
ἐξελθὼν μεγάροιο, ἀτὰρ εἴπῃσι καὶ εἴσω.
ἀλλὰ προμνηστῖνοι ἐσέλθετε, μηδ' ἅμα πάντες,   230
πρῶτος ἐγώ, μετὰ δ' ὔμμες· ἀτὰρ τόδε σῆμα τετύχθω·
ἄλλοι μὲν γὰρ πάντες, ὅσοι μνηστῆρες ἀγαυοί,
οὐκ ἐάσουσιν ἐμοὶ δόμεναι βιὸν ἠδὲ φαρέτρην·
ἀλλὰ σύ, δῖ' Εὔμαιε, φέρων ἀνὰ δώματα τόξον
ἐν χείρεσσιν ἐμοὶ θέμεναι, εἰπεῖν τε γυναιξὶ   235
κληῖσαι μεγάροιο θύρας πυκινῶς ἀραρυίας,
ἢν δέ τις ἢ στοναχῆς ἠὲ κτύπου ἔνδον ἀκούσῃ
ἀνδρῶν ἡμετέροισιν ἐν ἕρκεσι, μή τι θύραζε
προβλώσκειν, ἀλλ' αὐτοῦ ἀκὴν ἔμεναι παρὰ ἔργῳ.
σοὶ δέ, Φιλοίτιε δῖε, θύρας ἐπιτέλλομαι αὐλῆς   240
κληῖσαι κληῖδι, θοῶς δ' ἐπὶ δεσμὸν ἰῆλαι."
  Ὣς εἰπὼν εἰσῆλθε δόμους εὖ ναιετάοντας·
ἕζετ' ἔπειτ' ἐπὶ δίφρον ἰών, ἔνθεν περ ἀνέστη·
ἐς δ' ἄρα καὶ τὼ δμῶε ἴτην θείου Ὀδυσῆος.
  Εὐρύμαχος δ' ἤδη τόξον μετὰ χερσὶν ἐνώμα,   245
θάλπων ἔνθα καὶ ἔνθα σέλᾳ πυρός· ἀλλά μιν οὐδ' ὣς
ἐντανύσαι δύνατο, μέγα δ' ἔστενε κυδάλιμον κῆρ·
ὀχθήσας δ' ἄρα εἶπεν ἔπος τ' ἔφατ' ἔκ τ' ὀνόμαζεν·
" ὢ πόποι, ἦ μοι ἄχος περί τ' αὐτοῦ καὶ περὶ πάντων·

  223 ὀδυσῆα δαΐφρονα k p²⁸ Eust. ed. pr.   224 τε χέρας τε καὶ
ὤμους a Br U⁶ γρ. R¹² U⁵   229 εἴσω] ἄλλω C, cf. χ 373 : ἄλλως L⁴,
v. om. R⁹   231 πρῶτον g Pal. U⁵   232 ἀγανοί c : ἀχαιοί a Br
233 οὐδὲ j Br R⁴   234 δὴ c e j h, cf. ρ 508   δῶμα τὸ g Mon.
  235 δόμεναι a j, γρ. Br V⁴   244 δμῶαι a k U⁸ : δμῶ' ἐσίτην
b d f P¹   244 ante 243 O ; om. Mon.   246 σέλας j : πυρὸς σέλα
r, cf. Θ 563   248 ἔπος τ' ἔφατ' ἔκ τ' ὀνόμαζεν a j k p²⁸ : πρὸς ὃν
μεγαλήτορα θυμόν cet.

οὔ τι γάμου τοσσοῦτον ὀδύρομαι, ἀχνύμενός περ·   250
εἰσὶ καὶ ἄλλαι πολλαὶ Ἀχαιΐδες, αἱ μὲν ἐν αὐτῇ
ἀμφιάλῳ Ἰθάκῃ, αἱ δ᾽ ἄλλῃσιν πολίεσσιν·
ἀλλ᾽ εἰ δὴ τοσσόνδε βίης ἐπιδευέες εἰμὲν
ἀντιθέου Ὀδυσῆος, ὅ τ᾽ οὐ δυνάμεσθα τανύσσαι
τόξον· ἐλεγχείη δὲ καὶ ἐσσομένοισι πυθέσθαι."   255
    Τὸν δ᾽ αὖτ᾽ Ἀντίνοος προσέφη, Εὐπείθεος υἱός·
" Εὐρύμαχ᾽, οὐχ οὕτως ἔσται· νοέεις δὲ καὶ αὐτός.
νῦν μὲν γὰρ κατὰ δῆμον ἑορτὴ τοῖο θεοῖο
ἁγνή· τίς δέ κε τόξα τιταίνοιτ᾽; ἀλλὰ ἔκηλοι
κάτθετ᾽· ἀτὰρ πελέκεάς γε καὶ εἴ κ᾽ εἰῶμεν ἅπαντας   260
ἑστάμεν· οὐ μὲν γὰρ τιν᾽ ἀναιρήσεσθαι ὀΐω,
ἐλθόντ᾽ ἐς μέγαρον Λαερτιάδεω Ὀδυσῆος.
ἀλλ᾽ ἄγετ᾽, οἰνοχόος μὲν ἐπαρξάσθω δεπάεσσιν,
ὄφρα σπείσαντες καταθείομεν ἀγκύλα τόξα·
ἠῶθεν δὲ κέλεσθε Μελάνθιον, αἰπόλον αἰγῶν,   265
αἶγας ἄγειν, αἳ πᾶσι μέγ᾽ ἔξοχοι αἰπολίοισιν,
ὄφρ᾽ ἐπὶ μηρία θέντες Ἀπόλλωνι κλυτοτόξῳ
τόξου πειρώμεσθα καὶ ἐκτελέωμεν ἄεθλον."
    Ὣς ἔφατ᾽ Ἀντίνοος, τοῖσιν δ᾽ ἐπιήνδανε μῦθος.
τοῖσι δὲ κήρυκες μὲν ὕδωρ ἐπὶ χεῖρας ἔχευαν,   270
κοῦροι δὲ κρητῆρας ἐπεστέψαντο ποτοῖο,
νώμησαν δ᾽ ἄρα πᾶσιν ἐπαρξάμενοι δεπάεσσιν.
οἱ δ᾽ ἐπεὶ οὖν σπεῖσάν τ᾽ ἔπιόν θ᾽ ὅσον ἤθελε θυμός,
τοῖς δὲ δολοφρονέων μετέφη πολύμητις Ὀδυσσεύς·
" κέκλυτέ μευ, μνηστῆρες ἀγακλειτῆς βασιλείης·   275
ὄφρ᾽ εἴπω τά με θυμὸς ἐνὶ στήθεσσι κελεύει·
Εὐρύμαχον δὲ μάλιστα καὶ Ἀντίνοον θεοειδέα
λίσσομ᾽, ἐπεὶ καὶ τοῦτο ἔπος κατὰ μοῖραν ἔειπε,
νῦν μὲν παύσαι τόξον, ἐπιτρέψαι δὲ θεοῖσιν·

251 ἠμὲν Eust.   252 ἠδ᾽ g Eust.   253 ἤδη q   260 γε
om. a k Br   καὶ εἴπερ ἐῶμεν Eust.   ἅπαντες a g k   261 ἑστά-
μεναι g   270 om. r R⁷   273 cf. γ 342   276 add. ed.
pr. (= ρ 469 σ 352), om. codd.   277 Ἀντίνοον . . . Εὐρύμ. p²⁸

ἠῶθεν δὲ θεὸς δώσει κράτος ᾧ κ᾽ ἐθέλησιν. 280
ἀλλ᾽ ἄγ᾽ ἐμοὶ δότε τόξον ἐΰξοον, ὄφρα μεθ᾽ ὑμῖν
χειρῶν καὶ σθένεος πειρήσομαι, ἤ μοι ἔτ᾽ ἐστὶν
ἴς, οἵη πάρος ἔσκεν ἐνὶ γναμπτοῖσι μέλεσσιν,
ἦ ἤδη μοι ὄλεσσεν ἄλη τ᾽ ἀκομιστίη τε."
  Ὣς ἔφαθ᾽, οἱ δ᾽ ἄρα πάντες ὑπερφιάλως νεμέσησαν, 285
δείσαντες μὴ τόξον ἐΰξοον ἐντανύσειεν.
Ἀντίνοος δ᾽ ἐνένιπεν ἔπος τ᾽ ἔφατ᾽ ἔκ τ᾽ ὀνόμαζεν·
"ἆ δειλὲ ξείνων, ἔνι τοι φρένες οὐδ᾽ ἠβαιαί·
οὐκ ἀγαπᾷς ὃ ἕκηλος ὑπερφιάλοισι μεθ᾽ ἡμῖν
δαίνυσαι, οὐδέ τι δαιτὸς ἀμέρδεαι, αὐτὰρ ἀκούεις 290
μύθων ἡμετέρων καὶ ῥήσιος; οὐδέ τις ἄλλος
ἡμετέρων μύθων ξεῖνος καὶ πτωχὸς ἀκούει.
οἶνός σε τρώει μελιηδής, ὅς τε καὶ ἄλλους
βλάπτει, ὃς ἄν μιν χανδὸν ἕλῃ μηδ᾽ αἴσιμα πώῃ.
οἶνος καὶ Κένταυρον, ἀγακλυτὸν Εὐρυτίωνα, 295
ἄασ᾽ ἐνὶ μεγάρῳ μεγαθύμου Πειριθόοιο,
ἐς Λαπίθας ἐλθόνθ᾽· ὁ δ᾽ ἐπεὶ φρένας ἄασεν οἴνῳ,
μαινόμενος κάκ᾽ ἔρεξε δόμον κάτα Πειριθόοιο·
ἥρωας δ᾽ ἄχος εἷλε, διὲκ προθύρου δὲ θύραζε
ἕλκον ἀναΐξαντες, ἀπ᾽ οὔατα νηλέϊ χαλκῷ 300
ῥῖνάς τ᾽ ἀμήσαντες· ὁ δὲ φρεσὶν ᾗσιν ἀασθεὶς
ἤϊεν ἣν ἄτην ὀχέων ἀεσίφρονι θυμῷ.
ἐξ οὗ Κενταύροισι καὶ ἀνδράσι νεῖκος ἐτύχθη,
οἱ δ᾽ αὐτῷ πρώτῳ κακὸν εὕρετο οἰνοβαρείων.
ὣς καὶ σοὶ μέγα πῆμα πιφαύσκομαι, αἴ κε τὸ τόξον 305
ἐντανύσῃς· οὐ γάρ τευ ἐπητύος ἀντιβολήσεις
ἡμετέρῳ ἐνὶ δήμῳ, ἄφαρ δέ σε νηῒ μελαίνῃ

282 ἦ Mon. : εἴ cet.   287 ἐνένισπεν a f Br, cf. π 417   289 ὅθ᾽
e g   ενι μμεγα[οισι . . . οι]σι p²⁸   296 ἄασεν μεγάρῳ e g : ἄασ᾽ ἐν
R¹ R³ : ἄασεν ἐν Eust. : ἄλεσ᾽ ἐνὶ Athen. 613 A : μεγάροις Mon.
298 γάμον v. l. ap. Eust. : δόμοις ἐνὶ Ath. l. c.   300 εἷλκ. a j k Br
V⁴   302 om. q   ἀχέων d f k r P¹ Hes. Scut. 93 (v. Rzach)   ἀασί-
φρονι Ap. lex. et Heysch. in v.   306 ἐκτανύσῃς P³ R⁴   ἐδητύος o
L⁵ P² U⁸ : ἐπητέως Ar. (διὰ τοῦ ε̄) ap. Ap. lex. in v. 'Επητῇ

158

εἰς Ἔχετον βασιλῆα, βροτῶν δηλήμονα πάντων,
πέμψομεν· ἔνθεν δ' οὔ τι σαώσεαι· ἀλλὰ ἕκηλος
πῖνέ τε, μηδ' ἐρίδαινε μετ' ἀνδράσι κουροτέροισι."   310
Τὸν δ' αὖτε προσέειπε περίφρων Πηνελόπεια·
"'Αντίνο', οὐ μὲν καλὸν ἀτέμβειν οὐδὲ δίκαιον
ξείνους Τηλεμάχου, ὅς κεν τάδε δώμαθ' ἵκηται.
ἔλπεαι, αἴ χ' ὁ ξεῖνος 'Οδυσσῆος μέγα τόξον
ἐντανύσῃ χερσίν τε βίηφί τε ἧφι πιθήσας,   315
οἴκαδέ μ' ἄξεσθαι καὶ ἑὴν θήσεσθαι ἄκοιτιν;
οὐδ' αὐτός που τοῦτό γ' ἐνὶ στήθεσσιν ἔολπε·
μηδέ τις ὑμείων τοῦ γ' εἵνεκα θυμὸν ἀχεύων
ἐνθάδε δαινύσθω, ἐπεὶ οὐδὲ μὲν οὐδὲ ἔοικε."
Τὴν δ' αὖτ' Εὐρύμαχος, Πολύβου πάϊς, ἀντίον ηὔδα· 320
" κούρη 'Ικαρίοιο, περίφρον Πηνελόπεια,
οὔ τί σε τόνδ' ἄξεσθαι διόμεθ'· οὐδὲ ἔοικεν·
ἀλλ' αἰσχυνόμενοι φάτιν ἀνδρῶν ἠδὲ γυναικῶν,
μή ποτέ τις εἴπῃσι κακώτερος ἄλλος 'Αχαιῶν·
' ἦ πολὺ χείρονες ἄνδρες ἀμύμονος ἀνδρὸς ἄκοιτιν   325
μνῶνται, οὐδέ τι τόξον ἐΰξοον ἐντανύουσιν·
ἀλλ' ἄλλος τις πτωχὸς ἀνὴρ ἀλαλήμενος ἐλθὼν
ῥηϊδίως ἐτάνυσσε βιόν, διὰ δ' ἧκε σιδήρου.'
ὣς ἐρέουσ', ἡμῖν δ' ἂν ἐλέγχεα ταῦτα γένοιτο."
Τὸν δ' αὖτε προσέειπε περίφρων Πηνελόπεια·   330
" Εὐρύμαχ', οὔ πως ἔστιν ἐϋκλείας κατὰ δῆμον
ἔμμεναι οἳ δὴ οἶκον ἀτιμάζοντες ἔδουσιν
ἀνδρὸς ἀριστῆος· τί δ' ἐλέγχεα ταῦτα τίθεσθε;
οὗτος δὲ ξεῖνος μάλα μὲν μέγας ἠδ' εὐπηγής,
πατρὸς δ' ἐξ ἀγαθοῦ γένος εὔχεται ἔμμεναι υἱός.   335
ἀλλ' ἄγε οἱ δότε τόξον ἐΰξοον, ὄφρα ἴδωμεν.
ὧδε γὰρ ἐξερέω, τὸ δὲ καὶ τετελεσμένον ἔσται·

εἴ κέ μιν ἐντανύσῃ, δώῃ δέ οἱ εὖχος Ἀπόλλων,
ἔσσω μιν χλαῖνάν τε χιτῶνά τε, εἴματα καλά,
δώσω δ' ὀξὺν ἄκοντα, κυνῶν ἀλκτῆρα καὶ ἀνδρῶν,   340
καὶ ξίφος ἄμφηκες· δώσω δ' ὑπὸ ποσσὶ πέδιλα,
πέμψω δ' ὅππῃ μιν κραδίη θυμός τε κελεύει."

Τὴν δ' αὖ Τηλέμαχος πεπνυμένος ἀντίον ηὔδα·
" μῆτερ ἐμή, τόξον μὲν Ἀχαιῶν οὔ τις ἐμεῖο
κρείσσων, ᾧ κ' ἐθέλω, δόμεναί τε καὶ ἀρνήσασθαι,   345
οὔθ' ὅσσοι κραναὴν Ἰθάκην κάτα κοιρανέουσιν,
οὔθ' ὅσσοι νήσοισι πρὸς Ἤλιδος ἱπποβότοιο·
τῶν οὔ τίς μ' ἀέκοντα βιήσεται αἴ κ' ἐθέλωμι
καὶ καθάπαξ ξείνῳ δόμεναι τάδε τόξα φέρεσθαι.
ἀλλ' εἰς οἶκον ἰοῦσα τὰ σ' αὐτῆς ἔργα κόμιζε,   350
ἱστόν τ' ἠλακάτην τε, καὶ ἀμφιπόλοισι κέλευε
ἔργον ἐποίχεσθαι· τόξον δ' ἄνδρεσσι μελήσει
πᾶσι, μάλιστα δ' ἐμοί· τοῦ γὰρ κράτος ἔστ' ἐνὶ οἴκῳ."

Ἡ μὲν θαμβήσασα πάλιν οἰκόνδε βεβήκει·
παιδὸς γὰρ μῦθον πεπνυμένον ἔνθετο θυμῷ.   355
ἐς δ' ὑπερῷ' ἀναβᾶσα σὺν ἀμφιπόλοισι γυναιξὶ
κλαῖεν ἔπειτ' Ὀδυσῆα, φίλον πόσιν, ὄφρα οἱ ὕπνον
ἡδὺν ἐπὶ βλεφάροισι βάλε γλαυκῶπις Ἀθήνη.

Αὐτὰρ ὁ τόξα λαβὼν φέρε καμπύλα δῖος ὑφορβός·
μνηστῆρες δ' ἄρα πάντες ὁμόκλεον ἐν μεγάροισιν·   360
ὧδε δέ τις εἴπεσκε νέων ὑπερηνορεόντων·
" πῇ δὴ καμπύλα τόξα φέρεις, ἀμέγαρτε συβῶτα,
πλαγκτέ; τάχ' αὖ σ' ἐφ' ὕεσσι κύνες ταχέες κατέδονται
οἶον ἀπ' ἀνθρώπων, οὓς ἔτρεφες, εἴ κεν Ἀπόλλων
ἡμῖν ἱλήκῃσι καὶ ἀθάνατοι θεοὶ ἄλλοι."   365

Ὣς φάσαν, αὐτὰρ ὁ θῆκε φέρων αὐτῇ ἐνὶ χώρῃ,

339 πάντα c U⁸   347 νήσοισι] ναίουσι g j, γρ. U⁵ (= ν 240,
νήσοισι π 122)   348 ἐθέλωμι c e k : ἐθέλοιμι cet.   352 τόξον]
μῦθος b e g k p²⁸ (= a 358)   353 a ὡς φάτο· ρίγησεν δὲ περίφρων
πηνελόπεια a j (Θ rubr. praem. P³), marg. Be U⁵ R⁹ (οὐκ οἶδα εἰ στίχος)
359 εφ[ερ αγκυλα διος υφορβο]s p²⁸   363 τάχα σ' a Br P⁵   ἄυσ'
ς O U⁸ Eust.   κατέδουσι g   365 ἡμῖν a j L⁴ Eust. : ἡμὶν θ' cet. :
ἡμέν θ' g   366 αὐτῇ ἐνὶ χώρῃ a c h : αὐτῷ . . . χώρῳ cet. : αὐτοῦ k :
αὐτοῦ ἐν χειρὶ P⁵, γρ. ἐν χειρὶ P⁷

δείσας, οὕνεκα πολλοὶ ὁμόκλεον ἐν μεγάροισι.
Τηλέμαχος δ᾽ ἑτέρωθεν ἀπειλήσας ἐγεγώνει·
" ἄττα, πρόσω φέρε τόξα· τάχ᾽ οὐκ εὖ πᾶσι πιθήσεις·
μή σε καὶ ὁπλότερός περ ἐὼν ἀγρόνδε δίωμαι,   370
βάλλων χερμαδίοισι· βίηφι δὲ φέρτερός εἰμι.
αἲ γὰρ πάντων τόσσον, ὅσοι κατὰ δώματ᾽ ἔασι,
μνηστήρων χερσίν τε βίηφί τε φέρτερος εἴην·
τῷ κε τάχα στυγερῶς τιν᾽ ἐγὼ πέμψαιμι νέεσθαι
ἡμετέρου ἐξ οἴκου, ἐπεὶ κακὰ μηχανόωνται."   375
Ὣς ἔφαθ᾽, οἱ δ᾽ ἄρα πάντες ἐπ᾽ αὐτῷ ἡδὺ γέλασσαν
μνηστῆρες, καὶ δὴ μέθιεν χαλεποῖο χόλοιο
Τηλεμάχῳ· τὰ δὲ τόξα φέρων ἀνὰ δῶμα συβώτης
ἐν χείρεσσ᾽ Ὀδυσῆϊ δαΐφρονι θῆκε παραστάς.
ἐκ δὲ καλεσσάμενος προσέφη τροφὸν Εὐρύκλειαν·   380
" Τηλέμαχος κέλεταί σε, περίφρων Εὐρύκλεια,
κληῖσαι μεγάροιο θύρας πυκινῶς ἀραρυίας,
ἢν δέ τις ἢ στοναχῆς ἠὲ κτύπου ἔνδον ἀκούσῃ
ἀνδρῶν ἡμετέροισιν ἐν ἔρκεσι, μή τι θύραζε
προβλώσκειν, ἀλλ᾽ αὐτοῦ ἀκὴν ἔμεναι παρὰ ἔργῳ."   385
Ὣς ἄρ᾽ ἐφώνησεν, τῇ δ᾽ ἄπτερος ἔπλετο μῦθος,
κλήϊσεν δὲ θύρας μεγάρων εὖ ναιεταόντων.
Σιγῇ δ᾽ ἐξ οἴκοιο Φιλοίτιος ἆλτο θύραζε,
κλήϊσεν δ᾽ ἄρ᾽ ἔπειτα θύρας εὐερκέος αὐλῆς.
κεῖτο δ᾽ ὑπ᾽ αἰθούσῃ ὅπλον νεὸς ἀμφιελίσσης   390
βύβλινον, ᾧ ῥ᾽ ἐπέδησε θύρας, ἐς δ᾽ ἤϊεν αὐτός·
ἕζετ᾽ ἔπειτ᾽ ἐπὶ δίφρον ἰών, ἔνθεν περ ἀνέστη,
εἰσορόων Ὀδυσῆα. ὁ δ᾽ ἤδη τόξον ἐνώμα
πάντῃ ἀναστρωφῶν, πειρώμενος ἔνθα καὶ ἔνθα,

369 αλλα pro ἄττα 𝔭²⁷, cf. ρ 6   πιθήσας g   371 βιὴ δέ τι a Br
U⁶ : δέτε j : δέγε O R¹   εἴην g   373 χείρεσσι o g k   ἦ a a j
Br   374 ἐγὼν ἀπέπεμψα Eust. (= ψ 23) : τοὺς ἐγὼ g   378 τὰ om. q :
δὲ τὰ a Br   385 παρβλώσκειν Mo   ἔργον q : ἔργα R¹   386 om.
q   Ὡς ἔφαθ᾽ ἡ δὲ μάλ᾽ ὀτραλέως τὸν μῦθον ἄκουσε a h j Br P³ P⁴, γρ.
U⁵   387 κλήϊσ(σ)αι q   391 βύβλινον j Br : βίβλινον cet.   ἐν C
M⁴ : ἐκ g k

μὴ κέρα ἶπες ἔδοιεν ἀποιχομένοιο ἄνακτος.   395
ὧδε δέ τις εἴπεσκεν ἰδὼν ἐς πλησίον ἄλλον·
" ἢ τις θηητὴρ καὶ ἐπίκλοπος ἔπλετο τόξων.
ἦ ῥά νύ που τοιαῦτα καὶ αὐτῷ οἴκοθι κεῖται,
ἢ ὅ γ᾽ ἐφορμᾶται ποιησέμεν, ὡς ἐνὶ χερσὶ
νωμᾷ ἔνθα καὶ ἔνθα κακῶν ἔμπαιος ἀλήτης."   4οο
Ἄλλος δ᾽ αὖ εἴπεσκε νέων ὑπερηνορεόντων·
" αἲ γὰρ δὴ τοσσοῦτον ὀνήσιος ἀντιάσειεν
ὡς οὗτός ποτε τοῦτο δυνήσεται ἐντανύσασθαι."
Ὣς ἄρ᾽ ἔφαν μνηστῆρες· ἀτὰρ πολύμητις Ὀδυσσεύς,
αὐτίκ᾽ ἐπεὶ μέγα τόξον ἐβάστασε καὶ ἴδε πάντῃ,   405
ὡς ὅτ᾽ ἀνὴρ φόρμιγγος ἐπιστάμενος καὶ ἀοιδῆς
ῥηϊδίως ἐτάνυσσε νέῳ περὶ κόλλοπι χορδήν,
ἅψας ἀμφοτέρωθεν ἐϋστρεφὲς ἔντερον οἰός,
ὣς ἄρ᾽ ἄτερ σπουδῆς τάνυσεν μέγα τόξον Ὀδυσσεύς.
δεξιτερῇ δ᾽ ἄρα χειρὶ λαβὼν πειρήσατο νευρῆς·   410
ἡ δ᾽ ὑπὸ καλὸν ἄεισε, χελιδόνι εἰκέλη αὐδήν.
μνηστῆρσιν δ᾽ ἄρ᾽ ἄχος γένετο μέγα, πᾶσι δ᾽ ἄρα χρὼς
ἐτράπετο.   Ζεὺς δὲ μεγάλ᾽ ἔκτυπε σήματα φαίνων·
γήθησέν τ᾽ ἄρ᾽ ἔπειτα πολύτλας δῖος Ὀδυσσεύς,
ὅττι ῥά οἱ τέρας ἧκε Κρόνου πάϊς ἀγκυλομήτεω·   415
εἵλετο δ᾽ ὠκὺν ὀϊστόν, ὅ οἱ παρέκειτο τραπέζῃ
γυμνός· τοὶ δ᾽ ἄλλοι κοίλης ἔντοσθε φαρέτρης
κείατο, τῶν τάχ᾽ ἔμελλον Ἀχαιοὶ πειρήσεσθαι.
τόν ῥ᾽ ἐπὶ πήχει ἑλὼν ἕλκεν νευρὴν γλυφίδας τε,
αὐτόθεν ἐκ δίφροιο καθήμενος, ἧκε δ᾽ ὀϊστὸν   420
ἄντα τιτυσκόμενος, πελέκεων δ᾽ οὐκ ἤμβροτε πάντων
πρώτης στειλειῆς, διὰ δ᾽ ἀμπερὲς ἦλθε θύραζε
ἰὸς χαλκοβαρής· ὁ δὲ Τηλέμαχον προσέειπε·

395 κέρ᾽ αἶπες q : κέρας k U⁸ : κεραῖπες et κεραίδες quidam ap. Eust.
396 ἄλλων p   397 θειητήρ L⁴ U⁸ corr. : θηρητήρ a d f r   τόξου
Mon. P³   400 ἀλητήρ g   401 αὖτ᾽ codd.   407 περὶ
a h j k : ἐπὶ cet.   411 αὐδήν] ἀντην Eust.   412 μνηστήρεσσι
δ᾽ ἄχος Mon. fort. p²⁸   414 δ᾽ ἄρ᾽ p²⁸ Eust.   416 δς codd. corr.
Bekker

" Τηλέμαχ', οὔ σ' ὁ ξεῖνος ἐνὶ μεγάροισιν ἐλέγχει
ἥμενος, οὐδέ τι τοῦ σκοποῦ ἤμβροτον οὐδέ τι τόξον   425
δὴν ἔκαμον τανύων· ἔτι μοι μένος ἔμπεδόν ἐστιν,
οὐχ ὥς με μνηστῆρες ἀτιμάζοντες ὄνονται.
νῦν δ' ὥρη καὶ δόρπον Ἀχαιοῖσιν τετυκέσθαι
ἐν φάει, αὐτὰρ ἔπειτα καὶ ἄλλως ἐψιάασθαι
μολπῇ καὶ φόρμιγγι· τὰ γάρ τ' ἀναθήματα δαιτός."   430
    Ἦ καὶ ἐπ' ὀφρύσι νεῦσεν· ὁ δ' ἀμφέθετο ξίφος ὀξὺ
Τηλέμαχος, φίλος υἱὸς Ὀδυσσῆος θείοιο,
ἀμφὶ δὲ χεῖρα φίλην βάλεν ἔγχεϊ, ἄγχι δ' ἄρ' αὐτοῦ
πὰρ θρόνον ἑστήκει κεκορυθμένος αἴθοπι χαλκῷ.

    425 ἤμβροτεν H³ L¹ O P¹ IJ³ Eust.   τόξου c U³   427 οἴονται
j q: ὀνοίονται R⁹ (sc. ὄνονται)   430 τ' om. C Mon. Eust.
434 θρόνῳ j U⁵ L⁸ ss. ed. pr

ΟΔΥΣΣΕΙΑΣ Χ

Αὐτὰρ ὁ γυμνώθη ῥακέων πολύμητις Ὀδυσσεύς,
ἆλτο δ' ἐπὶ μέγαν οὐδόν, ἔχων βιὸν ἠδὲ φαρέτρην
ἰῶν ἐμπλείην, ταχέας δ' ἐκχεύατ' ὀϊστοὺς
αὐτοῦ πρόσθε ποδῶν, μετὰ δὲ μνηστῆρσιν ἔειπεν·
"οὗτος μὲν δὴ ἄεθλος ἀάατος ἐκτετέλεσται·   5
νῦν αὖτε σκοπὸν ἄλλον, ὃν οὔ πώ τις βάλεν ἀνήρ,
εἴσομαι, αἴ κε τύχωμι, πόρῃ δέ μοι εὖχος Ἀπόλλων."
Ἦ καὶ ἐπ' Ἀντινόῳ ἰθύνετο πικρὸν ὀϊστόν.
ἦ τοι ὁ καλὸν ἄλεισον ἀναιρήσεσθαι ἔμελλε,
χρύσεον ἄμφωτον, καὶ δὴ μετὰ χερσὶν ἐνώμα,   10
ὄφρα πίοι οἴνοιο· φόνος δέ οἱ οὐκ ἐνὶ θυμῷ
μέμβλετο· τίς κ' οἴοιτο μετ' ἀνδράσι δαιτυμόνεσσι
μοῦνον ἐνὶ πλεόνεσσι, καὶ εἰ μάλα καρτερὸς εἴη,
οἷ τεύξειν θάνατόν τε κακὸν καὶ κῆρα μέλαιναν;
τὸν δ' Ὀδυσεὺς κατὰ λαιμὸν ἐπισχόμενος βάλεν ἰῷ,   15
ἀντικρὺ δ' ἀπαλοῖο δι' αὐχένος ἦλυθ' ἀκωκή.
ἐκλίνθη δ' ἑτέρωσε, δέπας δέ οἱ ἔκπεσε χειρὸς
βλημένου, αὐτίκα δ' αὐλὸς ἀνὰ ῥῖνας παχὺς ἦλθεν
αἵματος ἀνδρομέοιο· θοῶς δ' ἀπὸ εἷο τράπεζαν
ὦσε ποδὶ πλήξας, ἀπὸ δ' εἴδατα χεῦεν ἔραζε·   20
σῖτός τε κρέα τ' ὀπτὰ φορύνετο. τοὶ δ' ὁμάδησαν
μνηστῆρες κατὰ δώμαθ', ὅπως ἴδον ἄνδρα πεσόντα,
ἐκ δὲ θρόνων ἀνόρουσαν ὀρινθέντες κατὰ δῶμα,

Μνηστήρων φόνος Aelianus   3 εὐπλείην g   5 ἀάατος ο⁝
Br L⁴ R⁴: ἄατος cet.   7 τύχωμι p²⁸ U⁵ P¹ ss.: τύχοιμι cet.
8 ἴθυνε g   14 φυτεῦσαι Pal., γρ. V¹ V³ (cf. β 165)   15 ἐπισχό-
μενον e R¹   16 om. Plut. vit. Hom. ii. 82   18 βλημένῳ v. l.
ap. Eust. (ὠφείλει μὲν δοτικῇ εἶναι, ἵν' ᾖ βλημένῳ· καὶ δὴ καὶ εὕρηταί
τινα τῶν ἀντιγράφων οὕτως ἔχοντα)   22 δῶμα g Pal. ed. pr.
πνέοντα d

πάντοσε παπταίνοντες ἐϋδμήτους ποτὶ τοίχους·
οὐδέ που ἀσπὶς ἔην οὐδ᾽ ἄλκιμον ἔγχος ἐλέσθαι.   25
νείκειον δ᾽ Ὀδυσῆα χολωτοῖσιν ἐπέεσσι·
" ξεῖνε, κακῶς ἀνδρῶν τοξάζεαι· οὐκέτ᾽ ἀέθλων
ἄλλων ἀντιάσεις· νῦν τοι σῶς αἰπὺς ὄλεθρος.
καὶ γὰρ δὴ νῦν φῶτα κατέκτανες ὃς μέγ᾽ ἄριστος
κούρων εἰν Ἰθάκῃ· τῷ σ᾽ ἐνθάδε γῦπες ἔδονται."   30
Ἴσκεν ἕκαστος ἀνήρ, ἐπεὶ ἦ φάσαν οὐκ ἐθέλοντα
ἄνδρα κατακτεῖναι· τὸ δὲ νήπιοι οὐκ ἐνόησαν,
ὡς δή σφιν καὶ πᾶσιν ὀλέθρου πείρατ᾽ ἐφῆπτο.
τοὺς δ᾽ ἄρ᾽ ὑπόδρα ἰδὼν προσέφη πολύμητις Ὀδυσσεύς·
" ὦ κύνες, οὔ μ᾽ ἔτ᾽ ἐφάσκεθ᾽ ὑπότροπον οἴκαδ᾽ ἱκέσθαι   35
δήμου ἄπο Τρώων, ὅτι μοι κατεκείρετε οἶκον,
δμῳῇσιν δὲ γυναιξὶ παρευνάζεσθε βιαίως,
αὐτοῦ τε ζώοντος ὑπεμνάασθε γυναῖκα,
οὔτε θεοὺς δείσαντες, οἳ οὐρανὸν εὐρὺν ἔχουσιν,
οὔτε τιν᾽ ἀνθρώπων νέμεσιν κατόπισθεν ἔσεσθαι·   40
νῦν ὑμῖν καὶ πᾶσιν ὀλέθρου πείρατ᾽ ἐφῆπται."
Ὣς φάτο, τοὺς δ᾽ ἄρα πάντας ὑπὸ χλωρὸν δέος εἷλε·
πάπτηνεν δὲ ἕκαστος ὅπη φύγοι αἰπὺν ὄλεθρον·
Εὐρύμαχος δέ μιν οἶος ἀμειβόμενος προσέειπεν·
" εἰ μὲν δὴ Ὀδυσεὺς Ἰθακήσιος εἰλήλουθας,   45
ταῦτα μὲν αἴσιμα εἶπας, ὅσα ῥέζεσκον Ἀχαιοί,
πολλὰ μὲν ἐν μεγάροισιν ἀτάσθαλα, πολλὰ δ᾽ ἐπ᾽ ἀγροῦ.
ἀλλ᾽ ὁ μὲν ἤδη κεῖται ὃς αἴτιος ἔπλετο πάντων,
Ἀντίνοος· οὗτος γὰρ ἐπίηλεν τάδε ἔργα,
οὔ τι γάμου τόσσον κεχρημένος οὐδὲ χατίζων,   50
ἀλλ᾽ ἄλλα φρονέων, τά οἱ οὐκ ἐτέλεσσε Κρονίων,

24 εὐτμήτους g   κατὰ θ   25 που a Br R¹: πω vulg. : τοι R³:
πη Eust.   30 ἐν a p Pal. Eust.   31–33 νοθεύεται ὑπὸ τῶν παλαιῶν
τὸ χωρίον τοῦτο Eust. : ἠπάτηται ὁ διασκευαστὴς ἐκ τοῦ ἴσκε ψεύδεα
[τ 203] schol.   35 οἴκαδε νεῖσθαι j p²⁸ Mon. R⁴   37, 38 hoc ordine
a j k Eust., 38, 37 cet.   40 ἔπεσθαι f: ἔθεσθε a e j p²⁸ Eust. : ἔσεσθαι
vulg. (ἀναγνωστέον schol.)   43 hab. d f r, om. cet.   49 τάδε πάντα
k Pal.   50 οὔτι χατίζων q

ὄφρ᾿ Ἰθάκης κατὰ δῆμον ἐϋκτιμένης βασιλεύοι
αὐτός, ἀτὰρ σὸν παῖδα κατακτείνειε λοχήσας.
νῦν δ᾿ ὁ μὲν ἐν μοίρῃ πέφαται, σὺ δὲ φείδεο λαῶν
σῶν· ἀτὰρ ἄμμες ὄπισθεν ἀρεσσάμενοι κατὰ δῆμον,   55
ὅσσα τοι ἐκπέποται καὶ ἐδήδοται ἐν μεγάροισι,
τιμὴν ἀμφὶς ἄγοντες ἐεικοσάβοιον ἕκαστος,
χαλκόν τε χρυσόν τ᾿ ἀποδώσομεν, εἰς ὅ κε σὸν κῆρ
ἰανθῇ· πρὶν δ᾿ οὔ τι νεμεσσητὸν κεχολῶσθαι."
    Τὸν δ᾿ ἄρ᾿ ὑπόδρα ἰδὼν προσέφη πολύμητις Ὀδυσσεύς·
" Εὐρύμαχ᾿, οὐδ᾿ εἴ μοι πατρώϊα πάντ᾿ ἀποδοῖτε,   61
ὅσσα τε νῦν ὔμμ᾿ ἐστὶ καὶ εἴ ποθεν ἄλλ᾿ ἐπιθεῖτε,
οὐδέ κεν ὣς ἔτι χεῖρας ἐμὰς λήξαιμι φόνοιο
πρὶν πᾶσαν μνηστῆρας ὑπερβασίην ἀποτῖσαι.
νῦν ὑμῖν παράκειται ἐναντίον ἠὲ μάχεσθαι   65
ἢ φεύγειν, ὅς κεν θάνατον καὶ κῆρας ἀλύξῃ·
ἀλλά τιν᾿ οὐ φεύξεσθαι ὀΐομαι αἰπὺν ὄλεθρον."
    Ὣς φάτο, τῶν δ᾿ αὐτοῦ λύτο γούνατα καὶ φίλον ἦτορ.
τοῖσιν δ᾿ Εὐρύμαχος μετεφώνεε δεύτερον αὖτις·
" ὦ φίλοι, οὐ γὰρ σχήσει ἀνὴρ ὅδε χεῖρας ἀάπτους,   70
ἀλλ᾿ ἐπεὶ ἔλλαβε τόξον ἐΰξοον ἠδὲ φαρέτρην,
οὐδοῦ ἄπο ξεστοῦ τοξάσσεται, εἰς ὅ κε πάντας
ἄμμε κατακτείνῃ· ἀλλὰ μνησώμεθα χάρμης.
φάσγανά τε σπάσσασθε καὶ ἀντίσχεσθε τραπέζας
ἰῶν ὠκυμόρων· ἐπὶ δ᾿ αὐτῷ πάντες ἔχωμεν   75
ἀθρόοι, εἴ κέ μιν οὐδοῦ ἀπώσομεν ἠδὲ θυράων,
ἔλθωμεν δ᾿ ἀνὰ ἄστυ, βοὴ δ᾿ ὤκιστα γένοιτο·
τῷ κε τάχ᾿ οὗτος ἀνὴρ νῦν ὕστατα τοξάσσαιτο."
    Ὣς ἄρα φωνήσας εἰρύσσατο φάσγανον ὀξύ,
χάλκεον, ἀμφοτέρωθεν ἀκαχμένον, ἆλτο δ᾿ ἐπ᾿ αὐτῷ   80
σμερδαλέα ἰάχων· ὁ δ᾿ ἁμαρτῇ δῖος Ὀδυσσεὺς

56 εἰ μὲν διὰ τοῦ α, ὡς Ἀρίσταρχος καὶ ἄλλοι, ἔστι πληθυντικὸν…
εἰ δὲ διὰ τοῦ ε, ἔστιν ἑνικόν Herod. in E. M. 316. 25   58 ἀποτίσομεν
U⁶   68 αὐτῶν g ed. pr.   70 τ᾿ ἀρ g ed. pr.   72 ἐπὶ b o d f
    80 ὀξέι χαλκῷ L⁵: ἑπταβόειον Pal.   αὐτόν a g j ed. pr.
81 ἁμαρτεῖ d g: ὁμαρτῇ a e k

166

ἰὸν ἀποπροΐει, βάλε δὲ στῆθος παρὰ μαζόν,
ἐν δέ οἱ ἥπατι πῆξε θοὸν βέλος· ἐκ δ᾽ ἄρα χειρὸς
φάσγανον ἧκε χαμᾶζε, περιρρηδὴς δὲ τραπέζῃ
κάππεσεν ἰδνωθείς, ἀπὸ δ᾽ εἴδατα χεῦεν ἔραζε   85
καὶ δέπας ἀμφικύπελλον· ὁ δὲ χθόνα τύπτε μετώπῳ
θυμῷ ἀνιάζων, ποσὶ δὲ θρόνον ἀμφοτέροισι
λακτίζων ἐτίνασσε· κατ᾽ ὀφθαλμῶν δ᾽ ἔχυτ᾽ ἀχλύς.
    Ἀμφίνομος δ᾽ Ὀδυσῆος ἐείσατο κυδαλίμοιο
ἀντίος ἀίξας, εἴρυτο δὲ φάσγανον ὀξύ,   90
εἴ πώς οἱ εἴξειε θυράων. ἀλλ᾽ ἄρα μιν φθῆ
Τηλέμαχος κατόπισθε βαλὼν χαλκήρεϊ δουρὶ
ὤμων μεσσηγύς, διὰ δὲ στήθεσφιν ἔλασσε·
δούπησεν δὲ πεσών, χθόνα δ᾽ ἤλασε παντὶ μετώπῳ.
Τηλέμαχος δ᾽ ἀπόρουσε, λιπὼν δολιχόσκιον ἔγχος   95
αὐτοῦ ἐν Ἀμφινόμῳ· περὶ γὰρ δίε μή τις Ἀχαιῶν
ἔγχος ἀνελκόμενον δολιχόσκιον ἢ ἐλάσειε
φασγάνῳ ἀίξας ἠὲ προπρηνέα τύψας.
βῆ δὲ θέειν, μάλα δ᾽ ὦκα φίλον πατέρ᾽ εἰσαφίκανεν,
ἀγχοῦ δ᾽ ἱστάμενος ἔπεα πτερόεντα προσηύδα·   100
"ὦ πάτερ, ἤδη τοι σάκος οἴσω καὶ δύο δοῦρε
καὶ κυνέην πάγχαλκον, ἐπὶ κροτάφοις ἀραρυῖαν,
αὐτός τ᾽ ἀμφιβαλεῦμαι ἰών, δώσω δὲ συβώτῃ
καὶ τῷ βουκόλῳ ἄλλα· τετευχῆσθαι γὰρ ἄμεινον."
    Τὸν δ᾽ ἀπαμειβόμενος προσέφη πολύμητις Ὀδυσσεύς·
"οἶσε θέων, ἧός μοι ἀμύνεσθαι πάρ᾽ ὀϊστοί,   106
μή μ᾽ ἀποκινήσωσι θυράων μοῦνον ἐόντα."
    Ὣς φάτο, Τηλέμαχος δὲ φίλῳ ἐπεπείθετο πατρί,
βῆ δ᾽ ἴμεναι θάλαμόνδ᾽, ὅθι οἱ κλυτὰ τεύχεα κεῖτο.
ἔνθεν τέσσαρα μὲν σάκε᾽ ἔξελε, δούρατα δ᾽ ὀκτὼ   110

---

82 ἀποπροΐει a o : ἀποπροιείς cet. : ἀποπροέηκε j   84 περιρρηδείς
g, cf. ε 26   85 ἰδνωθείς a j, γρ. U⁵, v. l. ap. Eust. : δινωθείς d f r :
δινηθείς cet., cf ρ 317   88 κέχυτ᾽ e H³ : δὲ κέχυτ᾽ g   98 προπρηνέα
d f P¹ : προπρηνέι cet.   τύψας g j k r p²⁸ Eust. : τύψῃ(ει) cet.
99 θέων g Mon. U⁵   102 εὐχαλκον e g   110 ἔξελε a j : εἴλετο
cet. : σάκε᾽ εἷλον Galen. dign. puls. iv. 2

καὶ πίσυρας κυνέας χαλκήρεας ἱπποδασείας·
βῆ δὲ φέρων, μάλα δ' ὦκα φίλον πατέρ' εἰσαφίκανεν,
αὐτὸς δὲ πρώτιστα περὶ χροῒ δύσετο χαλκόν·
ὡς δ' αὔτως τὼ δμῶε δυέσθην τεύχεα καλά,
ἔσταν δ' ἀμφ' Ὀδυσῆα δαΐφρονα ποικιλομήτην.   115
Αὐτὰρ ὅ γ', ὄφρα μὲν αὐτῷ ἀμύνεσθαι ἔσαν ἰοί,
τόφρα μνηστήρων ἕνα γ' αἰεὶ ᾧ ἐνὶ οἴκῳ
βάλλε τιτυσκόμενος· τοὶ δ' ἀγχιστῖνοι ἔπιπτον.
αὐτὰρ ἐπεὶ λίπον ἰοὶ ὀϊστεύοντα ἄνακτα,
τόξον μὲν πρὸς σταθμὸν ἐϋσταθέος μεγάροιο   120
ἔκλιν' ἑστάμεναι, πρὸς ἐνώπια παμφανόωντα,
αὐτὸς δ' ἀμφ' ὤμοισι σάκος θέτο τετραθέλυμνον,
κρατὶ δ' ἐπ' ἰφθίμῳ κυνέην εὔτυκτον ἔθηκεν,
ἵππουριν, δεινὸν δὲ λόφος καθύπερθεν ἔνευεν·
εἵλετο δ' ἄλκιμα δοῦρε δύω κεκορυθμένα χαλκῷ.   125
Ὀρσοθύρη δέ τις ἔσκεν ἐϋδμήτῳ ἐνὶ τοίχῳ,
ἀκρότατον δὲ παρ' οὐδὸν ἐϋσταθέος μεγάροιο
ἦν ὁδὸς ἐς λαύρην, σανίδες δ' ἔχον εὖ ἀραρυῖαι·
τὴν δ' Ὀδυσεὺς φράζεσθαι ἀνώγει δῖον ὑφορβὸν
ἑσταότ' ἄγχ' αὐτῆς· μία δ' οἴη γίγνετ' ἐφορμή.   130
τοῖς δ' Ἀγέλεως μετέειπεν, ἔπος πάντεσσι πιφαύσκων·
" ὦ φίλοι, οὐκ ἂν δή τις ἀν' ὀρσοθύρην ἀναβαίη
καὶ εἴποι λαοῖσι, βοὴ δ' ὤκιστα γένοιτο;
τῷ κε τάχ' οὗτος ἀνὴρ νῦν ὕστατα τοξάσσαιτο."
Τὸν δ' αὖτε προσέειπε Μελάνθιος, αἰπόλος αἰγῶν·   135
" οὔ πως ἔστ', Ἀγέλαε διοτρεφές· ἄγχι γὰρ αἰνῶς
αὐλῆς καλὰ θύρετρα καὶ ἀργαλέον στόμα λαύρης·

117 τόφρ' ὅγε Porph. qu. Od. 14. 23   121 ἔκλινε στάμεναι Pal.
R¹ U⁵   125 ἐκ δ' ἔλετ' aj   126 E. M. 634. 8 φησὶ δὲ Ἀπολλό-
δωρος ὀρσορόκα ὑπ' ἐνίων λέγεσθαι . . . Κράτης δὲ ὀρθοθύρη.—aedium
partes in codicibus delineatas inv. Eust. (καταγραφῆς ἐδεήθησαν
οἱ παλαιοί, σχηματίζοντες ποῦ ἡ ὀρσοθύρη καὶ ποῦ ὁ θάλαμος κτλ., ὡς ἐν
τοῖς τῶν ἀντιγράφων ἀκριβεστέροις κεῖται), cf. schol. σ 102   128 ἐντὸς
εἴσαι p²⁰ aj Mon. v. l. ap. Eust. : ἔνδον εἴσαι altera v. l. ap. Eust.
130 ἀγχοῦ τη[p²⁰   132 πόπ οι aj

καί χ' εἰς πάντας ἐρύκοι ἀνήρ, ὅς τ' ἄλκιμος εἴη.
ἀλλ' ἄγεθ', ὑμῖν τεύχε' ἐνείκω θωρηχθῆναι
ἐκ θαλάμου· ἔνδον γάρ, ὀίομαι, οὐδέ πῃ ἄλλῃ   140
τεύχεα κατθέσθην 'Οδυσεὺς καὶ φαίδιμος υἱός."
ˊΩς εἰπὼν ἀνέβαινε Μελάνθιος, αἰπόλος αἰγῶν,
ἐς θαλάμους 'Οδυσῆος ἀνὰ ῥῶγας μεγάροιο.
ἔνθεν δώδεκα μὲν σάκε' ἔξελε, τόσσα δὲ δοῦρα
καὶ τόσσας κυνέας χαλκήρεας ἱπποδασείας·   145
βῆ δ' ἴμεναι, μάλα δ' ὦκα φέρων μνηστῆρσιν ἔδωκε.
καὶ τότ' 'Οδυσσῆος λύτο γούνατα καὶ φίλον ἦτορ,
ὡς περιβαλλομένους ἴδε τεύχεα χερσί τε δοῦρα
μακρὰ τινάσσοντας· μέγα δ' αὐτῷ φαίνετο ἔργον.
αἶψα δὲ Τηλέμαχον ἔπεα πτερόεντα προσηύδα·   150
"Τηλέμαχ', ἦ μάλα δή τις ἐνὶ μεγάροισι γυναικῶν
νῶϊν ἐποτρύνει πόλεμον κακὸν ἠὲ Μελανθεύς."
Τὸν δ' αὖ Τηλέμαχος πεπνυμένος ἀντίον ηὔδα·
"ὦ πάτερ, αὐτὸς ἐγὼ τόδε γ' ἤμβροτον—οὐδέ τις ἄλλος
αἴτιος—ὃς θαλάμοιο θύρην πυκινῶς ἀραρυῖαν   155
κάλλιπον ἀγκλίνας· τῶν δὲ σκοπὸς ἦεν ἀμείνων.
ἀλλ' ἴθι, δῖ' Εὔμαιε, θύρην ἐπίθες θαλάμοιο,
καὶ φράσαι ἤ τις ἄρ' ἐστὶ γυναικῶν ἠ τάδε ῥέζει,
ἢ υἱὸς Δολίοιο Μελανθεύς, τόν περ ὀίω."
ˊΩς οἱ μὲν τοιαῦτα πρὸς ἀλλήλους ἀγόρευον,   160
βῆ δ' αὖτις θαλαμόνδε Μελάνθιος, αἰπόλος αἰγῶν,
οἴσων τεύχεα καλά. νόησε δὲ δῖος ὑφορβός,
αἶψα δ' 'Οδυσσῆα προσεφώνεεν ἐγγὺς ἐόντα·
"διογενὲς Λαερτιάδη, πολυμήχαν' 'Οδυσσεῦ,
κεῖνος δὴ αὖτ' ἀΐδηλος ἀνήρ, ὃν ὀιόμεθ' αὐτοί,   165
ἔρχεται ἐς θάλαμον· σὺ δέ μοι νημερτὲς ἐνίσπες,

138 κ' εἰς q   ὅς κ' hj L³   140 ἔνθεν g ed. pr.   144 sq.
τὸ περὶ τῶν δώδεκα καὶ τὸ ἐφεξῆς 'Αρίσταρχος ἀθετήσας κεχλίακεν Eust.
144 ἔνθα δυώδεκα g p   146 om. q   157 δῖ' a bj Br L⁴
Eust.: δὴ cet., cf. π 461   θύρας k Eust.   158 ἤ aj: εἴ cet., cf.
ν 415   162 ἔντεα Mon., γρ. R¹²   166 ἐνίσπε g j r, cf. γ 101

ἤ μιν ἀποκτείνω, αἴ κε κρείσσων γε γένωμαι,
ἠέ σοι ἐνθάδ' ἄγω, ἵν' ὑπερβασίας ἀποτίσῃ
πολλάς, ὅσσας οὗτος ἐμήσατο σῷ ἐνὶ οἴκῳ."

Τὸν δ' ἀπαμειβόμενος προσέφη πολύμητις Ὀδυσσεύς·
" ἦ τοι ἐγὼ καὶ Τηλέμαχος μνηστῆρας ἀγαυοὺς   170
σχήσομεν ἔντοσθεν μεγάρων, μάλα περ μεμαῶτας·
σφῶϊ δ' ἀποστρέψαντε πόδας καὶ χεῖρας ὕπερθεν
ἐς θάλαμον βαλέειν, σανίδας δ' ἐκδῆσαι ὄπισθε,
σειρὴν δὲ πλεκτὴν ἐξ αὐτοῦ πειρήναντε   175
κίον' ἀν' ὑψηλὴν ἐρύσαι πελάσαι τε δοκοῖσιν,
ὥς κεν δηθὰ ζωὸς ἐὼν χαλέπ' ἄλγεα πάσχῃ."

Ὣς ἔφαθ', οἱ δ' ἄρα τοῦ μάλα μὲν κλύον ἠδ' ἐπίθοντο,
βὰν δ' ἴμεν ἐς θάλαμον, λαθέτην δέ μιν ἔνδον ἐόντα.
ἦ τοι ὁ μὲν θαλάμοιο μυχὸν κάτα τεύχε' ἐρεύνα,   180
τὼ δ' ἔσταν ἑκάτερθε παρὰ σταθμοῖσι μένοντε,
εὖθ' ὑπὲρ οὐδὸν ἔβαινε Μελάνθιος, αἰπόλος αἰγῶν,
τῇ ἑτέρῃ μὲν χειρὶ φέρων καλὴν τρυφάλειαν,
τῇ δ' ἑτέρῃ σάκος εὐρὺ γέρον, πεπαλαγμένον ἄζῃ,
Λαέρτεω ἥρωος, ὃ κουρίζων φορέεσκε·   185
δὴ τότε γ' ἤδη κεῖτο, ῥαφαὶ δ' ἐλέλυντο ἱμάντων·
τὼ δ' ἄρ' ἐπαΐξανθ' ἑλέτην, ἔρυσάν τέ μιν εἴσω
κουρίξ, ἐν δαπέδῳ δὲ χαμαὶ βάλον ἀχνύμενον κῆρ,
σὺν δὲ πόδας χεῖράς τε δέον θυμαλγέϊ δεσμῷ
εὖ μάλ' ἀποστρέψαντε διαμπερές, ὡς ἐκέλευσεν   190
υἱὸς Λαέρταο, πολύτλας δῖος Ὀδυσσεύς·
σειρὴν δὲ πλεκτὴν ἐξ αὐτοῦ πειρήναντε
κίον' ἀν' ὑψηλὴν ἔρυσαν πέλασάν τε δοκοῖσι.
τὸν δ' ἐπικερτομέων προσέφης, Εὔμαιε συβῶτα·
" νῦν μὲν δὴ μάλα πάγχυ, Μελάνθιε, νύκτα φυλάξεις,   195

167 ἤ] εἴ L⁶ U², cf. ν 415   174 ὄπισθε] ἱμάντι, γρ. Br V⁴   v. om.
p⁽²⁸⁾ damnarat Bothe   175 πειρήσαντε(ς) f p   177 δηθ ἁμα p⁽²⁸⁾
179 βὰν a g j k : βῆ cet.   182 ἔνθ' L⁵ L⁸   184 εὐρύγερον d r :
εὐρύτερον a g k : εὐρύηρον p   185 γέροντος Br V⁴ (ξ 9)   188 χα-
μᾶзıς e   ἀχνύμενοι V³ ed. pr.   191 om. c g h i j k p²⁰ p²⁸ R⁴
qui λείπει add.)

εὐνῇ ἔνι μαλακῇ καταλέγμενος, ὥς σε ἔοικεν·
οὐδέ σέ γ' ἠριγένεια παρ' Ὠκεανοῖο ῥοάων
λήσει ἐπερχομένη χρυσόθρονος, ἡνίκ' ἀγινεῖς
αἶγας μνηστήρεσσι δόμον κάτα δαῖτα πένεσθαι."
  Ὣς ὁ μὲν αὖθι λέλειπτο, ταθεὶς ὀλοῷ ἐνὶ δεσμῷ·   200
τὼ δ' ἐς τεύχεα δύντε, θύρην ἐπιθέντε φαεινήν,
βήτην εἰς Ὀδυσῆα δαΐφρονα ποικιλομήτην.
ἔνθα μένος πνείοντες ἐφέστασαν, οἱ μὲν ἐπ' οὐδοῦ
τέσσαρες, οἱ δ' ἔντοσθε δόμων πολέες τε καὶ ἐσθλοί.
τοῖσι δ' ἐπ' ἀγχίμολον θυγάτηρ Διὸς ἦλθεν Ἀθήνη,   205
Μέντορι εἰδομένη ἠμὲν δέμας ἠδὲ καὶ αὐδήν.
τὴν δ' Ὀδυσεὺς γήθησεν ἰδὼν καὶ μῦθον ἔειπε·
" Μέντορ, ἄμυνον ἀρήν, μνῆσαι δ' ἑτάροιο φίλοιο,
ὅς σ' ἀγαθὰ ῥέζεσκον· ὁμηλικίη δέ μοί ἐσσι."
  Ὣς φάτ', ὀϊόμενος λαοσσόον ἔμμεν' Ἀθήνην.   210
μνηστῆρες δ' ἑτέρωθεν ὁμόκλεον ἐν μεγάροισι.
πρῶτος τήν γ' ἐνένιπε Δαμαστορίδης Ἀγέλαος·
" Μέντορ, μή σε ἔπεσσι παραιπεπίθῃσιν Ὀδυσσεὺς
μνηστήρεσσι μάχεσθαι, ἀμυνέμεναι δέ οἱ αὐτῷ.
ὧδε γὰρ ἡμέτερόν γε νόον τελέεσθαι ὀΐω·   215
ὁππότε κεν τούτους κτέωμεν, πατέρ' ἠδὲ καὶ υἱόν,
ἐν δὲ σὺ τοῖσιν ἔπειτα πεφήσεαι, οἷα μενοινᾷς
ἔρδειν ἐν μεγάροις· σῷ δ' αὐτοῦ κράατι τίσεις.
αὐτὰρ ἐπὴν ὑμέων γε βίας ἀφελώμεθα χαλκῷ,
κτήμαθ' ὁπόσσα τοί ἐστι, τά τ' ἔνδοθι καὶ τὰ θύρηφι,   220
τοῖσιν Ὀδυσσῆος μεταμίξομεν· οὐδέ τοι υἷας
ζώειν ἐν μεγάροισιν ἐάσομεν, οὐδὲ θύγατρας
οὐδ' ἄλοχον κεδνὴν Ἰθάκης κατὰ ἄστυ πολεύειν."

196 ὡς ἐπέοικε a e g h ed. pr.   198 ἀνερχομένη p p²⁸ Mon.
200 om. g   ὑπὸ b c d f   203 οὐδὸν b d g k   204 δόμου c j k
    208 μνῆσον e   210 ὀϊέμενος L⁴ U⁸ : ἱέμενος H³   212 ἐνένισπε
a p, cf. π 417   215 τετελέσθαι g : τελέσεσθαι U⁵, cf. a 201
                                                   ἐώμεν
216 κτέομεν b e g : κτένομεν a : κτενέωμεν (sc. κτένομεν) k P²
218 σέο P²

171

22. ΟΔΥΣΣΕΙΑΣ Χ

Ὣς φάτ᾽, Ἀθηναίη δὲ χολώσατο κηρόθι μᾶλλον,
νείκεσσεν δ᾽ Ὀδυσῆα χολωτοῖσιν ἐπέεσσιν·   225
" οὐκέτι σοί γ᾽, Ὀδυσεῦ, μένος ἔμπεδον οὐδέ τις ἀλκή,
οἵη ὅτ᾽ ἀμφ᾽ Ἑλένῃ λευκωλένῳ εὐπατερείῃ
εἰνάετες Τρώεσσιν ἐμάρναο νωλεμὲς αἰεί,
πολλοὺς δ᾽ ἄνδρας ἔπεφνες ἐν αἰνῇ δηϊοτῆτι,
σῇ δ᾽ ἥλω βουλῇ Πριάμου πόλις εὐρυάγυια.   230
πῶς δὴ νῦν, ὅτε σόν γε δόμον καὶ κτήμαθ᾽ ἱκάνεις,
ἄντα μνηστήρων ὀλοφύρεαι ἄλκιμος εἶναι;
ἀλλ᾽ ἄγε δεῦρο, πέπον, παρ᾽ ἔμ᾽ ἵστασο καὶ ἴδε ἔργον,
ὄφρα ἰδῇς οἷός τοι ἐν ἀνδράσι δυσμενέεσσι
Μέντωρ Ἀλκιμίδης εὐεργεσίας ἀποτίνειν."   235
Ἦ ῥα, καὶ οὔ πω πάγχυ δίδου ἑτεραλκέα νίκην,
ἀλλ᾽ ἔτ᾽ ἄρα σθένεός τε καὶ ἀλκῆς πειρήτιζεν
ἠμὲν Ὀδυσσῆος ἠδ᾽ υἱοῦ κυδαλίμοιο.
αὐτὴ δ᾽ αἰθαλόεντος ἀνὰ μεγάροιο μέλαθρον
ἕζετ᾽ ἀναΐξασα, χελιδόνι εἰκέλη ἄντην.   240
Μνηστῆρας δ᾽ ὄτρυνε Δαμαστορίδης Ἀγέλαος
Εὐρύνομός τε καὶ Ἀμφιμέδων Δημοπτόλεμός τε
Πείσανδρός τε Πολυκτορίδης Πόλυβός τε δαΐφρων·
οἱ γὰρ μνηστήρων ἀρετῇ ἔσαν ἔξοχ᾽ ἄριστοι,
ὅσσοι ἔτ᾽ ἔζωον περί τε ψυχέων ἐμάχοντο·   245
τοὺς δ᾽ ἤδη ἐδάμασσε βιὸς καὶ ταρφέες ἰοί.
τοῖς δ᾽ Ἀγέλεως μετέειπεν, ἔπος πάντεσσι πιφαύσκων·
" ὦ φίλοι, ἤδη σχήσει ἀνὴρ ὅδε χεῖρας ἀάπτους·
καὶ δή οἱ Μέντωρ μὲν ἔβη κενὰ εὔγματα εἰπών,
οἱ δ᾽ οἶοι λείπονται ἐπὶ πρώτῃσι θύρῃσι.   250
τῷ νῦν μὴ ἅμα πάντες ἐφίετε δούρατα μακρά,
ἀλλ᾽ ἄγεθ᾽ οἱ ἓξ πρῶτον ἀκοντίσατ᾽, αἴ κέ ποθι Ζεὺς

233 ἵστασο H³ : ἵστασο cet. (παρίστασο Zen. Ar. Κ 291)   234 ὄφρα
ἴδης a j p²⁸ Br . ὄφρ᾽ εἰδῇς cet.   235 ἀποτίνων h L⁴   239 μελάθρου
L⁵   αἰθαλόεντας ἀνὰ ῥῶγας μεγάροιο [143] schol. Theocr. xiii. 13 :
αἰθαλόεσσα ἀναΐξασα μελάθρου E. M. 576. 17 : αἰθαλόεντος ὑπὲρ μεγάλοιο
μελάθρων E. Gud. 15. 56   241 ὄτρ. a b k q : ὄτρ. cet.   247 ἀγέλαος
ἔπος τ᾽ ἔφατ᾽ ἔκ τ᾽ ὀνόμαζεν R¹⁰   251 μηδ᾽ αμα p²⁰   252]εθ᾽ α εξ p²⁰

22. ΟΔΥΣΣΕΙΑΣ Χ

δώῃ Ὀδυσσῆα βλῆσθαι καὶ κῦδος ἀρέσθαι.
τῶν δ' ἄλλων οὐ κῆδος, ἐπεί χ' οὗτός γε πέσῃσιν."
Ὣς ἔφαθ', οἱ δ' ἄρα πάντες ἀκόντισαν ὡς ἐκέλευεν,   255
ἱέμενοι· τὰ δὲ πάντα ἐτώσια θῆκεν Ἀθήνη.
τῶν ἄλλος μὲν σταθμὸν ἐϋσταθέος μεγάροιο
βεβλήκειν, ἄλλος δὲ θύρην πυκινῶς ἀραρυῖαν·
ἄλλου δ' ἐν τοίχῳ μελίη πέσε χαλκοβάρεια.
αὐτὰρ ἐπεὶ δὴ δούρατ' ἀλεύαντο μνηστήρων,   260
τοῖς ἄρα μύθων ἄρχε πολύτλας δῖος Ὀδυσσεύς·
" ὦ φίλοι, ἤδη μέν κεν ἐγὼν εἴποιμι καὶ ἄμμι
μνηστήρων ἐς ὅμιλον ἀκοντίσαι, οἳ μεμάασιν
ἡμέας ἐξεναρίξαι ἐπὶ προτέροισι κακοῖσιν."
Ὣς ἔφαθ', οἱ δ' ἄρα πάντες ἀκόντισαν ὀξέα δοῦρα   265
ἄντα τιτυσκόμενοι· Δημοπτόλεμον μὲν Ὀδυσσεύς,
Εὐρυάδην δ' ἄρα Τηλέμαχος, Ἔλατον δὲ συβώτης,
Πείσανδρον δ' ἄρ' ἔπεφνε βοῶν ἐπιβουκόλος ἀνήρ.
οἱ μὲν ἔπειθ' ἅμα πάντες ὀδὰξ ἕλον ἄσπετον οὖδας,
μνηστῆρες δ' ἀνεχώρησαν μεγάροιο μυχόνδε·   270
τοὶ δ' ἄρ' ἐπήϊξαν, νεκύων δ' ἐξ ἔγχε' ἕλοντο.
Αὖτις δὲ μνηστῆρες ἀκόντισαν ὀξέα δοῦρα
ἱέμενοι· τὰ δὲ πολλὰ ἐτώσια θῆκεν Ἀθήνη.
τῶν ἄλλος μὲν σταθμὸν ἐϋσταθέος μεγάροιο
βεβλήκει, ἄλλος δὲ θύρην πυκινῶς ἀραρυῖαν·   275
ἄλλου δ' ἐν τοίχῳ μελίη πέσε χαλκοβάρεια.
Ἀμφιμέδων δ' ἄρα Τηλέμαχον βάλε χεῖρ' ἐπὶ καρπῷ
λίγδην, ἄκρον δὲ ῥινὸν δηλήσατο χαλκός.
Κτήσιππος δ' Εὔμαιον ὑπὲρ σάκος ἔγχεϊ μακρῷ
ὦμον ἐπέγραψεν· τὸ δ' ὑπέρπτατο, πῖπτε δ' ἔραζε.   280

254 ἐπείχ' g : ἐπὴν cet.   255 ἀκὴν ἐγένοντο σιωπῇ k
257-9 τινὲς ὠβέλισαν ὡς ταυτολογοῦντας (= 274-6) Eust.   258 βε-
βλήκειν p²⁸ : -ει cet., cf. 273   261 ἦρχ. codd.   262 ἤδη] ἤτοι p²⁸
265 ὡς ἐκέλευεν d e (= 255)   267 εὐρύαλον a j Br   270 ἀνεχώ-
ρησαν a j L⁸ : ἄρ' ἐχ. cet.   θαλάμοιο Mon., γρ. R¹²   μυχὸν ἔνδον g
273 πάντα a Br   275 βεβλήκειν p²⁰ p²⁸ j Mon., cf. 258, 286 δ 400
σ 344 E 661 Ξ 412   278 ἄκρην a Mon. P⁵ p²⁰, utrumque Eust.
279 εὐμαίου κτήσιππος Eust.   οξει χαλκωι p⁰⁸   280 ἐπέπτατο a

τοὶ δ' αὖτ' ἀμφ' Ὀδυσῆα δαΐφρονα ποικιλομήτην
μνηστήρων ἐς ὅμιλον ἀκόντισαν ὀξέα δοῦρα.
ἔνθ' αὖτ' Εὐρυδάμαντα βάλε πτολίπορθος Ὀδυσσεύς,
Ἀμφιμέδοντα δὲ Τηλέμαχος, Πόλυβον δὲ συβώτης·
Κτήσιππον δ' ἄρ' ἔπειτα βοῶν ἐπιβουκόλος ἀνὴρ   285
βεβλήκει πρὸς στῆθος, ἐπευχόμενος δὲ προσηύδα·
"ὦ Πολυθερσεΐδη φιλοκέρτομε, μή ποτε πάμπαν
εἴκων ἀφραδίης μέγα εἰπεῖν, ἀλλὰ θεοῖσι
μῦθον ἐπιτρέψαι, ἐπεὶ ἦ πολὺ φέρτεροί εἰσι.
τοῦτό τοι ἀντὶ ποδὸς ξεινήιον, ὅν ποτ' ἔδωκας   290
ἀντιθέῳ Ὀδυσῆι δόμον κάτ' ἀλητεύοντι."
    Ἡ ῥα βοῶν ἑλίκων ἐπιβουκόλος· αὐτὰρ Ὀδυσσεὺς
οὖτα Δαμαστορίδην αὐτοσχεδὸν ἔγχεϊ μακρῷ·
Τηλέμαχος δ' Εὐηνορίδην Λήόκριτον οὖτα
δουρὶ μέσον κενεῶνα, διαπρὸ δὲ χαλκὸν ἔλασσεν·   295
ἤριπε δὲ πρηνής, χθόνα δ' ἤλασε παντὶ μετώπῳ.
δὴ τότ' Ἀθηναίη φθισίμβροτον αἰγίδ' ἀνέσχεν
ὑψόθεν ἐξ ὀροφῆς· τῶν δὲ φρένες ἐπτοίηθεν.
οἱ δ' ἐφέβοντο κατὰ μέγαρον βόες ὣς ἀγελαῖαι·
τὰς μέν τ' αἰόλος οἶστρος ἐφορμηθεὶς ἐδόνησεν   300
ὥρῃ ἐν εἰαρινῇ, ὅτε τ' ἤματα μακρὰ πέλονται.
οἱ δ' ὥς τ' αἰγυπιοὶ γαμψώνυχες ἀγκυλοχεῖλαι
ἐξ ὀρέων ἐλθόντες ἐπ' ὀρνίθεσσι θόρωσι·
ταὶ μέν τ' ἐν πεδίῳ νέφεα πτώσσουσαι ἵενται,
οἱ δέ τε τὰς ὀλέκουσιν ἐπάλμενοι, οὐδέ τις ἀλκὴ   305
γίγνεται οὐδὲ φυγή· χαίρουσι δέ τ' ἀνέρες ἄγρῃ·
ὣς ἄρα τοὶ μνηστῆρας ἐπεσσύμενοι κατὰ δῶμα
τύπτον ἐπιστροφάδην· τῶν δὲ στόνος ὄρνυτ' ἀεικὴς
κράτων τυπτομένων, δάπεδον δ' ἅπαν αἵματι θῦε.

283 εὐρυμέδοντα o f C Pal. U⁸   287 πολυκέρτομε p²⁰ d e
294 λειόκρ- a f q r, λειωκρ- cet. corr. Nauck cf. β 242   295 χαλκὸς g
    297 φθισίμβροτος p C   298 ἐκ κορυφῆς a e j k Eust.   φρένας
ἐπτόησεν a j Eust.   299 δ' ἐφέροντο g   302 ἀγχυλοχῆλαι d
C R⁹   302 θορῶντες g L⁵   308 ὄρνυτ' k Pal. : ὤρν- cet.

Ληώδης δ' Ὀδυσῆος ἐπεσσύμενος λάβε γούνων,　310
καί μιν λισσόμενος ἔπεα πτερόεντα προσηύδα·
"γουνοῦμαί σ', Ὀδυσεῦ· σὺ δέ μ' αἴδεο καί μ' ἐλέησον·
οὐ γάρ πώ τινά φημι γυναικῶν ἐν μεγάροισιν
εἰπεῖν οὐδέ τι ῥέξαι ἀτάσθαλον· ἀλλὰ καὶ ἄλλους
παύεσκον μνηστῆρας, ὅτις τοιαῦτά γε ῥέζοι.　315
ἀλλά μοι οὐ πείθοντο κακῶν ἄπο χεῖρας ἔχεσθαι·
τῶ καὶ ἀτασθαλίῃσιν ἀεικέα πότμον ἐπέσπον.
αὐτὰρ ἐγὼ μετὰ τοῖσι θυοσκόος οὐδὲν ἐοργὼς
κείσομαι, ὡς οὐκ ἔστι χάρις μετόπισθ' εὐεργέων."
Τὸν δ' ἄρ' ὑπόδρα ἰδὼν προσέφη πολύμητις Ὀδυσσεύς·
"εἰ μὲν δὴ μετὰ τοῖσι θυοσκόος εὔχεαι εἶναι,　321
πολλάκι που μέλλεις ἀρήμεναι ἐν μεγάροισι
τηλοῦ ἐμοὶ νόστοιο τέλος γλυκεροῖο γενέσθαι,
σοὶ δ' ἄλοχόν τε φίλην σπέσθαι καὶ τέκνα τεκέσθαι·
τῶ οὐκ ἂν θάνατόν γε δυσηλεγέα προφύγοισθα."　325
Ὣς ἄρα φωνήσας ξίφος εἵλετο χειρὶ παχείῃ
κείμενον, ὅ ῥ' Ἀγέλαος ἀποπροέηκε χαμᾶζε
κτεινόμενος· τῶ τόν γε κατ' αὐχένα μέσσον ἔλασσε·
φθεγγομένου δ' ἄρα τοῦ γε κάρη κονίῃσιν ἐμίχθη.
Τερπιάδης δ' ἔτ' ἀοιδὸς ἀλύσκανε κῆρα μέλαιναν,　330
Φήμιος, ὅς ῥ' ἤειδε μετὰ μνηστήρσιν ἀνάγκῃ.
ἔστη δ' ἐν χείρεσσιν ἔχων φόρμιγγα λίγειαν
ἄγχι παρ' ὀρσοθύρην· δίχα δὲ φρεσὶ μερμήριζεν,
ἢ ἐκδὺς μεγάροιο Διὸς μεγάλου ποτὶ βωμὸν
ἑρκείου ἵζοιτο τετυγμένον, ἔνθ' ἄρα πολλὰ　335
Λαέρτης Ὀδυσεύς τε βοῶν ἐπὶ μηρί' ἔκηαν,
ἢ γούνων λίσσοιτο προσαΐξας Ὀδυσῆα.
ὧδε δέ οἱ φρονέοντι δοάσσατο κέρδιον εἶναι,

310 Λειώδης codd.　γοῦνα d U⁵ ss.　311 φωνησας p²⁸
317 om. q　ἐπέσπων a Br, cf. γ 134　322 που a g j p²⁸ : μοι
cet.　323 ἐμοῦ H³ Pal. U⁸　327 ὃν p²⁸, γρ. U⁵　329 om. H³
Pal.　φθεγγομένη v. l. ap. Eust., cf. K 457　331 παρὰ a j Eust.
(a 154)　334 ἑρκείου προβωμὸν ἐρισθενέως Κρονίωνος (sic) Ap. lex. in
v. ἑρκίου (sc. ἢ ἑρκείου πρὸς βωμὸν ἐρισθένεας)　παρὰ d

γούνων ἅψασθαι Λαερτιάδεω Ὀδυσῆος.

ἦ τοι ὁ φόρμιγγα γλαφυρὴν κατέθηκε χαμᾶζε   340
μεσσηγὺς κρητῆρος ἰδὲ θρόνου ἀργυροήλου,
αὐτὸς δ' αὖτ' Ὀδυσῆα προσαΐξας λάβε γούνων,
καί μιν λισσόμενος ἔπεα πτερόεντα προσηύδα·
" γουνοῦμαί σ', Ὀδυσεῦ· σὺ δέ μ' αἴδεο καί μ' ἐλέησον·
αὐτῷ τοι μετόπισθ' ἄχος ἔσσεται, εἴ κεν ἀοιδὸν   345
πέφνῃς, ὅς τε θεοῖσι καὶ ἀνθρώποισιν ἀείδω.
αὐτοδίδακτος δ' εἰμί, θεὸς δέ μοι ἐν φρεσὶν οἴμας
παντοίας ἐνέφυσεν· ἔοικα δέ τοι παραείδειν
ὥς τε θεῷ· τῷ μή με λιλαίεο δειροτομῆσαι.
καί κεν Τηλέμαχος τάδε γ' εἴποι, σὸς φίλος υἱός,   350
ὡς ἐγὼ οὔ τι ἑκὼν ἐς σὸν δόμον οὐδὲ χατίζων
πωλεύμην μνηστῆρσιν ἀεισόμενος μετὰ δαῖτας,
ἀλλὰ πολὺ πλέονες καὶ κρείσσονες ἦγον ἀνάγκῃ."

Ὣς φάτο, τοῦ δ' ἤκουσ' ἱερὴ ἲς Τηλεμάχοιο,
αἶψα δ' ἑὸν πατέρα προσεφώνεεν ἐγγὺς ἐόντα·   355
" ἴσχεο μηδέ τι τοῦτον ἀναίτιον οὔτα χαλκῷ·
καὶ κήρυκα Μέδοντα σαώσομεν, ὅς τέ μευ αἰεὶ
οἴκῳ ἐν ἡμετέρῳ κηδέσκετο παιδὸς ἐόντος,
εἰ δὴ μή μιν ἔπεφνε Φιλοίτιος ἠὲ συβώτης,
ἠὲ σοὶ ἀντεβόλησεν ὀρινομένῳ κατὰ δῶμα."   360

Ὣς φάτο, τοῦ δ' ἤκουσε Μέδων πεπνυμένα εἰδώς·
πεπτηὼς γὰρ ἔκειτο ὑπὸ θρόνον, ἀμφὶ δὲ δέρμα
ἕστο βοὸς νεοδάρτου, ἀλύσκων κῆρα μέλαιναν.
αἶψα δ' ὑπὸ θρόνου ὦρτο, βοὸς δ' ἀπέδυνε βοείην,
Τηλέμαχον δ' ἄρ' ἔπειτα προσαΐξας λάβε γούνων,   365
καί μιν λισσόμενος ἔπεα πτερόεντα προσηύδα·
" ὦ φίλ', ἐγὼ μὲν ὅδ' εἰμί, σὺ δ' ἴσχεο· εἰπὲ δὲ πατρὶ

345 μετόπιν O   347 ἔμβαλεν οἴμους Iustin. iii. 152 Otto.   θεοὶ
δέ μοι ὤπασαν ὀμφὰς Max. Tyr. xvi. 5, xxxviii. 1, v. l. (ἤγουν) ap. Isidor.
Pelus. iv. 30   348 περ ἀείδειν g P⁵ ss.   351 ἐς ἑὸν L⁸, γρ. U⁵ :
ἑὸν om. ἐς q   352 κατὰ U⁶   δαῖτα a f g j p²⁸ Pal. Eust.   360 σὺ
ἀντιβολήσας a Br   364 ὑπὸ] ἀπὸ g p²⁸ P³ ed. pr.   θοῶς p R⁷, γρ.
Br H³ K R⁸   βοείη g : βόειον U⁷   365 ἐπαΐξας d e   367 ὧδ' g
L⁴ Pal.   πατέρα f L⁵

μή με περισθενέων δηλήσεται ὀξέϊ χαλκῷ,
ἀνδρῶν μνηστήρων κεχολωμένος, οἳ οἱ ἔκειρον
κτήματ' ἐνὶ μεγάρῳ, σὲ δὲ νήπιοι οὐδὲν ἔτιον."   370
Τὸν δ' ἐπιμειδήσας προσέφη πολύμητις Ὀδυσσεύς·
" θάρσει, ἐπεὶ δή σ' οὗτος ἐρύσατο καὶ ἐσάωσεν,
ὄφρα γνῷς κατὰ θυμόν, ἀτὰρ εἴπησθα καὶ ἄλλῳ,
ὡς κακοεργίης εὐεργεσίη μέγ' ἀμείνων.
ἀλλ' ἐξελθόντες μεγάρων ἕζεσθε θύραζε   375
ἐκ φόνου εἰς αὐλήν, σύ τε καὶ πολύφημος ἀοιδός,
ὄφρ' ἂν ἐγὼ κατὰ δῶμα πονήσομαι ὅττεό με χρή."
Ὣς φάτο, τὼ δ' ἔξω βήτην μεγάροιο κιόντε,
ἐζέσθην δ' ἄρα τώ γε Διὸς μεγάλου ποτὶ βωμόν,
πάντοσε παπταίνοντε, φόνον ποτιδεγμένω αἰεί.   380
Πάπτηνεν δ' Ὀδυσεὺς καθ' ἑὸν δόμον, εἴ τις ἔτ' ἀνδρῶν
ζωὸς ὑποκλοπέοιτο, ἀλύσκων κῆρα μέλαιναν.
τοὺς δὲ ἴδεν μάλα πάντας ἐν αἵματι καὶ κονίῃσι
πεπτεῶτας πολλούς, ὥς τ' ἰχθύας, οὕς θ' ἁλιῆες
κοῖλον ἐς αἰγιαλὸν πολιῆς ἔκτοσθε θαλάσσης   385
δικτύῳ ἐξέρυσαν πολυωπῷ· οἱ δέ τε πάντες
κύμαθ' ἁλὸς ποθέοντες ἐπὶ ψαμάθοισι κέχυνται·
τῶν μέν τ' Ἠέλιος φαέθων ἐξείλετο θυμόν·
ὣς τότ' ἄρα μνηστῆρες ἐπ' ἀλλήλοισι κέχυντο·
δὴ τότε Τηλέμαχον προσέφη πολύμητις Ὀδυσσεύς·   390
"Τηλέμαχ', εἰ δ' ἄγε μοι κάλεσον τροφὸν Εὐρύκλειαν,
ὄφρα ἔπος εἴπωμι τό μοι καταθύμιόν ἐστιν."
Ὣς φάτο, Τηλέμαχος δὲ φίλῳ ἐπεπείθετο πατρί,
κινήσας δὲ θύρην προσέφη τροφὸν Εὐρύκλειαν·
" δεῦρο δὴ ὄρσο, γρηῢ παλαιγενές, ἥ τε γυναικῶν   395
δμῳάων σκοπός ἐσσι κατὰ μέγαρ' ἡμετεράων·

370 μεγάροις a g j p⁻⁸ L⁵   373 ἄλλοις g : ἄλλως P²   375 εὖ
ναιεταόντων Athen. 189 F   377 ὄφρα κ' g   381 βαθὺν δόμον g
μήτις e   383 αἵμασι d e Mon.   384 ἰχθῦς d : ἰχθὺς r   385 πολ-
λῆς h   392 εἴποιμι codd.   395 ὄρσεο Herod. π. κλίσ. ὀνομ. 145
Hilgard (Excerpta ex libris Herod. Techn.) ; cf. E 109

ἔρχεο· κικλήσκει σε πατὴρ ἐμός, ὄφρα τι εἴπῃ."

᾿Ως ἄρ᾿ ἐφώνησεν, τῇ δ᾿ ἄπτερος ἔπλετο μῦθος,
ὤϊξεν δὲ θύρας μεγάρων εὖ ναιεταόντων,
βῆ δ᾿ ἴμεν· αὐτὰρ Τηλέμαχος πρόσθ᾿ ἡγεμόνευεν.   400
εὗρεν ἔπειτ᾿ Ὀδυσῆα μετὰ κταμένοισι νέκυσσιν,
αἵματι καὶ λύθρῳ πεπαλαγμένον ὥς τε λέοντα,
ὅς ῥά τε βεβρωκὼς βοὸς ἔρχεται ἀγραύλοιο·
πᾶν δ᾿ ἄρα οἱ στῆθός τε παρήϊά τ᾿ ἀμφοτέρωθεν
αἱματόεντα πέλει, δεινὸς δ᾿ εἰς ὦπα ἰδέσθαι·   405
ὣς Ὀδυσεὺς πεπάλακτο πόδας καὶ χεῖρας ὕπερθεν·
ἡ δ᾿ ὡς οὖν νέκυάς τε καὶ ἄσπετον ἔσιδεν αἷμα,
ἴθυσέν ῥ᾿ ὀλολύξαι, ἐπεὶ μέγα ἔσιδεν ἔργον·
ἀλλ᾿ Ὀδυσεὺς κατέρυκε καὶ ἔσχεθεν ἱεμένην περ,
καί μιν φωνήσας ἔπεα πτερόεντα προσηύδα·   410
" ἐν θυμῷ, γρηῦ, χαῖρε καὶ ἴσχεο μηδ᾿ ὀλόλυζε·
οὐχ ὁσίη κταμένοισιν ἐπ᾿ ἀνδράσιν εὐχετάασθαι.
τούσδε δὲ μοῖρ᾿ ἐδάμασσε θεῶν καὶ σχέτλια ἔργα·
οὔ τινα γὰρ τίεσκον ἐπιχθονίων ἀνθρώπων,
οὐ κακὸν οὐδὲ μὲν ἐσθλόν, ὅτις σφέας εἰσαφίκοιτο·   415
τῷ καὶ ἀτασθαλίῃσιν ἀεικέα πότμον ἐπέσπον.
ἀλλ᾿ ἄγε μοι σὺ γυναῖκας ἐνὶ μεγάροις κατάλεξον,
αἵ τέ μ᾿ ἀτιμάζουσι καὶ αἳ νηλίτιδές εἰσιν."

Τὸν δ᾿ αὖτε προσέειπε φίλη τροφὸς Εὐρύκλεια·
" τοιγὰρ ἐγώ τοι, τέκνον, ἀληθείην καταλέξω.   420
πεντήκοντά τοί εἰσιν ἐνὶ μεγάροισι γυναῖκες
δμῳαί, τὰς μὲν ἔργα διδάξαμεν ἐργάζεσθαι,
εἴριά τε ξαίνειν καὶ δουλοσύνην ἀνέχεσθαι·
τάων δώδεκα πᾶσαι ἀναιδείης ἐπέβησαν,
οὔτ᾿ ἐμὲ τίουσαι οὔτ᾿ αὐτὴν Πηνελόπειαν.   425

400 προσω P²⁸   401 κατακταμένοισι g U²   412 φθιμένοισιν
Philodem. π. αγ. βασ. 18. 28, Cic. ad Att. iv. 7. 2, Plin. Epp. ix. 1. 3,
Stob. Flor. 125. 2 al.   413 τοὺς δὴ g   418 νηλιτίδες g P⁶ marg.,
v. l. ap. Eust. : νηλιτεῖς(ητεῖς) cet., cf. π 317 τ 498   422 μέν τ᾿
codd.   423 ξείνειν e f k H³ Pal.   δουλοσύνην e j P²⁸ Mon. v. l. ap.
Eust. : -ης cet.   425 τιμῶσαι g

22. ΟΔΥΣΣΕΙΑΣ Χ

Τηλέμαχος δὲ νέον μὲν ἀέξετο, οὐδέ ἑ μήτηρ
σημαίνειν εἴασκεν ἐπὶ δμῳῆσι γυναιξίν.
ἀλλ' ἄγ' ἐγὼν ἀναβάσ' ὑπερώϊα σιγαλόεντα
εἴπω σῇ ἀλόχῳ, τῇ τις θεὸς ὕπνον ἐπῶρσε."
  Τὴν δ' ἀπαμειβόμενος προσέφη πολύμητις Ὀδυσσεύς·
" μή πω τήνδ' ἐπέγειρε· σὺ δ' ἐνθάδε εἰπὲ γυναιξὶν   431
ἐλθέμεν, αἵ περ πρόσθεν ἀεικέα μηχανόωντο."
  Ὣς ἄρ' ἔφη, γρηὺς δὲ διὲκ μεγάροιο βεβήκει
ἀγγελέουσα γυναιξὶ καὶ ὀτρυνέουσα νέεσθαι.
αὐτὰρ ὁ Τηλέμαχον καὶ βουκόλον ἠδὲ συβώτην   435
εἰς ἓ καλεσσάμενος ἔπεα πτερόεντα προσηύδα·
" ἄρχετε νῦν νέκυας φορέειν καὶ ἄνωχθε γυναῖκας·
αὐτὰρ ἔπειτα θρόνους περικαλλέας ἠδὲ τραπέζας
ὕδατι καὶ σπόγγοισι πολυτρήτοισι καθαίρειν.
αὐτὰρ ἐπὴν δὴ πάντα δόμον κατακοσμήσησθε,   440
δμῳὰς ἐξαγαγόντες ἐϋσταθέος μεγάροιο,
μεσσηγύς τε θόλου καὶ ἀμύμονος ἕρκεος αὐλῆς,
θεινέμεναι ξίφεσιν τανυήκεσιν, εἰς ὅ κε πασέων
ψυχὰς ἐξαφέλησθε, καὶ ἐκλελάθωντ' Ἀφροδίτης,
τὴν ἄρ' ὑπὸ μνηστῆρσιν ἔχον μίσγοντό τε λάθρῃ."   445
  Ὣς ἔφαθ', αἱ δὲ γυναῖκες ἀολλέες ἦλθον ἅπασαι,
αἴν' ὀλοφυρόμεναι, θαλερὸν κατὰ δάκρυ χέουσαι.
πρῶτα μὲν οὖν νέκυας φόρεον κατατεθνηῶτας,
κὰδ δ' ἄρ' ὑπ' αἰθούσῃ τίθεσαν ἐϋερκέος αὐλῆς,
ἀλλήλοισιν ἐρείδουσαι· σήμαινε δ' Ὀδυσσεὺς   450
αὐτὸς ἐπισπέρχων· ταὶ δ' ἐκφόρεον καὶ ἀνάγκῃ.
αὐτὰρ ἔπειτα θρόνους περικαλλέας ἠδὲ τραπέζας
ὕδατι καὶ σπόγγοισι πολυτρήτοισι κάθαιρον.
αὐτὰρ Τηλέμαχος καὶ βουκόλος ἠδὲ συβώτης
λίστροισιν δάπεδον πύκα ποιητοῖο δόμοιο   455

429 ἐπῶρσε a g j k p²⁸ ed. pr : ἔχευε cet.   435 δ om. g j L⁴ R⁴ U³
   440 διακοσμήσησθε Mon. R⁴ U⁶   447 αἴγ' g P⁵ ss. : οἴκτρ' p²⁸
U⁶   450 ἀλλήλοισιν e P² R⁴ U⁶ v. l. ap. Eust. : -ησιν cet.
451 ἐπιστείχων e g j L⁸ Mon Eust. : ἐπιστείλων a   αὐταὶ δ' ἔφερον U⁹

ξῦον· ταὶ δ' ἐφόρεον δμῳαί, τίθεσαν δὲ θύραζε.
αὐτὰρ ἐπεὶ δὴ πᾶν μέγαρον διεκοσμήσαντο,
δμῳὰς δ' ἐξαγαγόντες ἐϋσταθέος μεγάροιο,
μεσσηγύς τε θόλου καὶ ἀμύμονος ἕρκεος αὐλῆς,
εἵλεον ἐν στείνει, ὅθεν οὔ πως ἦεν ἀλύξαι.   460
τοῖσι δὲ Τηλέμαχος πεπνυμένος ἄρχ' ἀγορεύειν·
" μὴ μὲν δὴ καθαρῷ θανάτῳ ἀπὸ θυμὸν ἑλοίμην
τάων, αἳ δὴ ἐμῇ κεφαλῇ κατ' ὀνείδεα χεῦαν
μητέρι θ' ἡμετέρῃ παρά τε μνηστῆρσιν ἴαυον."
Ὣς ἄρ' ἔφη, καὶ πεῖσμα νεὸς κυανοπρῴροιο   465
κίονος ἐξάψας μεγάλης περίβαλλε θόλοιο,
ὑψόσ' ἐπεντανύσας, μή τις ποσὶν οὖδας ἵκοιτο.
ὡς δ' ὅτ' ἂν ἢ κίχλαι τανυσίπτεροι ἠὲ πέλειαι
ἕρκει ἐνιπλήξωσι, τό θ' ἑστήκῃ ἐνὶ θάμνῳ,
αὖλιν ἐσιέμεναι, στυγερὸς δ' ὑπεδέξατο κοῖτος,   470
ὣς αἵ γ' ἐξείης κεφαλὰς ἔχον, ἀμφὶ δὲ πάσαις
δειρῇσι βρόχοι ἦσαν, ὅπως οἴκτιστα θάνοιεν.
ἤσπαιρον δὲ πόδεσσι μίνυνθά περ, οὔ τι μάλα δήν.
Ἐκ δὲ Μελάνθιον ἦγον ἀνὰ πρόθυρόν τε καὶ αὐλήν·
τοῦ δ' ἀπὸ μὲν ῥῖνάς τε καὶ οὔατα νηλέϊ χαλκῷ   475
τάμνον, μήδεά τ' ἐξέρυσαν, κυσὶν ὠμὰ δάσασθαι,
χεῖράς τ' ἠδὲ πόδας κόπτον κεκοτηότι θυμῷ.
Οἱ μὲν ἔπειτ' ἀπονιψάμενοι χεῖράς τε πόδας τε
εἰς Ὀδυσῆα δόμονδε κίον, τετέλεστο δὲ ἔργον·
αὐτὰρ ὅ γε προσέειπε φίλην τροφὸν Εὐρύκλειαν·   480
" οἶσε θέειον, γρηΰ, κακῶν ἄκος, οἶσε δέ μοι πῦρ,
ὄφρα θεειώσω μέγαρον· σὺ δὲ Πηνελόπειαν
ἐλθεῖν ἐνθάδ' ἄνωχθι σὺν ἀμφιπόλοισι γυναιξί·
πάσας δ' ὄτρυνον δμῳὰς κατὰ δῶμα νέεσθαι."
Τὸν δ' αὖτε προσέειπε φίλη τροφὸς Εὐρύκλεια·   485

456 ἔφερον a j p²⁸ Eust.   461 ἠρχ' codd.   462 δὴ] ἐν c f
Pal.   ἐλησθε Mon. U² : ἔλοιμεν a   466 ἐξελάσας U⁸   467 ἐπαν-
τανύσας p²⁸ L⁸ U⁵ U⁶ : ὑψόσε ἐντανύσας f   469 τό θ' P⁵ Eust. : τὸ
δ' cet.   471 πασίων U³, Nauck : -άων d

22. ΟΔΥΣΣΕΙΑΣ Χ

" ναὶ δὴ ταῦτά γε, τέκνον ἐμόν, κατὰ μοῖραν ἔειπες.
ἀλλ' ἄγε τοι χλαῖνάν τε χιτῶνά τε εἵματ' ἐνείκω,
μηδ' οὕτω ῥάκεσιν πεπυκασμένος εὐρέας ὤμους
ἔσταθ' ἐνὶ μεγάροισι· νεμεσσητὸν δέ κεν εἴη."
    Τὴν δ' ἀπαμειβόμενος προσέφη πολύμητις Ὀδυσσεύς·
" πῦρ νῦν μοι πρώτιστον ἐνὶ μεγάροισι γενέσθω."   49¹
    Ὣς ἔφατ', οὐδ' ἀπίθησε φίλη τροφὸς Εὐρύκλεια,
ἤνεικεν δ' ἄρα πῦρ καὶ θήϊον, αὐτὰρ Ὀδυσσεὺς
εὖ διεθείωσεν μέγαρον καὶ δῶμα καὶ αὐλήν.
    Γρηὺς δ' αὖτ' ἀπέβη διὰ δώματα κάλ' Ὀδυσῆος   495
ἀγγελέουσα γυναιξὶ καὶ ὀτρυνέουσα νέεσθαι·
αἱ δ' ἴσαν ἐκ μεγάροιο δάος μετὰ χερσὶν ἔχουσαι.
αἱ μὲν ἄρ' ἀμφεχέοντο καὶ ἠσπάζοντ' Ὀδυσῆα,
καὶ κύνεον ἀγαπαζόμεναι κεφαλήν τε καὶ ὤμους
χεῖράς τ' αἰνύμεναι· τὸν δὲ γλυκὺς ἵμερος ᾕρει   500
κλαυθμοῦ καὶ στοναχῆς, γίγνωσκε δ' ἄρα φρεσὶ πάσας.

489 ἔστασ' ἃ : Ἵστασ' L⁴ H³ V⁴ ss. : ησθαι Ρ²⁸   492 φίλη τροφὸς
a e g Ρ²⁸ L⁴ : περίφρων cet.   495 ἀνέβη e g L⁴   497 δάας q :
δάδας e, cf. δ 300   498 ἀμφεπένοντο a   500 ἧρε a

ΟΔΥΣΣΕΙΑΣ Ψ

Γρηῢς δ᾽ εἰς ὑπερῷ᾽ ἀνεβήσετο καγχαλόωσα,
δεσποίνῃ ἐρέουσα φίλον πόσιν ἔνδον ἐόντα·
γούνατα δ᾽ ἐρρώσαντο, πόδες δ᾽ ὑπερικταίνοντο.
στῆ δ᾽ ἄρ᾽ ὑπὲρ κεφαλῆς καί μιν πρὸς μῦθον ἔειπεν·
" ἔγρεο, Πηνελόπεια, φίλον τέκος, ὄφρα ἴδηαι   5
ὀφθαλμοῖσι τεοῖσι τά τ᾽ ἔλδεαι ἤματα πάντα.
ἦλθ᾽ Ὀδυσεὺς καὶ οἶκον ἱκάνεται, ὀψέ περ ἐλθών.
μνηστῆρας δ᾽ ἔκτεινεν ἀγήνορας, οἵ θ᾽ ἐὸν οἶκον
κήδεσκον καὶ κτήματ᾽ ἔδον βιόωντό τε παῖδα."

Τὴν δ᾽ αὖτε προσέειπε περίφρων Πηνελόπεια·   10
" μαῖα φίλη, μάργην σε θεοὶ θέσαν, οἵ τε δύνανται
ἄφρονα ποιῆσαι καὶ ἐπίφρονά περ μάλ᾽ ἐόντα,
καί τε χαλιφρονέοντα σαοφροσύνης ἐπέβησαν·
οἵ σέ περ ἔβλαψαν· πρὶν δὲ φρένας αἰσίμη ἦσθα.
τίπτε με λωβεύεις πολυπενθέα θυμὸν ἔχουσαν   15
ταῦτα παρὲξ ἐρέουσα καὶ ἐξ ὕπνου μ᾽ ἀνεγείρεις
ἡδέος, ὅς μ᾽ ἐπέδησε φίλα βλέφαρ᾽ ἀμφικαλύψας;
οὐ γάρ πω τοιόνδε κατέδραθον, ἐξ οὗ Ὀδυσσεὺς
οἴχετ᾽ ἐποψόμενος Κακοΐλιον οὐκ ὀνομαστήν.
ἀλλ᾽ ἄγε νῦν κατάβηθι καὶ ἂψ ἔρχευ μεγαρόνδε.   20
εἰ γάρ τίς μ᾽ ἄλλη γε γυναικῶν, αἵ μοι ἔασι,
ταῦτ᾽ ἐλθοῦσ᾽ ἤγγειλε καὶ ἐξ ὕπνου ἀνέγειρε,
τῷ κε τάχα στυγερῶς μιν ἐγὼν ἀπέπεμψα νέεσθαι
αὖτις ἔσω μέγαρον· σὲ δὲ τοῦτό γε γῆρας ὀνήσει."

3 ὑπερεκταίνοντο L⁵ : ὑποακταίνοντο· ἕτερον. Hesych.   5 ὄρσεο O
cf. Κ 159   8 οἱ τεὸν a : οἵ τε οἱ j Eust.   14 παρέβλαψαν a j
Eust.   αἴσιμος h : αἰσίμα g : αἴσιμα οἶσθα C   19 ᾤχ. codd.
20 ἔρχεο b e g   22 μ᾽ ἀνέγειρε a k O P⁵ P⁶ Eust., cf. 16   24 μέγα-
ρον a j P¹ Eust. : μεγάρων cet.

182

Τὴν δ' αὖτε προσέειπε φίλη τροφὸς Εὐρύκλεια·   25
"οὔ τί σε λωβεύω, τέκνον φίλον, ἀλλ' ἔτυμόν τοι
ἦλθ' Ὀδυσεὺς καὶ οἶκον ἱκάνεται, ὡς ἀγορεύω,
ὁ ξεῖνος, τὸν πάντες ἀτίμων ἐν μεγάροισι.
Τηλέμαχος δ' ἄρα μιν πάλαι ᾔδεεν ἔνδον ἐόντα,
ἀλλὰ σαοφροσύνῃσι νοήματα πατρὸς ἔκευθεν,   30
ὄφρ' ἀνδρῶν τίσαιτο βίην ὑπερηνορεόντων."
ˬΩς ἔφαθ', ἡ δ' ἐχάρη καὶ ἀπὸ λέκτροιο θοροῦσα
γρηὶ περιπλέχθη, βλεφάρων δ' ἀπὸ δάκρυον ἧκε,
καί μιν φωνήσασ' ἔπεα πτερόεντα προσηύδα·
"εἰ δ' ἄγε δή μοι, μαῖα φίλη, νημερτὲς ἐνίσπες,   35
εἰ ἐτεὸν δὴ οἶκον ἱκάνεται, ὡς ἀγορεύεις,
ὅππως δὴ μνηστῆρσιν ἀναιδέσι χεῖρας ἐφῆκε
μοῦνος ἐών, οἱ δ' αἰὲν ἀολλέες ἔνδον ἔμιμνον."
Τὴν δ' αὖτε προσέειπε φίλη τροφὸς Εὐρύκλεια·
"οὐ ἴδον, οὐ πυθόμην, ἀλλὰ στόνον οἶον ἄκουσα   40
κτεινομένων· ἡμεῖς δὲ μυχῷ θαλάμων εὐπήκτων
ἥμεθ' ἀτυζόμεναι, σανίδες δ' ἔχον εὖ ἀραρυῖαι,
πρίν γ' ὅτε δή με σὸς υἱὸς ἀπὸ μεγάροιο κάλεσσε
Τηλέμαχος· τὸν γάρ ῥα πατὴρ προέηκε καλέσσαι.
εὗρον ἔπειτ' Ὀδυσῆα μετὰ κταμένοισι νέκυσσιν   45
ἑσταόθ'· οἱ δέ μιν ἀμφὶ κραταίπεδον οὖδας ἔχοντες
κεῖατ' ἐπ' ἀλλήλοισιν· ἰδοῦσά κε θυμὸν ἰάνθης
αἵματι καὶ λύθρῳ πεπαλαγμένον ὥς τε λέοντα.
νῦν δ' οἱ μὲν δὴ πάντες ἐπ' αὐλείῃσι θύρῃσιν
ἀθρόοι, αὐτὰρ ὁ δῶμα θεειοῦται περικαλλές,   50
πῦρ μέγα κηάμενος· σὲ δέ με προέηκε καλέσσαι.
ἀλλ' ἔπευ, ὄφρα σφῶϊν ἐϋφροσύνης ἐπιβῆτον
ἀμφοτέρω φίλον ἦτορ, ἐπεὶ κακὰ πολλὰ πέποσθε.

25 περιφρων p²⁸   26 φίλον τέκος e Eust 1936. 39 : ουδ απα]φισκω
p²⁷   28 ἀτίμεον g   31 βίας U⁶ Eust.   35 ἐνίσπε g r C L⁵,
cf. γ 101   40 οὐκ codd.   πιθόμην a r An. Par. iv. 236. 12 (διὰ τοῦ ι
cf. ρ 21   ἄκουον j Mon. R¹ Eust.   48 hab. d f r (χ 402), om. cet.
52 ἐπιφροσύνης k O   53 ἀμφοτέρω e g j k H³ Pal. : -ων cet.
πέπασθε J : πέπονθε L⁵ P⁵ U², Be ss.

νῦν δ' ἤδη τόδε μακρὸν ἐέλδωρ ἐκτετέλεσται·
ἦλθε μὲν αὐτὸς ζωὸς ἐφέστιος, εὗρε δὲ καὶ σὲ   55
καὶ παῖδ' ἐν μεγάροισι· κακῶς δ' οἵ πέρ μιν ἔρεζον
μνηστῆρες, τοὺς πάντας ἐτίσατο ᾧ ἐνὶ οἴκῳ."
    Τὴν δ' αὖτε προσέειπε περίφρων Πηνελόπεια·
" μαῖα φίλη, μή πω μέγ' ἐπεύχεο καγχαλόωσα.
οἶσθα γὰρ ὥς κ' ἀσπαστὸς ἐνὶ μεγάροισι φανείη   60
πᾶσι, μάλιστα δ' ἐμοί τε καὶ υἱέϊ, τὸν τεκόμεσθα·
ἀλλ' οὐκ ἔσθ' ὅδε μῦθος ἐτήτυμος, ὡς ἀγορεύεις,
ἀλλά τις ἀθανάτων κτεῖνε μνηστῆρας ἀγαυούς,
ὕβριν ἀγασσάμενος θυμαλγέα καὶ κακὰ ἔργα.
οὔ τινα γὰρ τίεσκον ἐπιχθονίων ἀνθρώπων,   65
οὐ κακὸν οὐδὲ μὲν ἐσθλόν, ὅτις σφέας εἰσαφίκοιτο·
τῷ δι' ἀτασθαλίας ἔπαθον κακόν· αὐτὰρ Ὀδυσσεὺς
ὤλεσε τηλοῦ νόστον Ἀχαιΐδος, ὤλετο δ' αὐτός."
    Τὴν δ' ἠμείβετ' ἔπειτα φίλη τροφὸς Εὐρύκλεια·
" τέκνον ἐμόν, ποῖόν σε ἔπος φύγεν ἕρκος ὀδόντων,   70
ἢ πόσιν ἔνδον ἐόντα παρ' ἐσχάρῃ οὔ ποτ' ἔφησθα
οἴκαδ' ἐλεύσεσθαι· θυμὸς δέ τοι αἰὲν ἄπιστος.
ἀλλ' ἄγε τοι καὶ σῆμα ἀριφραδὲς ἄλλο τι εἴπω·
οὐλήν, τήν ποτέ μιν σῦς ἤλασε λευκῷ ὀδόντι,
τὴν ἀπονίζουσα φρασάμην, ἔθελον δὲ σοὶ αὐτῇ   75
εἰπέμεν· ἀλλά με κεῖνος ἑλὼν ἐπὶ μάστακα χερσὶν
οὐκ ἔα εἰπέμεναι πολυκερδείῃσι νόοιο.
ἀλλ' ἕπευ· αὐτὰρ ἐγὼν ἐμέθεν περιδώσομαι αὐτῆς,
αἴ κέν σ' ἐξαπάφω, κτεῖναί μ' οἰκτίστῳ ὀλέθρῳ."
    Τὴν δ' ἠμείβετ' ἔπειτα περίφρων Πηνελόπεια·   80
" μαῖα φίλη, χαλεπόν σε θεῶν αἰειγενετάων
δήνεα εἴρυσθαι, μάλα περ πολύϊδριν ἐοῦσαν·
ἀλλ' ἔμπης ἴομεν μετὰ παῖδ' ἐμόν, ὄφρα ἴδωμαι
ἄνδρας μνηστῆρας τεθνηότας, ἠδ' ὃς ἔπεφνεν."

76 ἀλλά γε d f P¹   77 εἴα a Mon. P³ P⁵ Eust.   εἰπεῖν a j p²⁸
Mon.   πολυιδρίησι a : -είῃσι Mon. R¹ U¹ U⁶ Eust. ed. pr. : -ίοισι j
Mo   83 ἴδωμεν a j Mon.

῾Ως φαμένη κατέβαιν᾽ ὑπερώϊα· πολλὰ δέ οἱ κῆρ   85
ὅρμαιν᾽, ἢ ἀπάνευθε φίλον πόσιν ἐξερεείνοι,
ἦ παρστᾶσα κύσειε κάρη καὶ χεῖρε λαβοῦσα.
ἡ δ᾽ ἐπεὶ εἰσῆλθεν καὶ ὑπέρβη λάϊνον οὐδόν,
ἕζετ᾽ ἔπειτ᾽ Ὀδυσῆος ἐναντίη, ἐν πυρὸς αὐγῇ,
τοίχου τοῦ ἑτέρου· ὁ δ᾽ ἄρα πρὸς κίονα μακρὴν   90
ἧστο κάτω ὁρόων, ποτιδέγμενος εἴ τί μιν εἴποι
ἰφθίμη παράκοιτις, ἐπεὶ ἴδεν ὀφθαλμοῖσιν.
ἡ δ᾽ ἄνεω δὴν ἧστο, τάφος δέ οἱ ἦτορ ἵκανεν·
ὄψει δ᾽ ἄλλοτε μέν μιν ἐνωπαδίως ἐσίδεσκεν,
ἄλλοτε δ᾽ ἀγνώσασκε κακὰ χροὶ εἵματ᾽ ἔχοντα.   95
Τηλέμαχος δ᾽ ἐνένιπεν ἔπος τ᾽ ἔφατ᾽ ἔκ τ᾽ ὀνόμαζε·
"μῆτερ ἐμή, δύσμητερ, ἀπηνέα θυμὸν ἔχουσα,
τίφθ᾽ οὕτω πατρὸς νοσφίζεαι, οὐδὲ παρ᾽ αὐτὸν
ἑζομένη μύθοισιν ἀνείρεαι οὐδὲ μεταλλᾷς;
οὐ μέν κ᾽ ἄλλη γ᾽ ὧδε γυνὴ τετληότι θυμῷ   100
ἀνδρὸς ἀφεσταίη, ὅς οἱ κακὰ πολλὰ μογήσας
ἔλθοι ἐεικοστῷ ἔτεϊ ἐς πατρίδα γαῖαν·
σοὶ δ᾽ αἰεὶ κραδίη στερεωτέρη ἐστὶ λίθοιο."
Τὸν δ᾽ αὖτε προσέειπε περίφρων Πηνελόπεια·
"τέκνον ἐμόν, θυμός μοι ἐνὶ στήθεσσι τέθηπεν,   105
οὐδέ τι προσφάσθαι δύναμαι ἔπος οὐδ᾽ ἐρέεσθαι
οὐδ᾽ εἰς ὦπα ἰδέσθαι ἐναντίον. εἰ δ᾽ ἐτεὸν δὴ
ἔστ᾽ Ὀδυσεὺς καὶ οἶκον ἱκάνεται, ἦ μάλα νῶϊ
γνωσόμεθ᾽ ἀλλήλων καὶ λώϊον· ἔστι γὰρ ἡμῖν
σήμαθ᾽, ἃ δὴ καὶ νῶϊ κεκρυμμένα ἴδμεν ἀπ᾽ ἄλλων."   110
῾Ως φάτο, μείδησεν δὲ πολύτλας δῖος Ὀδυσσεύς,
αἶψα δὲ Τηλέμαχον ἔπεα πτερόεντα προσηύδα·

86 ὥρμ. codd.   ἐξερεείνειν d   88 ὑπέρβαλε Cocond. Rhet. gr.
viii. 792. 18   93 ἄνεως P³, cf. Suid. in v.   94 ἐνωπαδίως o p
L² Pal. v. l. ap. Eust. : ἐνωπιαδίως e : ἐνωπιδίως cet.   ἥισκεν quidam
95 ἀγνώσασκε q   96 ἐνένιπτεν ed. pr. : ἔνισπεν R⁴, cf. π 417
al.   98 αὐτῷ e   99 ἠδὲ d   101 ἀφεσταίη c e g j Pal. P¹ : ἀπο-
σταίη cet., cf. 169   106 επακουσαι p²⁸, cf. ρ 584   109 ἀλλήλω d
P¹ R⁴   110 κεκριμένα q r Eust.

23. ΟΔΥΣΣΕΙΑΣ Ψ

"Τηλέμαχ', ἦ τοι μητέρ' ἐνὶ μεγάροισιν ἔασον
πειράζειν ἐμέθεν· τάχα δὲ φράσεται καὶ ἄρειον.
νῦν δ' ὅττι ῥυπόω, κακὰ δὲ χροῒ εἵματα εἷμαι,   115
τούνεκ' ἀτιμάζει με καὶ οὔ πώ φησι τὸν εἶναι.
ἡμεῖς δὲ φραζώμεθ' ὅπως ὄχ' ἄριστα γένηται.
καὶ γάρ τίς θ' ἕνα φῶτα κατακτείνας ἐνὶ δήμῳ,
ᾧ μὴ πολλοὶ ἔωσιν ἀοσσητῆρες ὀπίσσω,
φεύγει πηούς τε προλιπὼν καὶ πατρίδα γαῖαν·   120
ἡμεῖς δ' ἕρμα πόληος ἀπέκταμεν, οἳ μέγ' ἄριστοι
κούρων εἰν Ἰθάκῃ· τὰ δέ σε φράζεσθαι ἄνωγα."
    Τὸν δ' αὖ Τηλέμαχος πεπνυμένος ἀντίον ηὔδα·
"αὐτὸς ταῦτά γε λεῦσσε, πάτερ φίλε· σὴν γὰρ ἀρίστην
μῆτιν ἐπ' ἀνθρώπους φάσ' ἔμμεναι, οὐδέ κέ τίς τοι   125
ἄλλος ἀνὴρ ἐρίσειε καταθνητῶν ἀνθρώπων.
ἡμεῖς δ' ἐμμεμαῶτες ἅμ' ἑψόμεθ', οὐδέ τί φημι
ἀλκῆς δευήσεσθαι, ὅση δύναμίς γε πάρεστιν."
    Τὸν δ' ἀπαμειβόμενος προσέφη πολύμητις Ὀδυσσεύς·
"τοιγὰρ ἐγὼν ἐρέω ὥς μοι δοκεῖ εἶναι ἄριστα.   130
πρῶτα μὲν ἂρ λούσασθε καὶ ἀμφιέσασθε χιτῶνας,
δμῳὰς δ' ἐν μεγάροισιν ἀνώγετε εἵμαθ' ἑλέσθαι·
αὐτὰρ θεῖος ἀοιδὸς ἔχων φόρμιγγα λίγειαν
ἡμῖν ἡγείσθω φιλοπαίγμονος ὀρχηθμοῖο,
ὥς κέν τις φαίη γάμον ἔμμεναι ἐκτὸς ἀκούων,   135
ἢ ἀν' ὁδὸν στείχων ἢ οἳ περιναιετάουσι·
μὴ πρόσθε κλέος εὐρὺ φόνου κατὰ ἄστυ γένηται
ἀνδρῶν μνηστήρων, πρίν γ' ἡμέας ἐλθέμεν ἔξω
ἀγρὸν ἐς ἡμέτερον πολυδένδρεον. ἔνθα δ' ἔπειτα
φρασσόμεθ' ὅττι κε κέρδος Ὀλύμπιος ἐγγυαλίξῃ."   140
    Ὣς ἔφαθ', οἱ δ' ἄρα τοῦ μάλα μὲν κλύον ἠδ' ἐπίθοντο.
πρῶτα μὲν οὖν λούσαντο καὶ ἀμφιέσαντο χιτῶνας,

117 ἔσται τάδε ἔργα Pal.   118 οἴκω r   119 ἔασιν k P³
ἀοσσητῆρες ἔωσιν g   122 τὰ δέ σε a j p²⁸ Mon. R¹ Eust. : τῶ σε
cet.   127, 128 hab. p p²⁸ U² U⁸ Eust., marg. c g L⁴, om. cet.
    134 φιλοπαίγμονος a e g j k p²⁸ : πολυπ. cet.   138 γ' om. P³ R¹
Eust.   142 οὖν] ἀρ b c d f k p²⁸ P¹

23. ΟΔΥΣΣΕΙΑΣ Ψ

ὅπλισθεν δὲ γυναῖκες· ὁ δ' εἵλετο θεῖος ἀοιδὸς
φόρμιγγα γλαφυρήν, ἐν δέ σφισιν ἵμερον ὦρσε
μολπῆς τε γλυκερῆς καὶ ἀμύμονος ὀρχηθμοῖο.   145
τοῖσιν δὲ μέγα δῶμα περιστεναχίζετο ποσσὶν
ἀνδρῶν παιζόντων καλλιζώνων τε γυναικῶν.
ὧδε δέ τις εἴπεσκε δόμων ἔκτοσθεν ἀκούων·
" ἦ μάλα δή τις ἔγημε πολυμνήστην βασίλειαν·
σχετλίη, οὐδ' ἔτλη πόσιος οὗ κουριδίοιο   150
εἴρυσθαι μέγα δῶμα διαμπερές, ἦος ἵκοιτο."
  ῝Ως ἄρα τις εἴπεσκε, τὰ δ' οὐ ἴσαν ὡς ἐτέτυκτο.
αὐτὰρ Ὀδυσσῆα μεγαλήτορα ᾧ ἐνὶ οἴκῳ
Εὐρυνόμη ταμίη λοῦσεν καὶ χρῖσεν ἐλαίῳ,
ἀμφὶ δέ μιν φᾶρος καλὸν βάλεν ἠδὲ χιτῶνα·   155
αὐτὰρ κὰκ κεφαλῆς χεῦεν πολὺ κάλλος Ἀθήνη
μείζονά τ' ἐσιδέειν καὶ πάσσονα· κὰδ δὲ κάρητος
οὔλας ἧκε κόμας, ὑακινθίνῳ ἄνθει ὁμοίας.
ὡς δ' ὅτε τις χρυσὸν περιχεύεται ἀργύρῳ ἀνὴρ
ἴδρις, ὃν Ἥφαιστος δέδαεν καὶ Παλλὰς Ἀθήνη   160
τέχνην παντοίην, χαρίεντα δὲ ἔργα τελείει,
ὣς μὲν τῷ περίχευε χάριν κεφαλῇ τε καὶ ὤμοις.
ἐκ δ' ἀσαμίνθου βῆ δέμας ἀθανάτοισιν ὁμοῖος·
ἂψ δ' αὖτις κατ' ἄρ' ἕζετ' ἐπὶ θρόνου ἔνθεν ἀνέστη,
ἀντίον ἧς ἀλόχου, καί μιν πρὸς μῦθον ἔειπε·   165
" δαιμονίη, περὶ σοί γε γυναικῶν θηλυτεράων
κῆρ ἀτέραμνον ἔθηκαν Ὀλύμπια δώματ' ἔχοντες·
οὐ μέν κ' ἄλλη γ' ὧδε γυνὴ τετληότι θυμῷ
ἀνδρὸς ἀφεσταίη, ὅς οἱ κακὰ πολλὰ μογήσας
ἔλθοι ἐεικοστῷ ἔτεϊ ἐς πατρίδα γαῖαν.   170
ἀλλ' ἄγε μοι, μαῖα, στόρεσον λέχος, ὄφρα καὶ αὐτὸς
λέξομαι· ἦ γὰρ τῇ γε σιδήρεον ἐν φρεσὶν ἦτορ."

143 ὅπλ. codd. praeter P³ R⁴ U⁶ U⁸ V⁴   147 κούρων Ap. lex. in
v. Κοῦρος   151 ἕως a j Eust. : ὄφρ' ἂν cet.   εἰς ὁ κεν ελθηι p²⁸
155 χλαιναν καλην p²⁸   156 κάλλος πολὺ χεῦεν Mon.   162 ὡς
αρα p²³ Macr. v.4. 12   κ[αταχ.] p²⁸   τῷ] οἱ a U⁶ ss.   163 om. e
  169 ἀφεσταίη j q Mon. Eust. : ἀποσταίη cet., cf. 101   172 σιδήρεος
—θυμός a j Eust.

187

Τὸν δ' αὖτε προσέειπε περίφρων Πηνελόπεια·
" δαιμόνι', οὔτ' ἄρ τι μεγαλίζομαι οὔτ' ἀθερίζω
οὔτε λίην ἄγαμαι, μάλα δ' εὖ οἶδ' οἷος ἔησθα   175
ἐξ 'Ιθάκης ἐπὶ νηὸς ἰὼν δολιχηρέτμοιο.
ἀλλ' ἄγε οἱ στόρεσον πυκινὸν λέχος, Εὐρύκλεια,
ἐκτὸς ἐϋσταθέος θαλάμου, τόν ῥ' αὐτὸς ἐποίει·
ἔνθα οἱ ἐκθεῖσαι πυκινὸν λέχος ἐμβάλετ' εὐνήν,
κώεα καὶ χλαίνας καὶ ῥήγεα σιγαλόεντα."   180
Ὣς ἄρ' ἔφη πόσιος πειρωμένη· αὐτὰρ 'Οδυσσεὺς
ὀχθήσας ἄλοχον προσεφώνεε κεδνὰ ἰδυῖαν·
" ὦ γύναι, ἦ μάλα τοῦτο ἔπος θυμαλγὲς ἔειπες.
τίς δέ μοι ἄλλοσε θῆκε λέχος; χαλεπὸν δέ κεν εἴη
καὶ μάλ' ἐπισταμένῳ, ὅτε μὴ θεὸς αὐτὸς ἐπελθὼν   185
ῥηϊδίως ἐθέλων θείη ἄλλη ἐνὶ χώρῃ.
ἀνδρῶν δ' οὔ κέν τις ζωὸς βροτός, οὐδὲ μάλ' ἡβῶν,
ῥεῖα μετοχλίσσειεν, ἐπεὶ μέγα σῆμα τέτυκται
ἐν λέχει ἀσκητῷ· τὸ δ' ἐγὼ κάμον οὐδέ τις ἄλλος.
θάμνος ἔφυ τανύφυλλος ἐλαίης ἕρκεος ἐντός,   190
ἀκμηνὸς θαλέθων· πάχετος δ' ἦν ἠΰτε κίων.
τῷ δ' ἐγὼ ἀμφιβαλὼν θάλαμον δέμον, ὄφρ' ἐτέλεσσα,
πυκνῇσιν λιθάδεσσι, καὶ εὖ καθύπερθεν ἔρεψα,
κολλητὰς δ' ἐπέθηκα θύρας, πυκινῶς ἀραρυίας.
καὶ τότ' ἔπειτ' ἀπέκοψα κόμην τανυφύλλου ἐλαίης,   195
κορμὸν δ' ἐκ ῥίζης προταμὼν ἀμφέξεσα χαλκῷ
εὖ καὶ ἐπισταμένως, καὶ ἐπὶ στάθμην ἴθυνα,
ἑρμῖν' ἀσκήσας, τέτρηνα δὲ πάντα τερέτρῳ.
ἐκ δὲ τοῦ ἀρχόμενος λέχος ἔξεον, ὄφρ' ἐτέλεσσα,
δαιδάλλων χρυσῷ τε καὶ ἀργύρῳ ἠδ' ἐλέφαντι·   200

175 ὅστις h   178, 179 om. U⁵   178 μεγάρου L⁴ L⁸
179 ἐκθεῖσα a O : ἐκθέσθαι e h   180 δέμνια pro κώεα Ammon.
τ. διαφ. ὀνομ. 88 et 146, E. Gud. 367. 39   184 ἄλλος L⁵ O Pal.
P¹ P² R³   186 ἄλλω ἐνὶ γ.όρω d   χαίρων P⁶   187 οὐδὲ
γυναικῶν a g j k p²⁸, γρ. Eus   188 μετεχνάσειεν h   τετυκτο p²⁸
quod coni. Grashof   190 τανυφύλλου d   192 δ' ἐμὸν j L⁵ U⁵ U⁸ :
ἐμὸν g : βάλον O   193 πυκνοῖσι f r C L³ U⁸   λιθάκεσσι b o d f k
P¹ U⁸   196 δε pro δ' ἐκ p²⁸ Ap. lex. in 'Αμφέξεσα   199 ἔντυνον e L²

ἐν δ' ἐτάνυσσ'. ἱμάντα βοὸς φοίνικι φαεινόν.
οὕτω τοι τόδε σῆμα πιφαύσκομαι· οὐδέ τι οἶδα,
ἤ μοι ἔτ' ἔμπεδόν ἐστι, γύναι, λέχος, ἦέ τις ἤδη
ἀνδρῶν ἄλλοσε θῆκε, ταμὼν ὕπο πυθμέν' ἐλαίης."

Ὣς φάτο, τῆς δ' αὐτοῦ λύτο γούνατα καὶ φίλον ἦτορ,
σήματ' ἀναγνούσῃ τά οἱ ἔμπεδα πέφραδ' Ὀδυσσεύς·   206
δακρύσασα δ' ἔπειτ' ἰθὺς δράμεν, ἀμφὶ δὲ χεῖρας
δειρῇ βάλλ' Ὀδυσῆϊ, κάρη δ' ἔκυσ' ἠδὲ προσηύδα·
" μή μοι, Ὀδυσσεῦ, σκύζευ, ἐπεὶ τά περ ἄλλα μάλιστα
ἀνθρώπων πέπνυσο· θεοὶ δ' ὤπαζον ὀϊζύν,   210
οἳ νῶϊν ἀγάσαντο παρ' ἀλλήλοισι μένοντε
ἥβης ταρπῆναι καὶ γήραος οὐδὸν ἱκέσθαι.
αὐτὰρ μὴ νῦν μοι τόδε χώεο μηδὲ νεμέσσα,
οὕνεκά σ' οὐ τὸ πρῶτον, ἐπεὶ ἴδον, ὧδ' ἀγάπησα.
αἰεὶ γάρ μοι θυμὸς ἐνὶ στήθεσσι φίλοισιν   215
ἐρρίγει μή τίς με βροτῶν ἀπάφοιτο ἔπεσσιν
ἐλθών· πολλοὶ γὰρ κακὰ κέρδεα βουλεύουσιν.
οὐδέ κεν Ἀργείη Ἑλένη, Διὸς ἐκγεγαυῖα,
ἀνδρὶ παρ' ἀλλοδαπῷ ἐμίγη φιλότητι καὶ εὐνῇ,
εἰ ᾔδη ὅ μιν αὖτις ἀρήϊοι υἷες Ἀχαιῶν   220
ἀξέμεναι οἰκόνδε φίλην ἐς πατρίδ' ἔμελλον.
τὴν δ' ἦ τοι ῥέξαι θεὸς ὤρορεν ἔργον ἀεικές·
τὴν δ' ἄτην οὐ πρόσθεν ἐῷ ἐγκάτθετο θυμῷ
λυγρήν, ἐξ ἧς πρῶτα καὶ ἡμέας ἵκετο πένθος.
νῦν δ', ἐπεὶ ἤδη σήματ' ἀριφραδέα κατέλεξας   225
εὐνῆς ἡμετέρης, τὴν οὐ βροτὸς ἄλλος ὀπώπει,
ἀλλ' οἶοι σύ τ' ἐγώ τε καὶ ἀμφίπολος μία μούνη,

201 ἐν δ' a Mon. Eust.: ἐκ δ' cet.   φαεινῶ d P¹   Ἴφι κταμένοιο
c e h p²⁸ Mon.   203 ἤ H³ O P¹.: εἴ codd., cf. ν 415   204 ὑπὸ g k
C P⁵ U⁵ : ἀπὸ cet.   206 ἀναγνούσης g L⁵   207 δράμεν a g j
Mon. Eust. : κίεν cet.   208 προσηύδα] πρόσωπα g   210 ωπασσαν
p²⁸ uv.   216 et 217 ras. intra unius versus spatium U⁵   217 om. N
     βουλεύονται L² U⁵   218–224 ἀθετοῦνται οἱ ζ' ὡς σκάζοντες κατὰ
τὸν νοῦν. σώζοιντο δ' ἂν εἰ στίζοιμεν ἐπὶ τῷ εἰ ᾔδη schol.   220 εἰ ᾔδη]
ἐνταῦθα στικτέον schol.   221 πατρίδα γαῖαν g C Pal.   227 τε om.
g j Pal.

Ἀκτορίς, ἥν μοι δῶκε πατὴρ ἔτι δεῦρο κιούσῃ,
ἣ νῶϊν εἴρυτο θύρας πυκινοῦ θαλάμοιο,
πείθεις δή μευ θυμόν, ἀπηνέα περ μάλ' ἐόντα."   230
Ὣς φάτο, τῷ δ' ἔτι μᾶλλον ὑφ' ἵμερον ὦρσε γόοιο·
κλαῖε δ' ἔχων ἄλοχον θυμαρέα, κεδνὰ ἰδυῖαν.
ὡς δ' ὅτ' ἂν ἀσπάσιος γῆ νηχομένοισι φανήῃ,
ὧν τε Ποσειδάων εὐεργέα νῆ' ἐνὶ πόντῳ
ῥαίσῃ, ἐπειγομένην ἀνέμῳ καὶ κύματι πηγῷ·   235
παῦροι δ' ἐξέφυγον πολιῆς ἁλὸς ἤπειρόνδε
νηχόμενοι, πολλὴ δὲ περὶ χροΐ τέτροφεν ἅλμη,
ἀσπάσιοι δ' ἐπέβαν γαίης, κακότητα φυγόντες·
ὣς ἄρα τῇ ἀσπαστὸς ἔην πόσις εἰσοροώσῃ,
δειρῆς δ' οὔ πω πάμπαν ἀφίετο πήχεε λευκώ.   240
καί νύ κ' ὀδυρομένοισι φάνη ῥοδοδάκτυλος Ἠώς,
εἰ μὴ ἄρ' ἄλλ' ἐνόησε θεὰ γλαυκῶπις Ἀθήνη.
νύκτα μὲν ἐν περάτῃ δολιχὴν σχέθεν, Ἠῶ δ' αὖτε
ῥύσατ' ἐπ' Ὠκεανῷ χρυσόθρονον, οὐδ' ἔα ἵππους
ζεύγνυσθ' ὠκύποδας, φάος ἀνθρώποισι φέροντας,   245
Λάμπον καὶ Φαέθονθ', οἵ τ' Ἠῶ πῶλοι ἄγουσι.
καὶ τότ' ἄρ' ἦν ἄλοχον προσέφη πολύμητις Ὀδυσσεύς·
" ὦ γύναι, οὐ γάρ πω πάντων ἐπὶ πείρατ' ἀέθλων
ἤλθομεν, ἀλλ' ἔτ' ὄπισθεν ἀμέτρητος πόνος ἔσται,
πολλὸς καὶ χαλεπός, τὸν ἐμὲ χρὴ πάντα τελέσσαι.   250
ὡς γάρ μοι ψυχὴ μαντεύσατο Τειρεσίαο
ἤματι τῷ ὅτε δὴ κατέβην δόμον Ἄϊδος εἴσω,
νόστον ἑταίροισιν διζήμενος ἠδ' ἐμοὶ αὐτῷ.
ἀλλ' ἔρχευ, λέκτρονδ' ἴομεν, γύναι, ὄφρα καὶ ἤδη
ὕπνῳ ὕπο γλυκερῷ ταρπώμεθα κοιμηθέντε."   255
Τὸν δ' αὖτε προσέειπε περίφρων Πηνελόπεια·

229 om. g   231 δ' ἔτι a e g j k p²⁸ : δ' ἄρα cet.   233 ἀσπάσιος j
R¹ U⁵ Eust. : -ως cet.   237 ἐρχόμενοι d   δέδρομε b   240 ἀφεί-
λετο a U² : ἀφείχετο P³   241 om. U⁵   241, 242 om. U²   φάνη]
ἔδυ O : ἔδυ φάος ἠελίοιο Pal.   243 δολιχῇ d j   θῆκε e   244 ὠκεα-
ρὸν p   246 ἴασιν Pal. V¹   249 ἔτι κεῖθεν j L⁸   ἐστί g j p²⁸
Eust.   251 μυθήσατο e g j C   255 παυσώμεθα V³ ss., cf. Ω 636

" εὐνὴ μὲν δὴ σοί γε τότ᾽ ἔσσεται ὁππότε θυμῷ
σῷ ἐθέλῃς, ἐπεὶ ἄρ σε θεοὶ ποίησαν ἱκέσθαι
οἶκον ἐϋκτίμενον καὶ σὴν ἐς πατρίδα γαῖαν·
ἀλλ᾽ ἐπεὶ ἐφράσθης καί τοι θεὸς ἔμβαλε θυμῷ,   260
εἴπ᾽ ἄγε μοι τὸν ἄεθλον, ἐπεὶ καὶ ὄπισθεν, ὀΐω,
πεύσομαι, αὐτίκα δ᾽ ἐστὶ δαήμεναι οὔ τι χέρειον."
    Τὴν δ᾽ ἀπαμειβόμενος προσέφη πολύμητις Ὀδυσσεύς·
" δαιμονίη, τί τ᾽ ἄρ᾽ αὖ με μάλ᾽ ὀτρύνουσα κελεύεις
εἰπέμεν; αὐτὰρ ἐγὼ μυθήσομαι οὐδ᾽ ἐπικεύσω.   265
οὐ μέν τοι θυμὸς κεχαρήσεται· οὐδὲ γὰρ αὐτὸς
χαίρω, ἐπεὶ μάλα πολλὰ βροτῶν ἐπὶ ἄστε᾽ ἄνωγεν
ἐλθεῖν, ἐν χείρεσσιν ἔχοντ᾽ εὐῆρες ἐρετμόν,
εἰς ὅ κε τοὺς ἀφίκωμαι οἳ οὐ ἴσασι θάλασσαν
ἀνέρες, οὐδέ θ᾽ ἅλεσσι μεμιγμένον εἶδαρ ἔδουσιν·   270
οὐδ᾽ ἄρα τοὶ ἴσασι νέας φοινικοπαρῄους,
οὐδ᾽ εὐήρε᾽ ἐρετμά, τά τε πτερὰ νηυσὶ πέλονται.
σῆμα δέ μοι τόδ᾽ ἔειπεν ἀριφραδές, οὐδέ σε κεύσω.
ὁππότε κεν δή μοι ξυμβλήμενος ἄλλος ὁδίτης
φήῃ ἀθηρηλοιγὸν ἔχειν ἀνὰ φαιδίμῳ ὤμῳ,   275
καὶ τότε μ᾽ ἐν γαίῃ πήξαντ᾽ ἐκέλευσεν ἐρετμόν,
ἔρξανθ᾽ ἱερὰ καλὰ Ποσειδάωνι ἄνακτι,
ἀρνειὸν ταῦρόν τε συῶν τ᾽ ἐπιβήτορα κάπρον,
οἴκαδ᾽ ἀποστείχειν, ἔρδειν θ᾽ ἱερὰς ἑκατόμβας
ἀθανάτοισι θεοῖσι, τοὶ οὐρανὸν εὐρὺν ἔχουσι,   280
πᾶσι μάλ᾽ ἐξείης· θάνατος δέ μοι ἐξ ἁλὸς αὐτῷ
ἀβληχρὸς μάλα τοῖος ἐλεύσεται, ὅς κέ με πέφνῃ
γήρᾳ ὕπο λιπαρῷ ἀρημένον· ἀμφὶ δὲ λαοὶ
ὄλβιοι ἔσσονται· τὰ δέ μοι φάτο πάντα τελεῖσθαι."
    Τὸν δ᾽ αὖτε προσέειπε περίφρων Πηνελόπεια·   285
" εἰ μὲν δὴ γῆράς γε θεοὶ τελέουσιν ἄρειον,

    259 ες υψ]οροφον p²⁸   264 αὖ] οὖν g j   ὀτρύνουσα j Mon. R⁶ :
-έουσα cet.   266 θυμὸς a e g h j k p²⁸ : θυμῷ cet.   268 ἔχων U⁵
V⁴   270 ἀνέρας g ed. pr.   271 τοί γ᾽ codd.   273 τόδ᾽ ἔειπεν c g h j
L⁴ : τόδε εἶπεν cet.   276 μ᾽ ἐν g p²⁸ Mon. : δὴ cet.   277 ῥέξαντ᾽
a Mon. γρ. R¹²   281 ἔξαλος γρ. V⁴, leg. Eust. uv., cf. λ 134

ἐλπωρή τοι ἔπειτα κακῶν ὑπάλυξιν ἔσεσθαι."

ˋΩς οἱ μὲν τοιαῦτα πρὸς ἀλλήλους ἀγόρευον·
τόφρα δ' ἄρ' Εὐρυνόμη τε ἰδὲ τροφὸς ἔντυον εὐνὴν
ἐσθῆτος μαλακῆς, δαΐδων ὕπο λαμπομενάων.   290
αὐτὰρ ἐπεὶ στόρεσαν πυκινὸν λέχος ἐγκονέουσαι,
γρηῢς μὲν κείουσα πάλιν οἰκόνδε βεβήκει,
τοῖσιν δ' Εὐρυνόμη θαλαμηπόλος ἡγεμόνευεν
ἐρχομένοισι λέχοσδε, δάος μετὰ χερσὶν ἔχουσα·
ἐς θάλαμον δ' ἀγαγοῦσα πάλιν κίεν. οἱ μὲν ἔπειτα   295
ἀσπάσιοι λέκτροιο παλαιοῦ θεσμὸν ἵκοντο.
αὐτὰρ Τηλέμαχος καὶ βουκόλος ἠδὲ συβώτης
παῦσαν ἄρ' ὀρχηθμοῖο πόδας, παῦσαν δὲ γυναῖκας,
αὐτοὶ δ' εὐνάζοντο κατὰ μέγαρα σκιόεντα.

Τὼ δ' ἐπεὶ οὖν φιλότητος ἐταρπήτην ἐρατεινῆς,   300
τερπέσθην μύθοισι, πρὸς ἀλλήλους ἐνέποντε,
ἡ μὲν ὅσ' ἐν μεγάροισιν ἀνέσχετο δῖα γυναικῶν,
ἀνδρῶν μνηστήρων ἐσορῶσ' ἀΐδηλον ὅμιλον,
οἳ ἔθεν εἵνεκα πολλά, βόας καὶ ἴφια μῆλα,
ἔσφαζον, πολλὸς δὲ πίθων ἠφύσσετο οἶνος·   305
αὐτὰρ ὁ διογενὴς Ὀδυσεὺς ὅσα κήδε' ἔθηκεν
ἀνθρώποις ὅσα τ' αὐτὸς ὀϊζύσας ἐμόγησε,
πάντ' ἔλεγ'· ἡ δ' ἄρ' ἐτέρπετ' ἀκούουσ', οὐδέ οἱ ὕπνος
πῖπτεν ἐπὶ βλεφάροισι πάρος καταλέξαι ἅπαντα.

Ἄρξατο δ' ὡς πρῶτον Κίκονας δάμασ', αὐτὰρ ἔπειτα
ἦλθ' ἐς Λωτοφάγων ἀνδρῶν πίειραν ἄρουραν·   311
ἠδ' ὅσα Κύκλωψ ἔρξε, καὶ ὡς ἀπετίσατο ποινὴν

287 τις j R¹   289 ἠδὲ a e h j k p   ἔντυνον a g p r U⁸
292 κίουσα a g j P³ U⁵   294 φάος j   μετὰ χερσὶν ἔχουσα δαΐδας p
296 Ἀριστοφάνης καὶ Ἀρίσταρχος πέρας τῆς Ὀδυσσείας τοῦτο
ποιοῦνται schol. Eust., τὸ τέλος Br, ἵκοντο :—H³   298 πόδας om.
c d f L⁵   γυναῖκες P² U² U⁸ Mon. corr.   303 ὅμιλον] κίνδυνον e
306 ὁ om. p²⁸ Mon.   307 ἀνθρώπους j   310-343 οὐ καλῶς
ἠθέτηκεν Ἀρίσταρχος τοὺς τρεῖς καὶ τριάκοντα schol. agn. Aristoteles
Rhet. 1417 A 13 παράδειγμα δ'Ἀλκίνου ἀπόλογος, ὅτι πρὸς τὴν Πηνελόπην
ἐν ἑξήκοντα [sic] ἔπεσι πεποίηται. paragraphos non obelos praem. U⁵
versibus 310, 311, 312, 314, 318, 322, 326, 327, 328, 329, 330, 333,
338   310 ἦρξ. codd.   311 ἦλθεν Λωτοφάγων e g j L⁴ Eust.

ἰφθίμων ἐτάρων, οὓς ἤσθιεν οὐδ᾽ ἐλέαιρεν·
ἠδ᾽ ὡς Αἴολον ἵκεθ᾽, ὅ μιν πρόφρων ὑπέδεκτο
καὶ πέμπ᾽, οὐδέ πω αἶσα φίλην ἐς πατρίδ᾽ ἱκέσθαι   315
ἤην, ἀλλά μιν αὖτις ἀναρπάξασα θύελλα
πόντον ἐπ᾽ ἰχθυόεντα φέρεν βαρέα στενάχοντα·
ἠδ᾽ ὡς Τηλέπυλον Λαιστρυγονίην ἀφίκανεν,
οἳ νῆάς τ᾽ ὄλεσαν καὶ ἐϋκνήμιδας ἑταίρους
πάντας· Ὀδυσσεὺς δ᾽ οἶος ὑπέκφυγε νηῒ μελαίνῃ.   320
καὶ Κίρκης κατέλεξε δόλον πολυμηχανίην τε,
ἠδ᾽ ὡς εἰς Ἀΐδεω δόμον ἤλυθεν εὐρώεντα,
ψυχῇ χρησόμενος Θηβαίου Τειρεσίαο,
νηῒ πολυκλήϊδι, καὶ ἔσιδε πάντας ἑταίρους
μητέρα θ᾽, ἥ μιν ἔτικτε καὶ ἔτρεφε τυτθὸν ἐόντα·   325
ἠδ᾽ ὡς Σειρήνων ἀδινάων φθόγγον ἄκουσεν,
ὥς θ᾽ ἵκετο Πλαγκτὰς πέτρας δεινήν τε Χάρυβδιν
Σκύλλην θ᾽, ἣν οὔ πώ ποτ᾽ ἀκήριοι ἄνδρες ἄλυξαν·
ἠδ᾽ ὡς Ἠελίοιο βόας κατέπεφνον ἑταῖροι·
ἠδ᾽ ὡς νῆα θοὴν ἔβαλε ψολόεντι κεραυνῷ   330
Ζεὺς ὑψιβρεμέτης, ἀπὸ δ᾽ ἔφθιθεν ἐσθλοὶ ἑταῖροι
πάντες ὁμῶς, αὐτὸς δὲ κακὰς ὑπὸ κῆρας ἄλυξεν·
ὥς θ᾽ ἵκετ᾽ Ὠγυγίην νῆσον νύμφην τε Καλυψώ,
ἣ δή μιν κατέρυκε λιλαιομένη πόσιν εἶναι
ἐν σπέσσι γλαφυροῖσι, καὶ ἔτρεφεν ἠδὲ ἔφασκε   335
θήσειν ἀθάνατον καὶ ἀγήρων ἤματα πάντα·
ἀλλὰ τοῦ οὔ ποτε θυμὸν ἐνὶ στήθεσσιν ἔπειθεν·
ἠδ᾽ ὡς ἐς Φαίηκας ἀφίκετο πολλὰ μογήσας,
οἳ δή μιν περὶ κῆρι θεὸν ὣς τιμήσαντο
καὶ πέμψαν σὺν νηῒ φίλην ἐς πατρίδα γαῖαν,   340
χαλκόν τε χρυσόν τε ἅλις ἐσθῆτά τε δόντες.
τοῦτ᾽ ἄρα δεύτατον εἶπεν ἔπος, ὅτε οἱ γλυκὺς ὕπνος

317 μεγάλα c d f p²⁴ Mon. U⁸   318 ἀφίκοντο g j p p²⁴ Mon.
Eust.   320 hab. a j p U⁸ marg. H³ Mon. (● rubr. praem. P⁶), om.
cet.   322 ἠερόεντα L⁵, γρ. V¹   332, 333 αλυξας | ικετ ες p²⁸
335 σπέεσι d ut Nauck, cf. ι 114   336 ἀγήραον codd., cf. ε 136
337 τωι p²⁸   αὐτοῦ ● L² Eust.

193

λυσιμελὴς ἐπόρουσε, λύων μελεδήματα θυμοῦ.
    Ἡ δ' αὖτ' ἄλλ' ἐνόησε θεὰ γλαυκῶπις Ἀθήνη·
ὁππότε δή ῥ' Ὀδυσῆα ἐέλπετο ὃν κατὰ θυμὸν   345
εὐνῆς ἧς ἀλόχου ταρπήμεναι ἠδὲ καὶ ὕπνου,
αὐτίκ' ἀπ' Ὠκεανοῦ χρυσόθρονον ἠριγένειαν
ὦρσεν, ἵν' ἀνθρώποισι φόως φέροι· ὦρτο δ' Ὀδυσσεὺς
εὐνῆς ἐκ μαλακῆς, ἀλόχῳ δ' ἐπὶ μῦθον ἔτελλεν·
" ὦ γύναι, ἤδη μὲν πολέων κεκορήμεθ' ἀέθλων   350
ἀμφοτέρῳ, σὺ μὲν ἐνθάδ' ἐμὸν πολυκηδέα νόστον
κλαίουσ'· αὐτὰρ ἐμὲ Ζεὺς ἄλγεσι καὶ θεοὶ ἄλλοι
ἱέμενον πεδάασκον ἐμῆς ἀπὸ πατρίδος αἴης.
νῦν δ' ἐπεὶ ἀμφοτέρω πολυήρατον ἱκόμεθ' εὐνήν,
κτήματα μὲν τά μοί ἐστι κομιζέμεν ἐν μεγάροισι,   355
μῆλα δ' ἅ μοι μνηστῆρες ὑπερφίαλοι κατέκειραν,
πολλὰ μὲν αὐτὸς ἐγὼ ληΐσσομαι, ἄλλα δ' Ἀχαιοὶ
δώσουσ', εἰς ὅ κε πάντας ἐνιπλήσωσιν ἐπαύλους.
ἀλλ' ἦ τοι μὲν ἐγὼ πολυδένδρεον ἀγρὸν ἔπειμι,
ὀψόμενος πατέρ' ἐσθλόν, ὅ μοι πυκινῶς ἀκάχηται·   360
σοὶ δέ, γύναι, τάδ' ἐπιτέλλω πινυτῇ περ ἐούσῃ·
αὐτίκα γὰρ φάτις εἶσιν ἅμ' ἠελίῳ ἀνιόντι
ἀνδρῶν μνηστήρων, οὓς ἔκτανον ἐν μεγάροισιν·
εἰς ὑπερῷ' ἀναβᾶσα σὺν ἀμφιπόλοισι γυναιξὶν
ἧσθαι, μηδέ τινα προτιόσσεο μηδ' ἐρέεινε."   365
    Ἡ ῥα καὶ ἀμφ' ὤμοισιν ἐδύσετο τεύχεα καλά,
ὦρσε δὲ Τηλέμαχον καὶ βουκόλον ἠδὲ συβώτην,
πάντας δ' ἔντε' ἄνωγεν ἀρήϊα χερσὶν ἑλέσθαι.
οἱ δέ οἱ οὐκ ἀπίθησαν, ἐθωρήσσοντο δὲ χαλκῷ,
ᾤξαν δὲ θύρας, ἐκ δ' ἤϊον· ἄρχε δ' Ὀδυσσεύς.   370
ἤδη μὲν φάος ἦεν ἐπὶ χθόνα, τοὺς δ' ἄρ' Ἀθήνη
νυκτὶ κατακρύψασα θοῶς ἐξῆγε πόληος.

    347 ἐπ' a f   348 αθανατοισι p²⁸   φάος Mon. Pˢ Uˢ Z : φόος q
L⁴   350 πλεῖον d   353 πεδέασκον P⁶   354 ἀμφοτέρω Mon. :
-οι cet.   358 ἐναύλους b d f P¹ U⁸ : μεσαύλους v. l. ap. Eust.
359 ἔπειμι a j p²⁸ Mon. U⁴ marg. Eust. : ἄπειμι cet.   361 τάδ' o h p
L⁴ : τόδ' cet.   επιστελλω p²⁸   366 ἐδήσατο r C   367 ὦσε L⁸,
cf. N 125 Ξ 522 O 694   370 ἄρχε codd.

ΟΔΥΣΣΕΙΑΣ Ω

Ἑρμῆς δὲ ψυχὰς Κυλλήνιος ἐξεκαλεῖτο
ἀνδρῶν μνηστήρων· ἔχε δὲ ῥάβδον μετὰ χερσὶ
καλὴν χρυσείην, τῇ τ' ἀνδρῶν ὅμματα θέλγει
ὧν ἐθέλει, τοὺς δ' αὖτε καὶ ὑπνώοντας ἐγείρει·
τῇ ῥ' ἄγε κινήσας, ταὶ δὲ τρίζουσαι ἕποντο.   5
ὡς δ' ὅτε νυκτερίδες μυχῷ ἄντρου θεσπεσίοιο
τρίζουσαι ποτέονται, ἐπεί κέ τις ἀποπέσῃσιν
ὁρμαθοῦ ἐκ πέτρης, ἀνά τ' ἀλλήλῃσιν ἔχονται,
ὣς αἱ τετριγυῖαι ἅμ' ἤισαν· ἄρχε δ' ἄρα σφιν
Ἑρμείας ἀκάκητα κατ' εὐρώεντα κέλευθα.   10
πὰρ δ' ἴσαν Ὠκεανοῦ τε ῥοὰς καὶ Λευκάδα πέτρην,
ἠδὲ παρ' Ἠελίοιο πύλας καὶ δῆμον ὀνείρων
ἤισαν· αἶψα δ' ἵκοντο κατ' ἀσφοδελὸν λειμῶνα,
ἔνθα τε ναίουσι ψυχαί, εἴδωλα καμόντων.

Εὖρον δὲ ψυχὴν Πηληϊάδεω Ἀχιλῆος   15
καὶ Πατροκλῆος καὶ ἀμύμονος Ἀντιλόχοιο
Αἴαντός θ', ὃς ἄριστος ἔην εἶδός τε δέμας τε
τῶν ἄλλων Δαναῶν μετ' ἀμύμονα Πηλεΐωνα.
ὣς οἱ μὲν περὶ κεῖνον ὁμίλεον· ἀγχίμολον δὲ
ἤλυθ' ἔπι ψυχὴ Ἀγαμέμνονος Ἀτρεΐδαο   20
ἀχνυμένη· περὶ δ' ἄλλαι ἀγηγέραθ', ὅσσαι ἅμ' αὐτῷ
οἴκῳ ἐν Αἰγίσθοιο θάνον καὶ πότμον ἐπέσπον.
τὸν προτέρη ψυχὴ προσεφώνεε Πηλεΐωνος·

Τὰ ἐν ἀγρῷ, Τὰ ἐν Λαέρτου Aelianus   1 sqq. Ἀρίσταρχος
ἀθετεῖ τὴν Νέκυιαν schol.   2 ἀνδρῶν ἡρώων Diodor. i. 96 (codd. 'C F';
μνηστ. cett.)   4 a τὴν μετὰ χερσὶν ἔχων πέτετο κρατὺς ἀργειφόντης
o K U⁸ (= ε 49) περιττός μοι δοκεῖ K   5 τῇ ῥά γ(ε) ᾱg H³ U⁴ :
τόφρα γε U⁸ :· ῥ' ἄγε b, γρ. U⁵   (ἐ)κίνησεν ᾱr   8 ἅμα ●g
ἕπονται ●   9 ᾖεσαν Plat. rep. 387 A   ἦρχε codd.   11 ὠκεανοῖο
ῥοὰς sch. Alcman. fr. 23 col. ii. 15, p²⁸   20 ηλθεν p²⁸   21 ὅσσα
c q L² L⁴ Pal.   22 ἐπέσπων C Mon. P⁸ R⁹ U⁸, cf. γ 134 λ 197 al.
23 πηλειδαο p²²

" Ἀτρείδη, περὶ μέν σ᾽ ἔφαμεν Διὶ τερπικεραύνῳ
ἀνδρῶν ἡρώων φίλον ἔμμεναι ἤματα πάντα,   25
οὕνεκα πολλοῖσίν τε καὶ ἰφθίμοισιν ἄνασσες
δήμῳ ἔνι Τρώων, ὅθι πάσχομεν ἄλγε᾽ Ἀχαιοί.
ἢ τ᾽ ἄρα καὶ σοὶ πρῶϊ παραστήσεσθαι ἔμελλε
μοῖρ᾽ ὀλοή, τὴν οὔ τις ἀλεύεται ὅς κε γένηται.
ὡς ὄφελες τιμῆς ἀπονήμενος, ἧς περ ἄνασσες,   30
δήμῳ ἔνι Τρώων θάνατον καὶ πότμον ἐπισπεῖν·
τῷ κέν τοι τύμβον μὲν ἐποίησαν Παναχαιοί,
ἠδέ κε καὶ σῷ παιδὶ μέγα κλέος ἦρα᾽ ὀπίσσω·
νῦν δ᾽ ἄρα σ᾽ οἰκτίστῳ θανάτῳ εἵμαρτο ἁλῶναι."
    Τὸν δ᾽ αὖτε ψυχὴ προσεφώνεεν Ἀτρεΐδαο·   35
" ὄλβιε Πηλέος υἱέ, θεοῖς ἐπιείκελ᾽ Ἀχιλλεῦ,
ὃς θάνες ἐν Τροίῃ ἑκὰς Ἄργεος· ἀμφὶ δέ σ᾽ ἄλλοι
κτείνοντο Τρώων καὶ Ἀχαιῶν υἷες ἄριστοι,
μαρνάμενοι περὶ σεῖο· σὺ δ᾽ ἐν στροφάλιγγι κονίης
κεῖσο μέγας μεγαλωστί, λελασμένος ἱπποσυνάων.   40
ἡμεῖς δὲ πρόπαν ἦμαρ ἐμαρνάμεθ᾽· οὐδέ κε πάμπαν
παυσάμεθα πτολέμου, εἰ μὴ Ζεὺς λαίλαπι παῦσεν.
αὐτὰρ ἐπεί σ᾽ ἐπὶ νῆας ἐνείκαμεν ἐκ πολέμοιο,
κάτθεμεν ἐν λεχέεσσι, καθήραντες χρόα καλὸν
ὕδατί τε λιαρῷ καὶ ἀλείφατι· πολλὰ δέ σ᾽ ἀμφὶ   45
δάκρυα θερμὰ χέον Δαναοὶ κείραντό τε χαίτας.
μήτηρ δ᾽ ἐξ ἁλὸς ἦλθε σὺν ἀθανάτῃς ἁλίῃσιν
ἀγγελίης ἀΐουσα· βοὴ δ᾽ ἐπὶ πόντον ὀρώρει
θεσπεσίη, ὑπὸ δὲ τρόμος ἔλλαβε πάντας Ἀχαιούς·
καί νύ κ᾽ ἀναΐξαντες ἔβαν κοίλας ἐπὶ νῆας,   50
εἰ μὴ ἀνὴρ κατέρυκε παλαιά τε πολλά τε εἰδώς,
Νέστωρ, οὗ καὶ πρόσθεν ἀρίστη φαίνετο βουλή·

28 πρῶτα c q L⁴ Pal.   29 ἀλεύαται ● κεν ἴδηται ●   33 ἦραθ᾽ g p
    39 δ᾽ ἐν a g j Mon. V⁴ : δὲ cet.   41 οὐδέτι ● h   45 ἀμφὶ d g r
p²⁸ H⁸ L⁴ P¹ U⁸ : ἀμφὶς cet., cf. 65   47 ἀθανάτοις d C Pal.
48 ἀΐουσα P⁸   49 ἄσβεστος γρ. R¹² (= Λ 500 al.)   ὑπὸ a ● g j k
p²⁸ : ἐπὶ cet.   ἤλυθε ● g L⁴ (cf. H 215 al. κ 31 σ 88)

ὅ σφιν ἐϋφρονέων ἀγορήσατο καὶ μετέειπεν·
' ἴσχεσθ', Ἀργεῖοι, μὴ φεύγετε, κοῦροι Ἀχαιῶν·
μήτηρ ἐξ ἁλὸς ἥδε σὺν ἀθανάτῃς ἁλίῃσιν   55
ἔρχεται, οὗ παιδὸς τεθνηότος ἀντιόωσα.'
ὣς ἔφαθ', οἱ δ' ἔσχοντο φόβου μεγάθυμοι Ἀχαιοί·
ἀμφὶ δέ σ' ἔστησαν κοῦραι ἁλίοιο γέροντος
οἴκτρ' ὀλοφυρόμεναι, περὶ δ' ἄμβροτα εἵματα ἕσσαν.
Μοῦσαι δ' ἐννέα πᾶσαι ἀμειβόμεναι ὀπὶ καλῇ   60
θρήνεον· ἔνθα κεν οὔ τιν' ἀδάκρυτόν γ' ἐνόησας
Ἀργείων· τοῖον γὰρ ὑπώρορε Μοῦσα λίγεια.
ἑπτὰ δὲ καὶ δέκα μέν σε ὁμῶς νύκτας τε καὶ ἦμαρ
κλαίομεν ἀθάνατοί τε θεοὶ θνητοί τ' ἄνθρωποι·
ὀκτωκαιδεκάτῃ δ' ἔδομεν πυρί, πολλὰ δέ σ' ἀμφὶ   65
μῆλα κατεκτάνομεν μάλα πίονα καὶ ἕλικας βοῦς.
καίεο δ' ἔν τ' ἐσθῆτι θεῶν καὶ ἀλείφατι πολλῷ
καὶ μέλιτι γλυκερῷ· πολλοὶ δ' ἥρωες Ἀχαιοὶ
τεύχεσιν ἐρρώσαντο πυρὴν πέρι καιομένοιο,
πεζοί θ' ἱππῆές τε· πολὺς δ' ὀρυμαγδὸς ὀρώρει.   70
αὐτὰρ ἐπεὶ δή σε φλὸξ ἤνυσεν Ἡφαίστοιο,
ἠῶθεν δή τοι λέγομεν λεύκ' ὀστέ', Ἀχιλλεῦ,
οἴνῳ ἐν ἀκρήτῳ καὶ ἀλείφατι· δῶκε δὲ μήτηρ
χρύσεον ἀμφιφορῆα· Διωνύσοιο δὲ δῶρον
φάσκ' ἔμεναι, ἔργον δὲ περικλυτοῦ Ἡφαίστοιο.   75
ἐν τῷ τοι κεῖται λεύκ' ὀστέα, φαίδιμ' Ἀχιλλεῦ,
μίγδα δὲ Πατρόκλοιο Μενοιτιάδαο θανόντος,
χωρὶς δ' Ἀντιλόχοιο, τὸν ἔξοχα τῖες ἁπάντων
τῶν ἄλλων ἑτάρων μετὰ Πάτροκλόν γε θανόντα.
ἀμφ' αὐτοῖσι δ' ἔπειτα μέγαν καὶ ἀμύμονα τύμβον   80

53 om. q   55 μετ' e g   58 σε στῆσαν g   60 sq. ἀθετητέος
δὲ ὁ Μουσῶν ἐπ' Ἀχιλλεῖ θρῆνος schol. T Ω 720. ἃ δὲ τῷ Ὁμήρῳ
ἐν δευτέρᾳ ψυχοστασίᾳ εἴρηται, εἰ δὴ Ὁμήρου ἐκεῖνα ... Philostr. Heroic.
xix. 12 = 323   61 γ' ἐνόησα j k U⁸ : γ' ἐνόησεν f L⁵ P¹   62 ὑπώρορε
Br H³ L⁴ : ἐπώρορε cet. : ἐπόρνυε v. l. ap. Eust.   65 ἀμφὶ R¹ :
ἀμφὶς cet., cf. 45 : ἐπ' αὐτῷ b c e g p²⁸   72 σου o : σέο U⁸
77 μίγμα j Br H³

197

χεύαμεν 'Αργείων ἱερὸς στρατὸς αἰχμητάων
ἀκτῇ ἔπι προὐχούσῃ, ἐπὶ πλατεῖ Ἑλλησπόντῳ,
ὥς κεν τηλεφανὴς ἐκ ποντόφιν ἀνδράσιν εἴη
τοῖς οἳ νῦν γεγάασι καὶ οἳ μετόπισθεν ἔσονται.
μήτηρ δ' αἰτήσασα θεοὺς περικαλλέ' ἄεθλα   85
θῆκε μέσῳ ἐν ἀγῶνι ἀριστήεσσιν 'Αχαιῶν.
ἤδη μὲν πολέων τάφῳ ἀνδρῶν ἀντεβόλησας
ἡρώων, ὅτε κέν ποτ' ἀποφθιμένου βασιλῆος
ζώννυνταί τε νέοι καὶ ἐπεντύνονται ἄεθλα·
ἀλλά κε κεῖνα μάλιστα ἰδὼν θηήσαο θυμῷ,   90
οἷ' ἐπὶ σοὶ κατέθηκε θεὰ περικαλλέ' ἄεθλα,
ἀργυρόπεζα Θέτις· μάλα γὰρ φίλος ἦσθα θεοῖσιν.
ὣς σὺ μὲν οὐδὲ θανὼν ὄνομ' ὤλεσας, ἀλλά τοι αἰεὶ
πάντας ἐπ' ἀνθρώπους κλέος ἔσσεται ἐσθλόν, 'Αχιλλεῦ·
αὐτὰρ ἐμοὶ τί τόδ' ἦδος, ἐπεὶ πόλεμον τολύπευσα;   95
ἐν νόστῳ γάρ μοι Ζεὺς μήσατο λυγρὸν ὄλεθρον
Αἰγίσθου ὑπὸ χερσὶ καὶ οὐλομένης ἀλόχοιο."
    Ὣς οἱ μὲν τοιαῦτα πρὸς ἀλλήλους ἀγόρευον,
ἀγχίμολον δέ σφ' ἦλθε διάκτορος ἀργειφόντης,
ψυχὰς μνηστήρων κατάγων 'Οδυσῆι δαμέντων.   100
τὼ δ' ἄρα θαμβήσαντ' ἰθὺς κίον, ὡς ἐσιδέσθην.
ἔγνω δὲ ψυχὴ 'Αγαμέμνονος 'Ατρεΐδαο
παῖδα φίλον Μελανῆος, ἀγακλυτὸν 'Αμφιμέδοντα·
ξεῖνος γάρ οἱ ἔην 'Ιθάκῃ ἔνι οἰκία ναίων.
τὸν προτέρη ψυχὴ προσεφώνεεν 'Ατρεΐδαο·   105
" 'Αμφίμεδον, τί παθόντες ἐρεμνὴν γαῖαν ἔδυτε
πάντες κεκριμένοι καὶ ὁμήλικες; οὐδέ κεν ἄλλως
κρινάμενος λέξαιτο κατὰ πτόλιν ἄνδρας ἀρίστους.
ἦ ὕμμ' ἐν νήεσσι Ποσειδάων ἐδάμασσεν,
ὄρσας ἀργαλέους ἀνέμους καὶ κύματα μακρά;   110

83 εἴης a q P⁵ Eust.   87 ἀντεβόλησας L⁸ P² Eust. : -σα cet.
88 που e   90 ἀλλ' ἄγε q : γε Eust.   ἐτεθήπεα j C Ca Mon.
R⁶ U¹ (= ζ 166) : ἐτέθηπα q : ἐτέθηπεας, ἐτεθήπεο v. ll. ap. Eust.
96 ἄεθλον d (pars)   107 ἄλλος a g h Eust.   109 ἤ που g

ἢ που ἀνάρσιοι ἄνδρες ἐδηλήσαντ' ἐπὶ χέρσου
βοῦς περιταμνομένους ἠδ' οἰῶν πώεα καλά,
ἠὲ περὶ πτόλιος μαχεούμενοι ἠδὲ γυναικῶν;
εἰπέ μοι εἰρομένῳ· ξεῖνος δέ τοι εὔχομαι εἶναι.

ἦ οὐ μέμνῃ ὅτε κεῖσε κατήλυθον ὑμέτερον δῶ,   115
ὀτρυνέων 'Οδυσῆα σὺν ἀντιθέῳ Μενελάῳ
'Ίλιον εἰς ἅμ' ἔπεσθαι ἐϋσσέλμων ἐπὶ νηῶν;
μηνὶ δ' ἄρ' οὔλῳ πάντα περήσαμεν εὐρέα πόντον,
σπουδῇ παρπεπιθόντες 'Οδυσῆα πτολίπορθον."

Τὸν δ' αὖτε ψυχὴ προσεφώνεεν 'Αμφιμέδοντος·   120
" 'Ατρεΐδη κύδιστε, ἄναξ ἀνδρῶν 'Αγάμεμνον,
μέμνημαι τάδε πάντα, διοτρεφές, ὡς ἀγορεύεις·
σοὶ δ' ἐγὼ εὖ μάλα πάντα καὶ ἀτρεκέως καταλέξω,
ἡμετέρου θανάτοιο κακὸν τέλος, οἷον ἐτύχθη.

μνώμεθ' 'Οδυσσῆος δὴν οἰχομένοιο δάμαρτα·   125
ἡ δ' οὔτ' ἠρνεῖτο στυγερὸν γάμον οὔτ' ἐτελεύτα,
ἡμῖν φραζομένη θάνατον καὶ κῆρα μέλαιναν,
ἀλλὰ δόλον τόνδ' ἄλλον ἐνὶ φρεσὶ μερμήριξε·
στησαμένη μέγαν ἱστὸν ἐνὶ μεγάροισιν ὕφαινε,
λεπτὸν καὶ περίμετρον· ἄφαρ δ' ἡμῖν μετέειπε·   130
' κοῦροι, ἐμοὶ μνηστῆρες, ἐπεὶ θάνε δῖος 'Οδυσσεύς,
μίμνετ' ἐπειγόμενοι τὸν ἐμὸν γάμον, εἰς ὅ κε φᾶρος
ἐκτελέσω, μή μοι μεταμώνια νήματ' ὄληται,
Λαέρτῃ ἥρωϊ ταφήϊον, εἰς ὅτε κέν μιν
μοῖρ' ὀλοὴ καθέλῃσι τανηλεγέος θανάτοιο,   135
μή τίς μοι κατὰ δῆμον 'Αχαιϊάδων νεμεσήσῃ,
αἴ κεν ἄτερ σπείρου κῆται πολλὰ κτεατίσσας.'
ὣς ἔφαθ', ἡμῖν δ' αὖτ' ἐπεπείθετο θυμὸς ἀγήνωρ.
ἔνθα καὶ ἠματίη μὲν ὑφαίνεσκεν μέγαν ἱστόν,

112 αἰγῶν U⁸ : καὶ δὶς καὶ πίονας αἶγας Pal. (β 56 al.)   113 om.
d r P¹   115 μέμνησ' L⁵   κατήλθομεν θ   118 δ' ἐν Ar. ap.
sch. K 48 : δ' ἄρ' codd.   121 hab. b c d f P¹ U⁸ P⁶ (app. ⁑ rubr.),
om. cet.   124 κακὸν μόρον d H³ U⁸ (cf. a 166 al.) : μόρον om. κακὸν
f L⁵ P¹   133 μεταμώλια g p L⁵, cf. β 98   134 εἰσόκε τε(ν)μιν g
137 κῆται p^{:8} : κεῖται cet.

νύκτας δ' ἀλλύεσκεν, ἐπεὶ δαΐδας παραθεῖτο.   140
ὡς τρίετες μὲν ἔληθε δόλῳ καὶ ἔπειθεν Ἀχαιούς·
ἀλλ' ὅτε τέτρατον ἦλθεν ἔτος καὶ ἐπήλυθον ὧραι,
μηνῶν φθινόντων, περὶ δ' ἤματα πόλλ' ἐτελέσθη,
καὶ τότε δή τις ἔειπε γυναικῶν, ἢ σάφα ᾔδη,
καὶ τήν γ' ἀλλύουσαν ἐφεύρομεν ἀγλαὸν ἱστόν.   145
ὡς τὸ μὲν ἐξετέλεσσε καὶ οὐκ ἐθέλουσ', ὑπ' ἀνάγκης.
εὖθ' ἡ φᾶρος ἔδειξεν, ὑφήνασα μέγαν ἱστόν,
πλύνασ', ἠελίῳ ἐναλίγκιον ἠὲ σελήνῃ,
καὶ τότε δή ῥ' Ὀδυσῆα κακός ποθεν ἤγαγε δαίμων
ἀγροῦ ἐπ' ἐσχατιήν, ὅθι δώματα ναῖε συβώτης.   150
ἔνθ' ἦλθεν φίλος υἱὸς Ὀδυσσῆος θείοιο,
ἐκ Πύλου ἠμαθόεντος ἰὼν σὺν νηῒ μελαίνῃ·
τὼ δὲ μνηστῆρσιν θάνατον κακὸν ἀρτύναντε
ἵκοντο προτὶ ἄστυ περικλυτόν, ἢ τοι Ὀδυσσεὺς
ὕστερος, αὐτὰρ Τηλέμαχος πρόσθ' ἡγεμόνευε.   155
τὸν δὲ συβώτης ἦγε κακὰ χροῒ εἵματ' ἔχοντα,
πτωχῷ λευγαλέῳ ἐναλίγκιον ἠδὲ γέροντι
σκηπτόμενον· τὰ δὲ λυγρὰ περὶ χροῒ εἵματα ἕστο·
οὐδέ τις ἡμείων δύνατο γνῶναι τὸν ἐόντα
ἐξαπίνης προφανέντ', οὐδ' οἱ προγενέστεροι ἦσαν,   160
ἀλλ' ἔπεσίν τε κακοῖσιν ἐνίσσομεν ἠδὲ βολῇσιν.
αὐτὰρ ὁ τῆος ἐτόλμα ἐνὶ μεγάροισιν ἑοῖσι
βαλλόμενος καὶ ἐνισσόμενος τετληότι θυμῷ·
ἀλλ' ὅτε δή μιν ἔγειρε Διὸς νόος αἰγιόχοιο,
σὺν μὲν Τηλεμάχῳ περικαλλέα τεύχε' ἀείρας   165
ἐς θάλαμον κατέθηκε καὶ ἐκλήϊσεν ὀχῆας,
αὐτὰρ ὁ ἣν ἄλοχον πολυκερδείῃσιν ἄνωγε
τόξον μνηστήρεσσι θέμεν πολιόν τε σίδηρον,
ἡμῖν αἰνομόροισιν ἀέθλια καὶ φόνου ἀρχήν.
οὐδέ τις ἡμείων δύνατο κρατεροῖο βιοῖο   170

143 om. c e g h 𝔭²⁸ (c praef. P⁶), hab. cet. (= κ 470 al.)
150 ἐσχατιῇ d f r L⁵   161 ἐνίσπομεν R¹ R³ : ἐνίπτομεν p, cf. φ 287
χ 212 ψ 96   162 τέως μὲν codd. corr. Nauck

νευρὴν ἐντανύσαι, πολλὸν δ' ἐπιδευέες ἦμεν.
ἀλλ' ὅτε χεῖρας ἵκανεν Ὀδυσσῆος μέγα τόξον,
ἔνθ' ἡμεῖς μὲν πάντες ὁμοκλέομεν ἐπέεσσι
τόξον μὴ δόμεναι, μηδ' εἰ μάλα πόλλ' ἀγορεύοι,
Τηλέμαχος δέ μιν οἶος ἐποτρύνων ἐκέλευσεν.   175
αὐτὰρ ὁ δέξατο χειρὶ πολύτλας δῖος Ὀδυσσεύς,
ῥηϊδίως δ' ἐτάνυσσε βιόν, διὰ δ' ἧκε σιδήρου,
στῆ δ' ἄρ' ἐπ' οὐδὸν ἰών, ταχέας δ' ἐκχεύατ' ὀϊστοὺς
δεινὸν παπταίνων, βάλε δ' Ἀντίνοον βασιλῆα.
αὐτὰρ ἔπειτ' ἄλλοις ἐφίει βέλεα στονόεντα,   180
ἄντα τιτυσκόμενος· τοὶ δ' ἀγχιστῖνοι ἔπιπτον.
γνωτὸν δ' ἦν ὅ ῥά τίς σφι θεῶν ἐπιτάρροθος ἦεν·
αὐτίκα γὰρ κατὰ δώματ' ἐπισπόμενοι μένεϊ σφῷ
κτεῖνον ἐπιστροφάδην, τῶν δὲ στόνος ὄρνυτ' ἀεικὴς
κράτων τυπτομένων, δάπεδον δ' ἅπαν αἵματι θῦεν.   185
ὣς ἡμεῖς, Ἀγάμεμνον, ἀπωλόμεθ', ὧν ἔτι καὶ νῦν
σώματ' ἀκηδέα κεῖται ἐνὶ μεγάροις Ὀδυσῆος·
οὐ γάρ πω ἴσασι φίλοι κατὰ δώμαθ' ἑκάστου,
οἵ κ' ἀπονίψαντες μέλανα βρότον ἐξ ὠτειλέων
κατθέμενοι γοάοιεν· ὁ γὰρ γέρας ἐστὶ θανόντων."   190
   Τὸν δ' αὖτε ψυχὴ προσεφώνεεν Ἀτρείδαο·
"ὄλβιε Λαέρταο πάϊ, πολυμήχαν' Ὀδυσσεῦ,
ἦ ἄρα σὺν μεγάλῃ ἀρετῇ ἐκτήσω ἄκοιτιν·
ὡς ἀγαθαὶ φρένες ἦσαν ἀμύμονι Πηνελοπείῃ,
κούρῃ Ἰκαρίου· ὡς εὖ μέμνητ' Ὀδυσῆος,   195
ἀνδρὸς κουριδίου. τῷ οἱ κλέος οὔ ποτ' ὀλεῖται
ἧς ἀρετῆς, τεύξουσι δ' ἐπιχθονίοισιν ἀοιδὴν
ἀθάνατοι χαρίεσσαν ἐχέφρονι Πηνελοπείῃ,
οὐχ ὡς Τυνδαρέου κούρη κακὰ μήσατο ἔργα,
κουρίδιον κτείνασα πόσιν, στυγερὴ δέ τ' ἀοιδὴ   200

171 a ἀντιθέου ὀδυσῆος ὅτ' οὐ δυνάμεθα τανύσαι marg. N (= φ 254)
   180 ἀφίει d g   στονοεντα βελεμνα p²⁸ ut Buttm. cl. sch. min.
184 ὄρνυτ' a g: ὄρν. cet.   186 ωι pro ὦν p²⁸ P¹   192 πάις
h   194 ἐχέφρονι g j p²⁸ C Mon. Eust., cf. 198   198 ἀμύμονι d j C
Mon., cf. 194   199 de Τυνδάρεου cf. λ 298   200 χαλεπὴ δέ τ' . .
201 στυγερὴν δέ τε Philodem. π. ἀγ. βασ. xxiv. 14

ἔσσετ' ἐπ' ἀνθρώπους, χαλεπὴν δέ τε φῆμιν ὀπάσσει
θηλυτέρῃσι γυναιξί, καὶ ἥ κ' εὐεργὸς ἔῃσιν."

  ῝Ως οἱ μὲν τοιαῦτα πρὸς ἀλλήλους ἀγόρευον,
ἑσταότ' εἰν ᾿Αΐδαο δόμοις, ὑπὸ κεύθεσι γαίης·
οἱ δ' ἐπεὶ ἐκ πόλιος κατέβαν, τάχα δ' ἀγρὸν ἵκοντο   205
καλὸν Λαέρταο τετυγμένον, ὅν ῥά ποτ' αὐτὸς
Λαέρτης κτεάτισσεν, ἐπεὶ μάλα πόλλ' ἐμόγησεν.
ἔνθα οἱ οἶκος ἔην, περὶ δὲ κλίσιον θέε πάντῃ,
ἐν τῷ σιτέσκοντο καὶ ἵζανον ἠδὲ ἴαυον
δμῶες ἀναγκαῖοι, τοί οἱ φίλα ἐργάζοντο.   210
ἐν δὲ γυνὴ Σικελὴ γρηῢς πέλεν, ἥ ῥα γέροντα
ἐνδυκέως κομέεσκεν ἐπ' ἀγροῦ, νόσφι πόληος.
ἔνθ' ᾿Οδυσεὺς δμώεσσι καὶ υἱέϊ μῦθον ἔειπεν·
" ὑμεῖς μὲν νῦν ἔλθετ' ἐϋκτίμενον δόμον εἴσω,
δεῖπνον δ' αἶψα συῶν ἱερεύσατε ὅς τις ἄριστος·   215
αὐτὰρ ἐγὼ πατρὸς πειρήσομαι ἡμετέροιο,
αἴ κέ μ' ἐπιγνώῃ καὶ φράσσεται ὀφθαλμοῖσιν,
ἠέ κεν ἀγνοιῇσι πολὺν χρόνον ἀμφὶς ἐόντα."

  ῝Ως εἰπὼν δμώεσσιν ἀρήϊα τεύχε' ἔδωκεν.
οἱ μὲν ἔπειτα δόμονδε θοῶς κίον, αὐτὰρ ᾿Οδυσσεὺς   220
ἆσσον ἴεν πολυκάρπου ἀλωῆς πειρητίζων.
οὐδ' εὗρεν Δολίον, μέγαν ὄρχατον ἐσκαταβαίνων,
οὐδέ τινα δμώων οὐδ' υἱῶν· ἀλλ' ἄρα τοί γε
αἱμασιὰς λέξοντες ἀλωῆς ἔμμεναι ἕρκος
οἴχοντ', αὐτὰρ ὁ τοῖσι γέρων ὁδὸν ἡγεμόνευε.   225
τὸν δ' οἶον πατέρ' εὗρεν ἐϋκτιμένῃ ἐν ἀλωῇ,
λιστρεύοντα φυτόν· ῥυπόωντα δὲ ἕστο χιτῶνα
ῥαπτὸν ἀεικέλιον, περὶ δὲ κνήμῃσι βοείας
κνημῖδας ῥαπτὰς δέδετο, γραπτῦς ἀλεείνων,

  201 δέ τε g P²⁸ Mon., γρ. R¹², Eust. Philodem. l. c.: δ' ἐπὶ h : δ'
ἐνὶ vulg.   202 εἴ κ' q L⁵   204 δόμοις] πύλαις e L²   207 ἐπειὴ
aj Mon.   209 ηδ ενιανον P²⁸   210 ἥδεον θυμῷ d : ἴσασι θυμῷ b
Pe, d ss.   214 πτολίεθρον g, cf. 377 cet.   215 δ' ἔπειτα h
217 om. U⁵ U⁸, post 218 c Pal.   225 ὄχ. codd.   227 ῥυπόεντα g,
cf. ζ 87 ν 435   229 ῥαπτὰς] γραπτὰς d Ap. lex. in v. Γραπτῦς

χειρῖδάς τ' ἐπὶ χερσὶ βάτων ἕνεκ'· αὐτὰρ ὕπερθεν   230
αἰγείην κυνέην κεφαλῇ ἔχε, πένθος ἀέξων.
τὸν δ' ὡς οὖν ἐνόησε πολύτλας δῖος Ὀδυσσεὺς
γήραϊ τειρόμενον, μέγα δὲ φρεσὶ πένθος ἔχοντα,
στὰς ἄρ' ὑπὸ βλωθρὴν ὄγχνην κατὰ δάκρυον εἶβε.
μερμήριξε δ' ἔπειτα κατὰ φρένα καὶ κατὰ θυμὸν   235
κύσσαι καὶ περιφῦναι ἑὸν πατέρ', ἠδὲ ἕκαστα
εἰπεῖν, ὡς ἔλθοι καὶ ἵκοιτ' ἐς πατρίδα γαῖαν,
ἦ πρῶτ' ἐξερέοιτο ἕκαστά τε πειρήσαιτο.
ὧδε δέ οἱ φρονέοντι δοάσσατο κέρδιον εἶναι,
πρῶτον κερτομίοις ἐπέεσσιν πειρηθῆναι.   240
τὰ φρονέων ἰθὺς κίεν αὐτοῦ δῖος Ὀδυσσεύς.
ἦ τοι ὁ μὲν κατέχων κεφαλὴν φυτὸν ἀμφελάχαινε·
τὸν δὲ παριστάμενος προσεφώνεε φαίδιμος υἱός·
" ὦ γέρον, οὐκ ἀδαημονίη σ' ἔχει ἀμφιπολεύειν
ὄρχατον, ἀλλ' εὖ τοι κομιδὴ ἔχει, οὐδέ τι πάμπαν,   245
οὐ φυτόν, οὐ συκέη, οὐκ ἄμπελος, οὐ μὲν ἐλαίη,
οὐκ ὄγχνη, οὐ πρασιή τοι ἄνευ κομιδῆς κατὰ κῆπον.
ἄλλο δέ τοι ἐρέω, σὺ δὲ μὴ χόλον ἔνθεο θυμῷ·
αὐτόν σ' οὐκ ἀγαθὴ κομιδὴ ἔχει, ἀλλ' ἅμα γήρας
λυγρὸν ἔχεις αὐχμεῖς τε κακῶς καὶ ἀεικέα ἕσσαι.   250
οὐ μὲν ἀεργίης γε ἄναξ ἕνεκ' οὔ σε κομίζει,
οὐδέ τί τοι δούλειον ἐπιπρέπει εἰσοράασθαι
εἶδος καὶ μέγεθος· βασιλῆι γὰρ ἀνδρὶ ἔοικας.
τοιούτῳ δὲ ἔοικας, ἐπεὶ λούσαιτο φάγοι τε,
εὑδέμεναι μαλακῶς· ἡ γὰρ δίκη ἐστὶ γερόντων.   255
ἀλλ' ἄγε μοι τόδε εἰπὲ καὶ ἀτρεκέως κατάλεξον,
τεῦ δμώς εἰς ἀνδρῶν; τεῦ δ' ὄρχατον ἀμφιπολεύεις;
καί μοι τοῦτ' ἀγόρευσον ἐτήτυμον, ὄφρ' ἐῢ εἰδῶ,
εἰ ἐτεόν γ' Ἰθάκην τήνδ' ἱκόμεθ', ὥς μοι ἔειπεν
οὗτος ἀνὴρ νῦν δὴ ξυμβλήμενος ἐνθάδ' ἰόντι,   260

231 ἀργείην b ᵈ, cf. Ο 609 Ρ 467   240 επεσιν διαπειρ. p²⁸
242 κάτω ἔχων o e Pal. Eust.   κεφαλῇ U⁵ ss.   244 ἀδαημοσύνη r,
γρ. H³, Ap. lex. in v.   245 κομιδησ p²⁸   250 ἔχει σ' J W

οὔ τι μάλ᾽ ἀρτίφρων, ἐπεὶ οὐ τόλμησεν ἕκαστα
εἰπεῖν ἠδ᾽ ἐπακοῦσαι ἐμὸν ἔπος, ὡς ἐρέεινον
ἀμφὶ ξείνῳ ἐμῷ, ἤ που ζώει τε καὶ ἔστιν,
ἢ ἤδη τέθνηκε καὶ εἰν ᾽Αΐδαο δόμοισιν.
ἐκ γάρ τοι ἐρέω, σὺ δὲ σύνθεο καί μευ ἄκουσον·   265
ἄνδρα ποτ᾽ ἐξείνισσα φίλη ἐν πατρίδι γαίῃ
ἡμέτερόνδ᾽ ἐλθόντα, καὶ οὔ πώ τις βροτὸς ἄλλος
ξείνων τηλεδαπῶν φιλίων ἐμὸν ἵκετο δῶμα·
εὔχετο δ᾽ ἐξ ᾽Ιθάκης γένος ἔμμεναι, αὐτὰρ ἔφασκε
Λαέρτην ᾽Αρκεισιάδην πατέρ᾽ ἔμμεναι αὐτῷ.   270
τὸν μὲν ἐγὼ πρὸς δώματ᾽ ἄγων ἐῢ ἐξείνισσα,
ἐνδυκέως φιλέων, πολλῶν κατὰ οἶκον ἐόντων,
καί οἱ δῶρα πόρον ξεινήϊα, οἷα ἐῴκει.
χρυσοῦ μέν οἱ δῶκ᾽ εὐεργέος ἑπτὰ τάλαντα,
δῶκα δέ οἱ κρητῆρα πανάργυρον ἀνθεμόεντα,   275
δώδεκα δ᾽ ἀπλοΐδας χλαίνας, τόσσους δὲ τάπητας,
τόσσα δὲ φάρεα καλά, τόσους δ᾽ ἐπὶ τοῖσι χιτῶνας,
χωρὶς δ᾽ αὖτε γυναῖκας ἀμύμονα ἔργα ἰδυίας
τέσσαρας εἰδαλίμας, ἃς ἤθελεν αὐτὸς ἑλέσθαι."

Τὸν δ᾽ ἠμείβετ᾽ ἔπειτα πατὴρ κατὰ δάκρυον εἴβων·   280
" ξεῖν᾽, ἦ τοι μὲν γαῖαν ἱκάνεις ἣν ἐρεείνεις,
ὑβρισταὶ δ᾽ αὐτὴν καὶ ἀτάσθαλοι ἄνδρες ἔχουσι.
δῶρα δ᾽ ἐτώσια ταῦτα χαρίζεο, μυρί᾽ ὀπάζων·
εἰ γάρ μιν ζωόν γ᾽ ἐκίχεις ᾽Ιθάκης ἐνὶ δήμῳ,
τῷ κέν σ᾽ εὖ δώροισιν ἀμειψάμενος ἀπέπεμψε   285
καὶ ξενίῃ ἀγαθῇ· ἡ γὰρ θέμις, ὅς τις ὑπάρξῃ.
ἀλλ᾽ ἄγε μοι τόδε εἰπὲ καὶ ἀτρεκέως κατάλεξον,
πόστον δὴ ἔτος ἐστίν, ὅτε ξείνισσας ἐκεῖνον

262 εἰπέμεν Mon., γρ. R¹²   263 ἦ, cf. ν 415   266 ἐνὶ f
Pal. U⁸   270 αὐτοῦ U⁸ ed. pr. : ἐσθλὸν ● L²   276 εὐπλοΐδας ● :
διπλωΐδας U⁸, γρ. K, v. l. ap. Eust.   χιτῶνας c d e f p²⁸ L⁵ P¹
v om. g p²:⁸ Pal.   278 ἀμύμονα e j C : ἀμύμονας cet.   279 εἰδαλί-
μους o p   280 λείβων ● L²   284 εἰ e g R⁴ Eust. : οὐ cet.   κιχεῖς
c f h Mon. : κιχείης a : κιθεῖς L³ P¹ : -εἰς L⁵   285 σ᾽ ἐν h   286 ἢ
H³, cf. γ 45 : καὶ p²⁸   288 πόστον g H³ L⁴ Pal. : πόσσον cet.

σὸν ξεῖνον δύστηνον, ἐμὸν παῖδ᾽, εἴ ποτ᾽ ἔην γε,
δύσμορον· ὅν που τῆλε φίλων καὶ πατρίδος αἴης   290
ἠέ που ἐν πόντῳ φάγον ἰχθύες, ἢ ἐπὶ χέρσου
θηρσὶ καὶ οἰωνοῖσιν ἕλωρ γένετ᾽· οὐδέ ἑ μήτηρ
κλαῦσε περιστείλασα πατήρ θ᾽, οἵ μιν τεκόμεσθα·
οὐδ᾽ ἄλοχος πολύδωρος, ἐχέφρων Πηνελόπεια,
κώκυσ᾽ ἐν λεχέεσσιν ἑὸν πόσιν, ὡς ἐπεῴκει,   295
ὀφθαλμοὺς καθελοῦσα· τὸ γὰρ γέρας ἐστὶ θανόντων.
καί μοι τοῦτ᾽ ἀγόρευσον ἐτήτυμον, ὄφρ᾽ ἐὺ εἰδῶ·
τίς πόθεν εἰς ἀνδρῶν; πόθι τοι πόλις ἠδὲ τοκῆες;
ποῦ δαὶ νηῦς ἔστηκε θοή, ἥ σ᾽ ἤγαγε δεῦρο
ἀντιθέους θ᾽ ἑτάρους; ἦ ἔμπορος εἰλήλουθας   300
νηὸς ἐπ᾽ ἀλλοτρίης, οἱ δ᾽ ἐκβήσαντες ἔβησαν;"
    Τὸν δ᾽ ἀπαμειβόμενος προσέφη πολύμητις Ὀδυσσεύς·
"τοιγὰρ ἐγώ τοι πάντα μάλ᾽ ἀτρεκέως καταλέξω.
εἰμὶ μὲν ἐξ Ἀλύβαντος, ὅθι κλυτὰ δώματα ναίω,
υἱὸς Ἀφείδαντος Πολυπημονίδαο ἄνακτος·   305
αὐτὰρ ἐμοί γ᾽ ὄνομ᾽ ἐστὶν Ἐπήριτος· ἀλλά με δαίμων
πλάγξ᾽ ἀπὸ Σικανίης δεῦρ᾽ ἐλθέμεν οὐκ ἐθέλοντα·
νηῦς δέ μοι ἥδ᾽ ἕστηκεν ἐπ᾽ ἀγροῦ νόσφι πόληος.
αὐτὰρ Ὀδυσσῆϊ τόδε δὴ πέμπτον ἔτος ἐστίν,
ἐξ οὗ κεῖθεν ἔβη καὶ ἐμῆς ἀπελήλυθε πάτρης,   310
δύσμορος· ἦ τέ οἱ ἐσθλοὶ ἔσαν ὄρνιθες ἰόντι,
δεξιοί, οἷς χαίρων μὲν ἐγὼν ἀπέπεμπον ἐκεῖνον,
χαῖρε δὲ κεῖνος ἰών· θυμὸς δ᾽ ἔτι νῶϊν ἐώλπει
μίξεσθαι ξενίῃ ἠδ᾽ ἀγλαὰ δῶρα διδώσειν."
    Ὣς φάτο, τὸν δ᾽ ἄχεος νεφέλη ἐκάλυψε μέλαινα·   315
ἀμφοτέρῃσι δὲ χερσὶν ἑλὼν κόνιν αἰθαλόεσσαν
χεύατο κὰκ κεφαλῆς πολιῆς, ἀδινὰ στεναχίζων.

290 που] μοι e L²   295 πόσιν] φίλον g   ἐπέοικεν g p
299 δαὶ d f p²⁸ P¹ : δὴ j Mon. R⁴ : δέ γε U⁸ : δὲ vulg., cf. a 225
303 ταῦτα d e, cf. N   375 al.   304 γὰρ g   ναῖον e   306 γ᾽ om. d
    310 ἐξ οὗ] μέσφ᾽ ὅτε g, cf. τ 223   312 ως p²⁸   314 δώσειν g
(δὲ δώσειν Ca U¹ : γε δώσειν L⁵) : διδοῦναι U⁶ : διδωσιν p²⁸ J L² V¹
(ἠδ᾽ !)   317 ἀδινὸν g

24. ΟΔΥΣΣΕΙΑΣ Ω

τοῦ δ' ὠρίνετο θυμός, ἀνὰ ῥῖνας δέ οἱ ἤδη
δριμὺ μένος προὔτυψε φίλον πατέρ' εἰσορόωντι.
κύσσε δέ μιν περιφὺς ἐπιάλμενος ἠδὲ προσηύδα·   320
" κεῖνος μέν τοι ὅδ' αὐτὸς ἐγώ, πάτερ, ὃν σὺ μεταλλᾷς,
ἤλυθον εἰκοστῷ ἔτεϊ ἐς πατρίδα γαῖαν.
ἀλλ' ἴσχεο κλαυθμοῖο γόοιό τε δακρυόεντος.
ἐκ γάρ τοι ἐρέω· μάλα δὲ χρὴ σπευδέμεν ἔμπης·
μνηστῆρας κατέπεφνον ἐν ἡμετέροισι δόμοισι,   325
λώβην τινύμενος θυμαλγέα καὶ κακὰ ἔργα."
    Τὸν δ' αὖ Λαέρτης ἀπαμείβετο φώνησέν τε·
" εἰ μὲν δὴ 'Οδυσεύς γε ἐμὸς πάϊς ἐνθάδ' ἱκάνεις,
σῆμά τί μοι νῦν εἰπὲ ἀριφραδές, ὄφρα πεποίθω."
    Τὸν δ' ἀπαμειβόμενος προσέφη πολύμητις 'Οδυσσεύς·
" οὐλὴν μὲν πρῶτον τήνδε φράσαι ὀφθαλμοῖσι,   331
τὴν ἐν Παρνησῷ μ' ἔλασεν σῦς λευκῷ ὀδόντι
οἰχόμενον· σὺ δέ με προΐεις καὶ πότνια μήτηρ
ἐς πατέρ' Αὐτόλυκον μητρὸς φίλον, ὄφρ' ἂν ἑλοίμην
δῶρα, τὰ δεῦρο μολὼν μοι ὑπέσχετο καὶ κατένευσεν.   335
εἰ δ' ἄγε τοι καὶ δένδρε' ἐϋκτιμένην κατ' ἀλωὴν
εἴπω, ἅ μοί ποτ' ἔδωκας, ἐγὼ δ' ᾔτεόν σε ἕκαστα
παιδνὸς ἐών, κατὰ κῆπον ἐπισπόμενος· διὰ δ' αὐτῶν
ἱκνεύμεσθα, σὺ δ' ὠνόμασας καὶ ἔειπες ἕκαστα.
ὄγχνας μοι δῶκας τρισκαίδεκα καὶ δέκα μηλέας,   340
συκέας τεσσαράκοντ'· ὄρχους δέ μοι ὧδ' ὀνόμηνας
δώσειν πεντήκοντα, διατρύγιος δὲ ἕκαστος
ἤην· ἔνθα δ' ἀνὰ σταφυλαὶ παντοῖαι ἔασιν,
ὁππότε δὴ Διὸς ὧραι ἐπιβρίσειαν ὕπερθεν."
    Ὣς φάτο, τοῦ δ' αὐτοῦ λύτο γούνατα καὶ φίλον ἦτορ,
σήματ' ἀναγνόντος τά οἱ ἔμπεδα πέφραδ' 'Οδυσσεύς·   346

318 ῥῖνα g Eust.   δριμὺ δ' ἀνὰ ῥῖνας μένος Ar. Eth. Nic. 1116 b 28
    321 τοι] δὴ Apoll. pronom. 57. 21 synt. 194. 13 p²⁸   322 ἦλθον
ℓεικοστῷ j Mon.   323 ἴσχεν a j p²⁸ : ἔχεο U⁸   328 εἰλήλουθας
a j p²⁸ Mon.   332 μ' ἐν o   343 εἴην a j Mon. : εἴη γρ. R¹²   ἐνὶ d
    344 ἐπικρίσειαν ʄ, γρ. U⁵   345 τῶ ʄ   346 ἀναγνόντι Eust.
1959. 23

206

ἀμφὶ δὲ παιδὶ φίλῳ βάλε πήχεε· τὸν δὲ ποτὶ οἷ
εἷλεν ἀποψύχοντα πολύτλας δῖος Ὀδυσσεύς.
αὐτὰρ ἐπεί ῥ᾽ ἔμπνυτο καὶ ἐς φρένα θυμὸς ἀγέρθη,
ἐξαῦτις μύθοισιν ἀμειβόμενος προσέειπε·   350
" Ζεῦ πάτερ, ἦ ῥα ἔτ᾽ ἐστὲ θεοὶ κατὰ μακρὸν Ὄλυμπον,
εἰ ἐτεὸν μνηστῆρες ἀτάσθαλον ὕβριν ἔτισαν.
νῦν δ᾽ αἰνῶς δείδοικα κατὰ φρένα μὴ τάχα πάντες
ἐνθάδ᾽ ἐπέλθωσιν Ἰθακήσιοι, ἀγγελίας δὲ
πάντῃ ἐποτρύνωσι Κεφαλλήνων πολίεσσι."   355
   Τὸν δ᾽ ἀπαμειβόμενος προσέφη πολύμητις Ὀδυσσεύς·
" θάρσει, μή τοι ταῦτα μετὰ φρεσὶ σῇσι μελόντων.
ἀλλ᾽ ἴομεν προτὶ οἶκον, ὃς ὀρχάτου ἐγγύθι κεῖται·
ἔνθα δὲ Τηλέμαχον καὶ βουκόλον ἠδὲ συβώτην
προὔπεμψ᾽, ὡς ἂν δεῖπνον ἐφοπλίσσωσι τάχιστα."   360
   Ὣς ἄρα φωνήσαντε βάτην πρὸς δώματα καλά.
οἱ δ᾽ ὅτε δή ῥ᾽ ἵκοντο δόμους εὖ ναιετάοντας,
εὗρον Τηλέμαχον καὶ βουκόλον ἠδὲ συβώτην
ταμνομένους κρέα πολλὰ κερῶντάς τ᾽ αἴθοπα οἶνον.
   Τόφρα δὲ Λαέρτην μεγαλήτορα ᾧ ἐνὶ οἴκῳ   365
ἀμφίπολος Σικελὴ λοῦσεν καὶ χρῖσεν ἐλαίῳ,
ἀμφὶ δ᾽ ἄρα χλαῖναν καλὴν βάλεν· αὐτὰρ Ἀθήνη
ἄγχι παρισταμένη μέλε᾽ ἤλδανε ποιμένι λαῶν,
μείζονα δ᾽ ἠὲ πάρος καὶ πάσσονα θῆκεν ἰδέσθαι.
ἐκ δ᾽ ἀσαμίνθου βῆ· θαύμαζε δέ μιν φίλος υἱός,   370
ὡς ἴδεν ἀθανάτοισι θεοῖς ἐναλίγκιον ἄντην·
καί μιν φωνήσας ἔπεα πτερόεντα προσηύδα·
" ὦ πάτερ, ἦ μάλα τίς σε θεῶν αἰειγενετάων
εἶδός τε μέγεθός τε ἀμείνονα θῆκεν ἰδέσθαι."
   Τὸν δ᾽ αὖ Λαέρτης πεπνυμένος ἀντίον ηὔδα·   375
" αἲ γάρ, Ζεῦ τε πάτερ καὶ Ἀθηναίη καὶ Ἄπολλον,

349 ἔμπνυτο codd., cf. ε 458   352 ἀτάσθαλοι Eust., Z ss.
353 μὴ ἅμα c f Pal. U⁵   354 om. g   358 ὃς d g C Mon., γρ. U⁵ :
ἵν᾽ cet.   364 καλὰ g ed. pr.   371 ὄντα γρ. U⁵   374 ἀμύμονα
● C U⁸, cf. Z 350 al.

οἷος Νήρικον εἷλον, ἐϋκτίμενον πτολίεθρον,
ἀκτὴν ἠπείροιο, Κεφαλλήνεσσιν ἀνάσσων,
τοῖος ἐών τοι χθιζὸς ἐν ἡμετέροισι δόμοισι,
τεύχε᾽ ἔχων ὤμοισιν, ἐφεστάμεναι καὶ ἀμύνειν   380
ἄνδρας μνηστῆρας· τῷ κε σφέων γούνατ᾽ ἔλυσα
πολλῶν ἐν μεγάροισι, σὺ δὲ φρένας ἔνδον ἐγήθεις."
   Ὣς οἱ μὲν τοιαῦτα πρὸς ἀλλήλους ἀγόρευον.
οἱ δ᾽ ἐπεὶ οὖν παύσαντο πόνου τετύκοντό τε δαῖτα,
ἐξείης ἕζοντο κατὰ κλισμούς τε θρόνους τε.   385
ἔνθ᾽ οἱ μὲν δείπνῳ ἐπεχείρεον· ἀγχίμολον δὲ
ἦλθ᾽ ὁ γέρων Δολίος, σὺν δ᾽ υἱεῖς τοῖο γέροντος,
ἐξ ἔργων μογέοντες, ἐπεὶ προμολοῦσα κάλεσσε
μήτηρ, γρηῦς Σικελή, ἥ σφεας τρέφε καί ῥα γέροντα
ἐνδυκέως κομέεσκεν, ἐπεὶ κατὰ γῆρας ἔμαρψεν.   390
οἱ δ᾽ ὡς οὖν Ὀδυσῆα ἴδον φράσσαντό τε θυμῷ,
ἔσταν ἐνὶ μεγάροισι τεθηπότες· αὐτὰρ Ὀδυσσεὺς
μειλιχίοις ἐπέεσσι καθαπτόμενος προσέειπεν·
" ὦ γέρον, ἵζ᾽ ἐπὶ δεῖπνον, ἀπεκλελάθεσθε δὲ θάμβευς·
δηρὸν γὰρ σίτῳ ἐπιχειρήσειν μεμαῶτες   395
μίμνομεν ἐν μεγάροις, ὑμέας ποτιδέγμενοι αἰεί."
   Ὣς ἄρ᾽ ἔφη, Δολίος δ᾽ ἰθὺς κίε χεῖρε πετάσσας
ἀμφοτέρας, Ὀδυσεῦς δὲ λαβὼν κύσε χεῖρ᾽ ἐπὶ καρπῷ,
καί μιν φωνήσας ἔπεα πτερόεντα προσηύδα·
" ὦ φίλ᾽, ἐπεὶ νόστησας ἐελδομένοισι μάλ᾽ ἡμῖν   400
οὐδ᾽ ἔτ᾽ ὀϊομένοισι, θεοὶ δέ σε ἤγαγον αὐτοί,
οὐλέ τε καὶ μάλα χαῖρε, θεοὶ δέ τοι ὄλβια δοῖεν.
καί μοι τοῦτ᾽ ἀγόρευσον ἐτήτυμον, ὄφρ᾽ ἐῢ εἰδῶ,

377 οἷος] ἢ μὲν Strabo 452   νήρυκον g : νελρικον r C U⁶ : πλεύσας
ἐς Λευκάδα καὶ ἀπόβασιν ἐς Νήρικον ποιησάμενος Thuc. iii. 7   νήριτον
Strab. 59, 452 (ὁ μὲν ἀντὶ Νηρίτου γράφων Νήρικον ἢ ἀνάπαλιν παραπαίει
τελέως id. 454), Lupercus ap. Steph. Byz. in v. Νήρικος   380 πρ[ο-
ισταμ]εναι p²⁸   382 βαλλων p²⁸   ἔγηθες h : λάνθης Eust.   385 εστησε
p²⁸   387 ὁ om. p²⁸ Mon.   υἱὸς d   388 εργου p²⁸   390 εμαρ-
πτεν p²⁸ Eust.   394 ὑπεκλ. a j q : ἐπεκλ. P³ U⁸ : ἄγ᾽ ἐκλ. U⁶
θάμβους h   398 om. g   ὀδυσσεῦς P⁴ R⁶ U⁸, U⁴ U⁵ corr. Eust.
Choerob. in Theod. 212. 35, E. M. 189. 32 : ὀδυσσεῦς L¹, cf. N 424 :
ὀδυτεὺς vulg. : ὀδυσεῖ p : ● rubr. praem. P⁵   401 σεγ j p p²⁸ al.
402 μάλα f g j k Eust. : μέγα cet.

ἢ ἤδη σάφα οἶδε περίφρων Πηνελόπεια
νοστήσαντά σε δεῦρ', ἢ ἄγγελον ὀτρύνωμεν."   405
Τὸν δ' ἀπαμειβόμενος προσέφη πολύμητις Ὀδυσσεύς·
"ὦ γέρον, ἤδη οἶδε· τί σε χρὴ ταῦτα πένεσθαι;"
Ὣς φάθ', ὁ δ' αὖτις ἄρ' ἔζετ' ἐϋξέστου ἐπὶ δίφρου.
ὣς δ' αὔτως παῖδες Δολίου κλυτὸν ἀμφ' Ὀδυσῆα
δεικανόωντ' ἐπέεσσι καὶ ἐν χείρεσσι φύοντο,   410
ἑξείης δ' ἕζοντο παραὶ Δολίον, πατέρα σφόν.
Ὣς οἱ μὲν περὶ δεῖπνον ἐνὶ μεγάροισι πένοντο·
Ὄσσα δ' ἄρ' ἄγγελος ὦκα κατὰ πτόλιν οἴχετο πάντῃ,
μνηστήρων στυγερὸν θάνατον καὶ κῆρ' ἐνέπουσα.
οἱ δ' ἄρ' ὁμῶς ἀΐοντες ἐφοίτων ἄλλοθεν ἄλλος   415
μυχμῷ τε στοναχῇ τε δόμων προπάροιθ' Ὀδυσῆος,
ἐκ δὲ νέκυς οἴκων φόρεον καὶ θάπτον ἕκαστοι,
τοὺς δ' ἐξ ἀλλάων πολίων οἰκόνδε ἕκαστον
πέμπον ἄγειν ἁλιεῦσι θοῆς ἐπὶ νηυσὶ τιθέντες·
αὐτοὶ δ' εἰς ἀγορὴν κίον ἀθρόοι, ἀχνύμενοι κῆρ.   420
αὐτὰρ ἐπεί ῥ' ἤγερθεν ὁμηγερέες τ' ἐγένοντο,
τοῖσιν δ' Εὐπείθης ἀνά θ' ἵστατο καὶ μετέειπε·
παιδὸς γάρ οἱ ἄλαστον ἐνὶ φρεσὶ πένθος ἔκειτο,
Ἀντινόου, τὸν πρῶτον ἐνήρατο δῖος Ὀδυσσεύς·
τοῦ ὅ γε δάκρυ χέων ἀγορήσατο καὶ μετέειπεν·   425
"ὦ φίλοι, ἦ μέγα ἔργον ἀνὴρ ὅδε μήσατ' Ἀχαιούς·
τοὺς μὲν σὺν νήεσσιν ἄγων πολέας τε καὶ ἐσθλοὺς
ὤλεσε μὲν νῆας γλαφυράς, ἀπὸ δ' ὤλεσε λαούς,
τοὺς δ' ἐλθὼν ἔκτεινε Κεφαλλήνων ὄχ' ἀρίστους.
ἀλλ' ἄγετε, πρὶν τοῦτον ἢ ἐς Πύλον ὦκα ἱκέσθαι   430
ἢ καὶ ἐς Ἤλιδα δῖαν, ὅθι κρατέουσιν Ἐπειοί,

404 ἢ e g k p Pal. P¹: εἰ cet., cf. ν 415   405 νοστῆσαι οἰκόνδε φίλην
ἐς πατρίδα γαῖαν Iulian. 252 D citato 402 (cf. ε 204)   407 λέγεσθαι
Pal. (N 275)   408 αὖθι κάθιζεν p²⁸ U⁶   411 παρὰ d o r   σφόν
o Pe: σφῶν cet.   413 ᾤχ. codd.   416 μύχμη h: κλανθμῷ R¹² N
marg.   417 οἴκου L⁵ V¹   θάπτεν L⁵ V¹   ἕκαστος j k C Pal. :
εκαστου p²⁸   418 ἕκαστος c e g C Pal. ed. pr. : -οι U⁸   423 ἔχεσκεν
C   426 ἀχαιοῖς f Eust.   427 γαρ συν νηυσιν p²⁸   428 λαούς]
αὐτούς O   429 ἐνὶ δήμῳ b   431 ἢ εἰς f L⁵

ἴομεν· ἢ καὶ ἔπειτα κατηφέες ἐσσόμεθ' αἰεί·
λώβη γὰρ τάδε γ' ἐστὶ καὶ ἐσσομένοισι πυθέσθαι,
εἰ δὴ μὴ παίδων τε κασιγνήτων τε φονῆας
τισόμεθ'. οὐκ ἂν ἐμοί γε μετὰ φρεσὶν ἡδὺ γένοιτο   435
ζωέμεν, ἀλλὰ τάχιστα θανὼν φθιμένοισι μετείην.
ἀλλ' ἴομεν, μὴ φθέωσι περαιωθέντες ἐκεῖνοι."
    Ὣς φάτο δάκρυ χέων, οἶκτος δ' ἕλε πάντας Ἀχαιούς.
ἀγχίμολον δέ σφ' ἦλθε Μέδων καὶ θεῖος ἀοιδὸς
ἐκ μεγάρων Ὀδυσῆος, ἐπεί σφεας ὕπνος ἀνῆκεν,   440
ἔσταν δ' ἐν μέσσοισι· τάφος δ' ἕλεν ἄνδρα ἕκαστον.
τοῖσι δὲ καὶ μετέειπε Μέδων πεπνυμένα εἰδώς·
" κέκλυτε δὴ νῦν μευ, Ἰθακήσιοι· οὐ γὰρ Ὀδυσσεὺς
ἀθανάτων ἀέκητι θεῶν τάδε μήσατο ἔργα·
αὐτὸς ἐγὼν εἶδον θεὸν ἄμβροτον, ὅς ῥ' Ὀδυσῆϊ   445
ἐγγύθεν ἑστήκει καὶ Μέντορι πάντα ἐῴκει.
ἀθάνατος δὲ θεὸς τοτὲ μὲν προπάροιθ' Ὀδυσῆος
φαίνετο θαρσύνων, τοτὲ δὲ μνηστῆρας ὀρίνων
θῦνε κατὰ μέγαρον· τοὶ δ' ἀγχιστῖνοι ἔπιπτον."
    Ὣς φάτο, τοὺς δ' ἄρα πάντας ὑπὸ χλωρὸν δέος ᾕρει.
τοῖσι δὲ καὶ μετέειπε γέρων ἥρως Ἁλιθέρσης   451
Μαστορίδης· ὁ γὰρ οἶος ὅρα πρόσσω καὶ ὀπίσσω·
ὅ σφιν ἐϋφρονέων ἀγορήσατο καὶ μετέειπε·
" κέκλυτε δὴ νῦν μευ, Ἰθακήσιοι, ὅττι κεν εἴπω·
ὑμετέρῃ κακότητι, φίλοι, τάδε ἔργα γένοντο·   455
οὐ γὰρ ἐμοὶ πείθεσθ', οὐ Μέντορι ποιμένι λαῶν,
ὑμετέρους παῖδας καταπαυέμεν ἀφροσυνάων,
οἳ μέγα ἔργον ἔρεξαν ἀτασθαλίῃσι κακῇσι,
κτήματα κείροντες καὶ ἀτιμάζοντες ἄκοιτιν
ἀνδρὸς ἀριστῆος· τὸν δ' οὐκέτι φάντο νέεσθαι.   460
καὶ νῦν ὧδε γένοιτο· πίθεσθέ μοι ὡς ἀγορεύω·

432 ἤομεν d : ἦομεν r Pe : ἦρμεν P⁴, γρ. Mon.   436 προτέροισι
γρ. U⁵   437 φθόωσι p M²   441 πάντας ἀχαιούς f L⁵   445 αὐτὰρ
d r   ὀδυσῆϊ f p L⁵ : -ῆος cet.   446 εἰστ. codd.   447 ποτὲ—
448 ποτὲ g   450 εἶλε f L⁵ U⁶ Eust.   452 ὁ γὰρ ὥρα πάντα πρόσσω
καὶ ὀπίσσω d   τὰ πρόσω U⁸ H³ corr.   458 ἔρεζον f D·⁸   ἑῇσι f

μὴ ἴομεν, μή πού τις ἐπίσπαστον κακὸν εὕρῃ."
Ὣς ἔφαθ', οἱ δ' ἄρ' ἀνήϊξαν μεγάλῳ ἀλαλητῷ
ἡμίσεων πλείους· τοὶ δ' ἀθρόοι αὐτόθι μίμνον·
οὐ γάρ σφιν ἅδε μῦθος ἐνὶ φρεσίν, ἀλλ' Εὐπείθει   465
πείθοντ'· αἶψα δ' ἔπειτ' ἐπὶ τεύχεα ἐσσεύοντο.
αὐτὰρ ἐπεί ῥ' ἕσσαντο περὶ χροῒ νώροπα χαλκόν,
ἀθρόοι ἠγερέθοντο πρὸ ἄστεος εὐρυχόροιο.
τοῖσιν δ' Εὐπείθης ἡγήσατο νηπιέησι·
φῆ δ' ὅ γε τίσεσθαι παιδὸς φόνον, οὐδ' ἄρ' ἔμελλεν   470
ἂψ ἀπονοστήσειν, ἀλλ' αὐτοῦ πότμον ἐφέψειν.
αὐτὰρ Ἀθηναίη Ζῆνα Κρονίωνα προσηύδα·
" ὦ πάτερ ἡμέτερε, Κρονίδη, ὕπατε κρειόντων,
εἰπέ μοι εἰρομένῃ, τί νύ τοι νόος ἔνδοθι κεύθει;
ἦ προτέρω πόλεμόν τε κακὸν καὶ φύλοπιν αἰνὴν   475
τεύξεις, ἦ φιλότητα μετ' ἀμφοτέροισι τίθησθα;"
Τὴν δ' ἀπαμειβόμενος προσέφη νεφεληγερέτα Ζεύς·
" τέκνον ἐμόν, τί με ταῦτα διείρεαι ἠδὲ μεταλλᾷς;
οὐ γὰρ δὴ τοῦτον μὲν ἐβούλευσας νόον αὐτή,
ὡς ἦ τοι κείνους Ὀδυσεὺς ἀποτίσεται ἐλθών;   480
ἔρξον ὅπως ἐθέλεις· ἐρέω δέ τοι ὡς ἐπέοικεν.
ἐπεὶ δὴ μνηστῆρας ἐτίσατο δῖος Ὀδυσσεύς,
ὅρκια πιστὰ ταμόντες ὁ μὲν βασιλευέτω αἰεί,
ἡμεῖς δ' αὖ παίδων τε κασιγνήτων τε φόνοιο
ἔκλησιν θέωμεν· τοὶ δ' ἀλλήλους φιλεόντων   485
ὡς τὸ πάρος, πλοῦτος δὲ καὶ εἰρήνη ἅλις ἔστω."
Ὣς εἰπὼν ὄτρυνε πάρος μεμαυῖαν Ἀθήνην,
βῆ δὲ κατ' Οὐλύμποιο καρήνων ἀΐξασα.
Οἱ δ' ἐπεὶ οὖν σίτοιο μελίφρονος ἐξ ἔρον ἕντο,
τοῖς ἄρα μύθων ἄρχε πολύτλας δῖος Ὀδυσσεύς·   490

470 παιδὸς τίσεσθαι f P⁵   471 ἐφέξειν f L⁵ U⁵ ss.   479, 480 om. a
480 om. P²⁸ U⁶   480–491 puncto rubro utrimque circumscr.
P⁵   483 ante 482 litteris ablegat P⁵, sim. Be   483 ταμόντες]
λαβόντες J L², γρ. K   484 φόνοιο a c g j k: φονῆας cet., cf. I 632
484 om. q   484. 485 om. R¹   485 θέωμεν P³ U¹ U⁵ Eust. : θέομεν
cet.   486 om. R⁶ V³   487 ὄτρ. codd.   490 ἦρχε codd.
14*

" ἐξελθών τις ἴδοι μὴ δὴ σχεδὸν ὦσι κιόντες."
ὣς ἔφατ'· ἐκ δ' υἱὸς Δολίου κίεν, ὡς ἐκέλευε,
στῆ δ' ἄρ' ἐπ' οὐδὸν ἰών, τοὺς δὲ σχεδὸν ἔσιδε πάντας.
αἶψα δ' Ὀδυσσῆα ἔπεα πτερόεντα προσηύδα·
" οἴδε δὴ ἐγγὺς ἔασ'· ἀλλ' ὁπλιζώμεθα θᾶσσον."   495
ὣς ἔφαθ', οἱ δ' ὄρνυντο καὶ ἐν τεύχεσσι δύοντο,
τέσσαρες ἀμφ' Ὀδυσῆ', ἐξ δ' υἱεῖς οἱ Δολίοιο·
ἐν δ' ἄρα Λαέρτης Δολίος τ' ἐς τεύχε' ἔδυνον,
καὶ πολιοί περ ἐόντες, ἀναγκαῖοι πολεμισταί.
αὐτὰρ ἐπεί ῥ' ἕσσαντο περὶ χροῒ νώροπα χαλκόν,   500
ὤϊξάν ῥα θύρας, ἐκ δ' ἤϊον, ἄρχε δ' Ὀδυσσεύς.

Τοῖσι δ' ἐπ' ἀγχίμολον θυγάτηρ Διὸς ἦλθεν Ἀθήνη,
Μέντορι εἰδομένη ἠμὲν δέμας ἠδὲ καὶ αὐδήν.
τὴν μὲν ἰδὼν γήθησε πολύτλας δῖος Ὀδυσσεύς·
αἶψα δὲ Τηλέμαχον προσεφώνεεν ὃν φίλον υἱόν·   505
" Τηλέμαχ', ἤδη μὲν τόδε γ' εἴσεαι αὐτὸς ἐπελθών,
ἀνδρῶν μαρναμένων ἵνα τε κρίνονται ἄριστοι,
μή τι καταισχύνειν πατέρων γένος, οἳ τὸ πάρος περ
ἀλκῇ τ' ἠνορέῃ τε κεκάσμεθα πᾶσαν ἐπ' αἶαν."

Τὸν δ' αὖ Τηλέμαχος πεπνυμένος ἀντίον ηὔδα·   510
" ὄψεαι, αἴ κ' ἐθέλησθα, πάτερ φίλε, τῷδ' ἐπὶ θυμῷ
οὔ τι καταισχύνοντα τεὸν γένος, ὡς ἀγορεύεις."

Ὣς φάτο, Λαέρτης δ' ἐχάρη καὶ μῦθον ἔειπε·
" τίς νύ μοι ἡμέρη ἥδε, θεοὶ φίλοι; ἦ μάλα χαίρω·
υἱός θ' υἱωνός τ' ἀρετῆς πέρι δῆριν ἔχουσι."   515

Τὸν δὲ παρισταμένη προσέφη γλαυκῶπις Ἀθήνη·
" ὦ Ἀρκεισιάδη, πάντων πολὺ φίλταθ' ἑταίρων,
εὐξάμενος κούρῃ γλαυκώπιδι καὶ Διὶ πατρί,
αἶψα μάλ' ἀμπεπαλὼν προΐει δολιχόσκιον ἔγχος."

Ὣς φάτο, καί ῥ' ἔμπνευσε μένος μέγα Παλλὰς Ἀθήνη.

491 om. q   δὴ om. g C L⁵   496 ὤρνυντο codd.   τεύχεα
δύνοντο (δύοντο) d e : -σιν ε[δυνον] 𝔭²⁸ γρ. V³   497 οἱ om. d f C L⁵
501 ἦρχε codd.   505 ἐγγὺς ἐόντα f L⁵   506 ἤτοι R⁹ : ἦκε δὴ
τόδε f L⁵   507 ἐρισταί f L⁵   508 καταισχύνων f L⁵   512 ὡς]
οἵ f al. Eust. (τ 255)   520 ἔπνευσε j q Pal.

24. ΟΔΥΣΣΕΙΑΣ Ω

εὐξάμενος δ' ἄρ' ἔπειτα Διὸς κούρῃ μεγάλοιο,   521
αἶψα μάλ' ἀμπεπαλὼν προίει δολιχόσκιον ἔγχος,
καὶ βάλεν Εὐπείθεα κόρυθος διὰ χαλκοπαρήου.
ἡ δ' οὐκ ἔγχος ἔρυτο, διαπρὸ δὲ εἴσατο χαλκός·
δούπησεν δὲ πεσών, ἀράβησε δὲ τεύχε' ἐπ' αὐτῷ.   525
ἐν δ' ἔπεσον προμάχοις Ὀδυσεὺς καὶ φαίδιμος υἱός,
τύπτον δὲ ξίφεσίν τε καὶ ἔγχεσιν ἀμφιγύοισι.
καί νύ κε δὴ πάντας ὄλεσαν καὶ ἔθηκαν ἀνόστους,
εἰ μὴ Ἀθηναίη, κούρη Διὸς αἰγιόχοιο,
ἤϋσεν φωνῇ, κατὰ δ' ἔσχεθε λαὸν ἅπαντα·   530
" ἴσχεσθε πτολέμου, Ἰθακήσιοι, ἀργαλέοιο,
ὥς κεν ἀναιμωτί γε διακρινθῆτε τάχιστα."

ˆΩς φάτ' Ἀθηναίη, τοὺς δὲ χλωρὸν δέος εἷλε·
τῶν δ' ἄρα δεισάντων ἐκ χειρῶν ἔπτατο τεύχεα,
πάντα δ' ἐπὶ χθονὶ πῖπτε, θεᾶς ὄπα φωνησάσης·   535
πρὸς δὲ πόλιν τρωπῶντο λιλαιόμενοι βιότοιο·
σμερδαλέον δ' ἐβόησε πολύτλας δῖος Ὀδυσσεύς,
οἴμησεν δὲ ἀλεὶς ὥς τ' αἰετὸς ὑψιπετήεις.
καὶ τότε δὴ Κρονίδης ἀφίει ψολόεντα κεραυνόν,
κὰδ δ' ἔπεσε πρόσθε γλαυκώπιδος ὀβριμοπάτρης.   540
δὴ τότ' Ὀδυσσῆα προσέφη γλαυκῶπις Ἀθήνη·
" διογενὲς Λαερτιάδη, πολυμήχαν' Ὀδυσσεῦ,
ἴσχεο, παῦε δὲ νεῖκος ὁμοιΐου πολέμοιο,
μή πώς τοι Κρονίδης κεχολώσεται εὐρύοπα Ζεύς."

ˆΩς φάτ' Ἀθηναίη, ὁ δ' ἐπείθετο, χαῖρε δὲ θυμῷ.   545
ὅρκια δ' αὖ κατόπισθε μετ' ἀμφοτέροισιν ἔθηκε
Παλλὰς Ἀθηναίη, κούρη Διὸς αἰγιόχοιο,
Μέντορι εἰδομένη ἠμὲν δέμας ἠδὲ καὶ αὐδήν.

523 εὐπείθη g   524 καὶ τῆς O, cf. E 538 al.   526 καὶ φίλος
υἱός q : δῖος εὔφορβος a j k   528 θῆκαν f g L⁵ Eust.   530 κραγῇ
U⁵ ss. : φωνὴν f q L⁵   532 μάλιστα U⁶   533 om. f   534 ἐκ
τεύχεα ἔπτατο χειρῶν h : χαλκὸς C ● rubr. praef. P⁵ (lecto τὸν δ')
539 αὐτίκα δὲ Tzetzes exeg. Il. 35. 8   ἵει R³ : προίει p : ἧκε Tzetzes ib.
541 καὶ τότ' f q L⁵   542 om. R⁸

INDEX NOMINVM

HOM. IV.

214

INDEX NOMINVM

INDEX NOMINVM

INDEX NOMINVM

INDEX NOMINVM

INDEX NOMINVM

INDEX NOMINVM

INDEX NOMINVM